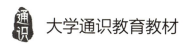

大学通识教育教材

公共关系学
理论 实务 案例
（第四版）

GONGGONG GUANXIXUE LILUN SHIWU ANLI

熊卫平 编著

中国教育出版传媒集团

高等教育出版社·北京

内容简介

本书由公共关系基础理论、公共关系基本实务与公共关系案例评析三部分组成。书中论述了公共关系三大要素，即公共关系主体、公共关系客体、公共关系手段在公共关系管理中的地位；阐明了公共关系调查、策划、实施、评估等工作程序的规范要求；将公共关系理论与公共关系实务、公共关系实践相结合，在案例评析中，强化了对公共关系理论的指导意义以及公共关系实践的本质特征的探索。

本书具有较强的普适性、实用性以及教与学的互动性，特别提供了具有创新性的公共关系案例分析模式。

本书可供高等院校学生必修或选修课使用，也可供社会各界进行公共关系培训或一般读者自学使用。

图书在版编目(CIP)数据

公共关系学：理论、实务、案例 / 熊卫平编著. —
4 版. —北京：高等教育出版社，2023.6
ISBN 978 - 7 - 04 - 059730 - 1

Ⅰ.①公…　Ⅱ.①熊…　Ⅲ.①公共关系学—高等学校
—教材　Ⅳ.①C912.31

中国国家版本馆 CIP 数据核字(2023)第 020274 号

策划编辑　朱争争　　责任编辑　朱争争　　封面设计　张文豪　　责任印制　高忠富

出版发行	高等教育出版社	网　　址	http://www.hep.edu.cn
社　　址	北京市西城区德外大街 4 号		http://www.hep.com.cn
邮政编码	100120	网上订购	http://www.hepmall.com.cn
印　　刷	上海叶大印务发展有限公司		http://www.hepmall.com
开　　本	787mm×1092mm　1/16		http://www.hepmall.cn
印　　张	18.5	版　　次	2006 年 6 月第 1 版
字　　数	400 千字		2023 年 6 月第 4 版
购书热线	010-58581118	印　　次	2023 年 6 月第 1 次印刷
咨询电话	400-810-0598	定　　价	40.00 元

本书如有缺页、倒页、脱页等质量问题，请到所购图书销售部门联系调换

第四版前言

时光荏苒,中国公关的脚步越走越踏实。按照著名公关专家张雷教授的观点,因为国情的不同以及资料的匮乏,中国早期公关的研究在相当长的一段时间里基本上是在相对独立的状态下进行的,西方公共关系理论主要是在引进阶段起到了启发性的作用。特别是公关作为一门应用型的学科如果忽视中国公关研究的发展历程及理论上的创新,这对于公共关系学科来说也是不够完整的。党的二十大报告指出,加快构建中国话语和中国叙事体系。正是因为对公关的更深层的思考,以及教材本身修订的需要,本教材在第四版修订时考虑较多的是如何在现有公关理论的框架下更好地体现中国公关发展的成就。

关于第四版的修订作出以下说明:

1.各章节都有文字的修改以保证表述更准确。

2.各章节引用的资料中尽可能增加国内公关的案例。

3.对各章节的课堂讨论、思考题部分做了一些调整,特别是第二章的思考题全部做了更换。

4.增加了阅读资料。

5.在下篇"公共关系案例评析"部分做了较大的改动。增加了案例"双奥之城,和谐之都",用"汶川特大地震应急救助"替换了"伦敦地铁爆炸案",同时删除了案例"博雅公关之认知管理"。

本书第四版继续沿用原来的基本框架,由公共关系基础理论、公共关系基本实务与公共关系案例评析三部分组成。正所谓"常学常新、常思常悟、常研常得",同样的知识体系在不同的时间阅读,相信都会有新的感悟。

非常感谢高等教育出版社领导与责任编辑的信任与帮助,感谢所有老师、学生与社会读者多年的支持。

熊卫平

2023 年 5 月于浙江大学

第一版前言

正如彼得·德鲁克所说："写作是一种暴露自我的行为。"① 既然写作《公共关系学》，就得面对很多东西：不仅要去面对自己这几年来对公关的理解与总结；也得去面对公关专家、同行对公关的理解与总结。这种总结及对比的过程既是不安的，也是激动的。

在现代公关出现百年的 2003 年，出于对公关职业及学科先驱们的尊重，我将多年从事公关理论教学、研究及实务工作的心得编撰成了一本《公共关系学》教材。时隔三年，想将这本教材的内容、体例、结构进行适当的调整，即增加公关实务的内容及公关案例的篇幅，以更好地适应学生学习和掌握公关理论及实务的需要。仅隔三年，当坐在电脑前希望能静心地将有关的段落及句子输入时，我却产生了很大的困惑，因为我已不能简单地将句子输入，必须不断地修改，我竟然已经无法再简单地重述自己三年前对公关的理解。

自 20 世纪 80 年代初公关传入中国内地以来，恐怕尚没有任何一门学科会如同公关这般走得反反复复。中国的公关本应从激情走向理性、从张扬走向内敛、从冲动走向稳重，而且经过 20 多年的磨合，中国的公关学者也应该消除各自不同学科背景的分歧，但是时至今日，有关的分歧不仅仍然存在而且似乎还在加深，而面对发展不会停步的公关实践，这可以说是一件令人很难堪的事情。也许是到了让我们换个角度来思考公关的时候了，真正的问题可能并不是公关本身的不能确定，而是人们在确定公关定位时的思维方向出了问题，对此，也许可以尝试从以下三个方面来讨论：

首先，从公关产生的背景分析可以帮助我们回答以下的问题：现代公关职业

---

① 德鲁克.旁观者：管理大师德鲁克回忆录[M].廖月娟,译.北京：机械工业出版社,2005：222.

及研究这一实践性很强的公关行为的学科为什么会产生？它到底是为了解决什么问题？当然，这早就有了一个不必争议的事实。百年前的美国政府及企业意识到了一种独特的力量或影响力的存在，以及这种力量正在逐渐地增强，这就是现代大众传播的发展所产生的对社会公众的影响及对一个政府的政策及企业行为产生的压力，人们已经无法无视社会舆论的作用，当人们不得不置身于现代的信息包围及媒介和舆论环境时，如何适应这一环境及如何从被动地适应转变到主动地利用这一环境所产生的资源并为自己服务，其中的判断、选择及运用过程不可能是无序的，它必须有专业的职业人士来进行调查、策划、操作及总结，这一专业性的实践需要最后就促成了我们所分析的一种新的职业，以及研究这一社会现象及其发展规律的相关学科——"公共关系学"。既然公关的产生就是为了解决由传播媒介而激发的问题，那么，公关所运用的手段必然是传播媒介，但这仅仅是一个运用的过程，其真正的目的是要利用这一手段来影响其舆论环境及公众的观念或意识，从而为自己的生存及发展带来良好的关系状态，这不可能仅仅是为了简单地适应，更应该是一种积极的应对及有效的管理过程。在此，传播媒介成了公关管理的资源，而不可能是公关的全部，因此，无论怎样地运用传播媒介都需要回答为什么的问题。

其次，从公关职业人才培养的定位来分析。如果公关培养的不是广告、营销人员，那么培养的公关人才到底又是做什么的？从企业的管理职能思考，公关人才与广告、营销人员到底有什么区分，公关是否承担了广告与营销所无法承担的责任，而其职责的不可替代性正是我们需要公关独立存在的原因所在。事实上，如果广告是产品的、营销是市场的，那么公关就是整个组织的。公关应该是为广告及营销开辟广大市场的，其影响的不仅仅是消费者、供应商和经销商，同时也影响员工、社区、政府。当广告也借助于现代传播媒介时，我们更需要确定的是公关是观念上的作用，公关提供的更多的是产品以外的信息，而这类信息的出现往往是弥漫性的、针对性的、渗透性的，它既可以是一份简单的公告，也可以是领导者的一份节日问候，甚至是员工的一个生日晚会。公关希望公众能够产生的是对一个产品进行判断时多一些可选择的信息，特别是产品以外的信息，公关更多地倾向于对公众的认知产生有效果的影响，因为认知往往会带来行为上的发生或转变，而这种行为的倾向必然会带动广告及营销的业绩。

最后，现实生活中公关所展示的，也是目前众多学者坚持的，那就是公关对一个组织的形象的管理。事实上，形象并不是完全依赖于一个组织的主观意愿，它恰恰是源自公众对一个组织的评价的结果，即形象的好与坏的标准也是出自公众的了解或评判。因此，公关只能不断地传递出一个组织的真实信息，信息的内容本身是确定的及真实的，只是如何将这个真实的信息"包装"成其目标公众所愿意接受的"形象"，再通过其目标公众可最有效接触的传播渠道将其传递并要求对其目标公众产生影响,这需要专业的水准。因为,一个负"责任"的组织传递的信息最后对于目标公众来说可能并不一定是负"责任"的,这就产生了对公关的职业技能的要求,当然一个无"责任"的组织是不可能通过公关产生负"责任"的效果的。

当人们不断地运用经济的、政治的、法律的手段来解决一些问题的时候,公关希望人们发现有一种手段的选择是更低成本的,而且效果是长久的甚至是根本性的。因为它影响的是那些在经济的、政治的、法律的影响力笼罩下的人们的观念,而人们的观念往往是超越了经济的、政治的及法律的;任何一个人都不可能仅仅是理性的、经济的,当人们不得不接受着社会环境的影响时,人们并不是仅仅局限于物质利益的追求,即使是物质利益方面的,人们也不可能仅仅是立足于自身的理性的理解与判断,更多的时候是等待着被引导或影响。

因此,面对公关的论证时,至少有两个问题需要关注:一是公关的理论研究关注的应该是公关的最基本的原则,不能将现代公关百年史中一些应急性的、非公关本质的因素也当成公关的本质而继承和接受,更不能经过人为的强调而将其等同于甚至高置于公关的内核。正如财会学科的所有本质都不可能教会学生如何进行"财务欺诈"一样,而人们似乎总是无法抵抗这种利益的引诱,而我们也没有发现有相关的著作会教会你所谓的"做账技巧""做账快速入门"。事实上,现实工作中的不规范及不道德的操作都是对公关本质及公关职业伦理的违背。二是不能因为立足于中国的国情而过分渲染中国的特色,其实公关的中国特色只会在针对特定的中国公众的文化背景,选择不同的信息传递的方式及如何合适地选择中国公众可以接受的渠道并产生说服力时才会有效,而这个过程中即使不谈特色也已经包含了其特殊的背景,这绝对不是意味着对中国的公众市场可以在信息内容上进行修改并杜撰的,每个社会提供的舆论环境本质上就是不同的。这仅仅是一个公关的工作适应性问题而不是违背公关本质的理由。而且不过分地显示中国公关的特殊性也是希望将中国公关尽快地与国际的规则接轨,以保证中国公关的后发优势及中国组织尽早地参与国际的共同竞争环境,正所谓遵守共同的游戏规则。

总之,目前中国的公关需要的是不犯错误的公关,或者说是真正的公关。因为不会使用公关的管理手段就是犯了一个错误,而误用了公关的管理手段则是犯了更大的错误。我们必须面对一些亟须解决的问题:公关的定位到底是什么?如果公关仅仅是一种意识,如何将这种意识贯穿于一种职业及学科?如果公关是一种学科,则其与其他学科相比的不可替代性何在?如果公关是一种职业,其可操作的技术是什么?公关需要理论的研究就是因为无论理论研究的处境是多么窘迫,而公关的实践仍然在不断地发展,这也是公关理论界及学术界的难堪。正如有人说,当我们研究真正的公关时,我们面对的却是实用的公关,或者说是让中国对公关有诸多误解的市场,其实这并不难面对。事实上,中国公关理论目前与社会理解的公关实务走得远了一些恰恰是件好事情，只是这些距离需要缩短的前提，不是让社会上的公关手段引导理论的研究，而是让真正的、科学的，同时也是有效率的公关管理手段真正让人们接受。它既可以让公关的理论及实践获得发展的机会，同时也会对整个社会的发展有益。这是所有公关研究人员的责任。尽管自己学识浅薄，但是我并不在意暴露自己，只是希望有同道能多加指导。

自从学生要求我为他们开设"公共关系学"的课程以来，几乎每年都有上千名学生和我一起被这年轻而有激情的学科所吸引，一次次地走进这一百年的公关职业历史，这是我面对公关教学与研究时的最大的满足。多年来，我一遍遍地平和地诉说着这门与管理学、营销学、传播学、心理学一样有着独立的理论体系，同时也在发挥着独特的管理作用的学科，希望它能尽快地脱离一些华丽的辞藻，以免它更加地陷入困境。

目前，有关公关的书籍非常多，我希望这本书能有一些特色。首先它包括了公关的理论、实务及案例的内容，对于那些初学公关的读者来说，它是全面的且是具体的和可操作的。因此，它既可以作为学生的专业用书或选修教材，同时还可以作为在职管理人员和一般的读者的自学读物，可以说这本书具有较强的普遍适用性。本书的第二个特色是注重其实用性，这不仅表现在书中概述了公关学的基本实务，更重要的是列举了大量公关案例，而在案例的点评中展示了公关理念的实际运用，在相当程度上可以培养现代信息社会成员自觉敏锐的公关意识和积极主动的公关素养。本书的第三个特色是在书中不断地展示着每一部分理论、实务、案例需要思考的问题，希望与读者在每一相关的段落都可以进行直接的沟通，从一定意义上说，书中大量对话性的提问，正是编者力图构架的与本书使用者的互动平台。最后，本书提供了具有创新性的案例分析模式，帮助读者理解公关成败的原因所在。

本书的编著要感谢的是我成千上万的学生，因为没有他们我不可能走进公关之门，同时也要感谢一直在公关理论研究及公关实务操作上给予我大量帮助的专家及学者，感谢所有的读者。

熊卫平

2006 年 3 月于浙江大学

目　录

1

上篇 公共关系基础理论

在我们这个社会中，人与人之间、人与组织之间、组织与组织之间由于不同的行为产生了不同的关系，其中政治行为产生了政治关系，经济行为产生了经济关系，法律行为产生了法律关系，等等。其实，在所有这些行为中都渗透着一种关系，即与人的产生同步形成的传播沟通的关系，这是人的一种与生俱来的要求。当人们逐渐地将这种关系也作为一种研究的对象，而一个社会组织为了生存和发展的需要，将这种传播沟通的行为作为一种管理职能时，一门新的学科——公共关系学也就应运而生了。

作为一门新兴的学科，目前公共关系学面对众多定义或含义的描述，这必然会使人产生一种极大的困惑，因此，本书的第一部分将专门对此进行研究与分析。

希望可以回答以下问题：

公共关系到底是一种什么样的关系？

公共关系的管理职能是什么？

公共关系产生、发展的过程以及每个阶段的理论、实践的代表人物是谁？

公共关系理论及实践的基本构成要素是什么？

公共关系的实践遵循着什么样的工作程序？

所有对上述问题的探究都将带你进入公共关系学科之门。

第一章　公共关系概述

学习要求

1. 掌握公共关系的基本含义及基本特征。
2. 了解公共关系的基本要素。
3. 了解在日常使用公共关系时的三种基本指向。
4. 了解公共关系的基本职能及与其他管理职能的区别。

第一节　公共关系的定义与基本特征

"公共关系"一词源自英文 public relations,就其字面的含义,public 意指"公开的""公共的""公众的""社会的",relations 作为复数指的是多种关系;公共关系一般可以缩写成 PR。其原意是"公众关系",而根据目前中文的主流译意是指"公共关系",又简称"公关"。因此,在理解"公关"的字面意思时,最主要的是理解它是一种众多关系的整合,而且其中"公共"的意思并非日常生活中所谓的"共享的",而是"公众的",这将有利于我们更好地理解什么是公共关系。

一、公共关系的定义

迄今为止,试图对公共关系作出界定的定义多达上千条。这主要是有两个方面的原因:一方面是可以理解为公共关系的研究者众多;另一方面说明公共关系因其管理的宽泛性及各类组织管理的侧重点的差异性导致对公关的理解一直得不到统一。下面列举一些具有代表性的定义以作比较。

1976 年版《韦伯斯特二十世纪新辞典》关于公共关系的定义是:"公共关系是通过宣传与一般公众建立的关系;它是公司、组织或军队机构等向公众报告其活

3

动、政策等情况,企图建立有利的公众舆论的职能。"这是早期关于公关的理解,强调的是组织的行为与利益,把外界对信息的接受教育看成是消极被动的行为。公关的目的仅仅是为组织"建立有利的舆论环境",其中忽视了公众的利益。

美国《公共关系新闻》杂志的定义是:"公共关系是一种管理活动,它估量公众的态度,检验个人或组织的政策、活动是否和公众利益一致,并执行一连串的行动,以赢得公众的理解和接受。"它阐述的是公关的管理职能,强调公关是一种行动,且强调了公关工作中社会组织的政策程序应该与公众利益一致,这不仅是一个组织的社会责任,也是公共关系的根本问题,因为违背公众利益的社会组织是绝对得不到公众支持的。当然这个定义的局限性是忽视了公关管理的必要手段是传播活动。

英国公关协会的定义是:"公共关系是一个组织与公众之间,为获得并保持相互之间的了解和沟通而进行的有计划的持续的努力。"它说明了公关既是人为的组织行动,又是持续的长期策略,注重的是双向交流与沟通。只是忽视了公关的职能地位。

1978 年 8 月在墨西哥城,世界公关协会大会的定义是:"公共关系的实施是分析发展趋势,预测未来结果,向机构领导人提供意见,履行一连串有计划的行动,以服务本机构和公众利益的艺术和社会科学。"公关的核心内容是"协调本组织与公众利益而提供决策咨询"。"分析发展趋势"提出了策划公关活动前须用调研的方法了解公众状态。"服务本机构和公众利益"说明公关必须坚持自身利益与社会(公众)利益的一致性。"艺术和社会科学"说明公共关系既是一种实践性、应用性、创造性很强的"艺术",又是一种必须以现代知识理论为指导的科学。

1976 年,美国社会科学家雷克斯·哈罗博士从他收集的 472 个定义中,经过分析归纳指出:"公共关系是一种特殊的管理功能。它帮助一个组织与其公众之间建立并维持沟通、理解、接受与合作关系;它参与处理各种问题与矛盾;它帮助管理部门及时了解舆论并做出反应;它明确和强调管理部门为公众利益服务的责任;它帮助管理部门随时掌握并有效地利用变化的形势,预测发展趋势,以作早期警报系统;它运用调查研究和健全的、符合职业道德的传播技能作为主要工具。"这肯定了公共关系是一种特殊的管理职能。其目的是为社会组织增进内部及外部公众的信任、支持与合作,为自身事业创造最佳的社会关系环境;公关的任务是发挥管理职能,包括参与分析处理组织面临的各种内外部关系的问题和矛盾,有针对性地采取解决问题的一系列政策与行动;强调公共关系是以良好的符合职业道德的传播技术作为基本手段。如此全面的概括确实是包括了公共关系的基本内涵。

国内学者关于公关的定义中较有代表性的有:

中国社会科学院新闻研究所明安香在《公共关系学概论》中说:公共关系是以管理社会信息为主要内容的现代管理科学和管理职能。此定义可以表述为:公共关系是运用各种信息传播手段,在组织机构的内部和外部形成双向的信息流通网络,从而不断改善管理与经营行为,赢得社会各界的信任与支持,取得自身效益与社会整体效益完善统一的政策与行动。

毛经权主编的《公共关系学》的定义是:公共关系是一个组织运用各种传播手段,在组织与社会公众之间建立相互了解和依赖的关系,并通过双向的信息交流,在社会公众中树立起良好的形象和声誉,以取得理解、支持和合作,从而有利于促进组织本身目标的实现。

复旦大学居延安在《公共关系学导论》一书中给出的定义是:公共关系是一个社会组织用传播手段使自己与公众相互了解和相互适应的一种活动或职能。

王乐夫等著的《公共关系学》中的定义是:公共关系是一种内求团结、外求发展的经营管理艺术。它运用合理的原则与方法,通过有计划而持久的努力,协调和改善自身的人事环境和舆论气氛,使本组织的各项政策、活动和产品符合相关公众的需求,并谋求公众对自己的理解、信任、好感和合作。在双方互利中共同发展。

中国社会科学院新闻与传播研究所公共关系课题组在所著的《公共关系学概论》给出的定义是:所谓公共关系,就是一个企业或组织,为了增进内部及社会公众的信任与支持,为自身事业发展创造最佳的社会环境,在分析和处理自身面临的各种内外部关系时,采取的一系列科学的政策和行动。

可见,围绕着公共关系的理解往往有一个切入角度的问题。事实上,任何组织在理解及运用公关时,往往是借助其独特的不可或缺的一种职能,而这种职能的存在即说明公关是一种管理的方式。因此,本书认为,公关仍然是对客观存在的一种社会资源的管理,既然,一个组织的管理包括人事、法律、技术、资金等方面,公关亦是管理的重要一环。因此,能将公关与其他管理职能进行区分的资源往往是公关的定位所在。我们不妨首先将公关确定为一种对传播资源的管理,而这种传播资源的影响面是广泛的,它可以是组织内部的,也可以是组织外部的,而其目的是服务于一个组织的生存及发展的整体目标。所以,公共关系应该是一个组织为了自身的生存与发展,运用传播沟通的手段对内部及外部公众进行关系协调及舆论引导的管理活动。此理解强调三个方面:其一,公关的管理对象是内部及外部公众;其二,公关的管理手段是传播与沟通,以区别于其他的管理职能;其三,公关的管理目标是为了一个组织的利益。尽管我们可以认为公关应该兼顾甚至应该代表社会及公众的利益,但是作为一种管理的工作,其最大的特色即为一个特定的组织服务。所以,公关管理中代表公众的利益及社会利益的体现,恰恰也是为了一个组织可以生存及发展。也就是说,假如不能代表社会及公众的利益,其组织的生存也是困难的。因为目前人们较习惯将这种管理的目标理解为一个组织的良好的形象,因此,我们在具体分析时也会频繁地使用形象的范畴。但是,公关管理的形象有其特定的含义,它绝不可能是靠公关包装出来的,而是一个组织已有的客观形象的内容,经过公关的过程而得以传达,换句话说,公关绝对不可能替代一个组织形象的客观基础,即传播的内容仍然是产品质量、财务、技术、人才等。

二、公共关系的基本特征

公关的定义应该讲求准确明了、简单扼要,但对于公关基本特征的理解可以是多角度的。因为公共关系的基本特征要体现的是公关的性质及发展方向。为了追求公共关系存在的特定性及不可替代性,我们有必要先了解公共关系的基本特征。

(一)公关管理的对象是公众

任何社会组织都会存在于一定的社会关系体系中,科学地分析与处理各种公众关系成了一个组织存在的基础。而这种关系的多样性及复杂性,要求有专门人员来进行处理。其中,处理一个组织与公众间的舆论关系则非公关莫属。

(二)公关以追求信誉为根本目标

信誉是一种以信用为基础的公众的认知,它与人力、物力、财力等资源一样具有可管理性及价值性。有专家做过研究,如果用 10 分来计算声誉的话,1 分之差对于一般公司的损失约为 5150 万美元,而对于那些在《财富》500 强榜上的公司,信誉上的 1 分,则相当于 5 亿美元。这一研究的结论是:尽管公司的规模和行业都不一样,但信誉每变化 1%,就会引起 1%～5% 的市值变化。而有些声誉的影响甚至是毁灭性的,如安达信事件。作为当时世界五大会计师事务所之一的安达信有 89 年的历史,员工人数多达 2.8 万。2001 年 8 月,美国证交会在对安然公司进行调查时,发现安达信在向安然提供审计、会计和专业咨询等服务中,涉嫌作假。在取证过程中,调查人员却发现相关的文件已被销毁,而且是在公司高管的授意下进行的。2002 年,安达信被美国休斯敦法院认定妨碍司法调查罪名成立,罚款 50 万美元,并禁止它在五年内从事相关业务。随后这家老字号的著名会计师事务所宣布倒闭。但案子到了美国最高法院后,最高法院推翻了地方法院对"安然倒闭事件"中安达信公司所作的有罪判决。在一份由院长威廉·伦奎斯特起草的判决书中指出,审理此案的全体法官一致认为:陪审团的原判决在一些重要的方面存在着缺陷。按照美国法律,最高法院撤销这项判决后,此案又被打回联邦法院重审。审判的结果,也许对安达信的合伙人很重要,但对安达信的未来却并不重要,因为没有人会相信安达信还能东山再起。正如美国乔治城法学教授布拉顿所说的那样:安达信并不是因为审计安然公司的账目而被起诉,而是因为在安然倒闭后不久销毁安然公司的有关文件而被控告。最高法院的裁决可能对于安达信案件遗留的一些诉讼有影响,但是无论如何,对于一个以信誉为重的会计师事务所而言,在遇到这种声誉危机之后,已经没有重组的意义了。为什么误判的官司也会摧毁一家声名显赫的公司?没有人会怀疑安达信公司的专业能力,也没有人会怀疑大部分安达信员工所具有的职业水准。但是比起这些公司强大的能力来,诚信是更为基本的前提。因为真正支撑财富的是信誉,以及信誉背后消费者的尊重与信任,而不是强大的资本、规模和技术。

（三）公关以传播与沟通作为工作方式

公关以真实的信息收集和发布、信息交流与共享作为其工作的手段与方法。一个组织选择适当的时机主动、积极地传播组织信息,能使公众了解组织并予以支持。因为这种信息的传递是以公众现有的理解及需求为出发点,而且涉及一个信息整合及时机的判断与选择的问题。因此,这种信息的传递不是一种单方面主观的给予,而是有选择的、科学的传递过程,是一个不断调整和修正的传递过程。

第二节　公共关系概念的三种具体应用

"公共关系"这一概念往往包含三方面内涵,即公共关系学、公共关系实务与公共关系观念。

一、公共关系学

公共关系学是一门新兴的学科,是专门研究社会组织与其公众相互作用、相互协调、彼此合作的规律及工作过程的一门学科。公共关系的学科性质往往因其发挥的是管理的作用,管理的手段又是传播与沟通,管理的对象是一种传播沟通的资源,从而成为一门交叉学科。一般认为,其最主要的关联学科是管理学与传播学,而在具体企业经营的运用中往往又发挥了与营销同步的作用,因此,也有学者认为公共关系学是管理学、传播学与营销学的交叉学科。但是,因其管理的对象、研究的范畴及特定的手段,公共关系学科的存在有不可替代性,也发挥着不可替代的作用。因此,公共关系学就成了一门独立的学科。

二、公共关系实务

公共关系实务是一个组织为了制造及引导舆论,为了追求内、外公众在认知上的统一而从事的各种活动,它是一种自觉的、有意识的活动。它既可以是单一的也可以是一系列的;它可以是多层次性的,但更多的是渗透性的。

如北京长城饭店曾经有过这么三件事情:第一件事情是1984年长城饭店刚落成,为了宣传自身,提升知名度,将时任美国总统里根的答谢宴会地点争取到了长城饭店,结果通过几百名记者的采访报道,长城饭店名扬全球。这可以说是一次公关的大手笔。第二件事情是有一年的圣诞节,长城饭店邀请各国驻华大使馆的小朋友到长城饭店装饰圣诞树,当这些小朋友回到使馆时,他们必定会将长城饭店的口碑也带回去。第三件事情是一个客房服务员在收拾客房时,发现有位客人的书正好摊开在床上,她收拾好房间后将一张小纸片插进了摊开的地方作为记号,客人见了非常感动。后来宾馆公关部经理就此事大发感慨,认为第三件事情才是真正意义上的公关。

课堂讨论

> 1. 为什么说第三件事情才是真正意义上的公关？理解时，可以考虑管理的成本、宾馆提供的基本产品以及公众对宾馆的真正需求。
>
> 2. 你是如何理解公共关系真实意义的？
>
> 3. 如果长城饭店并未将第三件事进行宣传，那么它与真正的公关是否还有距离？
>
> 4. 对于"光说不做是伪公关，光做不说是非公关"这句话你同意吗？

三、公共关系观念

公共关系观念或意识是一种影响和制约着组织的政策和行为的经营理念和管理哲学，它是规范组织行为的一种价值观念和行为准则。作为一种观念或意识，在日常生活中，在任何一个社会人身上，都可以得到具体的运用及体现。正如萨缪尔森所说的：学了经济学不能让你成为天才，但是不学经济学却会吃亏。我们将公关的理念作为现代管理不可缺失的一种角度，不仅仅局限于一个社会组织，事实上更多的是一种资源的运用意识。即如何让人们在接收到与你及你所在的组织有关的一切信息时，会产生如你所预期的感受及认知，这不仅是对一个组织的管理也是对一个个体的管理及经营的意识。公共关系观念具体可以包括：① 形象意识，即注重形象的投资与管理，注重自觉地对无形资产进行维护。② 公众意识，即高度重视公众的利益及需要，将公众的意愿作为组织决策与行为的依据，甚至在适当的时候发挥创造公众需要的作用。③ 传播意识，即不仅注重自身的行为，同时也希望人们了解我正在做的事情，主动运用一切可能的传播渠道及传播手段去影响公众、引导公众及争取公众，并善于运用双向沟通的方法去赢得公众的理解、信任及好感。④ 协调观念，即善于化解矛盾，学会在处理不同的矛盾中求同存异，在动态中求得发展。同时，在协调时要注重将社会与公众的利益与组织的利益放在同一天平上，在必要时甚至要将天平向公众倾斜。另外，公关观念还包括互惠观念、服务观念、长远观念、信息观念、整体观念、危机观念、竞争观念等。

事实上，所有的公关观念并非仅仅是专业的公关人员必须具备的，而是任何从事管理的人都应该拥有的，而公共关系学就是对这些公关意识的理论化和系统化。

第三节　公共关系与相关实务的辨析

公共关系学作为一门新兴的边缘学科，20 世纪 80 年代随着中国的改革开放才传入中国大陆。在社会实践中,因我国传统的思维及各取其用的原因,对公共关系产生了众多的歧解。因此,如果要正确地认识公共关系的基本特征还有必要将其与其他的一些社会现象及社会活动进行区分,从而更好地确定公关的管理定位。因为公关与广告的关系将在公关实务中作明确的分析,在此主要阐述公关与人际关系、营销及宣传之间的联系和区别。

一、公共关系与人际关系

人际关系是指依赖某种媒介并通过个体交往而形成的人与人之间的关系,人际关系与公共关系既有联系也有区别。

从两者的关联性来分析,公共关系活动的主体从理论上来说是一个社会组织,但是从具体操作来看是个体的公关人员。公关的对象从理论上说是公众,而公众也可以表现为某个个体。因此,公共关系的协调过程事实上也包括了人际关系的交往过程。公关的内容及沟通的手段中都已概括了人际关系的内容及手段。良好的人际关系也有助于公关工作的开展,特别是处理非正式沟通关系时,往往需要借助公关人员与意见领袖之间的人际交往手段。

但是,公共关系无论是从其管理的内容还是从手段的广泛性来看,都是一般的人际关系所无法比拟的。

首先,从管理关系的主体来分析,公共关系的主体是社会组织,协调的是一个组织与其内、外公众之间的传播沟通的关系。其管理的目的是在协调内、外关系的基础上实现一个社会组织的整体目标。它所体现的必然是一个组织的价值观念及行为规范;而人际关系处理的主体是个人,解决的也是个人与个人之间的关系,体现的是某个人自身的价值观念及行为规范。

其次,从管理关系的客体来分析,公共关系所面对的是以个人、群体、组织等诸多形式存在的公众对象。公众在公关管理中具有独特的定义及理解,其影响的不仅是公众的认知,同时还要引导公众产生一种行为的倾向;而人际关系处理的对象还是某个个体,所产生的结果也只是某个个体的观念及行为。

再次,从管理的手段来分析,公关的管理手段是一切传播沟通的行为,其中当然也包括了人际的信息传播与交流。但是,公关管理借助于现代传播媒介的发展,更多的是依赖于现代的大众传播媒介,如报纸、电视、广播、杂志、电影、网络(移动互联网)等。就这点来看,人际关系借助的往往是人际沟通的方式,如直接面对面的交流或借助一定载体的人际沟通。从其传播的范围、距离及影响力来看,人际沟通的手段与公关的沟通手段是无法相比的。

最后,产生的结果也体现了两者不同的地位。公共关系所形成的是一个组织的管理职能,发挥的是一个组织不可缺失的管理功能。而人际沟通所协调的仅仅是人与人之间的关系。

鉴于上述分析,公关人员在从事公关活动时需要注意的是:不能将公关当作人际关系来处理,即使是以个人身份出现,也必须增强自身的职业角色意识,要通过个人之间的关系将组织与公众联系起来。与此同时,在公关工作中也应尽量强化自己的职业承受能力,即使偶尔产生纠纷,也不能主观地将之归结为一种人际矛盾,也许这是一种由职业所导致的误解。

课堂讨论

> 　　中国著名的社会学家费孝通曾作过一个比喻:西方的人际关系犹如一捆柴,其中每根柴都是独立的,每个人都很清楚自己的位置;而中国的人际关系如同一块石头扔进了水里,激起了一圈圈的波纹,此时你连自己的位置也找不准,因此,你也就不能了解自己到底该做什么和不该做什么了。你是如何理解中国的人际关系的复杂性的?这是一种事实上的复杂还是一种思维上的复杂?请你分析人际关系对公共关系的影响。

二、公共关系与营销

　　所谓营销是指一个社会组织将其产品或服务向消费者进行宣传,影响后者态度,从而产生购买行为的过程。在任何一个组织中,如果有营销部门存在,那么公关的地位往往会倾向于为营销服务。目前公关与营销正越来越被混同,而且营销公关的概念也已被人们所接受,如果公关人员认为营销是唯利是图、大吹大擂的推销,那么营销人员也会认为公关人员只会代表公司在新闻媒体上大肆宣传。按照现代营销之父菲利普·科勒的观点,任何组织都存在一个营销的行为,营销的范围既可以是一个政府的也可以是一个城市的,而营销对于企业则更是天经地义的。但是,无论是从活动的目的还是从活动的范围和手段来分析,公关与营销就其理论理解是有明显的区别的。首先,从管理的目的来分析,公关推广的是一个社会组织,而营销更多的是注重一个组织的产品及服务。如果我们在电视屏幕上努力推广组织决策人员的形象,这是一种公关的行为,而当我们正在直接做着产品或服务的形象宣传时,这肯定是为了营销的目的。尽管一个组织的决策人员的形象也会影响到人们是否选择你的产品或服务,但其管理的出发点及目的是不同的。其次,公关与营销的适用范围也是不同的。公关贯穿于一个组织管理的全过程,其作用的范围既可以是组织外部的也可以是组织内部的,而营销注重的往往是组织外部的消费者;同时,公关可以在组织的任何状态下发挥作用,既可以在顺利发展时期也可以在出现危机的时期,其管理的公众对象是全方位的,解决的问题也是全方位的,带有明显的渗透性;而营销的对象较狭窄,其管理的范围也更集中,主要是为了将产品及服务对外进行展示。最后,公关与营销的管理职能也有不同,公关的管理职能既是对外的,同时也是由外对内的,即需要完成一系列复杂的信息搜集、环境监测等工作,它在组织内部从事的是对相关职能部门的服务工作,因此,在营销中也时时会体现公关的服务职能。就管理职能来看,营销应该是一种比公关要简单的管理活动。斯特林大学公关专业主任丹尼·莫斯认为:即使在一个商业性的企业,当公关为营销服务时,公关的管理方法也是意义非凡的,特别是当危机发生时(如产品失败所引起的危机),公关就会发挥它的重要作用①。

三、公共关系与宣传

宣传这一古老的社会现象,而今被移动互联网时代的大众传播媒介(包括自媒体)推向了新的竞争时代。根据中国大百科全书的解释:宣传是运用各种符号传播一定观念以影响人们思想或行为的社会行为。宣传具有强烈的目的性,传播的是宣传主体的思想,具有极大的功利性,其目的在于指导、影响受众的思想,引导受众的行为,力图让受众按照自己的意图行事。美国前总统艾森豪威尔在总结两次世界大战中各国的宣传经验时,十分感慨地说:在宣传上使用 1 美元等于在国防上使用 5 美元。原美国国务卿基辛格也说:一座电台比一个 B-52 战略轰炸机中队还能更有效地对某个国家施加压力。

从某种意义上来说,公关需要利用宣传的手段,而且在现实生活中人们也往往不由自主地将公关相比于宣传。事实上,公关与宣传是不同的。首先,从其管理的目标来分析,公关管理追求的是一个组织在公众中的信誉,建立的是与各类公众良好的关系,争取的是一种理解、合作与支持;而宣传的目的是通过意识形态的教育和传播活动来改变和强化人们的心理状态或精神状态,获得人们对某种主张与信仰的支持。其次,公关与宣传运用的手段也有所不同,公关管理的手段主要借助大众传播媒介,但同时公关还注重不断搜集公众的信息以调整自身的行为,公关的传播是双向的,它并不能一厢情愿地将自己的主观意愿强加于公众的身上,甚至在更多的时候,公关还需要根据公众的意愿来调整自己的行为,从而在与公众互动中求得生存的目的;而宣传往往是主观的、单向的,更多的是将自己的意愿加于受众的身上。无论宣传采取的是哪一种传播工具,一般都是对受众进行劝说,力图改变受众的思想、态度和行为。它不求反馈,是一种单向的心理诱导、行为影响和舆论的控制方式,属于单向的传播活动。最后,公关与宣传所遵守的原则也是不同的。公关工作对外传递信息以真实为原则,即不论消息对组织是有利还是不利的,它都必须告知公众,以真诚的态度去赢得公众的理解与谅解;而宣传为了引起社会受众的重视,既可以真实地传递信息,也可以对信息进行夸张、渲染。

可见,公关与宣传都会使用各种大众传播媒介,公关也会包括宣传的成分,社会组织也可以借助在长期的宣传实践中积累的丰富理论、经验和技巧。但是,我们

---

① 郭惠民.当代国际公共关系[M].2 版.上海:复旦大学出版社,1998:198.

可以这样说,宣传是对于公关工作内容和方法的一种丰富手段,而公关产生的效果无论是长期性或深刻性都是远甚于宣传的。

第四节 公共关系的基本管理职能

公共关系的管理职能是指公共关系工作对组织、个人和社会所发挥的作用及应该承担的职责,把握公共关系的管理职能可以让我们明确公关存在的地位及其职能的不可替代性,便于更好地理解公共关系的本质及基本特征。同时,也可更好地与相关职能部门进行配合与合作,从而更好地开展公共关系的工作。一般来说,公共关系的管理职能主要体现在以下五个方面,即信息职能、传播职能、咨询职能、管理职能及协调职能。

一、采集信息,监控环境

尽管信息并非知识,但任何一个社会组织都生存在一个由各种信息包围的社会环境中,所谓适者生存,在复杂的社会环境中寻找与自己的生存和发展密切相关的信息,这是一项组织无法回避的任务,而这份工作一般可以由公关部门来完成。公关采集信息的目的是进行预测管理,即了解各类公众的现状及对组织的影响,特别是判断信息所提供的资源对一个组织长远发展的影响,它可能是需要引导的,也有可能是需要控制的。

一个组织公关需要监控的信息主要由内部与外部两个方面组成。它包括组织对各种实际物质条件的控制及对组织内部人员和外部各类公众基本情况的了解。这种基本状况可以是表面的各种特征,如性别、学历,更主要的是舆论、态度、行为倾向等方面的情况。因此,公关不仅需要掌握组织的基本人力、物力、财力状况,因为在对内、对外进行信息传递时需要展示这些资料,但更需要掌握及整合各种公关资源。一个组织的公关资源可以包括三个方面。① 组织主体内部的资源,如领导人员对公关的重视程度。因为一个组织是否注重公关管理取决于最高的决策层以及组织管理层对公关的态度及对公关的支持程度、组织内部员工的基本公关意识及公关行为的监控等。② 组织外部公众的信息,它包括各类公众的基本情况,即公关的外部环境等。③ 组织可利用的各种公关手段。这可以是内部的各类媒介,如发光屏板、简报、公关小册子、闭路电视及内部局域网络等;也可以是外部的大众传播媒介,如广播、电视、报纸、杂志及网络(移动互联网)等,当然还包括大量的非大众传播媒介及各类人际交往的渠道等。对公关传播资源的分析成果将直接显示一个组织公关管理的水平,即如何使有限的公关资源发挥最大的效率。

采集信息作为公关工作的首要职能,是一个组织开展任何公关工作的前提和基础。在现代社会中,信息已成为公认的巨大资源,公关也必须以对信息的搜集及使用为其工作的基本特征。无论是内部还是外部公关工作,任何策划都是从公关信息的收集开始的。这就要求公关从业人员具备一种敏锐地捕捉信息的天分。而在信息监测的基础上,对信息的管理及使用是对公关在管理层次上的要求,即对一个组织生存环境的控制,它是指观察和预测组织目标实现的公众情况和各种社会环境的情况,使组织对环境的发展变化保持清醒的头脑及灵敏的反应,从而保证科学地塑造组织的良好形象。关于信息的价值究竟如何,美国亚默尔公司老板的感触应该是最深刻的。1975 年春天,美国亚默尔肉食品加工公司老板菲利普·亚默尔被一则短信息所吸引:"墨西哥发现了疑似瘟疫的病例。"他马上进行认真分析:如果墨西哥发现了瘟疫,一定会从加利福尼亚州或得克萨斯州边境传到美国来。而这两个州是美国肉食品供应的主要基地,瘟疫地区的肉食品是不能供应给市场的,这样一来,美国肉食品供应肯定会紧张,肉价一定会猛涨。他当天就派家庭医生亨利赶往墨西哥,几天后,亨利发回电报,证实了那里确实发生了瘟疫。于是他立即集中全部资金购买还未感染瘟疫的加利福尼亚州的牛肉和生猪,并尽快运到美国东部。果然,瘟疫很快蔓延到美国西部的几个州,美国政府下令:严禁一切食品从这几个州外运,亚默尔在短短的几个月里,便赚了 900 万美元。信息在任何一个组织的生存与发展中都是前提性的条件,而对信息的掌握、分析并作出相应的判断是保证一个组织健康生存与发展的必备条件。

信息的运用其实不仅仅是一个组织经济价值的来源,更重要的是可以测试一个组织公关职责的承担情况及公关管理水平的高低。例如,中国人民银行的新汇率一旦出台,外资银行频频光顾有关企业,任何一个与外销企业相关的公关人员都应该马上对此给予重视。2005 年中国人民银行做了一笔规模为 60 亿美元,一年期的掉期汇率为 7.85 人民币比 1 美元的外汇市场操作,这个消息意味着:中国政府可能允许人民币对美元 1 年后升值至"7.85∶1"。这必然要求企业需要采取适当的自救措施,如引入远期买汇及掉汇等技术手段。汇丰、花旗及东亚等外资银行纷纷上门拜访,将一批中小企业的老板请到五星级酒店,召开人民币升值研讨会,提供的是香槟酒和精美的点心,营造出轻松的气氛,提供人民币升值后的财务建议,如果这些中小企业主在国有银行得不到这样的待遇,那么它们很可能改投外资银行而去。

二、对外传播,监控舆论

曾几何时,一个企业面对媒介如同面对洪水猛兽。美国《财富》杂志创刊之初做的是有关企业的报道,而且往往是以严正的态度来对待企业。《财富》杂志创始人鲁斯开创了《企业的故事》这种报道方式,其中所描述的故事往往是企业的阴暗面。当时在美国,如果自己的公司被《财富》刊登出来,主管阶层无不觉得是一大困扰,如同遭受带状疱疹袭击。有一次,德鲁克问加勒特(Paul Garrett),被聘为通用汽车公司的第一任公关主管时,他的首要任务是什么? 加勒特回答说:"离《财富》杂志远一点。"那时,《财富》杂志才刚刚起步而已。有些企业主管私底下也会说服或是贿赂《财富》的编辑或记者,要他们取消有关自己公司的报道①。而时过境迁,如今的传播媒介已经成了一股强大的力量,正是由于出现了大众传播媒介,世界才变得越来越小,当人们需要对无法亲身了解的事物作出辨析、判断时,就只能依靠传播媒介。传播媒介被称为社会公共的"感觉器官"和"神经系统",而事实上人们除了工作和睡眠之外,用于传媒的时间超过任何其他活动。有80%的人在看电视、听广播。特别是网络的出现、移动互联网的无孔不入使得人们更多地将生活和媒体联系在一起。传播学家通过实证研究发现,大众传播媒介在决定人们的思想倾向方面也许起不了多大的作用,但在操纵人们想什么、谈论什么、重视什么方面却异常有效。在报纸杂志中放在显著版面的事件,在广播电视黄金时段报道的问题,在网站首页出现标题的新闻将成为公众普遍关心和重视的问题,进而成为社会舆论的中心话题。因此,面对如此重要的公共资源,公关管理职责也就应运而生。这种职责,即如何借助各种大众及非大众的传播媒介将有关一个组织的信息有效地传递出去,以求形成一种良好的公关环境,即形成人们对一个组织的良好的认知及情感上的认同。就任何组织的产生及发展全过程来看,公关传播职能可以体现在每一个阶段。在一个组织的初创时期,公关完成的是简单的告知公众的任务,即宣告它的诞生,这个工作主要表现在不断地在各类媒介上发表有关一个组织的信息,它可以是关于组织基本情况的,也可以是一个组织的主观宣传。当一个组织在顺利发展时期,公关同样需要不断地传递一个组织的相关信息,正是因为人们所面对的媒介是如此频繁地、不间断地传递着各种各样的信息,而人们总是因为信息量过剩而显得接收信息能力不足,因为人总是有忘记的习惯,所以不断地强化一个组织的信息可以体现出公关工作的日常性及不可或缺性。公关对外传播的关键时刻是在出现不利于一个组织的舆论时,公关要学会引导舆论,此时的传播工作将着重对舆论方向进行控制,这也是公关最能显示其管理水平的时候。因为人是可以被引导的,事实上人们也是希望被引导的,人们常常在等待着被说服,因此公关的引导工作同样也需要广而告之,而公众的观念及态度也会处在不断转变的过程中。

 课堂讨论

　　正如人们认同中央银行的工作围绕着货币供应量而展开,事实上,发行的货币量才是关键。而公关传播所管理的资源是舆论及信息,即公关传播要考虑信息传播的时机及信息量的组合。因此,公关传递信息是必然的,只是公关需要解决的是在什么时候、以什么方式及传递多少信息。你认为公关管理可以追求上述这种目标吗?

① 德鲁克.旁观者:管理大师德鲁克回忆录[M].廖月娟,译.北京:机械工业出版社,2005:225.

三、咨询建议,参与决策

决策是组织对自身条件和外界环境经过缜密考虑、比较所作出的决定性的选择。由于组织的自身条件和外界环境都包括了公众因素,因此在组织的决策过程中,公共关系的参与是理所当然的,并且它还发挥着相对独立的作用,这种独立作用主要体现在咨询建议上。所谓咨询建议就是向决策层和管理部门提供公共关系方面的意见和建议,使决策更加科学化、系统化,并照顾到社会公众的利益。咨询建议主要包括以下三个方面:① 对本组织方针、政策和行动提供咨询建议,发挥公共关系对组织的导向作用,参与决策,制订出合乎组织发展目标的方案;② 对本组织公共关系战略、经营销售战略和广告宣传战略、CIS(corporate identity system,译为"企业识别系统")战略、组织文化战略提供咨询意见,使原来由几个部门负责的工作发展成一个系统,并制订出科学的实施方案供决策者参考;③ 对组织生存环境的有关发展变化进行预测和咨询,使组织决策者拥有一套乃至几套可以选择的方案,以适应这些变化。

四、问题管理,处理危机

遇到危机对于任何一个组织来说都是常见的事情,因此,如何面对危机及如何处理危机就成了一个必须关注的问题。针对公关所体现的预测及监控环境的独特作用,曾有人提出用"问题管理"来取代"公共关系"。问题管理是 20 世纪 70 年代公共关系发展过程中产生的新职能,它代表的是一种超前行动的战略,为了积极地采取行动,在有关问题进入法规和公共政策制订之前就对它进行管理,即面对组织有可能遇到的问题提前介入,不至于到时措手不及。如果"问题"界定为一个组织的内部或外部的条件或压力,那么这种条件或压力持续下去就会对这个组织的运作及其将来的利益产生重大的影响。一般按照问题的影响及人们的关心程度可以将问题分为四种类型。① 有广泛影响的问题。这类问题是对广大公众有直接影响的,如货币、价格、环境等,它往往会由社会活动家限定再由大众传播媒介表现出来。② 有广泛影响但较抽象的问题。虽然有不少人关心但公众往往不能施加太大的影响,如自然资源的利用、住房等问题。③ 影响狭窄的问题。如安全生产、公平就业等。④ 技术性的问题。一般是由领导集团确认和解释的,因其远离个人生活,因此只能通过工会、社会活动团体和新闻媒介的活动来预测这类问题的存在及发展趋势。

作为当今公关管理的重要职能,预测及管理问题的工作可以体现在以下几个方面:调查预测、发现问题;分析情况、评价问题;提出对策、解决问题。

如果有些问题防不胜防,最终危机仍然爆发,则需要公关进入危机管理的程序,即通过危机管理计划来处理一系列问题。

 **课堂讨论**

> 　　既然公关强化了问题管理的重要性,而且任何事情的发生都会有一些先兆,那么为什么危机仍然无法避免呢? 公关管理的重点应该是"问题管理"还是"危机管理"? 或者"危机管理"是否应该包括"问题管理"?

五、关系协调,创造环境

　　公关管理中的关系协调职能所承担的是对内及对外两个方面。

　　对内来看,公关的关系协调职能主要是教育及引导组织中每一个人重视组织形象和声誉,要使广大员工懂得公共关系与组织的生存和发展密切相关,而良好的组织形象的建立绝不仅仅是少数领导者和公关人员的事情,它的实现必须经过大家共同努力。公关人员平时要培养全体员工的主人翁意识,并向其传递公共关系的意识及处理方式。如周末,在单位大门口突然聚集了大量记者,在闪亮的聚光灯下,面对大量的话筒,作为一个普通的员工该如何来应对,这是一个需要平时培养才能形成的能力,即如何让员工从容地将记者引向组织内部的专业人员。同时要协调好领导与组织成员之间的关系。一方面经常向领导反映员工的情绪、意见和要求,并提出如何根据下级员工的实际情况调动他们积极性的相关建议,从而使上级领导准确及时地了解下级员工的情况,及时调整与下级员工的关系;另一方面,也要积极向员工宣传组织的管理方针、政策,传达领导层的意见,解释一些可能发生的误会,使大家正确理解并接受领导意图,了解组织发展的现状和前景,自觉配合管理者搞好各方面的工作。最后还要协调好各管理部门之间的关系,使之配合默契,产生最优管理效果。公共关系的这一部分工作应是建立信息沟通渠道,使各部门了解对方的工作特点、工作情况及所遇到的困难,互相理解、互相谅解、互相信任和互相支持。

　　对外来看,公关的关系协调职能就是将本组织的情况、观念和意图,真实有效地传播给特定的公众,进行教育引导,以增进了解,保持和谐、良好的关系。"公众永远是对的",这是从服务理念的角度将"正确"让给对方;但客观地讲,公众不可能永远是对的,他们同样也需要加以引导、协调并与之沟通。公关人员要经常把组织的决策、计划执行情况告诉公众,并向组织反馈公众的信息,使组织及时根据反馈信息来调整自己的行为,使组织与外部公众之间建立起一种互相了解、互相依赖、利益一致的关系。

 **课堂讨论**

> 　　如果一个组织内部的公关部承担了上述五项公关职能,那么公关部往往会与其他一些相关职能部门产生冲突,因此,事实上有些组织的公关部门仅仅承担了其中一两项公关的职能,你认为这是否会影响到公关职能的独立性及公关管理的不可缺失性?

复习思考题

1. 公共关系的基本含义是什么？

2. 公共关系的基本特征是什么？

3. 公共关系的基本管理职能是什么？

4. 公共关系学与相关学科的关系是什么？

第二章　公共关系历史与现状

学习要求

1. 掌握公共关系的历史进程。
2. 了解公关历史上每个阶段的著名代表人物及其对公关的特殊贡献。
3. 了解现代公关产生于美国的背景。
4. 了解中国公关的现状及发展前景。

第一节　公共关系的萌芽

公共关系作为一种职业方向及新兴学科,是现代社会的产物,它明显带有现代社会文明的"胎记"。然而,它作为一种客观存在的社会关系和社会现象,又有着悠久的历史。它与世界上任何事物一样,有一个从萌芽到成熟,从低级到高级的发展过程。

尽管现代意义上的公共关系理论产生于20世纪20年代的美国,但是公共关系作为一种客观存在的社会关系却已经有着悠久的历史,无论是在中国还是在西方国家,几乎都可以从历史中找到大量的例子。

在中国古代社会,一些朴素的公关思想及活动在政治、经济、文化、军事及人际交往中都有明显的体现。

中国古代政治及人际关系发育得较为完善与成熟,在中国古代的政治活动中,公关的理念非常普遍,如中国古代一批开明的统治者已经注意到了民意和舆论在国家政治生活中的重要性,早在黄帝、尧、舜、禹年代及夏、商之际,那些开明的君王都设有专门的地点听取臣民的谏议或议论。

至西周,召公提出:"防民之口,甚于防川。""口之宣言也,善败于是乎兴。"(《国语·周语上》)意即统治者对待舆论的态度是国家管理的关键所在。而在中国最早的诗歌总集《诗经》中,有许多"风"诗就是当时统治者为了观察风俗和民情特派采诗官员巡行搜集起来的。而"雅"与"颂"诗则主要为了歌功颂德,因此,有人也愿意将它称为一本公关的著作。而在东周,管仲采取了"与民同好恶"的政策和措施以辅助齐桓公奠定了齐国的霸主地位。而中国古代的"准公共关系大师"——子产(郑国人)在任宰相期间,采取了多方面的改革措施,其中"子产不毁乡校"(乡校是郑国学生和乡人聚会议事的场所)的故事包含了典型的公关思想。孔子极力主张的"取信于民"及孟子的"得天下有道,得其民,斯得天下矣;得其民有道,得其心;得其心有道,所欲与之聚之,所恶勿施,尔也"等等,都体现着一定的公关思想。

就军事上来看,《孙子兵法》中的"知己知彼,百战不殆"的战略思想,苏秦、张仪的合纵、连横策略等都与现代公关管理中的搜集信息、分析趋势、预测未来及有针对性地进行游说有着共同的逻辑基础。

而在人际关系的表现上,以孔孟为代表的儒家思想占据了主流,"诚""礼""信"等构成了其主要的内容,这与现代公关管理中的以真实为底线、以信誉为核心、以信任为目标的长远意识也有着共同的思维方式,孟子的"天时不如地利,地利不如人和"的思想更是道尽了现代公关所追求的终极目标及价值取向。

在中国古代的经济关系发展中,在人们的经济交往中同样也显现了公关的理念,如"和气生财"及"宾至如归"的服务意识等。

在西方古代社会,同样也包含了丰富的公关意识及自发的公关活动。如古代希腊、罗马的政治家们非常擅长进行自我宣传,他们会利用各种场合发表演说,宣扬自己的政绩和德行,从而扩大自己的政治影响力。古代罗马的统治者特别注重人民大众舆论的力量,重视民意的反映,并通过信使及复杂的间谍网络来进行舆论研究,因为罗马人认为"人民的声音就是上帝的声音"。罗马统治者同时还使用了制造舆论的工具,公元前59年,恺撒当执政官时办起了世界上第一份官方公报——《每日纪闻》,并运用报纸引导舆论。这份报纸使用了当时的大众化语言——拉丁语,面向具备阅读能力的人,为恺撒歌功颂德。恺撒出征高卢及英伦三岛时,为了扩大自己在罗马城的影响,不断地派人将他和军队的情况写成报告用快报送回罗马城。这些报告通俗易懂,生动且富有感染力,结果在罗马广场上被人们争相传诵,恺撒的个人威望得到不断的提升。同时,恺撒还把远征高卢的事迹写成了《高卢战记》一书,四处宣传自己的丰功伟绩,从而保证了他在公元前46年登上独裁者的宝座。恺撒一直认为要想获得民意的支持就必须以自己的思想观念去影响他们,因此,人们不得不感叹,他的那本《高卢战记》绝对有资格称得上是一本"第一流的公共关系著作"。亚里士多德在其《修辞学》里,详细描述修辞的艺术及如何运用语言来影响听众的思想和行为时,提出了用"充满感情"的语言来影响公众的情绪。所以,西方的公关学者也愿意将亚里士多德的《修辞学》列为最早问世的关于"公共关系理论"的著作。

在传递思想及观念方面,西方的宗教活动令人感叹。早期基督教的广泛流传在很大程度上依靠了现代社会所谓的"公关的技术"或公关的活动。公元 1 世纪,教徒保罗和彼德通过布道演讲、发送函件、策划事件等活动来宣传基督教的教义,在耶稣遇难后四十年写成了四部《福音书》,不仅记述了耶稣的生平事迹,更关键的是宣传了对基督的信仰。因此,有人认为,西方基督教卓著的宣传活动,如果一定要用现代公关理论来衡量,可以说是"应有尽有"。从组织来看,教会是一个自成体系的、遍布各地的宗教组织,既有教皇、主教、教士,也有教区、教堂,系统非常严密;从公众来看,遍布各地的教徒甚至是全国的国民都成了其施加影响的对象;从传播手段来看,除了广为传播的宣传品《圣经》外,还通过洗礼、弥撒、演讲、各类函件、策划事件以及其他类似于公关的活动来传经、布道,宣扬其主张,扩大其影响。如 1935 年,英国的约翰·威克利夫为了把上帝的福音传播给更多人,建议将《圣经》译成英语,并提出了教会改革。为此,他带头上街演讲,利用书籍、小册子、宣传单等方式进行宣传。

总之,公共关系的渊源可以追溯到古代社会,无论在中国历史还是外国历史中都可以找到非常生动的例子。但从严格意义上来说,这与现代意义上的公关有着很大的区别,只能作为公关的萌芽,或被称为"准公关""类公关"或"史前的公关"。当然,古代公关的萌芽为现代公关的产生和发展提供了丰富的营养,值得我们去学习和借鉴。

第二节 美国公共关系理论与实践的发展过程

公共关系作为一种新的管理思想及管理活动开始于美国独立战争时期。后来,公关也出现在需要争取群众支持的各种利益团体的斗争中,如汉密尔顿领导的贸易和房地产的利益集团与杰弗逊领导的种植园主和农场主集团之间的冲突。事实上,美国公关的手段与技巧长期以来一直是各种政治团体的重要工作内容,而试图转变或操纵舆论的持续运动可以追溯到 18 世纪美国革命时期亚当斯及其追随者所做的工作。这些革命者以极富想象力和不讲情面的方法,运用文章、讲坛、事先安排好的各种活动、各种符号、新闻线索和政治组织,就是为了先唤起而后再去组织舆论。卡特利普和森特在《公共关系教程》中认为:正是亚当斯和他的革命者在动员舆论的过程中形成了今天的公共关系的实践模式。但在公关史上,美国 19 世纪中叶的"报刊宣传运动"可以说是一个象征及标志,而巴纳姆则是此次标志性事件中的标志性人物。

19 世纪 20 年代,由于蒸汽机广泛应用于印刷行业,报纸的成本大幅度地下降,报业得到了迅速的发展。1833 年,本杰明·戴伊首先创办了第一张面向大众的报纸《纽约太阳报》,因其发行量大导致广告费上涨。一些公司为了节省广告费不惜专门雇用一些人员编造谎言、故事,为自己做夸张、虚伪的宣传,而报纸为了迎合人们的猎奇需要,也很乐于采用。这便形成了轰动一时的报刊宣传运动,其主要代表人物即巴纳姆。

费尼斯·泰勒·巴纳姆是当时一个游戏节目的演出经纪人,他以制造新闻和杜撰故事而闻名于世,其影响力至今依然存在。巴纳姆杜撰的故事中比较著名的是:某马戏团有一个名叫海斯的黑人女奴,在一百多年前曾经哺育过美国第一任总统华盛顿。这一"新闻"发表后,立即引起了美国社会的轰动。巴纳姆又趁势以不同的笔名向报社寄去表明不同看法的"读者来信",人为地制造了一场争议。有的来信说巴纳姆的所谓海斯的故事是个骗局;有的来信说,巴纳姆发现了海斯是一大功劳。于是很多人抱着好奇心纷纷到马戏团要看个究竟,从而使马戏团的票房收入猛增。海斯死后,人们对她的尸体进行解剖,发现其最高寿命不过 80 岁而已,根本不是巴纳姆所宣传的已经活了 161 岁。对此,巴纳姆做出了一副无辜且愤慨的样子,他说自己也是被人骗了。实际上,巴纳姆从自己策划的争论中获得了很大的好处,他每周可以从那些希望一睹海斯风采的美国人那里得到 1500 美元的门票收入。巴纳姆认为"公众是可以被欺骗的",而且"凡宣传皆好事"。至于宣传的内容真实与否并不重要。他同时认为,只要媒体不把他的名字拼错,随便怎么说他都无妨。

如此吹嘘、欺骗确实很难列入公关史,但是,论及公关的历史,人们却无法摆脱这一页。因此,人们更多地将它称为"公关的黑暗时期""反公共关系时期"等。这一反公关的时期至少有两个致命的弱点:一是无视公众的利益,将公众置于可以随意欺骗的位置;二是以获得免费的报纸版面为目的,并为此不择手段地制造一些新奇的新闻事件来满足媒体的需求。

但是,如果从公关的操作层面来分析,抛开公关传递的内容不谈,巴纳姆传递的方式及利用的渠道与公关可以说是相同的。因此,以其如此有组织、有计划地利用各种传播媒介为自己传递信息而论,巴纳姆时期确实可以说是前公关时期,尽管欺骗了公众。但是,这恰恰也证实了谎言总是会被拆穿的,公关必然要求内容与手段的一致性,因此,这也可以说是公关的一个很好的案例。①

19 世纪末,美国出现了工业革命的高潮,美国的经济从自由竞争向垄断资本主义过渡,少数资本主义大垄断企业几乎控制了大半个美国的经济命脉,他们凭借其垄断地位更加不择手段地掠夺着社会财富,无视广大公众的利益。这引发了工人强烈的抗议,劳资矛盾激化,整个社会充满了对于垄断企业寡头的仇视。此时,美国的新闻界掀起了一场"揭丑运动"(亦称为"扒粪运动""清扫垃圾运动"),活动的主要内容就是以评论、漫画等方式来揭露工商企业的丑闻。1902 年《麦克卢尔》

---

① 　关于巴纳姆的评价一直以来都是一个难题,他被指责"愚弄公众"从而使得现代公关一直陷于伦理的困境。但是,作为一个演出经纪人、一个报人、一个博物馆和马戏团的老板,他发现了公众宣传的价值,进而把那个年代的宣传观念、资源和策略运用到极致,缔造了自己的商业帝国。巴纳姆创造、推广和开发了许多名人的事业,其中包括汤姆·拇指将军、歌手珍妮·林德、暹罗连体双胞胎恩和昌。这位伟大的马戏团经理本人经常就是公众关注的焦点,他把这归功于自己的新闻代理。巴纳姆的马戏博物馆坐落于康涅狄格州的桥港,1993 年举行了百年庆典。卡特利普评价他说:巴纳姆先生是一个伟大的革新者,并深谙革新之道。同样的贡献还体现在他为新闻代理、广告宣传和商品促销的模式化,及其此后的迅猛发展所做的贡献。

杂志第一个发起了正面攻击,从 1902 年至 1904 年连续刊载了《美孚石油公司发迹史》,以大量真实可信的材料揭示了当时的石油大王洛克菲勒通过不正当的手段挤垮竞争对手的内幕。同时,一批年轻的有正义感的记者也充当了"揭丑运动"的先锋,他们在 1903—1912 年间,在各种报刊上发表的此类文章达 2000 多篇,甚至产生了专事"揭丑"的记者,如斯蒂芬思、诺里斯。诺里斯在他的《章鱼》《交易场》两部作品中抨击了铁路公司及小麦市场的黑暗内幕,更加激起了公众的愤慨,公众几乎都以敌视的态度来对待实业界。最初,这些工商业的大亨们准备以高压的方式来平息舆论,后又以恫吓的方式,如以不在报刊上登广告作威胁,或自办报刊继续编造神话来抗衡,结果都适得其反。"揭丑运动"与工人的罢工运动一起给那些垄断的企业以极大的打击。

企业家们无法再让自己的企业独立于公众的视线之外,所谓企业自成一体的"金字塔"式的管理也已不可能,任何一个社会组织都得置身于公众及舆论的监督及影响之下。面对这一事实,企业不得不寻找另外的生存方式,即寻求与公众及社会舆论的平衡点,而其中觉悟较早的应该是杜邦公司。杜邦公司作为一家从事炸药生产的企业,由于技术问题经常会发生一些事故。开始杜邦公司因采取封锁消息的方式,引起了人们的猜测、议论,由此传言也越来越多,此时杜邦公司的经营已被人们想象成一个"杜邦—流血—杀人"的可怕模式。为此,杜邦向一位报界的朋友寻求帮助,这位报界的朋友建议他"门户开放",将杜邦的事情全部对记者公开,然后再让记者将真相告诉公众,因为真相肯定是制止谣言最好的也是最终的方式。杜邦由此邀请这位朋友担任公司的新闻部部长,不仅负责对所发生的事故进行报道,而且非常注重对舆论的引导,同时还精心设计了一个宣传口号:"化学工业能使你生活更美好!"同时,积极从事社会慈善事业,组织职员向社会提供义务服务。对此,好多企业纷纷模仿,聘请一些新闻专家来担任企业的"新闻代言人",负责对新闻界的沟通工作。在这种环境下,一种代表企业或政府等各类社会组织,为沟通组织与社会公众之间的信息并从中收取劳务费的职业——公共关系职业应运而生了,作为"公关之父"的艾维·李(1877—1934)就是其中的代表人物,艾维·李也由此被称为公关职业的开创者或先驱者。

艾维·李出生于美国佐治亚州一个牧师的家庭,毕业于普林斯顿大学,曾任《纽约时报》《纽约世界报》的记者。艾维·李认为单纯揭示企业的阴暗面是一种消极的做法,而真正积极的做法应该是让企业抱有合作的态度,想办法主动消除误会并改变现状。正是因为企业的管理者希望能够保密而妨碍了信息的充分交流,也正是因为缺乏沟通导致众多误会,而消除误会的最好办法就是告知真相,采取将企业动态对外公开的政策,使企业的行为既可以迎合媒介的需要也能因受到公众和舆论监督而逐步完善。为了实现自己的理想,艾维·李和乔治·F.帕克一起创办了"帕克·李氏公司",开始为社会提供有偿公关服务,成为最早的职业公关专家,这标志着公关职业化的开始。当时的美国电报电话公司、洛克菲勒财团、美国铁路公司等都成了它的客户。1906 年,正当美国无烟煤矿业处于工人罢工的严峻时刻,艾维·李发表了著名的具有里程碑意义的《原则宣言》,全面阐述了公关活动的宗旨。《宣言》中说:"这不是一个秘密的新闻处,我们的全部工作都是开诚布公的,我们的目标是提供新闻。这不是一个广告公司,如果你认为我们送到你企业办公室的文件资料有任何不准确的话,请不要用它。我们的文件资料务求准确。我们将尽快提供有关任何受到处理的主题的进一步细节,而且,任何主编在直接核对任何事实的陈述方面都将愉快地得到我们的帮助……简而言之,我们的计划是代表企业和公共机构坦率并且公开地向美利坚合众国的新闻界和公众提供迅速和准确的信息,这些信息涉及公众感到值得和有兴趣知晓的全部主题。"[①]所有这一切都奠定了艾维·李在公关史上不可撼动的地位。

艾维·李的公关思想是主张"讲真话""公众迅速被告知"。他认为,对公众是有益的,从长远来看对企业也会是有益的。他让公关从一些简单的摸索上升为带有某些规律性的原则和方法。尽管艾维·李并没有对公关的理论作进一步的探讨,也没有创立一门独立的公关学科,但是他在公关实践中的丰富经验及其探索的原则为以后公关学科及理论的进一步发展奠定了基础。

 课堂讨论

　　艾维·李"讲真话"的理念几乎成了他的一个标志,请结合公关职业产生的背景,说明"公关"与"真话"之间的关系是什么? 结合目前公关的现状,你认为事过百年,这个问题是否已经解决? 为什么? 真话到底是基于内容本身还是基于对公众的态度?

如果说,艾维·李是公关职业的创始人,那么,公关学科的独立及形成应该归功于另一位公关先驱——爱德华·伯尼斯(1891—1984)。

爱德华·伯尼斯出生于奥地利维也纳,后移居美国。1913 年他受聘于美国福特汽车公司,担任公共关系部的经理,被称为"开企业承担社会责任之先河"。任职于福特汽车公司期间,他策划了一系列社会服务、福利计划,树立了企业承担社会责任的榜样。一战期间,伯尼斯成为威尔逊总统组织的"公共信息委员会"的成员,主要任务是向国外新闻媒介提供有关参战国情况的背景和解释性材料。一战结束后,他和夫人多丽丝·E.弗雷奇曼在纽约开办了公共关系公司,专门从事公共关系咨询和策划工作,开始为社会提供全面的公共关系咨询服务。

1923 年,伯尼斯认为有两件事情需要有人去做。① 写一本关于公关的书。因此,他出版了被称为公关理论史上里程碑式的著作《公众舆论的形成》。② 需要有

---

①　卡特利普,等.公共关系教程[M].明安香,译.北京:华夏出版社,2001:95.

人去讲什么是公共关系。因此,他去纽约大学以教授的身份首次开设并主讲了世界上第一门公共关系课程。随着1928年的《舆论》、1952年的《公共关系学》的出版,伯尼斯构建了公共关系的理论体系,成功地将公共关系学从新闻传播学中独立出来,使它成为一门独立而又系统的学科。

伯尼斯对公关的贡献主要体现在:首先提出了"公关咨询"的概念,并对"公关咨询"的作用进行了详细的解释:① 向工商组织推荐他们应该采纳的政策,这可以保证组织的政策实施符合公众的利益;② 把组织执行的合理政策、采取的有益公众及社会利益的行为向社会广为宣传,帮助社会组织赢得公众的好感、信任及支持。因此,公关并非仅仅是被动地为组织作对外宣传,同时还要主动地向一个社会组织提供相关的咨询及建议。因此,公关活动应该包括从计划制订、实施到最终反馈的全过程。其次,伯尼斯提出了"投公众所好"的思想,意即组织要先了解公众的意见和要求,然后在确定公众的价值观和态度的基础上有针对性地开展公关活动,这个活动肯定是以公众为中心开展的,而不能以一个组织自身的主观愿望为出发点。

伯尼斯因其对公关理论的特殊贡献被人们尊称为"公关学之父"。

继伯尼斯后,大量公关著作面世。如美国的卡特利普和森特合著的《有效的公共关系》(目前国内译著名称是《公共关系教程》)及《当代公共关系导论》《公共关系咨询》等。其中1952年出版的《有效的公共关系》已经成为公共关系的畅销书,被誉为"公共关系的《圣经》"。在此书中,卡特利普和森特有两大理论贡献:① 第一次明确提出了"双向传播"的公关原则,设计了公关"双向对称"的工作模式,即将一个组织的利益与社会及公众的利益放在同等地位,追求公关目的及方法上的对称性;② 提出了公关管理的四步工作模式,即公关管理过程要完成的是公关调查、策划、实施、评估四个环节的工作,这也被称作公关经典的"四步工作法"。

至此,公关从巴纳姆的"凡宣传皆好事"到艾维·李的"公众迅速被告知",从伯尼斯的"投公众所好",到卡特利普和森特的"双向传播与沟通",这是一个将公关的地位不断进行调整的过程,它可以说既是公关理念的发展,也是公关实践地位的不断提升。

自20世纪20年代公关在美国兴起后,由于其对社会产生的作用很大,立即对世界产生了影响。至今,公关咨询在许多国家和地区成为一种普遍而热门的职业,其学科的发展也已逐步地走向成熟。

美国作为公关的发源地同时也是让公关走向世界的策源地。自1908年美国电报电话公司设立第一个公共关系部以后,其他企业纷纷效仿,企业的公关部门迅速发展。据统计,1937年美国的公关顾问公司有250家,美国最大的数百家公司中的20%设立了公共关系部;到1960年,据美国《商业周刊》发表的统计报告,当时美国的公关顾问公司有1350家,从业人员达到10万,全美最大的百家公司中设立公关部的达75%;到1985年,美国劳工部门估计公关公司已有数千家,从业人员达

15 万人,自设公关机构或外聘公关顾问的占美国全部企业数量的 85％以上;1980年,美国的 500 强企业中,有 436 家(占 87.2％)设立了公共关系部,公关事业获得了迅猛的发展。

二战期间,美国的公关事业获得了进一步发展的机会,各类公关协会纷纷成立。1935 年,美国公立学校公共关系协会成立;1939 年,美国全国真实宣传者协会成立(1944 年更名为全国公共关系理事协会);同年,美国公共关系理事会(ACPR)成立;1948 年,由美国公共关系理事会与国家公共关系顾问协会合并在纽约成立了美国公共关系协会(PRSA);1954 年,美国公共关系协会制订了《公共关系人员职责规范守则》,作为维护公共关系信誉和职业道德的"行业法律";1968 年,美国公共关系国家理事会(NCPR)成立;1968 年,美国公共关系学生协会(PRSSA)在美国公共关系协会帮助下在纽约成立;1976 年,人类沟通委员会(NCCHS)同美国公共关系协会合并成立了世界上最大的职业公共关系组织。

与公关协会的成立同步进行的还有美国公关理论的研究与发展。1937 年,美国公共关系协会第一任主席哈罗博士在斯坦福大学开设公共关系课程;1947 年,波士顿大学建立起第一所公共关系学院,并设立了公共关系学硕士和博士学位;1955 年,全美有 28 所大学设置了公共关系专业,66 所学校开设了公共关系课程,到了 1970 年,设置专业和开设课程的学校分别达到 100 所和 300 所;1978 年,美国有 292 所大学开设了公共关系课程,其中有 93 所设立了学士学位,23 所设立了硕士学位,10 所设立了博士学位。1977 年的调查表明,全美公关从业人员中有 54％具有学士学位,29％具有硕士学位。

二战后,公关逐步地向世界各地推广。美国公关专家罗伯特·巴特认为:此时的国际公关就像一个十几岁的少年一样,突然以活泼的脚步前进。

早在 20 世纪 20 年代公关已经传入英国,1926 年,英国正式成立了一个公关机构——皇家营销部。1946 年,荷兰出现了首批公共关系事务所;1948 年,英国公共关系协会(IPR)在伦敦成立,它是目前欧洲最大的职业性公共关系组织;1955 年,法国公共关系协会成立;同年,国际公共关系协会(IPRA)在英国伦敦成立;1959年,比利时成立了比、荷、德、英、希腊等国参加的欧洲公共关系联盟,它是目前欧洲的公关组织中心,已拥有 140 多个集体会员和数百个个人会员;1969 年英国公共关系顾问协会(PRCA)成立,现已拥有 170 多家地方分支机构。

随着二战后盟军进驻日本,公关也开始传入日本。1947 年,驻日本盟军总部的民间情报教育局用行政命令的方式在日本各府县设立"公共关系办公室";1957 年后,日本公共关系公司陆续建立,公关作为一种新兴的职业在日本发展起来。1959 年,东京日本公共关系研究所主持召开了大规模的亚非拉公共关系大会。1964 年,日本公共关系协会成立。

在世界其他国家和地区,公关也在 20 世纪五六十年代发展起来。1967年,泛太平洋地区公共关系联盟在夏威夷的檀香山成立;1968 年,在伊朗首都德黑兰召开了国际公关协会第四次世界大会;1982 年,在印度孟买召开了第九届世界公共关系大会;1959 年,泛美公共关系联盟在墨西哥成立;1975 年,在肯尼亚首都内罗毕举行了第一届全非公共关系工作会议。

20 世纪 80 年代,公共关系进入了全球沟通的时代,技术前所未有地把世界连接起来,这加强了沟通的需要。随着经济、政治联系的加剧,对文化的了解及熟悉也显得越来越重要,从 20 世纪 70 年代开始的广告与公共关系的结合也变得更为强大,许多大型公共关系事务所都铺谋广告代理机构的收购。如 J.沃特·汤普森以 2800 万美元买下了伟达公共关系公司。还有一次重要的合作是公共关系事务所达德利-安德森-俞茨(Dudley-Anderson-Yutzy)成为广告事务所奥美公司(Ogilvy & Mather)的一部分,奥美公司更名为奥美集团。1989 年经过一场收购,奥美集团和 J.沃特·汤普森合并,成为英国的 WPP 集团。WPP 除了拥有当时世界最大的公共关系事务所——伟达公关公司外,还拥有最大的顾客市场研究公司——"国际研究",以及最大的直接营销公司——"奥美直营"。这种合作的结果是越来越强调用"战略规划"来协调整合传播元素,还越来越需要将各个组织的不同"声音"整合起来以保证信息的一致性,因为只有这样才能增加可信度。这种整合由此被称为整合传播或整合营销传播。

公关终于伴随着政治、经济和社会对它的需求,作为一种现代的管理方法和重要的职业立足于世界各地。

第三节　美国现代公共关系产生与发展的历史条件

现代的公关产生于美国并由美国向世界推广,这是与美国 20 世纪 20 年代的政治、经济、文化及技术背景密切相关的。

从其文化背景来看,20 世纪 20 年代的美国经历了一场从泰勒的科学管理方法向梅奥的社会管理方法转变。因此,现代公关的产生受到两种管理理论的影响:一是科学管理理论,二是人际关系理论。科学管理理论是以美国福特汽车公司的工程师 F.泰勒为代表的,他在美国首创流水线工作法。1911 年,泰勒系统总结了他的管理学说,出版了《科学管理原理》,提出了生产作业标准化、工时利用科学化、管理权利层次化、劳动分配合理化等原则。在书中,泰勒虽然强调了在管理人员与工人之间应该建立起一种和谐的关系,但是其研究的核心还是如何控制机器的附属品——工人,以便最大限度地提高劳动生产率。他把工人看成了受金钱驱使的"经济人",把物质刺激当成调动工人生产积极性的唯一手段,因此,从这个角度来分析,公关是无内部管理可言的。影响公关管理的第二个理论是人际关系理论。20 世纪 20 年代,哈佛大学教授梅奥在著名的"霍桑实验"中提出如何激励人的积极性而提高劳动生产率的问题。其理论出发点是：工人是"社会人"，劳动对于人来说恰恰是与娱乐、休息一样自然的，在为既定的目标奋斗的过程中，人有自我引导与控制的能力，对目标的执着追求而取得的成功，本身就是一种报酬。在一般情况下，人们不仅接受责任而且谋求责任，为解决组织的问题而被激发出想象力、聪明才智。1939年哈佛大学出版社出版了罗斯里斯帕格和狄克逊的《管理与工人》一书，其核心观念是：非经济报酬对于调动工人的生产积极性具有同金钱同等重要的意义，工人对组织管理应以组织成员的角色做出反应，传播是一个组织决策过程中的重要因素。尽管它可能扩大了人性中追求自我实现的成分，但是，人际关系理论毕竟注重了工人的人格尊严以及个人价值。因此，美国整体的文化背景在此发生了一个转变，从以往的物质性转向了人文性，即对人的尊重，对人的感情、尊严的重视，不再仅仅关注物质或经济利益。在这种文化背景之下，公关才会有其滋生的土壤。个人对于一个社会组织而言，仅仅需要获得产品或服务，还是应该更多地被赋予一种尊重？公众对于一个组织来说是否具备共同面对问题及共同解决问题的可能性？如果上述问题的答案都是肯定的，肯定的基础源自对公众知情权的重视及对公众解决问题能力的肯定。正如同一个政府部门如果擅长将公众纳入处理问题的轨道，这不仅会调动公众参与社会事务的兴趣及积极性，而且也会在真正意义上激发其各方面的才能。

从经济条件来看，第二次科技革命的发展使商品经济得到了极大的发展，大工业的商品经济方式突破了人们之间的时空及血亲的局限性，以商品为纽带的社会关系日趋复杂，每个社会成员及社会组织都处于一种全新的社会关系之中。广泛的社会分工需要的是广泛、紧密的协作关系，各个企业及社会组织为了生存与发展需要寻找新的合作伙伴，而维系长期关系的基础在于彼此的信任，这种信任的基础在于彼此真诚地沟通，特别是要建立在真实信息共享的基础之上。同样，商品经济的发展使得人们更迫切地希望形成一个彼此合作的社会环境，渴望社会的稳定及和谐，而这种共同的需要催生了共同的沟通手段的形成。

随着市场经济的进一步发展，公关的地位及作用更明显地体现在以下两个方面：一是对市场信息的收集、判断及综合运用。无论是对市场信息的收集还是判断都需要更专业的人士来完成，而对市场需求的分析往往还需要进行一定的预测。因此，公关人员作为专业的人才可以帮助企业更深入地了解公众的多种需要。这种专业技能的产生及完善的过程正是目前公关生存的根本。二是在买方市场条件下进行自身产品定位的需求。当商品经济发展，市场上产品供大于求时，消费者往往具有更大的选择优势。当人们不断从量的需求、质的需求转向情感需求时，如何保证产品能够从大量的同类、同质的产品中脱颖而出，为产品及服务增加情感的附加值，就成了公关对一个组织的无形资产进行管理的重要问题。为了吸引消费者，必然会不断努力同消费者发展产品交换之外的信息关系、感情关系，最大限度地争取广大消费者的理解、信任、支持与合作，从而形成以消费者为中心的"买方市场"。

当红豆集团将其衬衫品牌从"太湖"改为"红豆"时,人们不难体会"红豆"穿在身上的感觉已发生变化,这不再是一件衬衫那么简单了,而公关对于品牌定义中的情感介入正是目前公关不能缺失的重要因素。

从社会政治条件来看,美国式的民主政治是现代公关形成的一大根源。在封建专制社会,统治者可以为所欲为,统治者与被统治者间是一种简单的统治与服从的关系,而公众的力量分散,社会联系也较松散,共同意识薄弱,民众的政治参与度很低。在统治者的高压及愚民政策的统治之下,民众无须关心政治,也根本无法干预政治,舆论不可能对社会政治及决策产生影响。进入资本主义社会后,民主制度代替了独裁的专制,虽然资本主义民主仍然具有制度的局限性,但是,社会民众的联系却得到了加强,公民意识和民主意识不断增强,舆论对社会政治运作的影响力也越来越大。民主政治体制要求体现大多数人的意愿,满足大多数人的要求。例如,纳税制及选举制是美国式民主的重要组成部分。

就纳税制而言,纳税人的身份地位是具体的,他们作为纳税人不仅具有纳税的义务,同时还享有纳税后的权利。对于民众来说,由于纳税直接关系到自己的切身利益,因此就产生了关心与参与政治活动的要求;而在政府方面,则有义务将政府事务的决策与运作情况定期向纳税人公布与报告,并接受纳税人的监督。这是促使公共政治生活民主化的经济动因。同样,由于选举制的实行,民众拥有了参政权及议政权。一方面民众会认真比较、精心挑选能真正代表自己意志的人去议政、执政,并且有权经常不断地监督自己的代表是否能准确地反映自身的利益与意见,这就突出了政治透明度的要求;另一方面,被选举者为了当选或稳定地位,也需要重视民众的意见,不断地了解民意,与社会各界保持良好的关系。他们要顾及民众必先要了解民意,同时还要让民众加强对他们的了解。正如美国宪法所规定的,总统必须通过选举产生。而在野党为了取得执政的地位,就必须得到选民的支持。因此,在竞选中,任何一个政党的领导人所需要完成的工作都是去说服民众来支持自己,都会组成庞大的顾问团,阐述自己的政治见解及加强与选民的沟通。因此,选举制度是促使公关产生的政治动因。

最后,从公关的手段来分析,现代意义上的公关不可能建立在小范围的人际交往的基础上,它更多的是大范围的大众传播媒介的运用。因此,公共关系是与现代化的传播技术结合在一起的。20世纪初,由于科技革命的发展,现代的通信、交通及传播手段的发展,为现代公关的产生带来了技术的保证和物质条件。

资本主义日益发达的社会分工使得人们之间的联系方式产生了变化,跨地域沟通成为社会成员普遍的生存方式。在这种背景下,各种形式的传播理论与沟通技术迅速发展起来。如印刷术的普及与提高,带来了报纸、杂志发行量的扩大,电子技术的进步则带来了电报、电话以及广播、电视等电子媒介的兴起及普及,世界的联系越来越广泛。而空间技术的进步与大型计算机的运用,又带动了通信卫星的出现和信息网络的形成,达到了信息交流的高度自动化和准确化,"地球村"也正在成为现实。各种大众传播媒介的发展使得社会舆论的影响也日益增强。这就迫使社会组织需要应对公众舆论,促进相互之间及时了解与沟通,一旦一种意见被多数人传播就会产生一种巨大的舆论压力,这是任何一个社会组织无法回避的事实。因此,公关的职能在现代传播技术的推动下发挥着越来越重要的作用,其管理的独特对象、方式也将公关与其他管理手段区别开来。

综上所述,正是由于20世纪商品经济的高度发展,社会政治生活的民主化以及大众传播与现代通信技术的发展等诸方面的因素,才使公共关系学成为独立的职业、学科,屹立于众多的职业及学科之林。

第四节 公共关系在中国的发展过程与前景

现代公共关系在我国主要是沿着公关实务、公关传播与教育、公关理论研究、公关组织的建设等几条途径逐步发展起来的。

现代公关传入中国内地的时间较晚。20世纪80年代,中国香港的公关已经发展到了较高的水平,当时几乎所有的酒店和新闻传播机构以及大中型工商企业都设置了公关部。1979年,随着改革开放政策的确立及实施,我国特区的一些大型合资宾馆、酒店,如中国大酒店、花园酒家等,均按照国外的管理模式设置了公共关系部。之后,北京长城饭店公关部策划邀请美国总统里根在饭店举办答谢会的公关活动并取得成功,公共关系也一夜之间名扬全国,引起了人们极大的兴趣和重视。

1984年,广州白云山制药厂率先在国营企业中成立公共关系部,我国其他的国营企业及集体企业纷纷效仿。

1984年10月,当时世界上第二大公共关系公司——美国的希尔·诺顿公关公司在北京设立办事处。1985年8月,当时世界上最大的公共关系公司——博雅公关公司[①]与中国新闻发展公司合作,为在中国从事外贸的外资机构提供公关服务。1986年7月,中国新闻发展公司在北京成立了中国第一家公共关系公司——中国环球公关公司。此后,各种公共关系公司如雨后春笋般地发展起来,许多广告公司也纷纷开拓公关业务。

1997年11月15日,中国公共关系职业审定委员会成立。该委员会经过多次职业论证研讨会和座谈会,给公关职业定下了"公关员"的名称,并正式列入《中国职业大典》,这标志着国家已正式承认公共关系这一职业。1999年1月4日,劳动和社会保障部正式批文决定成立国家职业资格工作委员会公共关系专业委员会。该委员会制订了公关职业标准,编制了《公关员职业培训与鉴定教材》。目前在全

---

① 2018年,WPP集团对外宣布,其旗下子公司博雅公关(Burson-Marsteller)与凯维公关(Cohn & Wolfe)将正式合并为新公司——Burson Cohn & Wolfe(简称BCW)。

国各地设立了培训点,从 2000 年开始在全国推广公关员的职业上岗考试,这是我国公关走向职业化和行业化的重要标志。

在公关的教育方面,从 1985 年始,深圳市总工会最先开展了公共关系培训。同年 9 月,深圳大学传播系创办了大陆最早的公共关系专业。其后,复旦大学、中山大学、浙江大学、兰州大学、国际关系学院、清华大学、北京大学等中国百余所大学都开设了公共关系课程或专业。1994 年,经国家教委批准,中山大学试收四年制本科公关方向学生,同时招收公共关系研究方向的硕士;2002 年,东华大学开始招收公共关系方向的本科生;2003 年,中国计量学院也开始招收公关方向的本科生。2003 年,中国传媒大学广告学院正式成立公共关系系,开始招收公共关系专业的本科生,同时开始招收公共关系的硕士生。2012 年 9 月,教育部发布的全国高校本科专业目录中,将公共关系学专业正式列入其中。

20 世纪 80 年代以来,随着公关实践及教育事业的发展,一大批有识之士开始结合我国政治、经济、文化、传播媒介的特点探索中国公共关系面临和需要解决的一些理论问题。如公共关系与中国文化的融合、公共关系与改革实践的结合、公共关系与社会的全面发展等,从而掀起了中国公关理论研究的热潮。在短短十几年时间里,出版的公关类书籍达六七百种,另外还有大量的公关类论文及调研报告问世。目前,中国公关理论的研究正在上一个新的台阶,理论界人士已将公关研究的视线从公关的基础理论转向公关的专业性、高层次的研究,如公关与法律环境、伦理环境的配合等。

伴随着公关的理论及教育的发展,公关组织建设也得到了发展。1985 年,中山大学在广州成立了我国第一个高等院校的公共关系研究会。1986 年,我国内地第一家公共关系协会——上海公共关系协会成立。1987 年,全国性的公共关系团体——中国公关协会在北京成立。此后,全国各省、自治区、直辖市陆续成立了公共关系协会。1991 年,中国国际公关协会在北京成立,促进了中国公关事业的国际化发展。目前,我国的公关组织已有上百家。

总之,经过了四十多年的发展,我国的公关事业前景广阔。中国公关的发展既适应了市场经济建设的需要,也适应了建设民主政治的需要。同时,随着中国入世后竞争环境的改变,我国的政府、企业、事业单位都希望能尽快地介入合乎国际规范的竞争格局中,而作为一种与市场经济相伴而生的现代管理理念更加显示了其重要性及长远的发展力。

有关学者已给目前中国的公关作过概述。自 2002 年 4 月 1 日起,国家公布的《外商投资产业指导目录》正式施行,公关咨询行业被列入鼓励外商投资产业的目录。从 3 月下旬开始,北京市允许外商投资直接设立公关企划项目的独资企业。外资公关公司进入国内市场一般通过两种渠道:一种是只设立办事处,具体业务由设在香港的公司来操作;另一种是与国内公司成立合资公司,并由中方控股。新的投资政策为当时活跃在中国市场上的国际公关公司提供了更多的选择。2002年 4 月 25 日,奥美在北京收购 Brand One 广告公司,并取得其 60% 的控股权。自从 1984 年隶属于 WPP 集团的希尔-诺顿(伟达)公关公司在北京设立办事处,揭开了外国公关公司入驻中国从无到有的一页。到目前为止,国际前 20 位公关公司已有超过 60％进入了中国市场。国际公关公司在我国的业务还延伸到政府关系领域。1991 年伟达公关公司曾受中国政府委托,负责在美国国会游说,争取美国给予中国最惠国待遇,成为第一家被中国政府聘用的外国公关公司。2001 年北京申奥也专门聘请过国际公关公司。从 20 世纪 90 年代起,在国际公关行业的带动下,我国本土公关公司的发展也已开始,到 1997 年本土公关公司的业务已经超过了国际公司,像西岸、蓝色光标、海天网联等国内公关业龙头企业的年收入已超过国际公司。目前,本土公关公司有 1000～1500 家,但 90％以上公司的规模都在年收入 500 万元以下,达到 1000 万元级别的公司屈指可数。在地域分布上也不平衡,多以北京、上海、广州为主,全国其他城市难觅其踪。事实上,经过多年的整合,全球公关公司已经形成了少数集团占据最大市场份额的格局:如奥美、伟达前博雅都隶属 WPP 集团,WPP 旗下知名品牌还包括罗毕凯广告、奥美广告与公关、智威汤逊广告、朗涛形象设计等。另外,PFT 传播集团也已拥有宣亚智杰公关、宣亚智慧广告、宣亚智强展示策划等三个分支。

公关公司的服务形式居前三位的分别是:整合营销传播、一般媒体宣传、大型活动管理。国际公关公司仍以品牌管理见长,而本土公关公司更推崇整合营销传播,为客户提供包括广告、会议、培训、宣传品制作等在内的综合性服务。

公关公司客户服务居前三位的行业分别是:IT、一般消费品、医疗保健。90％以上的公司涉及 IT 客户并将其作为公司主要服务领域。但中资医保客户、IT 客户、金融服务客户的需求不断增加。计算机软件、通信产品、网站成为 IT 客户的三大服务领域。本土公关公司在服务质量、服务技术、整体素质以及服务收费方面,缩短了与国际公关公司的差距。但国际公关公司仍以企业声誉、技术力量和整体素质争取客户。

国际公关公司紧缺人才的前三位分别是高级咨询顾问、高级管理人员、客户经理,客户经理和高级管理人员是本土公关公司最紧缺的人才。国际公关公司的人才选拔主要基于与客户的沟通能力、外语水平、方案写作经验,而本土公关公司人才的选拔则更倾向于客户沟通能力、公关工作经验、外语水平,并且非常强调能适应高强度、具有挑战性的工作。

复习思考题

1. 公共关系的萌芽及发展过程是怎样的?
2. 艾维·李、伯尼斯的公关理论及实践的贡献分别是什么?
3. 现代公共关系产生的条件是什么?
4. 中国公关引进及发展的进程是怎样的?

第三章 公共关系三大基本要素

公共关系由组织、公众、传播三大要素组成,组织、公众、传播不仅是公共关系学中最基本的概念,而且也是公共关系现象和活动的三个最基本的组成因素。组织是实施公关的主体,即公共关系的操作者、承担者;公众是实施公共关系的客体,即公共关系工作的对象、承受者;传播是联结公共关系主体和客体之间的手段和管理方式。公共关系首先是一种组织与公众之间的关系,而更重要的是一种传播与沟通的关系。

第一节 公共关系主体——社会组织与公关从业人员

一、公共关系主体的定位

作为公共关系主体的社会组织,即社会学意义上的社会组织,是指人们为了合理有效地达到自己的目标,依照一定的形式组建起来的社会团体和机构,如企业、学校、政府机关、军队等。任何社会组织从建立伊始就置身于一定的环境中,受一定环境的制约和影响。构成组织环境的现代社会是一个复杂的大系统,社会功能高度分化,各个结构要素互为条件、互为因果、联系紧密。从公关角度来看,社会组织也面临如何监控和管理这一复杂的社会环境的职责。

组织环境一般包括两个层次:从宏观上说,是社会的政治、经济、文体、科学技术、法律和国际环境等;从微观上说,主要是指组织所处的具体环境,可分为物质环境、关系环境及意识环境。其中物质环境包括地理位置、气候、社区、交通状况、资源情况、组织设施设备及资金、人员等;关系环境指与组织有关的各类公众的基本情况,如和股东、消费者、银行、新闻界、竞争对手、经销商、员工等的关系;意识环境指影响组织的思想意识因素,如组织在公众心目中的形象地位,员工的职业道德、价值观、公众意识以及社会舆论和流行心理等。

社会环境为组织的存在和发展提供了条件,但又影响和约束着组织行为,组织和决策者必须掌握大量的与组织有关的环境信息,感知环境因素对决策成效的影响和制约,利用或建设对组织有利的环境,这就需要借助公关的基本职能。公关可以帮助一个组织监控环境,了解环境的变化规律,使组织能主动地发展、改造、适应和利用环境,灵活应变,在运动中摆脱约束。在此,公关作为组织的管理职能便显现出来,公关就成了一个组织管理系统中一个不可缺少的子系统。

有人曾将公关管理与一个组织的资金、技术和人才管理并列为管理的"四大支柱",公关管理的独特性可以集中体现在以下两个方面:其一,管理的对象是一个组织的无形资产,如形象、关系、舆论、信息等;其二,管理的手段是借助传播与沟通的方式,运用各种媒介要素,以达到一种渗透性的作用。承担这些职能的既可以是一个组织内部自己设置的公关部,也可以是聘请组织外部的专业公关公司或聘请公关顾问,其产生的效果就一个组织来说是其无形资产的价值增值,也可促进一个组织关系和舆论环境的和谐。依据全球著名咨询公司麦肯锡公司的分析报告,《财富》杂志排名前 250 位的大公司近 50% 的市场价值来自无形资产,而对于某些世界最著名的公司而言,这个比例甚至更高,这就是公关管理对于一个组织的特定价值所在。

课堂讨论

公关管理与组织资金、技术、人才管理的关系是什么?为什么有些组织对公关的管理职能是不重视的?

二、组织内部设置的公共关系部

(一)组织内设公关部的必要性

公关部是指组织内部针对一定的公关目标,为开展公关工作而设置的职能管理机构或部门。

　　组织的公关业务不像广告业务,可以拨出大笔经费委托广告公司代理,不用增加雇员来设计、绘制、撰写广告及联系刊载事宜,除了规模庞大的百货公司和旅游公司,大多数组织不愿花钱全年雇用专业广告业务人员。然而,日常的公共关系工作很多,最好是内设机构自理比较合适,尽管也可以聘请公共关系咨询公司,但那也往往是在急需某种专业知识,又无力增设机构、增加人员编制的情况下的应急之举。

　　组织内设公关机构的好处在于:公共关系工作既要传递信息,又要提供建议,还要策划行动,不能像广告业务那样全盘进行外包,自设公关部就可以依靠专职人员熟悉本组织的状况,发挥创造力和提高工作效率来完成公关的日常业务。公共关系的专职人员也是组织的代言人,对组织内情了解越多,工作效率也就越高。而对本组织的有关业务关系、消费者群体的了解程度,往往也是一般的外部咨询公司在短期内所无法达到的。

　　(二) 组织内设公关部的名称和规模

　　目前组织内设公关职能部门的名称各异,这也是为什么很多人总会怀疑公关到底何在的一个原因,甚至对公关有没有存在的必要性产生了怀疑。其实各类不同的组织,公关内设机构往往是以不同的名称和形式存在的,但是不论名称如何多样,其承担的职责都属于公关的范畴。通过对国内外组织中公关机构名称的一个不完全统计,使用得比较多的有以下几种:

　　(1) 公共关系部(公共关系部门),占 47%。

　　(2) 公共事务部(公众的事件部门),占 16%。

　　(3) 公共信息部(公众的数据部门),占 11%。

　　(4) 传播沟通部(公众沟通部门),占 8%。

　　另外较可能出现的名称有:"公关策划部""传播企划部""市场推广部""公关宣传部""公关联络部""公关与新闻办公室""公关与开发办公室""社区关系部"等。在政府部门一般会使用的名称是"公共信息""传播""公共事务"等;我国政府部门常用的名称有"新闻办""外宣处"等。因为一些组织并不单独设立公关及相关的部门,而是把公关的各种职能分散在各个部门中,因此,同样承担公关工作的部门还会有总经理办公室、宣传部、调研室、外事办,甚至党、团、青、妇等组织。

　　一个组织内部设立多大规模的公关职能部门一般取决于三个因素:① 本组织的规模;② 业务领导对公关工作的重视程度;③ 本组织对公关工作的特定要求。

　　组织内设公关部的人员配备:最小的公共关系部仅设一名主管及其秘书。大的公共关系部一般会设报刊编辑部、技术制作部、活动策划部、业务拓展部、信息调研部等。一般年产值超过 10 亿美元的巨型企业,公共关系部的工作人员平均为 44 人;一般的大中型企业平均为 10 人;其他文教、医疗等非营利性组织平均为 6~7 人。

（三）组织内设公关部的管理特点

公关专家杰夫金斯将组织内设公关部的优点概括为五个方面：① 公关部了解组织内情；② 公关部人员兼有本组织的专业知识和工作经历；③ 内设公关部人员可以较顺利地促进内部的沟通与交流；④ 身居组织内部，平时能做到行动干脆，紧急时能做到决策果断，类似于我们所说的"召之即来，来之能战"；⑤ 公关部地位特殊，平时可以谏言组织领导。

但同时，他也概括了五条不利的因素：① 公关部人员与组织关系密切，易产生认识上的偏颇；② 公关人员如果专业知识不精也容易带来负面的影响；③ 公关部门的地位有可能显示不出它的重要性；④ 公关部门人员的任命可能会导致外行当道、无所事事；⑤ 组织领导出于各种原因会限制公关部门的职权从而限制公关部门的活动范围，从而影响内设机构的工作。因此，一般大型的组织机构在自设公关部门的基础上，也愿意聘请专业的公关顾问，以求达到一种互补。

（四）组织内设公关部的类型

1. 内设公关部门的一般模式

在分析一个组织公关部门的设置时一般都会以企业为例，因为企业设置公关部门较之于其他组织更为普遍。因此，下面也以企业为例简单地介绍公共关系部门与其他相关部门之间的分工关系。

（1）直接隶属型。公共关系部直接隶属于企业最高管理层，由总经理或副总经理担任公共关系部的负责人。公共关系部的一切工作都要汇报到企业的最高管理层，一切计划安排都要由企业的最高管理层讨论，如图 3 - 1 所示。这种部门设置的模式使公关部具有较大的沟通权限，可以直接与最高行政长官沟通，并代表最高行政长官与其他部门沟通，直接介入决策，同时又具有相对的独立性和自主性，而且机构比较精简灵活。在美国，设立公关部的企业大多属于这种类型。

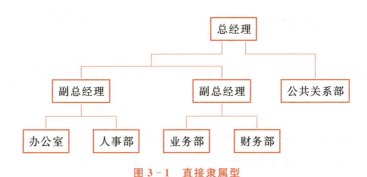

图 3 - 1　直接隶属型

（2）部门并列型。即公共关系部同企业内部其他职能部门处于平等地位，公关部的负责人同企业其他职能部门的负责人一样作为中级管理层的一员，在对内对外的交往中有一定的决策权和指挥权，并能独立地开展各项公关活动，如图 3 - 2

所示。这种部门的设置往往比较适合较大规模的企业,对于中小企业来说,这种设置可能会造成公关资源的浪费和与其他部门间的不平衡。但是,这种设置充分显示了公关与其他职能部门在工作职责上的平等地位,而且还可以避免与其他职能部门在工作职责上的重复。

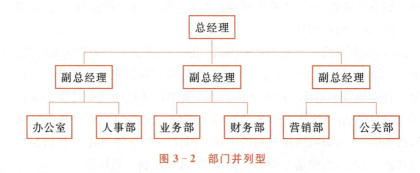

图 3-2 部门并列型

(3) 职能分散型。即公共关系的职能分散在企业内部的有关部门,而不设置专门的公关部。职能分散型不是标准规范的公共关系机构,但由于一些职能部门事实上已承担了一部分公共关系工作,所以从广义上讲,这也可以说是一种特殊的形式。职能分散型可以体现在技术部门提供对公众的产品介绍,从事产品质量形象的设计;计划部提供企业计划管理的信息;营销部培育与供应商和经销商的关系;办公室安排领导与顾客或新闻界的联系;财务部争取资金的融通等。这种类型至今较多地体现了中国公关部门设置的特色。但是,它往往造成公关的无计划性、公关效率低下以及公关工作的效果差,当然也会导致各个部门工作的重复和公关资源的浪费,如图 3-3 所示。

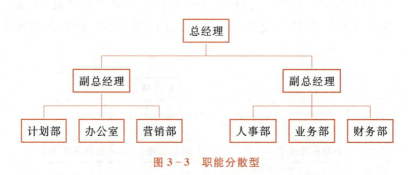

图 3-3 职能分散型

(4) 部门隶属型。即公共关系部门同企业内部其他职能部门相比低一个层次,并受某一个具体职能部门的管辖。但公共关系部门的负责人可以与企业最高管理者保持密切的联系,并能应邀列席企业最高决策层的必要会议或参与必要的活动。一般来说,此种公共关系部门往往会隶属于传播沟通业务较频繁的部门,如接待部门、营销部门、广告宣传部门、办公室等,当然也可以归属于经营管理部门。这种设置充分突出了公关的某一方面的职能,但是在强化一种职能的同时有可能疏忽了其他的相关职能。因此,对于一个企业整体的公关活动来说也不是很完美,如图3-4所示。

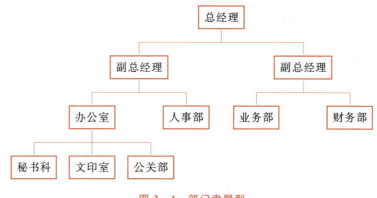

图3-4 部门隶属型

2.内设公关部的组织结构

公共关系部的组织结构没有固定的模式,随着组织自身的发展而变化,即使在公共事业比较发达的美国也是如此。我们正在借鉴国外的经验,吸取合理的因素,建立起科学、高效的公共关系部,以适应一个组织整体发展的需要。

小型公关机构的设置、中型公关机构的设置、大型公关机构的设置分别如图3-5、3-6、3-7所示。

图3-5 小型公关机构的设置

图3-6 中型公关机构的设置

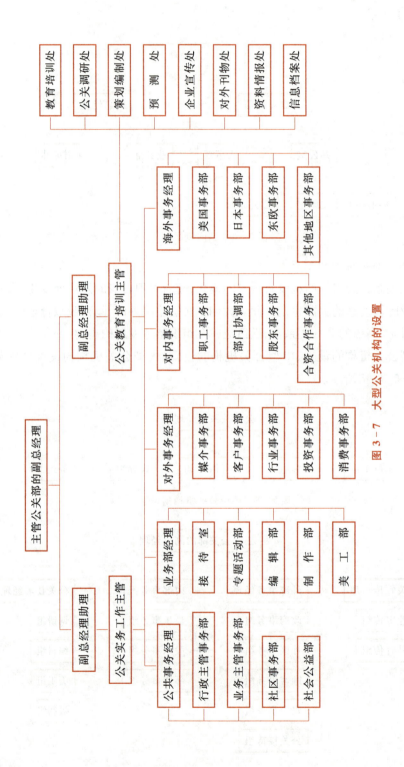

图 3 – 7　大型公关机构的设置

三、专业的公关公司

（一）聘请公关公司的必要性

公共关系公司是指由经过专门训练,并具有专业特长的公关职业人员组成的,为社会各类组织提供有偿公共关系服务的商业机构,它主要从事公共关系咨询或受理委托为客户开展公共关系活动。在名称上既可以叫公共关系顾问公司,也可以叫公共关系咨询公司或公共关系事务所。

公关专家曾列举过外聘公共关系顾问的六条理由,这体现了组织内设公关部门对公关工作的不可穷尽。

（1）管理层先前没有开展过正式的公共关系活动项目,缺乏组织公共关系活动项目的经验。

（2）总部所在位置也许与传播和金融中心太远。

（3）公司的公关范围广泛且不断更新。

（4）外部公司可以让有经验的行政主管和有创造力的专家提供服务,这些行政主管和专家或是不愿意搬迁到其他城市的,或是他们的工资没有一个单独的组织可以承担得起。

（5）一家拥有自己公共关系部门的组织很可能还需要一些高度专业化的服务,而这种服务是公共关系部门所不能提供的,或者是不需要在全日制和持续不断的基础上提供的。如1983年美国公关协会将最高奖——银钻奖,授予强生药业与当时的博雅公关公司,原因就是因为一个企业内部的公关部与一家专业的公关公司一起成功地解决了"泰莱诺尔"事件的危机。

（6）至关重要的政策问题需要外部旁观者的独立判断。

（二）公关公司的基本类型

公关公司的业务范围非常广泛,它包括经济、政治、文化、法律、宗教、体育、旅游等各行各业。不同的公关公司从事不同的公关业务活动,表现出不同的公共关系形式,一般可以从不同的角度将其划分为不同的类型。

1. 按照服务对象划分

（1）专项公关公司。即专门为客户提供某种公共关系技术服务的公司。如为客户搜集有关公关方面的信息情报,做公关形象调查,制订公关计划及方案;为客户制订和实施传播计划,设计公关形象,并寻求实现公关形象的基本途径;为客户设计公关广告,提供公关广告方面的技术服务;为客户编辑公关杂志并代理发行;为客户制作公关电影、电视及各种视听资料;为客户撰写新闻稿件,并与新闻界建立联系;为客户提供展览、庆典等专题公关活动的系列服务等。

（2）专业公关公司。为特定行业提供公关咨询服务的公关公司,如为政治、经济、文化教育组织提供咨询服务,一般拥有公司自身的专家资源。

（3）综合性的公关公司。即综合提供专业的或专项公关咨询的公司。

2. 按照经营方式划分

(1) 公关与广告合营的公关公司,是指在经营方式上既包含了公关的业务,同时也在广告设计、制作、代理、发布等问题上与广告公司进行合作。

(2) 单独经营的公关公司,是指坚持自身经营的独特性,不论经营单项、专项、多项或综合性业务,都不与广告公司或其他部门合作。如独立完成企业文化的设计、企业的市场分析、竞争对手分析、企业营销策略的制订、企业与政府等相关部门公共关系的建立维护、企业与媒体关系的建立维护等。

(三) 公关咨询公司的经营特点

相对于组织自设的公关部门而言,专业的公关公司在提供公关咨询服务时具有公关部门所不具备的优点,但也有局限性。其经营优点如下:

(1) 作为独立的咨询机构能够并愿意对客户业务中的问题提出批评意见。

(2) 具有与客户联系的丰富经验,并能提供所需要的多样化技术,相对于内部公关而言,与新闻媒介更熟悉,更方便与各种专职人士打交道。

(3) 有具备专业知识的专职公关工作人员。

(4) 为满足客户的需要,在城市中的业务中心接近新闻媒介,并有接待客户与提供服务的机构。

但是,公关公司也不能具有组织内部公关部所拥有的长处。如:① 远离客户所在的机构中心;② 可能与客户中的一个人或几个人接触,缺少与该组织其他人员密切交流信息的渠道;③ 由于费用有限,从事的业务也有限制;④ 由于经费的限制可能对客户的特殊利益不了解或了解不够,或者缺乏时间去了解细节。公关公司与公关部的一个显著的区别就是:公关公司是要利润的,公关咨询人员并非由某个客户独占,而要由客户们共享。

四、公关顾问的选择

目前,越来越多的组织把内部公关部门和外部公关顾问结合起来,以便完成公关的管理职能,高水平的公关从业人员正在加入行政主管的决策集团,或者至少在重大决策上提供咨询。公司里的从业人员越来越多地担任顾问和战略计划者,而不仅仅是作为新闻代理人或传播技术专家开展工作。总而言之,公关正在变成大多数组织管理结构中不可缺少的组成部分。在外聘公关顾问时必须考虑以下因素:① 顾问自身的名望;② 对顾问的信任;③ 顾问服务的延续性等。

五、公关的社团组织

公关协会等公关社团组织,是非官方的、非营利性的群众性社团组织。行业性公关协会的建立和发展,是公共关系成熟的标志。

公关协会的基本任务是:联络会员,建立经常性的联系,并与其他公关协会建立横向联系,形成网络系统,建立合作关系;规范本行业的职业道德和行为准则,维护本行业的形象和声誉。世界各国的公关协会都十分重视四个方面：① 会员的道德行为；② 专业培训，公关协会将专业培训作为一项经常性的工作；③ 普及知识，公关协会有义务向公众宣传和介绍公共关系基本知识，并且为会员提供公共关系技巧和在管理方面深造的机会；④ 编辑出版刊物，编辑出版公共关系方面的书籍、报刊是宣传公共关系知识的重要手段。

六、公共关系从业人员

按照中华人民共和国劳动和社会保障部关于公共关系从业人员的界定，公共关系从业人员是指专门从事组织机构公众信息传播、关系协调与形象管理事务的调查、咨询、策划和实施的人员。从微观层面来理解，公关人员才是公关的主体，是公关活动能否成功的关键因素。《财富》杂志则将公共关系列为 20 世纪 40 年代成长最迅速的 20 个产业之一。公共关系从业人员广泛地分布在各种各样的组织中：大约 40% 的从业人员在工商企业中工作；27% 的从业人员在公关公司、广告公司和咨询服务机构就业；14% 的从业人员服务于公关协会、基金会和教育机构；其余的公关人员则在医疗保健组织、政府机关和慈善组织、宗教组织及社会福利组织中工作。如美国政府部门中就有 4400 名公共关系事务专业人员，美联社国际公关学会拥有一万多名会员，而包括原博雅、尚德威克在内的全球最大的六家公关公司的雇员都超过了 1000 名，一些位列《财富》杂志 500 强的大型公司的公关部门的从业人员一般都在 100 名以上。

一个组织内部公关从业人员通常可以分为公关部经理和一般的公关工作人员，而专业的公关公司则主要充当公关的顾问或提供咨询工作。

（一）公关部经理的职责

公关部门的领导职位名称很多，如"公共事务部部长""信息交流处经理""广告及公关部经理"或"公共关系部经理"等。

公关部经理的职责主要有以下几方面。

(1) 为各阶段的公共关系活动确定目标。

(2) 估算从事各种活动所需的工时与财力、物力。

(3) 确定目标中的优先点，即确定能左右有关公众和新闻媒介的选择意向，从而促进整个公关活动目标得以实现。

(4) 选择恰当的活动时机。

(5) 研究制订以现有经费、人员和设备能实现既定目标的可行性方案。

公关部经理是解决组织内部公关问题的权威，即有权决定公关工作的目标和方式。公关经理要自己确定问题、设计方案、负责方案的实施，并对它的成功或失败负责。从这个意义上说，公关的管理也就具有相对独立性，即公共关系已构成了一套管理系统，作为组织的管理子系统就占有一定的地位和空间。对于诸如编辑宣传公司和产品形象的刊物、向新闻界发布组织信息、举行记者招待会、组织社会公众的意向调查、了解公众对组织形象的意见和要求等,组织决策者往往是无法一一顾及的,这必然需要有专门的公关部经理进行统一管理。在《有效的公共关系》一书中,卡特利普和森特根据公关部经理所起的作用,将他们归纳为几种角色,认为公关部经理不同程度地担任了其中的一种或全部角色,但是他们总以其中一种主要的角色出现,这些角色决定了公关部经理在组织中的地位。

(1) 公关部经理是组织进行内部、外部沟通的实施者。在许多情况下公关部经理通过亲自参与或者直接指派下属撰写、编辑新闻稿件,制作声像宣传品,来实现组织与内外部公众的沟通。沟通作用的大小取决于公关部经理对组织战略目标、战略决策的理解程度以及将这些思想和内容传递给社会公众的能力。当然,公关部经理并非始终都充当这种角色,但是他的许多时间都会花在实施沟通技术方面。公关部经理在充当这一角色时,处于公众与组织之间的位置,发挥着桥梁和纽带的作用,是一种敏感的听众和信息储存者的形象。在组织与公众之间,公关部经理会作为信息的传播者、政策的解释者、舆论的引导而存在。其工作的重点在于推进不断变化的双向沟通,向组织和公众提供处理相互关系及共同利益所需要的情报,并提供彼此接触的机会。

(2) 公关部经理是组织所有问题的解决者。此时的公关部经理将与其他部门一起来解决有关问题,从提出问题,到对问题的诊断及制订解决问题的方案并实施、评估的全过程,公关部经理会与其他部门的经理进行合作,并提供咨询服务。如当组织出现产品质量危机时,生产经理要认真分析产品生产的各道工序,营销经理要认真分析产品销售渠道的各个环节,公关部经理在征得组织领导的同意后要积极联络有关媒体,将组织认真负责的态度告诉公众,缓解公众对组织的敌对情绪,为调查的顺利进行创造外部条件。事实查清后,公关部经理要通过新闻发布会或公告的形式,将事件真相告诉广大公众,以维持良好的组织形象。

(3) 公关部经理是塑造组织形象的关键因素。形象竞争是现代市场竞争的重要方式之一,它是以技术装备、生产能力、供应能力、价格水平等为主要内容的硬性竞争形式向以良好形象为主要内容的软性竞争形式扩展的产物。在现代社会中,由于经济的发展,同类产品越来越多,产品的款式、性能、价格越来越接近,消费者选择产品的标准自然也就发生了变化,即由过去注重款式、性能和价格,转为关心信誉和形象,这就必然产生了市场经营活动中的形象竞争。而这种软性的形象竞争需要主动构造信息的氛围,不断强化对公众观念的渗透性影响,这就需要有专门的公关经理进行管理的战略投资,设计出良好的形象并通过有效的沟通方式主动向公众进行传递,以取得预期的效果。

一名职业的公关经理人员既不是单纯的技术专家,也不只是精通领导艺术的管理专家。他不但要胜任公关领导工作,而且在有力地领导自己团队同心协力完成既定公关目标的同时,还要准备迎接新的挑战。

（二）公关部与其他相关部门的关系

公关部经理在组织管理中的地位及作用主要体现在与领导及相关部门的关系上。

1. 公关部经理与组织领导及其他部门的配合

公关部经理专司本行并精通业务，这样才能得到组织领导的器重；苦心经营内部交流，获取全体员工的信任，做到既熟悉本组织全体员工，又被全体员工所理解，以便随时随地获取来自本组织任何角落的信息；公关部经理务必建立外部交际渠道，使自己成为外界获取信息的可靠来源，同时也通过此类渠道获取外部信息，加强信息的反馈；随时向领导汇报正在举行的各种聚会、演讲等公众活动；说服领导愿意与内外公众进行交流，公关部经理则适时地为领导安排与记者的见面，如果需要在电视上露脸，还要安排流程及彩排；组织领导必须与公关部经理保持直接的交流，即有一条直接沟通的渠道。公共关系部门和最高管理层之间的频繁接触应该是惯例而不应该是例外。根据资料显示，60％的公共关系行政主管每周至少与他们的首席执行官碰头一次，只有在公共关系部门和首席执行官之间建立这样亲密的工作关系，才能建立信心获得支持，这样也才能把公共关系部经理作为关键角色放到管理层团队的适当位置上。尽管从一个值得信赖的外部顾问也能够获得这样的知识，但是组织内部或团队内部的人做到这一点可以使组织处在更有利的位置，并且在不断成长的同时应用他们这方面的知识。正因为他们是这个组织的组成部分，内部部门的工作人员能够提出忠告、进行调节并且提供服务。基于对组织的历史和文化的熟悉，他们知道要避免什么人和什么事，也知道要把什么人和什么事纳入交换的信息之中。

2. 公关部和营销部门的合作与分工的问题

当代国际公关大师格罗尼格明确表示：他反对"整合营销传播"这一概念，他认为组织同时需要市场营销和公共关系这两种功能。市场营销有着推动盈利的作用，而公共关系则有着其社会的和政治的作用。公共关系应该帮助组织的所有职能部门与受组织影响的公众进行交流。而市场营销中所面对的消费者仅仅是一种公众，当公共关系属于市场营销的一部分时，它只是和消费者进行交流，而组织却还需应对社区、投资者、员工、政府和媒介等多种公众。不能将公共关系从属于营销，同样也不能将公共关系从属于人力资源管理或者财务管理。应该将公共关系的各种职能整合，而不是将公共关系整合到另外的管理职能中去。有人说，目前的广告就是以公共关系为中心、以市场营销为半径画个圆，当然目前还没有任何理由认为是公共关系整合了市场营销或者广告。

3. 公关部经理与法律顾问的关系

在当今社会中，法律与舆论资源都是可以影响到事件发展趋势的重要因素，面对这一事实，公关人员与法律顾问之间其实存在一种可以合作的关系。既在法律追求事实时通过舆论对态度的认同来对社会资源进行有效的配置，这当然是一种理想的状态。但是,在现实生活中当公关遭遇法律时,也往往有可能得不到法律的理解或配合。

艾维·李在1925年就已深切地体会到:我已经看到,更多的形势理应得到公众的理解和公众的同情,但都因律师的干预而变得更坏了,而不是由于别的方式。无论是什么时候,只要一个律师开始对公众说话,他就把灯光拒之门外。因为法律工作者奉行的是事实,而公共关系奉行的是公开性的原则,信奉尽快地与公众分享信息、与媒体合作、尊重别人的知情权,进而推动事情走向更有利于组织的一面。当领导身边有法律及公关两个顾问时,一旦有危机发生,法律顾问会要求领导不要说话,因为言多必失;而公关顾问却会要求把事实说出去,尽管一些真相会带来眼前的损失,但其长远成本却是最小的,公关管理的长远性意义即在于此。

七、公关工作人员的工作职责

公关工作人员有对内公关人员和对外公关人员以及专业技术的制作人员等,他们的具体工作职责如下。

(1)撰写和编辑。写作、印刷和发布新闻稿,包括时事通讯、信函、股东的年度报告、演讲稿、小册子、电影和幻灯放映脚本、广告文本以及产品的技术性的附属材料。

(2)媒体联络和报道。联络新闻媒体、作家和其他出版物的编辑。

(3)调查研究。搜集有关舆论信息,设计研究课题,实施抽样调查。

(4)形象管理。沟通各类公众,具体实施组织形象管理的发展战略和战术,管理人事、预算和时间,与其他管理者配合并合作。

(5)咨询建议。就社会、政治和管理环境上的因素向最高管理层提出建议。

(6)专项活动。安排并且组织诸如记者招待会、对外开放日、周年纪念庆典、接待来访等各项活动。

(7)演讲。管理并安排好新闻发言,为组织提供讲坛。

(8)制作。善于运用包括美术、印刷版面编排、摄影、版面设计和电脑桌面印刷技术等在内的多媒体知识和技能,音频和视频的录制和编辑,并且准备音频、视频的报告。

(9)培训。帮助组织领导处理好与媒体的关系,安排好各种对外活动,指导其他人提高写作和传播技巧。

(10)接触联络。承担与社区、媒体和其他内部、外部团体的协调联络工作,在组织及其重要风险承担者之间进行协调、倾听、交涉,管理冲突,并且力求达成共识。

八、公关从业人员应具备的基本素质

美国公关专家坎托曾在《公共关系杂志》(公共关系日记)上撰文,阐述了成功

的公关从业人员的九大特征。

(1) 对于紧张状态做出反应。

(2) 个人主动性强。

(3) 具有好奇心和学习能力。

(4) 精力充沛,具有活力和抱负。

(5) 客观地思考。

(6) 灵活的态度。

(7) 乐意为其他人提供服务。

(8) 多才多艺。

(9) 习惯于放下自我,站在别人的立场思考问题。

总的来说,公关从业人员应具备的一般职业素质和特殊职业素质可以归纳为以下几个方面。

(一) 公关意识

公关意识是公关从业人员应该具备的基本素质的核心,它是一种公关的哲学或公关的理念。公关作为一种意识或一种思想早就存在,但作为一种现代意义上的管理哲学或理念则是公关学产生和发展的一大标志,即一种自觉的而非自发的观念。它是公关活动的本质和规律在公关人员大脑中的能动反映,一旦形成就成为支配人们行为的内在动力,成为公关行为的一种力量。

1. 形象(信誉)意识

这是公关意识的核心,一名合格的公关人员必须清醒地认识到组织形象(信誉)对组织自身生存和发展的价值。形象(信誉)作为一个组织在公众中获得的整体评价,包括了公关状态和舆论状态两个方面。对一个组织来说,它既是一份可以提高市场占有率的无形资产,也是竞争的手段,它可以包括产品、人员、文化、环境等诸多因素。形象或信誉意识的体现要求公关人员主动利用一切机会进行组织形象的传递,对组织形象进行设计、维护和宣传。值得注意的是,形象是一个带有修饰性的词,在公关的理解中特别需要强调形象的内在规定性,我们日常对形象的理解更多地倾向于它是一种信誉,即一种真正意义上的有信用作为内核的形象。形象应该是真实的、客观的和可信的,不能仅注重外在的包装和宣传,而忽视了形象的内在意义。因此,公关的形象绝不是包装,公关是以事实为依据,我们引导人们了解真相,进而改变对于事实的看法,而不能用专业的技能进行误导。

2. 传播意识

公关的传播意识充分地体现在公关必须将自身的形象(经过组织)在恰当的时候传递出去。因为利用各种传播媒介和渠道将组织的信息传递出去是公共关系的基本职责所在。美国黑人运动领袖马丁·路德·金曾说过,"人们之间互相仇视,是因为他们之间害怕;他们之所以害怕,是因为他们之间互相不了解;他们之所以互相不了解,是因为他们互相不能交流;他们之所以互相不能交流,是因为彼此隔离。"因此,对话、接触、交流这些公共关系的基本观念就成了公关人员必备的一种意识,也成了公关人员的一大职业特色。

3. 服务意识

真正的服务即把一种服务当作一种思维的方式而不是一种负担。如"IBM——最佳服务的象征",服务在此成为一种组织形象的标志。为公众提供服务也是公关职业的一大特色,从某种意义上说,公关带有典型的服务性质。在对内关系上,公关无时不在提供着服务的信息;在对外关系上,公关的沟通、协调等也无不表现了对社会所提供的一种服务,服务也被称为最好的公关活动。

4. 互惠意识

这是公共关系利益原则的自觉反映。某银行在招聘员工时,提的问题非常简单:如果本银行与社会产生了矛盾,请问你会如何处理?凡是回答维护本银行利益的不能要,因为银行不能生活在真空状态。凡是回答维护社会利益的也不能要,因为银行不是慈善机构,一个组织不可能毫无自身利益可言,即使是公益性的组织也会在某些时候与社会和公众产生矛盾和冲突。因此,无视组织的利益是虚伪的,凡是回答兼顾双方利益的也不敢要,毕竟并非所有的利益都可以兼顾,因此,要在互惠意识的基础上形成一种独特的思维理念,既尽量将利益的天平适当地向公众倾斜,又不能因为彼此对利益的执著而使矛盾激化。因此,它需要的答案是:尽量地淡化双方矛盾并在有条件的时候将矛盾解决。这种思维比兼顾又进了一层,因为即使是竞争或对抗的关系,也应该表现出合作的一面,更何况公众是变化的,目前的竞争或对抗关系也并不表明未来不是合作关系。

5. 长远意识

公关是一种潜移默化的渗透。当有人把公关比喻为"市场营销前妻生的孩子"时,当公关遭受来自广告的指责——"你花了50万,能帮助我打多少市场"时,公关必然会陷入一种委屈,公关人员此时必然会将代理公司逼得团团转——你必须让我见到回报。一个好的品牌形象需要长时间的努力,公关人员的长远意识不仅是对公关工作的坚持不懈,还体现在立足长远,不急功近利。

6. 创新意识

公关的生命在于创造。公关工作是在特定条件下由特定的组织针对特定的公众而开展的,因此任何成功的公关模式都有强烈的针对性。公关的工作环境处在不断的变化之中,公关人员的创造性也就成了公关工作能否成功的前提条件,有人由此将公关称为是一门艺术,意义即在于此。尽管实践中的公关严谨且科学,有着相对固定的操作流程,但任何组织形象的传递过程都体现了其独特的定位,并且无不需要寻找自身的特色。因此,对一种固定模式的突破,追求无重复的创造才是公关生存的魅力所在。

7. 危机意识

正如前面所说,一个组织面临公关危机是迟早的事情,但这并非表示危机是无法管理和预防的。这也提醒公关人员,对一个组织的处境分析和把握需要敏锐地观察和分析,这也是在 20 世纪 80 年代有人愿意以"论题处理"来代替"公共关系"的原因所在。公关人员面对危机时,不能仅作为"消防队员"出现,还要成为一个危机来临前的预警者。即使危机摆在眼前,也要利用媒体频频光顾的机会对外展示承担责任的勇气和解决突发问题的能力,因为危机恰恰也是一次机会。

（二）职业心理特征

1. 自信乐观

卢梭曾说过:自信心对于事业简直就是奇迹。有了它,你的才智可以取之不尽,用之不竭。一个没有自信心的人,无论他有多大的才能,也难以取得成功。只有自信才会有毅力和勇气,当然自信同样需要以科学的调查和研究作为出发点。当问题发生时,要相信会有办法解决,一种方法不行,也仅仅是表示还没有找到能解决问题的方法,而绝对不是没有办法。同样,在公关工作中一旦面临来自公众的压力,要相信自己可以说服公众。如果现在没有做到,不是因为公众的顽固,而是因为你还没有找到说服公众的最好理由。当一个大学生在学业紧张的条件下为一家企业推销产品时,他关注的是自己的产品,出于对自身产品的认识及激情的投入,他在某个城市的销售业绩中是最好的,这是因为他发自内心的淳朴的自信心将顾客深深地感染了。一个不相信自己的人是不可能让别人相信你的,一个不能说服自己的人同样也是不可能去说服别人的。

2. 热情真诚

公共关系是一种体力和智力的较量,热情能使公关人员兴趣广泛,对事物的变化有一种敏感,且充满想象力和创造力,才能够使公关人员主动地积极投身于日常公关工作;同样,只有充满热情才有可能结交各种朋友,在接受别人的同时也才会被别人所接受。

3. 开放进取

公共关系是一种创造性很强的工作,要求公关人员每时每刻都能够接受新的事物、新的知识、新的观念。只有具备开放心态的人才会注重长远效益,才不会计较眼前的得失,同时还会对待各种与自己性格不同、风格不同的人,学会"异中求同"。

4. 坚定自律

自律往往具有两个方面的要求:① 公关以对公众的认识和了解作为出发点,也以满足公众需要的程度作为评估的标准,但是对公众的认识往往是有相对性的,因此,在更大的意义上,公关人员应以对自身的约束为出发点,尽可能地体现对公众的谦让;② 出于公关的职业特点,公关主要是以提供服务为工作特色,而服务本身就意味着较少的自我,更多的自控。

（三）职业能力

一个人的能力高低直接影响工作的效率,而一个人在工作中需要多种能力的共同发挥,将多种能力有机地组合到一起。公关人员的职业能力也体现为一种综合性,一般会由以下几个方面组成。

1. 书面、口头与形体表达能力

能说和会写是公关从业人员的两个基本功。公关工作中所涉及的诸如新闻稿件、公关活动方案、年度公关报告、工作小结、公关信函、公关演讲稿、公关宣传资料、各种活动的致辞等都要求公关人员有扎实的文字功底。同样,公关人员也会经常与不同的人打交道,语言的沟通往往是最直接有效的方式,因此,公关人员需要具有较强的口头表达能力。在和不同的公众交谈时,能够清晰、简洁、准确地表达自己的思想,同时还要追求语言的技巧与艺术,体现公关语言独特的感染力,以求达到打动人及说服人的效果。当然公关人员还必须熟练、准确地运用各种形体表达语言,通过动作、体态、表情向公众传递信息。平时,公关人员要养成良好的习惯,出入公共场所都要做到举止端庄、体态大方、服饰得体、言行礼貌等。

2. 组织协调能力

一个组织的公关资源是有限的,如何把有限的公关资源调动起来并发挥最大的作用,这是公关人员必须追求的公关效益。因此,公关人员必须具备策划、指挥、安排和调度的能力。公关工作过程中的传播信息、整理资料、编辑出版刊物、日常来宾接待以及举办各种纪念会、庆典、记者招待会、联谊会、展览会等都需要经过周密的策划、精密的安排和认真的组织,其中各种程序、各种资源的协调也就成了公关人员职业能力的体现。

3. 社会交往能力

公关人员开展公关活动很大程度是体现在公关人员的个人风格和魅力上,良好的人际交往能力就成了公关人员开展公关工作的前提条件,公关人员如果与别人格格不入就等于在自己与公众之间筑起了无形的屏障。因此,公关人员必须有开朗的性格、热情饱满的情绪,使别人在受到感染的同时也能产生信任感、安全感。要善于同社会各界、各种层次的人士交往,有些人将来很可能成为组织的客户,直接或间接地对组织提供帮助。当然,在人际交往中必须具备最基本的礼仪知识。

4. 自控应变能力

组织在发展中会遇到客观环境的突然变化,或内部出现突如其来的变故。此时,公关人员必须具有应对各种情况的心理准备和实际控制事态的能力。当突发事件发生时,要随机应变,迅速采取措施控制事态、控制舆论,防止歪曲事实真相,避免引起公众恐慌不安。同时,公关人员的应变能力还体现在掌握机动灵活的方法和技巧上,思维方式要灵活,态度要有弹性,要善于从不同的角度去分析和设想,处理问题时善于迂回,在解决矛盾时善于使用自然、幽默的方式来缓和气氛。

(四) 知识结构

一般从事公关职业的人员需要受过良好的教育。公关人员可以从事三个层次的工作:① 最高的策划层,需要很规范的战略管理方面的知识;② 具体执行层次的工作,需要具备灵活的应变能力,也需要具备协调沟通的技巧和能力;③ 一般的接待和交际工作及具体的制作工作,需要具备基本的技术和一般的沟通能力。能力的培养应以掌握一般的知识为基础,公共关系的知识体系是一个系统,一般由三个子系统构成:① 公共关系的基本理论和实务知识;② 与公关密切相关的学科知识;③ 组织的知识及开展特定公关技术工作所需要的专门知识等。

1. 公共关系的基本理论和实务知识

公共关系的基本理论知识包括:公共关系的基本要素、公共关系的由来和历史沿革、公共关系的职能、公共关系的基本原则、公共关系的三大要素的各自概念及类型、公共关系的工作程序等。公共关系实务的基本知识包括:公共关系调查的知识、公共关系策划的知识、公共关系实施和评估的知识、公众分析及与各类公众交往的知识、公关交往中的礼仪规范等。

2. 与公共关系密切相关的学科知识

公共关系作为一门新学科,具备多学科交叉的特点。有人将公共关系看成管理学与传播学的交叉学科。但是,与公关相关的学科几乎涵盖了众多的社会科学,其中最主要的有:管理学类学科,包括管理学、行为科学、市场学、营销学等;传播类学科,包括传播学、新闻学、广告学等;社会学和心理学类的学科,包括社会学、心理学、社会心理学等。最后,还必须掌握最基本的法律知识以及特定公关工作所需要的特定知识,如金融公关所需要的金融学知识,涉外公关中的国际关系知识等。

3. 组织的知识及开展特定公关技术工作所需要的专门知识

组织的知识包括:组织的性质、特点、任务、目标,组织的历史、现状,员工的状况和竞争者的状况等。

美国的阿尔伯特·沃克尔博士曾进行了长达两年的研究工作,旨在确定和证明公共关系知识体系[①]。他们认为:公关人员是一种"文艺复兴"式的人物,他应当受过良好的文科教育,并能通过阅读、继续教育及业务工作来顺应时代潮流。

理想的公关从业人员应该致力于学习社会科学与行为科学、政治学与政府知识、管理科学和艺术、市场营销学、调研与评估以及有关客户和雇主业务的专门知识。理想的公关人员还应该了解这个不断分化、相互依赖的社会中的文化差异。但是,所有这些知识都必须与专业的传播技能相结合,具体可以概括为以下内容。

(1) 人文科学,用语言来表达思想、澄清事实、最终达到说服目的的技能。

(2) 社会科学,尤其是组织行为中的群体动力知识。

(3) 政治学,尤其是政府知识、公共和政治事务的相关知识。

(4) 心理学,尤其如动机、领导行为、形象和洞察力。

(5) 社会学,如和谐和冲突、行动主义与特殊倡导、机构改革与阻力等。

(6) 哲学,如道德行为、道德判断以及价值体系。

---

① 郭惠民.当代国际公共关系[M].2版.上海:复旦大学出版社,1998:335—336.

（7）文化人类学，即研究不同文化背景下的社会结构、语言、政治、宗教、艺术、技术等。

（8）管理科学与艺术、市场营销、金融和经济学等。

（9）传播艺术（包括理论与技术）。

（10）写作和编辑技巧，作为公关工具的广告应用技能。

（11）研究方法、手段技巧以及应用技能。

（12）涉及客户与雇主业务的专门知识。

公关知识体系之所以有别于其他学科，在于它的应用是为了达到公关目的。

（五）职业道德

一般来说，从事任何的职业都需要具备最基本的职业道德，对于公共关系这一特殊职业来说，其职业的自律性显得尤为必要。正如马克斯·韦伯所说的：如果人们不能做到职业所需要的这种特殊的自我节制，那么也就意味着剥去了这个词存在的唯一有意义的含义。在众多公共关系组织制订的职业准则中，《国际公共关系道德准则》影响最大。很多国家的公共关系组织都采用该准则，或以此为准则稍作变动，以适应自己国家的需要。《国际公共关系道德准则》由国际公关协会名誉会员、法国人卢亚兹·马特拉特起草，于 1965 年 5 月 12 日在雅典召开的国际公共关系协会大会上通过，所以又称《雅典准则》。1968 年 4 月 17 日国际公关协会德黑兰会议对该文件进行了修改，详细内容参阅附录一。

九、公关伦理规范

（一）公关伦理规范及范畴

公关与伦理的结合是必然的、客观的。正如一个组织不可能生存在真空状态中一样，组织所面对的公众对象同样不可能缺失对伦理的追求。因此，与掌握不同的道德观念、遵守不同的道德准则的公众进行沟通时，必然使公关活动也带有伦理的选择与判断的要求，这也是伦理的必然性所决定的。公关的管理过程同样也是处理组织与公众间"伦理关系"的过程，即如何处理与解决组织与公众行为中的真实、责任、信任、诚信等问题，如何约束公关人员的行为等。

公关伦理规范是指公关人员在从事公关活动时必须遵守的行为规范和准则。确定公关伦理规范的依据主要有两个方面：一是对基本道德规范的认同；二是对公关职业特点的分析。公关伦理规范由核心规范、基本规范和基本道德范畴构成。公关伦理规范的具体结构可以表述为：以真实为底线，以信誉为核心追求，以责任与信任为两大基本规范，以义务、公正、平等、保密等为重要道德范畴。

（二）公关伦理底线：真实

把真实确定为公关的伦理底线具有必然性。

首先，将真实确定为公关的伦理底线可以从历史及现实两个方面来考虑。从历史来说，公关源于美国 19 世纪中叶的"报刊宣传运动"。当时，对公关的产生起过重要作用的巴纳姆就是以编造谎言为手段,虽然人们不得不承认如此有组织、自觉地利用传播媒介为自己赢得影响力的莫过于巴纳姆,却更愿意将巴纳姆的行为称为"黑暗公共关系"或"反公共关系",但是,毕竟这也给现代公关史留下了永久无法清除的痕迹。另外从现实或实践来考虑,将真实确定为其底线主要是因为公关工作的主要特征是传播与沟通,而其传播的是一个组织的各种信息或资讯,这种信息在更多时候是有组织的,或者说是经过包装的,除非具有众多的监控机制,更多获得信息的渠道,公众具备更高的辨别能力或水平,否则在信息面前人们更多的是在接受,而这种信息内容的真实与否更多地取决于传播信息的主体或公关的主体,即一个公关人员所代表的组织,所以真实是公关这种职业良心的体现。

其次,将真实确定为公关的伦理底线还在于,公关并非仅仅是简单地将一个组织的信息传递出去。如果从公关的基本职能考虑,公关将不断地强化其管理的作用。而作为管理的策略,任何决策都必须以其长期的、有效的回报作为其追求的目标,因此,从管理的角度来分析,公关真实的意义即在于无论你说不说真话,对方都会通过某个渠道来检验,因此,说真话不仅可以树立正面的形象,而且还有更长远的价值。

作为道德主体(道德代理人)的人必须关心、追求一种"行动的共识"。这种共识的形成其实并不存在范围上的局限性,它可以是外部社会的,也可以是组织内部的,当然也可以是组织与外部公众之间的。从公关角度来分析,这种共生共存的意识可以源于组织内部与外部公众双方。从组织内部公关来分析,组织必然是追求一种同命运、共患难的共识,而组织与公众间的伦理追求最能形成共识的莫过于让我知道你并没有欺骗我的行为。这种对共识的追求是从底线的共识开始,即一种底线的伦理(或基线伦理)。因此,我们就将这种最易形成共识的、而且也符合公关职业特色的真实,作为公关伦理的起点和基础。

（三）公关伦理追求的核心：信誉

将信誉作为公关伦理追求的核心,源自当今社会对公关的真正理解。一直以来,当人们提到公关的基本职责时就会使用一个名词:形象。而当我们在使用形象时为了防止陷入误区,也总是会对形象进行公关角度的解释,而最终又强调公关的形象不是一种表象而是以一种行为所产生的信用或名誉为其核心内容。在"形象"与"信誉"这两个概念的使用上划分得较为明确的是当代国际公关理论大师格鲁尼格。1996 年 10 月格鲁尼格在北京参加中国国际公共关系大会时,专门就此问题与我国的公关学者进行交流。他认为:形象有时可以是传递出去的一个信息;有时指人们对一个组织的看法(一种认识)或评价(一种态度)。在大多数情况下,塑造形象这一概念包含着这样一个简单的观念,即良好的宣传可以使人们对一个组织有好的看法。而塑造形象恰恰是一种简单化了的并且容易使人产生误解的观念。它会让人感觉公关人员可以为组织说好话,而人们也会相信这些话,组织无须承担对公众的责任。结果它因自身不负责任的行为而非记者或他人的说法而产生一系列公关的问题。塑造形象也意味着公关的本质是向公众传递信息,这同样是简单化和错误的观点。因为大多数公众是自己选择和接收信息的,他们很少被没有良好行为支持的虚假信息所迷惑,当然这要取决于公众自身获取信息的能力和水平。因此,格鲁尼格认为最好用"信誉"来代替"形象"这一概念,而信誉从本质上包含了人们所记住的一个组织的行为或行动。如果我们要想为一个组织树立良好的信誉,我们就必须建议组织的行为要对公众负责。按照格鲁尼格的观点,信誉更多的是一种行动,也就是不仅仅以宣传或传递信息为主而是以采取行动为主。"因为我们可以管理过程,但是我们却无法管理结果",而且"管理自己的行为远比管理他人的行为更容易"。信誉是立足于一种行为所传递的信息,将其确定为公关伦理的核心,与公关的实践性和伦理的实践性是非常吻合的。道德的核心是道德规范体系的精髓,居于中心地位,是调节人与人之间各种伦理关系准则的最基本的出发点。因此,信誉在公关的伦理规范中就具有了中心的位置及控制的作用。信誉不仅是公关追求的结果,也是一种行动传递的最准确、最可信、最有效的信息,因为它本身就是一个行为的过程[①]。

（四）公关伦理的两大基本规范：责任与信任

道德规范中的基本规范是道德核心的保护带,是最高层次的道德准则和指导准则,占有极其重要的地位,是道德规范体系中的主要因素,是不同道德类型相区别的最根本、最显著的标志之一,具有广泛的约束力和指导性。一般的道德规范总是围绕着道德核心、道德基本准则展开的。

公关三大基本要素都贯穿于公关理论与实践之中。其中:公关主体是社会组织,公关客体是公众,而传播成了主体与客体之间的纽带与手段。因此,公关行为中的伦理要求主要体现在公关主体自身的自律性及公关主体与客体之间的互相信任。而这种公关主体自身的自律性所体现的正是一种公关的责任。一个社会组织所面对的公众对象的划分往往是复杂的,但其最大范围的划分主要是组织内部的公众和外部的公众。无论是组织内部的员工、股东、管理人员还是外部的政府、媒介、社区、供应商、经销商、社会名流等,都是以一种良好的关系作为其管理的目标,而这种良好关系的培养就成了公关伦理的两大基本规范。这种对责任与信任的追求是公关工作中伦理要求的集中体现,而且也体现了组织与公众间的关联性,为公关伦理理论的建立奠定了基础,即组织与公众间所形成的一种伦理关系。

（五）公关伦理的范畴：义务、公正、平等、保密

道德范畴是对道德核心、道德原则、道德规范不同层次和不同侧面的补充与丰富。如果将道德规范视为道德规范体系的骨骼,道德范畴则成了道德规范体系之间的网结。"道德范畴"一词是从哲学范畴移植过来的。从伦理学意义上来说,它是反映道德这一特殊现象的最基本的概念,如道德原则、道德规范、道德评价、道德

---

①　郭惠民.当代国际公共关系[M].2版.上海:复旦大学出版社,1998:5—6.

教育、道德认识、道德信念等基本概念。如果从狭义上理解,伦理学的道德范畴是指那些反映个人与他人或社会之间的最本质、最重要、最普遍的道德关系的概念,如善恶、义务、良心、荣誉、幸福、公正等。公关伦理中的基本道德范畴往往依据公关的实践特色而确定,并且与公关的职业特征有关,因此,在公关伦理中最主要的伦理范畴可以概括为义务、公正、平等和保密等。

1. 义务

义务的认同和自觉承担在公关伦理范畴的建构中具有非常重要的地位,它是公关活动过程中道德行为得以真正实施的直接驱动力。在将公关人员的职业荣誉与职业良知实在化的过程中,义务范畴的确定是首要的。道德义务认同感的增强能使公关人员把提高自身素质、讲究公众信誉视为义不容辞的责任,从而使公关人员在公关工作中表现出更为努力的敬业精神,也会使公关人员努力地发扬主人翁的精神,参与到一个组织的改革实践中去。同时,公关道德义务将同公关人员的职业道德感情、信念、意志等联系在一起,特别是同公关人员的职业良知结合在一起,发挥着自律的作用。从某种意义上说,义务是发自内心的“道德命令”。公关人员为了维护组织的声誉和保持自身职业生活的道德性,必然会自觉地对自己的行为承担责任。

正如权利和义务总是紧密地结合在一起,一个组织的公关道德义务的承担并不是无利的,它可以为一个组织赢得权利或机会。而这种机遇的存在恰恰与公关的管理目标相一致。因此,它与组织总体的管理过程并不是对抗的而是相容的。这也可以说是公关存在的意义所在。

2. 公正

公正在伦理学中与公道、公平是同义词。“公”是无私,“正”是不偏不倚。公正在公关行为中就是要求公关人员坚持不偏袒任何一方。在公关行为中,公正既是对公关人员的人格要求、道德要求,也是对社会组织的伦理要求。面对公正,一个公关人员或公关行为者的最大选择就是如何去处理好一个组织的利益与公众利益的关系,以及众多的公众利益之间的权衡问题。同样也要求公关人员不能去干扰其他社会调节方式的公正性,如当法律独立发挥作用时,公关人员在制造舆论方面不能有干扰法律的行为,在影响政府部门决策时也不能施加不合理的舆论压力等。

3. 平等

平等更多的是处理人与人交往关系的一个规范与范畴。在公关实务中,它要求公关人员必须对所有的公众都坚守平等的原则,特别是面对不同的媒体不能因媒体的级别不同而区别对待。这种平等的观念更多地依据对公众的重视。平等的观念源于内心对人的一种基本尊重和看法。

4. 保密

保密是公关伦理的重要特征,是许多最艰难的伦理问题的起源。作为一种服务行业或职业,公关公司或公关人员在为其他组织提供公关帮助与服务时,必然会涉及客户的部分机密资料,特别是面对两个存在竞争关系的企业时。尽管公关行业有一个不成文的惯例,两个同行业有竞争的企业不可能同时成为某一家公关公司的客户,但是,有些伦理范畴的确定并不是为了防止万一的,而是因为它往往是难以避免的。

第二节　公共关系客体——各类内部与外部公众

一、公众的基本含义和特征

(一)公众的基本含义

公众作为公共关系学的一个重要的概念,最初是从 public 直译而来的。从一般意义上讲,公众即与公共关系主体利益相关并相互影响和相互作用的个人、群体或组织的统称。"公众"在很多学科中都被使用,但以公关的理解最具特色,它涵盖了公共关系工作的所有对象,凡是公共关系传播沟通的对象都可称之为公众。

与公众的使用经常发生混淆的是传播学中的"受众"(听众)。受众是传播学的概念,在新闻学、广告学中也经常被使用,其含义与公众很接近,乃至在公共关系学中也经常被使用。但公关学使用的受众与广告学存在微妙的差别。在公关学中需要明确地区分"公众"与"受众"这两个概念,这种区分不但有助于理解公共关系活动的本质,而且对有效开展公共关系活动有重要意义。

从广告学的角度讲,受众一词的含义是指一些信息或资料的接受者,因此受众是天然的、内在的、消极的和被动的;而公众是指与一个组织有着内在联系的群体(也可以是组织或个人),而且公众与组织的关系是相互的,当组织影响公众时,公众也会对组织施加影响。因此,虽然从信息传播的对象、信息的接受者这个角度看,可以把公众和受众看成是同义词,但从公共关系学的严格意义上讲并非如此。受众这种天然的、内存的、消极的和被动的特点与大多数公共关系活动的目标——激起较强的公众参与是矛盾的。因此,公关界已趋向把受众区分为"积极受众"(活跃的听众)和"消极受众"(消极的听众),而公众应该只指向积极的受众或听众。

(二)公众的基本特征

公共关系学所理解的公众具有以下特征。

1.整体性或群体性

公众是指与某一组织有关的整体环境,与政治、经济、地理、自然环境同时并列存在的还有一种关系环境或舆论环境,这就构成了公共关系的环境。而关系或舆论环境的构成包括众多的组成部分,由此构成了一个整体的公关环境系统。因此,公共关系不能只顾某一类公众,对其中任何一个方面关系的疏忽都有可能导致公众环境的恶化,从而影响组织的生存和发展。所以在理解公众时必须将它作为一个整体来看待,用全面的、系统的观点来分析公众。

2. 共同性或同质性

公众的形成是因为公众遇到了共同问题,而且这类问题会对公众的利益产生共同的影响。了解和分析公众,必须分析其内在的共同性即内在的某种特殊的关联性,这样才能从整体的公众对象中区分出不同的对象来。著名的社会学家布卢默和实用主义哲学家杜威都曾经给"公众"下过定义,他们都把面临的共同问题作为定义最重要的部分。布卢默认为,公众具有如下三个特征:① 面临着同一类问题;② 对如何应对问题拥有不同的意见;③ 介入对问题的讨论。杜威也给公众规定了三条标准:① 面临着类似的问题;② 认识到问题的存在;③ 采用某种行动以应对问题。

3. 相关性或具体性

公众是 public,又有"公共的"意思,但我们在理解公众时,切忌将它理解为共享的,因为公众总是相对于某一社会组织而言的,也就是我们所说的具体性。一个公众对象的存在肯定是指某一个组织的公众对象,这也体现了组织与公众之间的某种互动性。一方面,组织会去影响公众对象,组织的决策和行为对公众会产生影响,制约着他们利益的实现和需求的满足;另一方面,公众的意见、态度和行为也会影响到社会组织的目标和发展,这种影响可以是潜在的也可以是实际的、现实的。这种相关性或具体性的存在是组织与公众形成公共关系的关键。确定公众的过程就是将这种具体性分析清楚,从而了解自己的工作目标。

4. 多样性或多维性

公众的多样性可以体现在三个方面。① 多层次性,公众由个人、群体和社会组织三个部分组成,这种多层次性决定了公众的多样性。② 不同的公众具有不同的需求和目的,尽管公众是共同的,但是在共同的问题面前,又体现了彼此不同的利益追求和价值取向。同时,不同的公众与组织的利益关系也有其差异性。③ 公众有多种类型。公众形式的多样性决定了沟通方式和传播媒介的多样性,以及公共关系管理的多样性。

5. 变化性或可变性

公众作为一个开放的系统,处于不断的发展与变化之中,任何组织面临的公众对象,其性质、形式、数量、范围等都会随着主体条件、客观环境的变化而变化。如有的关系产生了,有的关系消失了;有的关系稳固了,有的关系开始动摇了;有的关系是善意的,而有的关系却是对抗的。不断变化的公众关系决定了公关工作的持续性和创新性。因此,公共关系不可能是一劳永逸的,而是一个不断进行的过程。

 课堂讨论

你能根据公众的五个特征将公众与受众区分开来吗？

二、公众的划分

不同的组织，由于组织性质、目标、利益、价值观念、经营理念、经营方式、环境条件等的不同，必然会面对不同的公众。组织要开展公共关系工作，就必须清楚本组织所面临的各类公众，对公众进行科学的分类，从而根据不同类型的公众制订不同的公关策略和方法。公众划分的意义可以直接体现在公关的所有工作程序中。如调查中公众的划分可以确定一定的调查范围，策划中公众的划分有助于明确地了解目标公众的具体需求，公关实施中公众的划分可以确定一定的传播媒介的选择以及选择不同的传播方式；在公关评估中公众的划分可以有助于了解公关工作的实际效果和对公众产生的影响到底有多大。我们划分公众并不是要了解谁是可以利用的，谁是需要防范的，而是为了针对不同的公众特有区别地进行公关的管理沟通。

对于公众的划分，历来有不同的角度和不同的标准，目前较常见的是从两个层次来进行。

（一）不同的组织有不同的公众对象

社会学中，一般把社会组织划分为四类：一是公益性的，二是互益性的，三是营利性的，四是服务性的。不同性质的社会组织在面对公众对象时会有差异。

1. 公益性组织

如政府部门、公安安全机关、消防队等。这类组织以国家及社会的整体利益为目标，其公众对象是全社会各界。

2. 互益性组织

如各种党派团体、职业团体、群众性社团组织、宗教组织。这类组织重视组织内部成员的利益和共同目标，所以首先重视培养内部成员对组织本身的凝聚力和归属感，重视组织内部公众间的沟通。

3. 营利性组织

如工商企业、金融机构、旅游服务业等以营利为目的的组织。这类组织以其所有者、经营者的利益为目标，首先要与其所有者(如投资者)以及对其经营成败存在决定意义的顾客等建立起良好的关系。

4. 服务性组织

如公益学校、医院、社会福利工作机构等非营利组织。这类组织的存在以其特定的服务对象的需要为目标，又必须与其资助者、协助者保持稳定的关系。

 课堂讨论

你能罗列学校的各类公众对象吗？

（二）同一类组织可按不同标准划分公众

同一类社会组织面对的公众对象是复杂多样的，一般可从以下五个标准进行细分。

（1）按照公众与组织的相对空间位置，可以将公众划分为内部公众和外部公众。内部公众由组织内部成员、部门构成，它是内部公关的对象，也是外部公关的主体，是与一个组织相关性最强的公众对象。外部公众是指除了组织外的一切与组织发生相互影响、相互作用的公众。

（2）按照公众对组织的重要程度，可将一个组织的公众划分为首要公众和次要公众。首要公众是指与组织的关系最密切，对组织的生存与发展起决定性作用，对组织能产生举足轻重影响的公众，如一个服务性组织的 VIP，它需要最大的公关资源投入来集中地处理和协调这种关系；次要公众则是指对组织的生存和发展有一定的影响，但不起决定性作用的公众。尽管有限的公关资源可能会使次要公众处于一种兼顾的地位，但是公众的可变性告诉我们首要公众与次要公众的地位是会改变的，因此不能对次要公众有任何的忽视。

（3）按照公众与组织态度的一致程度，可以将组织的公众划分为顺意公众、逆意公众和边缘公众。顺意公众是指对组织的政策和行为采取支持和赞赏态度，常常与组织协作的公众。顺意公众是一个组织生存的基础，它也是公关工作的持续对象。逆意公众是指对组织的政策和行为持不赞成、不支持甚至是反对态度的公众。公共关系认为，人的观念总是会转变的，因此利用各种传播资源说服和引导逆意公众就成了公关的一大挑战。边缘公众也叫中立公众、独立公众或不确定的公众，是指对组织的政策和行为持中间态度、不表态或态度不明确的公众对象。这类公众的存在往往成为促进公关工作的一种动力。

（4）按照组织对公众的价值判断，或者说公众对组织的吸引程度，可将一个组织的公众划分为受欢迎的公众、不受欢迎的公众和被追求的公众。受欢迎的公众是指那些与组织互相吸引，能迎合组织需要并主动对组织表示兴趣和交往意愿的公众。不受欢迎的公众是指违背组织的利益和愿望，对组织构成潜在或现实威胁的公众。被追求的公众一般是指符合组织的利益或者愿望，但对组织却不感兴趣、缺乏交往意愿的公众对象。

（5）按照公众发展过程不同阶段的特点，可将一个组织的公众划分为非公众、潜在公众、知晓公众和行动公众。这是美国公关专家格罗尼格根据公众的发展过程对公众的划分，即当组织采取某种行动时，公众的态度或行为也会随之发生变化，公众与组织的关系会由疏到近，公众对组织的影响力也会由弱到强，照此，公众

在不同的阶段就经历了非公众、潜在公众、知晓公众和行动公众的过程。非公众是公共关系学的特殊概念,是指处于某组织的影响之中却与该组织无关,其观点、态度和行为不受组织的影响,也不影响该组织的公众。潜在公众是指由于潜在的问题而形成的潜伏公众或未来公众。由于该潜在问题还没有完全暴露,这些公众本身还没有意识到问题的存在,所以其与组织的关系还处于潜在状态。知晓公众,即公众已明确意识到自己面临的问题与某个组织有关,并迫切要求与该组织发生某种联系。行动公众是知晓公众逻辑发展的结果,在这个阶段,公众采取行动,从而对组织构成现实的影响。

公关学者居延安曾举过一个例子:一个自行车生产企业有一批自行车出厂后才发现质量有问题,其产生的后果就是一个月后油漆会剥落,很明显,凡是没有买这批自行车的就是非公众。一个组织之所以要确定非公众主要是为了把公关的资源集中使用,从而既减少公关的盲目性也可以节约公关的成本。如夏天商家门口举办的活动在很大程度上是要把周围的非公众吸引过来成为潜在的公众。但在此处,凡是买了这批自行车的顾客都成了这家自行车生产企业的潜在公众。潜在公众在一定的时间内,至少在他们意识到他们所面对的问题以前是不会采取行动的,也不会对组织产生影响,但是,这仅仅是时间的问题,因为问题迟早是会发生的。因此,所谓公关的危机预防或论题管理在很大程度上即如何来对待潜在公众。一个月时间到了,油漆也自然开始掉了,顾客必然会产生很多的疑惑,开始打听消息,这个时候公关的启动就势在必行。因为当公众面临着一个由组织的行为所引起的共同问题,而他们本身也意识到这种问题的存在时,他们就从潜在状态转化为知晓状态,知晓公众一旦形成就会产生了解真相的要求,从公关角度讲就是必须满足知晓公众的知情权,因此,公关的行动必然要同步开始。最后当这些买了自行车的人准备采取或已经采取行动以求解决问题时,他们就成了一个组织的行动公众,他们的形成在上述案例中会成为危机的来源。

 **课堂讨论**

> 如果你是该自行车生产企业的公关部经理,你认为当公众处在不同的阶段时应该采取哪些不同的措施?特别是当公众处在潜在状态时,你认为是否有必要扩大知晓公众的范围?
>
> 但是,在另外一种情况下,公众的发展过程是被推动的。如从消费者的购买行为来看,一个人在商场门口时,他并没有想购买商品,他就是一个非公众;当然,如果商家的促销手段比较吸引人时,他可能会被吸引过去,他就成了一个潜在公众;当他被宣传打动时,开始了解产品的相关情况,他就成了一个知晓公众;最后他果然买了商品,他就成了一个行动公众。因此,在公众的发展过程中,公众处在一种被推动的地位,而作为危机公关来说,往往是将公众消除在潜在和知晓的状态。

三、内部公众的管理

（一）内部公众管理的意义

内部公众关系是指一个组织内部横向的公共关系和纵向的公共关系的总称。组织内部纵向的公共关系包括一个组织机构上下级之间的关系，组织内部横向的公共关系包括一个组织机构中各个职能部门、科班组之间和内部员工之间的关系。内部公共关系是组织公共关系的重要组成部分，又是组织开展各类公共关系活动的基础。美国著名公关专家亨得利·拉尔特明确指出：公共关系90％靠自己做得好，10％靠宣传。欧美国家的专家们给公共关系下了一个通俗的定义：公共关系＝做好事＋告诉他人。很明显，做得好或做好事都得取决于组织内部的关系协调。所以，内部公共关系的管理就成了一个组织开展公关工作的前提条件。

内部公众管理的基本意义如下。

（1）创立一个组织的公关文化，形成共同的价值观念。内部公关活动反映了广大员工共同的价值观、共同的价值追求目标和共同的利益宗旨，客观上对组织内部成员有一种感召力，把众多成员的言行引导到组织既定的公共关系目标上来。

（2）产生一种凝聚力，即形成一种群体意识，使个人的目标与组织的目标达到高度一致，树立一种以组织为中心的群体意识。具有强烈集体观念的成员会对组织承担的社会责任和发展目标有深刻的理解。

（3）形成物质、精神双重的激励机制。相比物质激励而言，内部公共关系往往给予组织内部成员以精神上的激励，它的作用较之物质激励更持久且适用范围更广泛。

（4）对外展示的作用。组织通过内部公共关系形成了一个整体形象，作为一种形象的展示，它能够向社会展现组织的管理风格、精神面貌、经营思想、价值观念和行为准则以及产品、服饰、标识等，不断地向外界公众提供本组织各方面的信息，以提高本组织在公众心目中的知名度和美誉度。

（二）内部公众管理的基本内容

一般来说，内部公众管理包括内部员工、团体和领导三个基本要素。员工关系是一个组织内部所有技术、管理和操作人员的总称。而组织内部的团体公众是介于组织集体和员工个人之间的社会群体，具体可以包括班组、车间、科室、工会等正式团体，也包括文娱团体、兴趣小组、业余爱好者聚会、群众结社等非正式团体。在各种内部公共关系活动中，有必要通过发挥组织内非正式团体和正式团体的作用，协调组织内部员工之间的关系。领导者公众是决定一个组织对公关资源分配最主要的公众对象，有这么一种说法，一个组织的声誉好坏最初是源于组织的领导层，因此能够让一个组织的领导公众对公关重视就是内部公共关系的很大成功。在员工、团体和领导三类公众中，员工是一个组织赖以生存的细胞，组织的方针、政策、计划、措施首先应该先获得员工的理解与支持。同时,员工也是与外部公众交流的直接临界点,直接代表着组织的形象。因此,员工关系的管理就成为内部公共关系管理的起点,内部公共关系的管理往往也会突出对员工关系的管理。但是作为股份制企业的内部公众管理,还会面临一个重要的公众对象即股东与董事的管理,在此着重分析组织内部的员工关系管理及股东关系的管理,以此体现内部公关管理的目标。

(三)内部员工关系的管理目标

内部员工关系管理的基本目标是通过对内部各种传播机制的运用,激发内部员工对组织目标的认同,从而产生一种组织内部的凝聚力,创造一种良好的公关氛围和公关环境。它体现在以下四个方面。

1. 树立员工良好的价值观念

员工价值观念既是组织内部管理的核心内容,也是组织内部公共关系的一个主要目标。价值观念对于组织公关的意义体现在三个方面:① 赋予内部公众的日常工作以崇高意义,这种对自己所从事职业的热爱关键取决于对一种职业的认识;② 赋予组织以重大的社会责任;③ 提供日常行为的指南。

如 IBM 公司曾提出所有员工应有的价值观念:① 尊重组织内部每一个人的尊严和权利;② 提供全世界所有同类公司中最佳的服务给广大用户;③ 相信本公司的每一项目标任务都是以卓越的方式实施的。

日本松下公司的内部公关活动专门宣传"松下七精神",即敬业报国的精神、光明正大的精神、和亲一致的精神、力争向上的精神、礼节谦让的精神、顺应同化的精神、感谢报恩的精神。华为的核心价值观:① 以客户为中心,它可以确定奋斗的方向;② 以奋斗者为本,它可以提供活力的源泉;③ 长期艰苦奋斗,这是人修养的一个过程;④ 坚持自我批判,在批判中能够得到修心。

根据国内外企业组织成功的经验,组织成功应具备七个因素,即"7S":组织机构(structure)、经营战略(strategy)、组织系统(system)、组织班子(staff)、组织作风(style)、实务技能(skills)和员工应有的价值观念(share-value)。

2. 协调和改善组织内部的人际关系

良好的人际关系能使广大员工产生对组织的认同感。有人曾专门把这种认同感概括为六个方面:信任感、方向感、温暖感、成熟感、舒适感、实惠感。这种认同感的形成会产生一种强大的力量,当然它是以对所有员工的尊重和重视为前提的。如有一天,某公司一位接待员在当地报纸上看到一份本公司的招聘广告,聘请对象的工作和自己现在的是完全一样的,她感到有些奇怪和焦虑,决定去和老板谈谈这则广告的事情。老板证实了她的顾虑:是的,公司正在登报招聘人来代替她。结果如何呢?她也在同一报纸上登载了自己的广告,上面写着"我辞职了"。当有人向这位老板问起这位接待员的行为时,他蛮横地说道:"难道她没有勇气直接来告诉我她要辞职吗?"

 **课堂讨论**

> 你觉得这位老板和他的员工的关系合理吗？你认为这个公司的内部关系是否建立在互敬互重上呢？你觉得这位老板理解和关心这位接待员吗？这件事发生以后，公司内部其他员工能否尽力奉献呢？像这样的公司，员工们能热爱它吗？

3. 培养组织内部家庭式的氛围

家庭式氛围的管理模式充分体现了对员工的关心与爱护，这已超出了一般的工作范围，它可以体现出对员工的家人以及家人生活的关心，展示出一种"人和"的境界。IBM 公司就是一家以对员工的关爱著称的成功的跨国公司。帕克·罗杰斯大学毕业后进入 IBM 公司，在培训后期，其妻海伦即将分娩。这时，他的心情非常矛盾，一方面，焦急地担心着留在俄亥俄州的妻子和即将出生的婴儿，想回家照顾；另一方面，通过激烈竞争有幸进入世界闻名的大公司，如果请假恐怕影响前途。一天，公司总裁托马斯·小沃森在讲课后跟学生闲聊，罗杰斯回忆当时的情形："当他向我走来时，我正在考虑是否向他请几天的假。""日子过得好吗？发生什么事了？"他问道。我不得不对他实话相告，但是当他打断我的谈话时，我一句话都说不出来了。"你待在这里干什么？你应该回家和你的妻子在一起，立即上飞机返回俄亥俄州去吧。"在这短短的时间里，这位 IBM 公司的总裁亲自为一位普通的学员做出了安排，罗杰斯在当天下午就登上了回去的飞机。通过这件事，在小沃森的"人的价值高于企业"的演说之后，罗杰斯对讲座的内容有了更加透彻、清晰的理解。他的女儿一出世，小沃森立即派人送来的鲜花，他妻子问："我可以知道他是谁吗？"

4. 进行全员和全过程的公关管理

这种管理就是"全员公关管理"。"全员公关管理"主要体现了公关工作的细致与渗透性，以及任何一个员工在组织形象中的不可缺少性。全员公关管理的过程是一个全员的公关教育过程和全员的公关文化培养过程，它最终是要形成一个浓厚的全员公关文化环境。我国著名的河南省民权葡萄酒厂，曾经发生过一件事情：该厂有一名普通工人回外地老家探亲，他在当地的百货商店购物时，发现有两瓶民权葡萄酒的商标贴歪了。他看着放在货架上的那两瓶酒，心里感到很不是滋味：他为自己企业没有把好质量关而内疚。这天晚上他回到家中，脑海里总是反复出现那两瓶商标贴歪的葡萄酒。虽然作为一名普通员工，这事应该说与他关系不大，但他越想心里越难过。于是第二天，他又去了那家百货商店，掏钱把那两瓶酒买了下来。在探亲结束后，他不辞辛苦地将这两瓶酒背回厂里，放在了厂长办公室的桌上。正如有的学者指出的：民权葡萄酒厂的这位工人之所以会产生这种举动，并不是偶然的。因为该厂在抓好质量管理，号召员工立足本岗位干好工作的同时，十分注意从伦理道德上激发职工的主人翁意识。教育职工不仅要干好本职工作,而且应当关心企业全局的发展。因此,该厂专门设立了"合理化建议奖"和"批评厂长奖",并经常开展"我为厂长当参谋""假如我是一个厂长"等演讲比赛,注重用生动的文化形式来培养员工的道德觉悟和主人翁意识,并倡导一种"一荣俱荣、一损俱损"的理念。

（四）股东和董事公众的管理

股东是股份制企业中的投资者,虽然他们可能不参与日常生产经营活动,又不完全集中于企业内部,但他们有一定的权力,诸如选举董事会,制订企业的规章制度,对重大事项作出决策等。董事会是股东代表大会闭会期间行使股东代表大会职能的机构。因为董事会是一个股份制企业的最高决策机构,搞好股东和董事会的关系,就可能使股东增加对企业的投资,还可以发挥他们对外宣传企业及推销企业产品的作用。因此,对股份制企业来说,董事会、广大的股东、金融舆论专家等的关系都很重要。股东关系直接涉及企业的"财源"和"权源",通过公关的管理可以建立良好的股东关系,加强与股东的沟通,争取已有股东和潜在投资者的了解和信任,创造良好的投资气氛,稳定队伍,吸引新的投资者,从而最大限度地扩大企业的社会财源。

具体可以体现在以下几方面。

（1）配合股票的发行开展宣传活动。股票的发行一般是在银行、证券机构的参与下,由金融机构代理发行的。一家金融机构是否愿意代理企业发行股票取决于它对该企业的信誉、创业历史、管理机构、实力大小、经营效果的认识。为了股票的顺利上市,必须对代理机构开展宣传活动,主动请对方上门指导,使企业与代理机构之间彼此了解与信任。确定了代理机构后就把宣传的重点放在有可能购买股票的社会公众身上,使那些拥有一定的闲散资金并打算投资的机构和个人,在了解的基础上踊跃购买本企业的股票。

（2）重视股东利益,定期向股东通报经营状况。作为一名特殊的内部公众,股东拥有了解企业情况的权力,会产生"主人意识"。公共关系在对股东关系的管理中必须注意各种信息交流,运用各种传播手段,及时传递有关的信息,如经营目标、生产任务、资金运转、财务收支、利润增长、项目投资、股息分红、市场营销和新产品开发、高层管理人员的变更等。

（3）开好股东代表大会。股东代表大会不仅是股份制企业的一个重要管理形式,也是开展公共关系活动的良好时机,积极筹备和组织好股东大会,已经成为公共关系的专职工作。召开股东代表大会前把通知书送达股东手中,文字简洁,对会议的安排、内容、时间及议题都必须有明确的说明。会议的日程安排、地点安排都应考虑得比较周全。会议期间安排一些活动,如股东联谊会、座谈会,组织股东参观游览,同时编制股东年度报告,监督企业的经营管理活动。股东年度报告是股份制企业与股东交流的一个重要渠道,也是企业公共关系信息传播的一个重要渠道,它是一份详细的一年来企业的经营状况的书面报告,一般由股份制企业各职能部门多方合作,最后由公关部门起草完成。股东年度报告包括公司概述、致股东函、近期财务收支和盈利水平等,一般在书写时还可以尽量使用图表和数据来反映公司各项业务的完成情况,以吸引股东的阅读兴趣,增加股东年度报告的说服力。

四、内部公众管理的理论依据——激励因素

激励是激发和鼓励人们朝着所期望的目标采取行动的过程。一个组织生存和发展的生命力来自组织内部每一个员工的热情和付出,而如何激发和鼓励员工的创造性和积极性既是一个组织管理的基本目标,也是公共关系内部管理服务于组织目标的基本要求。一直以来,有关人的激励理论可以分为两大类,一类是内容型激励理论,另一类是过程型激励理论。内容型激励理论着重探讨什么东西能够使一个人采取某种行为,即着重于研究激励的起点和基础,研究从需求下手,通过满足需求来激励、调动人的积极性。在此主要介绍马斯洛的需求层次理论和阿德弗的"尔格"理论。过程型激励理论主要研究一个人被打动的过程,即研究行为是如何产生、发展、改变和结束的过程,在此主要介绍期望理论。

(一)马斯洛的需求层次理论

美国心理学家马斯洛(A.Maslow)在 1943 年所著的《人的动机理论》一书中,提出了需求层次理论。他把人的需求分为五个层次,从低到高依次为:生理需求、安全需求、社交需求、尊重需求和自我实现需求。生理需求是一个人对生存所需要的衣、食、住、行等基本的生活条件的需求。在一切需求中,生理需求是最优先的,当一个人什么都没有时,首先要求满足的就是生理需求。安全需求是指人对人身安全、就业保障、工作和生活环境安全、经济保障等的需求。当一个人生活或工作在惊恐和不安之中时,其积极性是很难调动起来的。社交需求是指人期望获得友谊与爱情、得到关心与爱护。人是社会性的,需要与社会交往。尊重需求是指期望自己有稳定的地位,得到别人的高度评价或者为他人所尊重。每个人都有一定的自尊心,若得不到满足,就会产生自卑感、无能感,从而失去自信心。自我实现需求是促使其潜在能力得到实现的愿望,即期望成为自己所期望的人,完成与自己能力相称的一切事情。当人的其他需求得到满足时,就会产生自我实现的需求,自我实现的需求会产生巨大的动力,使其努力去实现目标。

马斯洛需求层次理论的基本观点是:人的需求是分层次的,呈阶梯式逐级上升。人最基本的需求是生理需求,一般来说,只有在低层次的需求得到满足以后,人才会进一步追求较高层次的需求,而且低层次需求的满足程度越高,对高层次需求的追求就越强烈;需求的存在是促使人产生行为的动力;当一个人无所追求时,也就没有了动力和活力。反之,如果一个人有所需求,就必然存在着激励的因素。

这五个层次的需求是人生来就有的,但每个人的需求程度、显露程度可能不同。另外,即使是同一个人,在不同的情况下也会有不同的优先考虑。正因为人的需求是不同的,所以要调动人的积极性,就必须针对不同的人,满足其不同层次的

马斯洛需求
层次示意图

需求。对大多数人的共同需求,可以采取共同的方法来激励,而对不同的需求则采取不同的方法。国外行为科学家根据马斯洛的需求层次理论提出了相应的激励措施,如表 3 - 1 所示。

表 3 - 1 针对马斯洛需求层次理论采取的激励措施

需 求 的 层 次	追 求 的 目 标	管 理 策 略
生理需求	工资 健康的工作环境 各种福利	待遇、薪金 医疗保健制度 工作时间长短 住房等福利设施
安全需求	职业保障 意外事故的防止	雇佣保证 劳保制度 退休金制度
社交需求	友谊(良好的人际关系) 团体的接纳 组织的认同	团体活动计划 互助金制度 群众组织 利润分享计划 教育培训制度
尊重需求	地位、名次 荣誉、权力 责任 与他人收入的比较	人事考核制度 晋升制度 表彰制度 选拔进修制度 参与制度 奖励制度
自我实现需求	能发挥个体特长的环境 具有挑战性的工作	决策参与制度 提案制度 革新小组

当某种需求得到满足时,这种需求也就失去了对行为的唤起作用;当某一层次的需求得到满足以后,下一层次尚未满足的需求就会成为人们行动的动机。高层次的需求,不仅内容比低层次需求广泛,实现的难度也大。据马斯洛估计,80%的生理需求与70%的安全需求一般会得到满足,但只有50%的社交需求和10%的自我实现的需求能得到满足。

(二)阿德弗"尔格"(ERG)理论

与马斯洛的需求理论相对应的是阿德弗(C.Alderfer)提出的"尔格"理论。阿德弗根据其对工人进行的大量调研,认为人的需要可以分为三种,即生存需要(existence, E)、相互关系的需要(relatedness, R)、成长发展需要(growth, G)。其主要观点如下:生存需要大体上类似于马斯洛的生理和安全需求,它是人的最基本的需要;相互关系的需要相当于马斯洛理论中的社交和尊重的需求,当一个人的收入满足其基本的生存需要后,人就希望与人相处得更好;成长发展需要是指个人在事业、前途方面发展的需要,相当于马斯洛提出的自我实现的需求。

这三种需要不全是生来就有的,有的是通过后天的培养而产生的。如一个人想成为科学家或政治家的念头不可能是与生俱来的。但同一时刻,人存在着程度不同的需求,而且哪一层次的需求得到满足的程度越低,对该层次需求的程度也就越强烈。同时,这三种需求之间存在着多样化的关系。

一般而言,低层次的需要得到满足越多,对高层次的需要就越渴望。当然,这三种需要一般是由低向高发展的,尽管也可能越级。

尽管阿德弗的观点并没有超出马斯洛理论的范畴,但是,马斯洛阐述的是最一般的规律,而阿德弗则侧重于带有特殊性的个体差异,所以有人认为,阿德弗的理论更切合实际。

(三)期望理论

期望理论是心理学家弗洛姆(V.H.Vroom)在其 1964 年出版的《工作与激励》一书中提出的。这种理论认为,人是理性的人,对于生活和事业的发展,他们有既定的信仰和最基本的预测。一个人采取何种行为与这种行为能够带来什么结果,对他来说是否重要有关。人们就是根据自己对某种行为结果实现的可能性与相应奖酬的重要性的估计来决定是否采取某种行动的。用公式表示:

$$激励力量(M)=效价(V)×期望值(E)$$

激励力量即动机的强度,它表明一个人愿意为达到目标而努力的程度。

效价是指某一个人对目标价值的估计,也可以简单地表述为某一个人对达到的一个基本结果的偏好程度。越是向往,其效价就越接近于+1;越是漠不关心,则其效价越是接近于 0;越是担心结果的出现,其效价则越接近于-1。

期望值指对于某一目标的可能性的主观估计,完全可以实现为 1,完全不可能实现为 0,一般来说,期望值会在 0~1 之间。

期望理论认为,人的努力与其期望的最终奖酬有关,而且激励是一个动态的过程,当一个人的期望值、效价发生变化时,其积极性也将随之而改变。

期望理论是深受科学家欢迎的理论,因为他们认为这一理论可以被实践证明,并且比较清楚地说明了个体受到激励的原因。从实用的角度讲,期望理论为管理者提高员工的工作业绩指出了一系列可借鉴的途径。

 课堂讨论

> 有一家钢铁厂的炼钢车间经常完不成任务。新任厂长上任后有一天似乎很无意地走到这个车间门口,刚好是交班时间,他就问下班的工人,炼了几炉钢。

工人回答："6 炉。"厂长拿起一支粉笔在地上写了一个大大的"6"字,什么话都没有说就走了。接班的工人看到地上有个"6"字就问什么意思。工人说,这是我们炼钢的炉数,是厂长刚刚写的。接班的工人很不服气,不就是 6 炉吗,我们炼个 7 炉给你们看看。果然,他们炼了 7 炉,下班时又用粉笔在"6"字的边上写上"7"字。接班的工人一看比自己多了一炉也不服气,第二次下班时,他们炼了 11 炉,也写在了地上,结果这个车间以后再也没有完不成任务了。请问这"6"字的魔力是什么?如果企业厂区挂着这样一块宣传牌,"今天工作不努力,明天努力找工作"。你对这句话有可能产生的效用有什么看法?

五、主要外部公众的管理

(一)顾客公众的管理

顾客关系即组织与组织产品或服务的购买者、消费者之间的关系。现代社会,顾客泛指一切物质产品、文化产品和服务的购买者及消费者,它包括工商企业产品的用户、酒店的客人、电影院的观众、报社的读者等。顾客是与一个组织具有直接利益关系的外部公众,也是市场关系的具体对象,它可以说是一个组织最大的社会群体,几乎囊括了每一个社会成员,直接影响着工商企业这类营利性组织的命运。

协调顾客关系的目的是使顾客形成对企业及其产品的良好印象和评价,提高企业及其产品在市场上的知名度和美誉度,为企业争取顾客、开拓和稳定市场打好基础。建立良好顾客关系的意义有三个方面:① 良好的顾客关系能够为企业带来直接的利益;② 建立良好的顾客关系能够帮助企业树立正确的经营理念,找到企业的生存根本;③ 良好的顾客关系能够引导和培养积极、健康的消费者意识,形成稳定的消费者队伍。

顾客关系管理的基本手段是:整理企业生产和销售中成功的案例作为宣传资料,制订顾客关系计划,加强与广告公司的合作,建立与新闻媒介的良好关系,进行售前教育,组织产品试用等。具体地说,每一个组织的决策层都应该有人负责处理顾客关系,大的组织还可以设立顾客关系委员会,负责协调顾客关系,了解各部门顾客关系的相关情况。

良好的顾客关系的基础来自产品与服务的质量和价格。如果产品质次价高、服务低劣,那么公共关系工作做得再出色也是无济于事的。如果以产品的质量完善、价格合理为基础,在同类产品的竞争中最有能力占据市场的就是情感消费的满足,而这正是公关在顾客关系管理上的用武之地。在这一点上,海尔有着独到的理解。世界上也许没有百分之百完善的产品,但能通过百分之百完善的服务让顾客满意。海尔人认为,企业与顾客之间不是简单地进行物与物交换,而是人与人之间感情的交流。因此,尊重顾客、重视顾客,以情感动顾客,是海尔人充满人情味的服务理念。海尔人甚至更新了"顾客是上帝"的观念,进一步提出了"不是用户也是上帝"的思想,将服务拓宽到了非海尔产品的用户身上。

顾客关系管理的效果首先体现在是否有一套完善的顾客管理制度,因此,制订用户关系计划就成了必要的环节。用户关系计划取决于组织的用户政策、产品和服务、用户公众的数量和特点以及组织的资源。计划的目的是在用户的心中树立组织的良好信誉。计划的内容一般可以包括:检查向用户做出的所有宣传和说明是否符合事实,进行公众调查,分析顾客的意见并提出改进方案,鼓励、促进员工改进服务态度,保证礼貌、友善地对待顾客,向用户介绍组织的产品、服务及生产动态,撰写产品说明书并介绍其特性和使用方法,保证最大限度地方便顾客对产品的使用。

我国自20世纪90年代以来,在处理顾客关系问题上的着眼点是开展"CS"(customer satisfaction,顾客满意)活动,其中满足顾客对产品和服务的需要,尊重和维护顾客的合法权益,研究顾客的心理等已成为一种风气。总之,与顾客的关系主要体现的就是对顾客全面的负责和尊重。

北京全聚德烤鸭店在对员工进行顾客关系理解的培训时,专门要求员工背四句话:"顾客来吃烤鸭要的是面子,我们要的是票子,我们给顾客大大的面子,顾客给我们大大的票子。"当然,其中需要员工们理解的是顾客到底要的是什么样的面子,以及什么才是给了顾客大大的面子。

日本东京的印刷业很发达,群雄并立,且都经营有术。如果把该行业群体比作森林,那么大企业就是一株株根深蒂固的巨柏苍松。然而,在这些大企业旁边,仍然存在着一个小小的印刷店铺,它的名字非常有趣,叫"印刷侍者"。就像它的店名一样,"印刷侍者"很小,像是巨人足下小小的"侍者",苍松巨柏夹缝中的一株小白杨,但它却充满生机,不仅站稳了脚跟,而且得以发展壮大。"印刷侍者"成功的秘诀是什么呢?形象地说,就是它的店名。面对顾客,它真的把自己当成侍者,处处为顾客着想,诚心地为顾客服务。这一切都具体体现在它的经营原则中。它提出"印刷业也是零售业"的口号,强调礼貌待客。既然将企业看成一家零售店,职员也就应该像营业员那样热情周到地接待顾客。它强调来者不拒,顾客进了门,绝不让空手走。印多印少,大件小活等一律接受,包括像个人名片、请柬、贺年片、贺年信、舞会招待券等这样的零星生意也做,而且越做越好。对于小活零活,它提出"少量快速""立等可取"。比如百张以下的印刷品,顾客如果急需用,往往一杯热茶的时间产品已经到手。仅此一点即受到顾客好评,保证了生意兴隆、顾客盈门。为了方便顾客,顺应现代办公潮流,它还想出了不少招数。如不惜工本购买了大量的文书编辑机、电脑、电子传真机等办公自动化三大法宝,提高了为小企业、小商店和市民服务的效率。同时,还附带传授使用方法,招揽了更多主顾。"印刷侍者"经营得很有成效,1980—1984年,营业额由3.5亿日元上升到6.5亿日元,利润相应地由500万日元增至2500万日元。在五年时间里,它的营业额增加了近1倍,利润却增加了 4 倍。综上所述,它的经营之道是以小为本,见缝插针,安于在大企业脚下拾遗补缺,但其最根本的成功诀窍却在于尊重顾客、尊重企业经营的对象——人。它使任何一位顾客,登门之后都无可指责。

小企业在强手如林中求生存、求发展确实是不容易的。但是,小企业也有小的优势,关键是安于做小事,顾客的需要是多种多样的,有的看起来很小,但实际上如果能尽量地满足他们的需求,就不再是小事了。一个小企业如果能使顾客感到离不开它、信任它,那么也就能站得住脚了。

(二)社区公众的管理

社区公众关系指组织所在地的区域关系对象,包括当地的权力管理部门、地方团体组织、左邻右舍的居民等。社区在地理上与组织密不可分,是组织的生存空间和根基,社区公众与组织有着共同的生存背景,是一种"准自家人"的关系。发展良好的社区公众关系是为了争取社区公众对组织的了解、理解、信任及支持,为组织创造一个稳定的生存环境,同时体现一个组织对社区的责任和义务,通过社区关系扩大组织的区域性影响。

一方面,社区公众的服务是一个组织生存和发展的必要前提,如水电、燃料、邮政、交通、消防、治安保卫等都是靠社区公众来提供的。组织的员工及其家属的日常生活也依赖于周围的商店、学校、医院、托儿所及其他服务部门的服务。另一方面,组织自身也是社区其他组织的公众对象,因而社区也希望组织能够承担一定的社会义务。

组织进行社区公众管理的要求是:增进相互了解,维护社区的公共利益,支持社区公益事业。一个组织可以通过多种公关活动,同所在社区的公众沟通以争取公众的喜爱。通过各种形式向社区公众介绍本组织的情况,如产品的用途、对环境保护工作的贡献、员工人数及工资福利情况、上缴税收情况、对社区的各种支持等,并解释组织的政策和行为、收集社区公众的意见并及时反馈。组织必须主动地和社区政府保持接触,让政府了解本组织的地位,本组织存在的意义和本组织对社区的贡献。同时,以提供资金的方式,促进所在社区文化生活的丰富和发展,如举办展览会、放映电影和录像、举办音乐会和舞会等,为社区有需要的人提供文化补习和技术短训的机会。协助提高所在社区居民的文化教育水平,促进社区体育事业发展,支持社区的公益活动,如赞助养老院、残疾人福利院、中小学和幼儿园等。当社区出现特殊问题,如火灾、车祸、疾病、失窃等,要尽力为社区居民提供应急措施。支持社区发展中小企业和服务业,通过提供资金和技术、咨询服务、联合办厂等形式,帮助社区发展经济。

(三)媒介公众的管理

媒介公众关系也称新闻界关系,即与新闻传播机构(包括报纸、杂志、广播电台和电视台等)以及新闻界人士(记者、编辑等)的关系。新闻界关系是组织所面对的外部关系中最敏感、最重要的一部分,具有明显的两重性:一方面,新闻媒介是组织与公众实现广泛、有效沟通的必经渠道,具有工具性;另一方面,新闻媒介又是一个组织必须特别重视的公众对象,即具有对象性。与媒介建立良好关系的目的是争取新闻界对本组织的了解、理解和支持,以便形成对组织有利的舆论氛围。通过新闻界实现与广大公众的沟通,密切组织与社会公众之间的联系。一般来说,随着现代科技的进步、传播技术的日益发达和先进,新闻界必然会成为具有影响社会舆论的权威性机构和组织。在国外,公关人员的第一要务就是与新闻界打交道,保持经常的良好的关系。新闻界的工作具有信息量大、时效性强、反应敏捷、可信度高、传播面广的特点,新闻界构成了一个组织与公众之间信息交往的加速器和放大器。因而,凡是具有远见的组织领导人都乐意同新闻界打交道,并善于利用媒介关系来形成良好的组织舆论。

 **课堂讨论**

> 曾有新闻教授这么指责公关教授:为什么你们总是教会学生如何对付记者的提问?公关教授反问一句:为什么只准你们教会学生怎样提问,而我们就不能教会学生如何对付提问呢?你认为,公关人员与新闻记者之间是朋友还是敌人,或者是对手?如果公关人员与新闻记者是讲究逻辑的,那么他们只能是对手而不能是敌人。你的观点是什么?为什么?

媒介公众关系管理的基本要求是:与新闻界保持密切、长期的联系,及时地向新闻界提供新闻材料,并主动地争取公众的注意。这些工作应该由专门的工作人员负责。凡遇重大事件应通知新闻界来采访,并帮助新闻界了解组织的技术性较强的问题,使新闻界能及时地向社会报道;向新闻界经常地投寄新闻稿件;邀请新闻界来组织参观和访问;为新闻界人士与组织领导人建立个人友谊提供方便;保持长期的接触,增进了解。

在具体工作上可以体现在以下几个方面:了解新闻媒介的特点,如媒介的特殊需要以及受众情况,掌握基本的新闻写作知识和技巧,如怎样搜集新闻素材,怎样对新闻材料进行编辑制作并整理成能供给报纸、杂志和电子媒介使用的最佳形式。有目的地举办座谈会、新闻发布会,主动帮助记者客观地报道组织的政策和活动。定期向新闻机构发布各种资料、新闻简报或新闻线索,供记者编辑参考之用。与新闻界进行全面合作,努力为它提供真实、完整的资料,其中需要注意的是必须对所有的电视、电台、报纸等新闻单位一视同仁,以建立和保持良好的工作关系和人际关系。

由于新闻界包括的范围较广,组织的公关部门应该尽量保证提供给各类媒介平等的信息量及采访机会,只有这样才能保证当发生了重大危机事件时,新闻界可以公正地、客观地采访和撰写新闻报道。

另外,公关人员在与新闻媒介交往中应该注意坚持尊重事实的原则,既要尊重新闻界的新闻道德,不用拉拢、贿赂、请客、送礼等手段引诱新闻界发布欺骗社会的假消息,同时也要坚持自己的真实性原则。在与新闻界产生矛盾时,任何组织都有权向新闻界阐明自己在某一问题上的立场,并有权向媒介提出批评。这样做,不仅不会破坏双方关系,相反会把关系建立在更为牢固的基础上。

公关人员要培养对新闻媒介的兴趣,积极响应由新闻界发起的有益于社会的活动和必要赞助。这样做也会加深媒介对组织的好感,从而提高组织在社会上的知名度。

当然,公关人员应该同记者或编辑建立起个人的友谊。这样做可以使新闻传播界及时了解一个组织的政策和行动的意义,对扩大组织影响、争取公众支持是十分有益的。

(四) 政府公众的管理

政府公众关系是指一个组织与有关政府部门的沟通关系,其对象既可以是政府各级部门,同时也包括政府的各级官员、行政助理、各政府职能部门的工作人员等。任何组织都必然会与政府公众打交道,包括工商、人事、财政、税收、审计、市政、交通、治安、司法、海关、商检、环保等部门。

政府对经济生活进行干预是当今世界各国通行的做法。因此,加强对政府公众关系的管理具有重大的意义。出于国家整体利益的考虑,政府往往会通过立法、行政和经济等手段对社会经济生活实行宏观调控和管理,在现代经济生活中,政府扮演着多种角色,无论是从法律还是从经济计划的角度,也无论是一个具体的行业还是宏观上的全盘布局,政府都是从事某种调节和指导的巨大机器。同时,政府还是贷款的重要来源之一。企业尽管可以通过自筹、联合甚至发行股票的方式筹集资金,但政府的贷款在份额上仍然占有相当大的比重,而且使用政府的贷款,无论是利息还是偿还条件一般都是比较优惠的,所以能够争取到政府的贷款对一个组织来说是一件好事。当然,政府还是一个信息来源,政府是社会与经济统计数据的集大成者,此外,政府各主管机构印发的动态资料、文件、内参、各行业审计与统计资料,各类工作年度报告以及各种公开出版物,都会给一个组织带来帮助。因此,如果一个组织想了解同行业的状况、学习先进的管理经验、寻找横向联系伙伴,不妨请求政府帮助。协调与政府的关系,获得本国政府的支持与帮助,对于一个从事外贸的企业能够成功地开展国际市场营销也具有不可替代的作用。国家之间诸如配额制度、进口许可证、包装条例、安全标准等形形色色的非关税壁垒,会使一个外贸组织无法顺利地打开困难重重的国际市场,在这种形势下,密切与政府的关系,通过利用本国政府的力量去敲开国际市场的大门、改善营销环境就显得尤为重要。世界贸易组织和多边贸易谈判实质上是各国政府所角逐的竞技场,谈判达成的协议对任何企业都会产生重要的影响。

对于一个组织来说,政府公众是所有公众管理中最具有权威性的,因此,一般的社会组织都会对此抱着积极的态度,公关人员必须遵循国家的法规,协助组织研究国家对所面临的各种问题的解决方法和途径。

在开展政府公众关系管理时经常会借助以下方法：主动地向政府部门提供信息、通报情报,如主动向统计部门提供经济活动的各项数据;向审计部门提供企业各项资金的运行情况;向财政、税务部门上报企业盈亏情况;有了新发明要主动申请专利并及时注册商标;违纪事件应该主动上报有关部门等。在对外传播方面,可以借助政治游说及公开的公关行动,如投稿报社、电台、杂志社,举办新闻发布会向记者提供新闻资料,或者开展公开场合的演讲活动等。其主要的目的是制造公共舆论,争取民众的支持,利用民意影响政府部门。同时,经常向政府部门汇报组织的情况,利用组织的重大事件邀请党政机关有关人士和上级主管部门负责人参加。通过新闻媒介向社会介绍组织的情况并借此途径增加政府领导人对组织的了解,经常与社会知名人士、社会团体领袖、专家、学者保持密切联系,使他们了解并支持组织,然后再通过他们来争取政府部门的支持。

公关人员处理政府公众关系还需要完成以下工作：及时了解国家的经济计划,收集汇编国家各级政府有关部门下达的种种文件及颁发的各种法令,帮助决策层及时、全面、准确地掌握政府的有关方针、政策,从宏观上自觉接受政府的控制与指导。同时,公关人员应该充分了解政府机构的设置、职能分配、工作范围和办事程序,并与主管部门的工作人员保持经常性的联系以提高办事效率。如在微软垄断的诉讼案中,盖茨苦口婆心地劝说国会,及时向公众讲明,如果拆分微软将会给微软、使用微软产品的公司以及应用电脑软件的行业及消费者造成巨大的损失。盖茨通过积极的公关赢得了全美各阶层的同情和理解,事实也不断地证明有效的政府公关可以产生积极的作用。

组织在开展政府公众管理时要坚持守法,绝不能靠请吃或贿赂等不正当的手段来吸引政府工作人员,或让政府部门有关人员制订有利于本企业而损害国家利益的政策。

（五）名流公众的管理

名流公众是指那些对于公众舆论和社会具有显著影响力和号召力的社会名人,如政界、工商界的首脑人物,科学、教育、学术界的权威人士,文艺和体育方面的明星,新闻出版界的舆论领袖等。名流公众的对象有限但社会能量很大,对公众的影响力也很大,能够对社会舆论产生"聚焦"的作用。公关往往可以借助社会名流的影响力来发挥较大的传播作用。开展名流公众管理的目的在于借力,即借助名流的社会知名度,扩大本组织对公众的影响力和号召力,也可以借助名流的知识和专长、关系网络和社会的号召力等,强化组织的社会认知度。

在借助名流影响力时需要注意以下几个方面：其一,名人的定位与组织形象定位应吻合,因为公关是利用名人而不是为名人作宣传;其二,名人并不能仅仅考虑其知名度,因为知名度往往是一个稍纵即逝的资源,更要学会判断其后续影响力;三是名人并非只是体育、娱乐界的,事实上,更具有影响力的名人往往是科技界或学术界的。

课堂讨论

你是否认为知晓公众的范围会有一定的可控性？

第三节　公共关系手段——传播

一、公共关系传播概述

（一）传播的基本含义与要素

公共关系的活动是利用传播的手段来协调组织与公众的关系。由于公共关系是一种传播活动，所以它与以社会信息交流作为自身研究对象的传播学有着密切的联系。公共关系学和传播学均产生于 20 世纪 20 年代，两者是互相影响、交叉发展的。传播学者会从公共关系对各种传播活动的研究中得出很多传播学的理论，而传播学的理论又推动着公共关系向科学化、理论化发展，为公共关系理论体系的发展提供丰富的养料，无论是传播要素、传播模式，还是传播控制等方面，都会在公关的实施中体现出来。因而有人将传播学称为公共关系学的母体学科。

1. 传播的基本含义

著名传播学者布侬认为：传播是将观念和思想由一个人送达另一个人的程序，或者是个人自身内的传递，其宗旨是使接受传播的人获得思想上的了解。在了解传播的基本含义时应该把握住以下几个方面：① 传播是信息的传递；② 传播行为借助于各种表象符号；③ 传播是一个动态过程，传播的发生由传播的情境、传者与受众、信息与通道、编码与译码、噪声、反馈、经验范围、传播效果等要素构成；④ 处在传播中的一切都在变化之中，如两个人在交谈时，话题、语调以及眼神、举止、神态无不处在变化之中；⑤ 传播的作用是多方面的。事实上，人与动物的一个重要的区别就是人类善于运用各种传播媒介和工具进行传播。人类发出的第一个有意识的声音就是人类传播的开始，而表情、声音、动作等符号的创造，把人类的传播行为推向深入；语言、文字和印刷术的发明使传播符号趋于稳定，使人类的传播行为轨迹化；电子媒介的发明使传播的载体更为先进，大大提高了人类传播活动的效率。

2. 传播的要素

传播一般由传播的基本要素及传播的隐含要素两大类构成。

（1）传播的基本要素包括：① 信源（传播者），即信息的发布者，指在传播过程中处于主动地位的组织或个人，如报社、广播电台、电视台、杂志社、网站及其内部的编辑、记者等。② 信宿，即接受并利用信息的人，如读者、听众、观众、网民等个人、群体或社会组织,公共关系工作中的各类公众就是公关信息传播中的信宿。在公共关系工作中因为注重信息传播的双向性,因此,信源与信宿的地位是互动且可以转换的,在信息反馈时,信宿就处于信源的位置。③ 信息,即具有新内容、新知识、新观点的消息(包括观念、态度和情感等)。④ 信息的表现形式,可以是语言、符号和图像等。⑤ 媒介,即用以记录和保存信息并随后由其重现信息的载体。⑥ 信道,即信息传递的途径、渠道。⑦ 反馈,即受者对传者发出信息的反应,也可以理解为一种传播的效果。

(2)传播的隐含要素包括以下四种。① 时空环境,即传播过程中的时间和空间环境。不同的环境会使传播活动取得完全不同的效果,因此,传播者要根据不同的环境进行分析并制作相应的信息,选择适应环境的传播媒介。② 心理状态,即受者在接收信息时的情绪状况或心态。③ 文化背景,即传者、受者的经济环境、风俗习惯、语言文字、性格特征、民族心理、思维方式和价值观念等方面的差异。④ 信誉意识,即传播中传者本人及其传播内容的可信程度。一般来说,在传播过程中最好涉及共同经验范围的问题,即传播者与受传者之间的"共同语言",共同语言越多,说明传播效果就越好。在公共关系的活动中,公关人员要尽量寻找与受众之间的共同经验范围。

 课堂讨论

> 字母缩写 WC 原意是指带抽水设施的洗手间(water closet),而又可以意指"世界杯"(World Cup),你认为对于不同的人来说,这个字母缩写的含义会一样吗?

(二)传播的四种形态

传播的形态多种多样,从参加者的数量来看可分为四种形态:① 自己与自己的对话,也称为自我传播;② 在少数人中间的直接相互交流,也称为人际传播;③ 组织与其成员、组织与所处环境之间的沟通交流,称为组织传播;④ 职业传播者通过大众传播媒介(报纸、杂志、广播、电视和网络等),将大量复制的信息传递给分散的众多的人,称为大众传播。

1. 自我传播

严格地说,自我传播是人的内心的思维活动,在很大程度上具有心理学的性质。自我传播的特点是由人们所处的社会环境决定的。处在各种社会环境中的人对感性知觉和表象进行加工,从而产生概念,形成各种各样的思想并产生自我传播活动。由于自我传播是个体在外界刺激下所产生的心理调节,因此它既是人的自我需要,也是人的社会需要。自我传播一般有两种表现形式,一种是矛盾的自我双方在斗争,另一种是过去的我与现在的我的争论。

2. 人际传播

人际传播是构成并维持社会的前提,是人际交往和人际关系得以实现的前提。人际传播的形式分为面对面的传播和非面对面的传播两种。前者所用的是声音、表情、姿势、动作等,后者则通过电话、电报、书信、微信、短信等媒体形式。人际传播的特征是:在较少数人中间进行,它的最小规模是两个人之间的传播。由于人际传播是在少数人中间展开的,参加者收到的信息较完整,且得到的反馈也较及时。接收信息的人转眼间就可能成为信息的传播者,角色交替随时可以进行。参加交流的双方可以根据对方的反应,或修正自身发出的信息,或详细说明,或改变话题,信息交流会表现得灵活,而且在人际传播中的信息只要少数人理解即可。影响人际传播的因素很多,而其中人与人的互相吸引是最重要的因素,这种吸引首先表现在人们的相互影响、相互感知、相互理解和相互好感上,其次也表现在时空上的接近,即时间、时代的接近和地理位置的接近。另外,一个人的生活态度如何,对自己和对别人关系的认识也会影响到人际传播。

3. 组织传播

组织传播是组织及其成员、组织和所处环境之间的沟通交流。其主要特点是:组织传播规模较大,多依靠人体以外的信息传播媒介,如文件、告示、内部刊物、扩音设备、闭路电视等。传播的主体是组织,传播的对象广泛而复杂,但并非无法确定,它是具有某种共同性的,与组织存在着某种现实或潜在的利益关系的群体,也即公关所谓的公众对象。组织传播具有明显的可控性和目的性,什么时候、什么人、对什么人、发出什么样的信息,都有目的性和计划性。发文件、下指示都不可能随心所欲,而只能在规定的时间、向特定的对象、用适当的方式进行。组织传播中发出的信息性质具有某种程度的正规性。

4. 大众传播

大众传播是人类传播的高级形态,它既是人类社会发展的产物又将促进人类社会的进一步发展。其主要特点是:大众传播的主体是大众传播机构,如报纸、出版社、广播电台、电视台网站等,受众广泛而多样,它可以包括各种不同的社会群体,所以具有某种程度的异质性。传播的过程缺乏灵活性,传者与受者互不相干,几乎没有同一时刻参加同一传播过程的意识。传者与受者的角色相对固定,传者是专业化的职业集团,定期将信息传向受众,没有角色的交换,基本上是单向传播,受众的反应和意愿很难及时反馈给传者。大众传播以高技术为传播过程的中间媒介,要使众多分散的人们同时参加传播,印刷媒介和电波媒介是不可缺少的,大众传播机构正是利用大众传播媒介将信息复制并传给广大受众的。大众传播的信息是一种可以大量生产、不断复制的符号结构物,因它面向广大受众而必然具有一般性,否则就不能为广大参加者所关心和理解。

上述四种传播形态各有各的特点,所以一个社会组织应该充分利用各种传播方式。组织可以利用组织传播和组织成员间的人际传播协调组织内部的关系,加强组织的凝聚力,同时还可以利用大众传播输入环境信息,传播组织信息,借以提高组织适应环境的能力,提高组织的知名度和美誉度。

二、公共关系传播的模式

自 20 世纪 20 年代以来,西方传播学家从各个不同的角度对传播过程进行探讨,提出了许多传播理论和对传播过程进行高度概括的传播模式,一般可以分为两大类:一类是传统的线性传播模式,即将传播过程确定为以传播为起点,经过媒介,以受传者为终点的单向直线运动;另一类是新型控制论传播模式,即引进反馈机制,将反馈过程与传、受双方的互动过程联系起来,使传播成为一种互动的循环往复过程。在这一循环系统中,传、受双方要使传播维持下去就必须根据信息反馈,调节自身的行为,从而使整个传播系统始终处于良性循环的可控状态。在此主要介绍西方较典型的几种传播模式理论。

(一)五"W"模式

美国传播学家拉斯韦尔 1948 年发表了《社会传播的结构与功能》一文,使拉斯韦尔成为传播学的创始人之一。在这篇论文里拉斯韦尔提出了界定传播研究范畴的经典模式——五"W"模式:谁传播(who)? 传播什么(say what)? 通过什么渠道传播(which channel)? 向谁传播(say to whom)? 有何效果(what effects)?

拉斯韦尔认为界定传播行为的一个最简便的方法就是回答下面五个问题:谁(传者)—说什么(信息)—通过什么渠道(媒介)—对谁(受者)—取得什么结果(效果)。这其实已经包含了传播所必须包含的所有要素,如传播的环境控制、内容、媒介、对象和效果等。

(二)把关人理论模式

德国著名心理学家库尔特·卢因在 1947 年写了《群体生活的渠道》一文,提出了"把关人"的概念。把关人是指在信息传播过程中,对信息的提供、制作、编辑和报道能够采取"疏导"与"抑制"行为的关键人物,也就是指信息与受众之间存在着决定中止或中转信息的把关人。把关人有时是个人,有时是一个集体,如编辑取舍新闻和传播媒介对作品的审核就是典型的把关行为。把关人之所以对信息交流采取不同的态度和行为,主要是出于自己的预存立场。所谓预存立场就是自己原有的意见、经验、兴趣和精神状态的总和,当然它也会受到周围环境的影响。

(三)两极传播模式

两极传播模式由美国社会学家拉扎斯菲尔德在 1940 年提出。当时拉扎斯菲尔德搞了一次社会调查,结果发现真正影响人们行为的仍然是个人之间的接触和方方面面的劝说,于是,他提出了"两极传播"的假设:观念总是先从广播和报刊转向意见领袖,然后再由这些人传到另外不那么活跃的部分,即信息的传递是按照"媒介—意见领袖—受众"这种两极传播的模式进行的。这里所说的意见领袖其作用和意义是举足轻重的。充当意见领袖的往往是社会活动中能有较多机会接触来自各种渠道的信息的人,或对于某一领域有丰富知识和经验的专家,其态度或意见往往对广大公众有较大的影响。在公共关系的传播活动中,人们往往信赖大众传播媒介,尽管近年来大众传播媒介遭遇了自媒体的挑战,但其力量仍然巨大。因此,在公共关系的活动中,不仅要注重大众传播媒介的作用,同时也必须注重人际传播和组织传播的特殊作用,特别是在组织内部公关的传播中也应该注重对意见领袖的引导。

（四）受众选择"3S"论

经过长期的观察和研究,传播学家发现受传者在接触媒介和接收信息时有很大的选择性,这就是受众心理上的自我选择过程。这个选择过程表现为三种现象,简称为"3S":选择性注意(selective attention)、选择性理解(selective perception)、选择性记忆(selective retention)。

选择性注意是指在信息接收过程中,人们的感觉器官虽然受到诸多信息的刺激,但是他们不可能对所有的信息刺激一一做出反应,而是有选择性地加以注意的心理状态。公共关系在向公众传播信息时如何成为有竞争力的信息,一般需要做到以下几个方面:信息的强度、位置、重复(根据广告原理,重复八次的效果是最好的)、变化、对比等。

选择性理解是指不同的人对于同一信息会作出不同的意义解释和理解,即对捕捉到的信息进行有意义的思考。事实上,所传递的信息并不等于公众接受的信息,即受传者所理解、还原的意义和传播者意欲传递的本来意义往往会有一定的差距。

选择性记忆是指人们只记忆那些对自己有利的信息,或只记自己愿意记忆的信息,而其余信息往往被忘记了。这种记忆上的取舍就叫选择性记忆。

这三个选择实际上就是信息受传者的心理选择过程的三个环节,也可以看成是公共关系工作的对象公众的三层"心理防卫圈",信息如果不合乎公众的需求,则会被挡在"防卫圈"之外。

（五）论题设置论

麦库姆斯经过研究认为,大众传播媒介具有一种选择并突出某种问题,从而使这些问题引起大众和社会重视的功能,这种功能是大众传播最重要的社会作用之一。大众传播媒介对某些议题的着重强调和这些议题在公众中受重视的程度呈明显的正比关系。或者说,在大众传播中越是突出某一事件,多次、大量地报道某一事件,社会公众越会突出地议论这一话题,这便是"议题设置"。其中两个观点较突出:① 各种传播媒介对传播信息的"过滤作用",传播媒介对极为浩繁的信息是进行选择后才传达给公众的,当大众传播媒介介绍某个新闻事件时,也就意味着这个新闻事件可能成为公众关注的议题;② 面对传播过多的信息环境,公众常常感到无所适从,他们需要有人出面对复杂的信息进行整理,筛选出他们认为值得关心和注意的事件,这正是"把关人"的作用。这就提示在公关工作中应该通过大众传播媒介在社会中形成一个热门话题,让这个话题直接或间接地与组织及其产品挂钩,从而达到良好的传播效果。如某酒厂在高考前,利用人们对高考的关注特意掀起了一场是强化还是淡化高考意识的大讨论,使其牌下矿泉水在高考前的几个月都处在媒体的关注中,这是一种典型的借助媒介来设置议题的策划。

三、公关与传播的关系

前面提到过,有人把传播学称为公关的母体学科。公共关系学与传播学都产生于 20 世纪 20 年代,在发展过程中两者应该是相互影响、交叉推进的。一方面传播学理论推动着公共关系学向科学化、理论化发展,另一方面公共关系活动又为传播学理论的发展提供了很多素材。但是,公共关系学所用的“传播”一词是传播学中的特定概念,指的是所有信息交流行为,而绝非简单的宣传。

传播学是公共关系学的基础学科,传播是公关研究的重要内容。公共关系学对传播的研究带有明显的目的性和选择性,它更注重传播技巧和传播方式对传播效果的影响,注重传播对组织形象塑造的功用等。公共关系学是一门应用性、实践性很强的学科,它强调的是应用、实践,而不仅仅是理论研究,它需要大量借助其他学科的研究成果,其中传播学的研究成果就被广泛运用于公关领域。

如关于传播者,作为“传播什么”的把关人,在挑选信息、放大信息的过程中,承担主动、积极和自觉的责任,这一理论成为公关学中处理媒介关系的基础。关于传播内容,传播学认为,大众传播的内容按性质可以分为新闻、教育、说服、商业、娱乐等五种,这五种传播内容对受传者的心理会产生不同的作用,这一理论对开展多种公关活动产生了指导意义。关于传播媒介,传播学研究了传播媒介的性质、分类、特点和作用,指出各种传播媒介的长处和短处,它们之间如何取长补短,这些理论直接成了公关理论中媒介选择的依据。关于受众研究,经过了大量的科学实验和理论研究,并根据人们某些特点和倾向性,受众可以划分为许多大的群体,受众对于信息总是有选择地接受、有选择地理解和有选择地记忆,这些理论对于公关传播技巧与传播方式都起着指导作用。关于传播的效果理论,传播学界相继提出了“枪弹论”“个人差异论”“社会分类论”“选择性因素论”“有限效果论”等。传播学者还研究了信息来源、说服方式、传播环境对效果的影响等,这些都成为公共关系传播的基本理论原则,并在公共关系的实践中得到不断的验证。

传播是公共关系的手段,是公共关系理论及实践的三大要素之一,是联系组织和公众即公关主体与客体之间的桥梁。组织实现自身完善离不开信息的传播与沟通,塑造组织信誉也离不开传播。各种公关活动模式实际上就是传播内容、传播方式和传播技巧的不同体现。

总之,从公共关系的角度理解,传播是社会组织利用各种媒介手段,将自身的信息或观点有计划地与公众进行交流的沟通活动,传播是一个完整的行动过程,同时也是一种信息分享活动。

 **课堂讨论**

> 1. 有这么一个故事,说的是古巴比伦国王想上天,就命令奴隶为他造宝塔,当宝塔被造到快与天齐时,上帝派了一批天使做了一件事情,最后这个塔就再也造不下去了。你知道上帝命令天使做了什么事情吗?
>
> 2. 公共关系的管理是认知管理还是行为管理?
>
> 3. 公关需要不断地重复甚至是进行信息的传递,但并非所有的信息都是知识,你认为公众会如何有选择性地接收信息呢?

四、公共关系传播的内容

公共关系的传播活动是在四个层次上进行的:一是纯粹的信息交流层次;二是情感交流层次;三是态度层次;四是行为层次。

在第一个层次上进行的公关传播活动除了交流信息以外就没有其他的目的。在这一层次上只要信息比较准确、及时地传递出去,并为接受者所理解,那么公共关系工作人员的任务也就完成了。以信息传播为宗旨的各种社会公益活动往往就是这个层次上进行。信息交流层次是最基本的公关工作层次,其他层次上的公关活动都是在信息交流的基础上进行的,不能把公关的一切信息都上升为改变公众的态度和引起公众的行为的高度。否则,会造成公关信息交流工作的疏忽或造成对公关功能的刻意提升。

第二个层次上的传播活动是情感的沟通与交流。目前,情感的传播是公关活动中一项极为重要的内容,情感传播不仅要在组织内部进行,同时还要应用于组织的外部公众。

第三个层次是影响公众态度的传播活动。公关工作需要去影响公众对某一问题的认识及态度,可以这样说,在很大程度上公关工作往往都是围绕着影响公众态度的改变而开展的,这是许多经济和政治组织的公关所进行的活动。如美国的总统竞选总是伴随着大量以改变选民态度为目的的劝说活动。一个经济组织要想在强手如林的竞争中占有一席之地或进一步地压倒竞争者,就必须运用精心策划的公关攻势来影响公众的态度。

第四个层次是公关传播活动的最高层次,即引导公众产生期望的行为,这一层次对于营利性的企业来说就是配合营销的活动,希望公众产生购买的行为。当然,我们也可以这样说,这种行为的产生是以前期的公关传播活动为前提的,而这种行为则是公关结果。

五、传播媒介的分类

传播媒介即传播的工具,它是传播赖以实现的工具和手段。公共关系的传播媒介从其物质形式来看,可以分为四大类。

(1) 符号媒介,包括有声语言媒介、无声语言媒介、有声非语言媒介和无声非语言媒介。

(2) 实物媒介,指的是以实物充当信息传递的载体,包括产品、象征物及公共关系的礼品等。

(3) 人体媒介,指的是借助于人的行为、服饰、素质和社会影响来作为信息传递的载体。

(4) 大众传播媒介,包括印刷媒介(如图书、报纸、杂志)和电子媒介(如广播、电影、电视、网络等)。

在此,主要介绍大众传播媒介的特点与运用及在公关日常工作中经常使用的一些非大众传播媒介的特点与运用。

六、大众传播媒介的特点与运用

大众传播媒介的特点是传播者职业化和专业化,传播对象的大众化和普及化,传播内容的真实性、时效性和公开性,传播手段的技术性、便捷化,传播信息反馈的间接性等。但是,各种大众传播媒介传递信息时,既有区别又有联系,不能简单地割裂。在开展公共关系传播时,应该根据它们各自的特点,进行正确的选择,找到合适的媒介工具。

在公共关系活动中使用得非常频繁的是大众传播媒介。传播学家认为,大众传播媒介可以从以下几个方面影响受众的立场、观点和行为:大众传播媒介可以为受众提供支持其固有立场、观点和行为的有关情况,从而增强受众的固有观念;在争议不大而且没有其他势力干预的问题上,大众传播媒介只要重复传播的内容,就能直接改变受众的行为,如宣传新的产品等;大众传播媒介只要善于把一种新的观念和行为同受众原有的价值观念和需要联系起来,就可以使受众很快地接受这一新观点和行为,而不必改变他原有的立场。当然所有上述这些效果都取决于这是一次成功的传播运用。如何使传播能够有效地达到预期的效果呢?传播学家提出了一些基本的准则,如信息必须引人注目、信息目标必须明确,且符合受众已有的目标,从而激发受众的行为。

(一) 印刷类大众传播媒介的特点与运用

印刷类大众传播媒介是指借助于可视的语言文字符号传递信息的各种传播载体,基于语言和文字的发明,报纸和杂志作为大众传播工具开始出现。

1. 报纸媒介的特点与运用

报纸是以刊载新闻和时事为主、评论现实的生活、引导社会舆论的定期出版物,在大众传播媒介中占据非常重要的地位。作为印刷类媒介中的主要代表,报纸的种类繁多,发行量大。相对于语言、电子类媒介而言,报纸媒介具有以下优点。

(1) 读者选择余地大。

报纸可以让读者享有控制阅读速度和选择新闻报道的主动权。读者可以根据自己的习惯、兴趣、能力来选择报纸阅读,既可以一目十行,也可以逐字推敲。读者可以随时随地阅读,即对报纸拥有绝对的自主权。报纸是隶属于读者的,读报成了读者自由的个别行为。

(2) 利于存档。

报纸所登的信息最易积累、保存、剪贴、摘录、复印等,同时对有关的信息还可以进行分门别类的整理,进行资料汇编以供长期、反复使用。公关人员可以根据选择将有价值的东西进行分类、入档,从而形成一个组织的历史资料,以便在进行同类问题分析时有据可查。

(3) 信息详细深入。

报纸可以从各种不同的角度勾勒出社会经济生活的轮廓,反映社会经济生活,提供大篇幅、大版面的详细情节和背景资料,甚至可以进行连续刊载、追踪报道等形式扩大信息的详细度,从而使报道的内容更深入细致,给读者留下深刻的印象,同时还可以使读者从不同的侧面判断是非曲直,这种报道带给读者独特的参考价值。

总之,报纸的内容一般是大众化的、综合性的,读者范围比较广泛,宣传适用面比较广,能及时捕捉到社会经济生活和政治生活的瞬息万变,并迅速公布于众。报纸的新闻资料是公布性的、告知性的,时间性较强且提供的宣传频率也较高。

但是,报纸媒介的缺点也是明显的。首先,报纸读者的数量仍然受到一定的限制。一方面是因为人们更习惯于视听媒介的结合,而阅读需要时间和集中精力;另一方面,由于人们的生活水平和理解能力有一定的差别,有些人可能无阅读新闻的兴趣,导致有些人无法从报纸获得信息。其次,报纸传递新闻的速度并不快。无论报纸如何缩短发行时间,也无法消除时间上的偏差,特别是偏远地区的读者受到传递工具和路速的限制,在时间性上则更差。而且,报纸需要一些事实上的购买和订阅手续,较之于广播、电视而言,在时间上效果大为逊色。最后,报纸传播内容以文字为主,较少感情色彩和生动的画面,同时也不像广播那样以文字和声音的混合表现出生动的情感,也不能像电视那样集文字、声音、表情于一体,给人以真实的画面。总之,报纸缺乏一种生动的感染力。

2. 杂志媒介的特点与运用

杂志指的是刊载两篇文章以上、多个作者的连续出版物。随着新闻事业的发展,杂志的形式和职能日益多样化,杂志在印发的外观及效果方面都优于报纸。相比较而言,因编辑方式、内容特点和读者对象的区别,各种杂志都有其独到之处。

(1) 杂志媒介的优点。

① 种类繁多。杂志有以文字为主的,也有以图片为主的,也有图文并茂的,而且杂志在开本及篇幅上也可以有较大的变化,因而往往给人以千姿百态之感,精美的杂志可以提高自身的价值,给读者以深刻的感染力。

② 内容丰富,系统性强。杂志的篇幅一般较报纸大,因而报道内容受版面限制小,可以提供比较详细的介绍,因而可以使读者对每一个事件有一个比较全面的、系统的了解。

③ 印刷精美、感染力强。杂志的印刷一般比报纸质量高,特别是封面与插图的色泽和图案更为讲究,因而对读者的吸引力更强。

④ 杂志可以长期保存。一方面从杂志的形式上看,装成册的资料有利于保存;另一方面,杂志的内容详尽、具体,有些文章带有学术性和史料性,因而会具有保留的价值。

(2) 杂志媒介的缺点。

① 出版周期相对较长。一般杂志可以分为月刊、周刊、旬刊、季刊、双月刊等,所以杂志的出版周期较长,不能及时迅速地报道新闻事件。

② 杂志的专业性强。杂志刊登的文章讲究一定的深度,对读者的文化水平、理解能力和阅读兴趣等有一定的要求。所以,读者的范围比较固定,其阅读的普及性不如报纸。

③ 杂志在表现手法上机械、呆板。

(二) 电子类大众传播媒介的特点与运用

电子类媒介是指运用电子技术、电子技术设备及其产品进行信息传播的媒介,其中主要指广播、电视、电影、录音、录像、光碟(CD、LD、DVD、VCD)等。与印刷类大众传播媒介相比,电子媒介的运用会产生特殊的作用。

1. 广播媒介的特点与运用

广播是指通过无线电波和导线,以声音的形式传递信息的媒介,它包括有线广播和无线广播。从世界各地的情况来看,广播的普及程度和涉及范围已远远超出报纸和杂志,在所有的大众传播媒介中,广播是最容易接触的形式之一。

(1) 广播媒介的优点。

① 传播迅速且覆盖面广。广播靠电子信号传递声音,几乎与信息的发布同步。广播不受时空限制,不受文化程度的限制,能最广泛地接触受众,社会适应面广泛。

② 真实感及鼓动性强。它可以采取现场直播、热线电话的方式,满足听众的急切心理、求知欲望、参与热情,增加真实感且鼓动性强。

③ 说服力及感染力强。广播通过口语、音响传播,有现场感且较生动,说服力及感染力较强。在信息传递过程中可以流露感情,易于在公众中引起共鸣,能产生亲切感。

④ 接收信息的限制较小。与报纸、杂志相比,广播以声音为媒介,对听众的文化水平不存在特定的要求,且不需要单独占有时间,听众可以一边听广播一边工作,从而给听众提供了极大的方便。

⑤ 广播传递信息的方式灵活、生动,可随时对播放内容进行修改、插播、撤换,

也可以根据听众的要求对某些新闻等内容进行重播。

⑥ 播放方式丰富多彩。广播与收听几乎同步,效果的反馈也具有同时性,播放方式多,如新闻联播、录音新闻、记者专访、实况转播、广播剧、演讲、对话、讲座、座谈、唱歌等,可以唤起群体的共同心理,从而产生影响舆论、形成气氛的效果。

⑦ 广播媒介的费用较低。广播电台的筹建成本和广播节目制作成本都较低廉,接收广播的设备收音机也较简单,同时公关使用广播传递信息的费用也较低,如同等时间的广播广告费用只是电视广告的1/4。

(2) 广播媒介的缺点。

① 广播传递信息会受节目和时间的限制,听众无法根据自己的需要灵活选择,只能被动地接受既定的节目。

② 广播的效果稍纵即逝,难以把握,收听时稍不留意便无法追寻。

③ 磁带录音成本相对于文字也会较高,且不利于资料的保存。而且可以有效地利用的电波频道总是有限的,它不像印刷媒介可以无限量地增加。

④ 广播信息只有音响,没有文字、图像,公众对信息的注意率不如印刷媒介和电视。

⑤ 由于节目注重娱乐性和口语化,内容较为浅显,而且由于信息传递速度快,听众无法进行深入思考,因此期望通过广播达到公共关系的宣传目的往往很难取得最佳的传播效果。

2. 电视媒介的特点与运用

电视是通过光电变换系统使景物在一定距离之外迅速连续地重现来传递信息的手段,电视无疑是千百年来人类交换信息方式变革过程中的最新成果,是大众传播媒介中运用现代科学技术的最佳产物,在大众传播媒介中发展最快、普及率最高。

(1) 电视媒介的优点。

① 真实性强。电视将文字、声音、图像和色彩四者结合在一起,可以使观众的听觉和视觉同时得到满足,使人有身临其境之感,最易引起人们的兴趣。

② 电视传递信息上有其他传播媒介所难以得到的可信性和权威性,因而留给观众的印象最深刻。

③ 电视传播信息迅速及时,电视以电波为媒介,传播速度快,在时间上具有播放与收视的同时性,在空间上具有播放与收视的同位性。

④ 电视可以深入到居民的日常生活中,因此收看上有广泛性,能引起巨大的社会反响,使人们易受感染并产生共鸣,视听情绪轻松、和谐、融洽,尤其是现场直播的节目更能引起观众的兴趣。

⑤ 电视传播的信息艺术性强。电视可以将各种艺术手段熔于一炉,博采众长,综合地运用文字、图片、动画、电影、声响等各种技巧,还可以采用定格、重播、插播、特写等各种特技手段,使各种信息可以直观形象地展现给观众,也可以借助各

种艺术手段使观众在欣赏过程中加以接受。

⑥ 对电视观众可以不作较高的艺术修养和完善的知识结构的要求。

（2）电视媒介的缺点。

① 和广播一样，电视同样会受时间和节目顺序的限制，观众较难改变收视的时间、顺序和速度，较被动地接收信息。

② 接收信息时还会受场地、设备等客观条件限制，无法像报纸、杂志、广播那样有较大的随意性、自由性。

③ 电视和广播一样，传播的效果稍纵即逝，录像保存资料的成本比广播更高，且电视节目的制作、播放和收视均比较昂贵，传播费用往往以"秒"来计算。

3. 电影媒介的特点与运用

电影作为大众传播媒介，其作用也是其他的大众传播媒介无法替代的。作为公关所运用的电影媒介主要是指新闻电影。

（1）电影媒介的优点。

① 电影作为一种综合性的艺术能让观众在短时间内领略过去和未来。

② 纪录片具有报道和教育的作用；一般的故事片除了教育功能外还有娱乐性。

③ 电影可以利用动态的图像和音响的传播，给观众带来高度的现实性和逼真的感受效果。

④ 新闻电影可以将新闻的内容以电影的形式表现出来，使它不再仅仅是新闻作品，更成为一种艺术作品，能使观众产生较强的心理活动。

⑤ 观众欣赏专心。

⑥ 电影可以全面、具体、直接地介绍信息传播的内容，不会计较观众的文化水平，而且可以反复地放映。

⑦ 电影可以长期保存，随时再现历史场面，是珍贵的文献资料，具有重要的保存价值。

（2）电影媒介的缺点。

① 电影制作周期长，耗资巨大，是大众传播媒介中成本最高的一种媒介。

② 电影表现的对象比电视单纯得多，一般不能传播过多的内容，使得其信息的承载量远远低于其他大众传播媒介，特别是在受到电视的挑战时，电影观众的数量将会大大降低。

4. PR on line——网络传播媒介的运用

互联网可以实现国际信息交流和共享，同时也是全球范围内最大的信息来源。在《财富》杂志世界五百强公司中前一百位的公司绝大多数进行电子商务，现代商家往往会面临两种选择：要么电子商务，要么无商可务。网络是一种大众传播媒介，目前已成为开展公关传播活动的基本手段。网络的特点如下。

（1）它是一种无边界的媒介，显示出无法比拟的广泛性。

（2）极尽开放性。从传播双方看都能体现一种高度的自由与开放,不再受民族、宗教、国家、制度的限制。

（3）双向性。作为沟通的双方都具有主动的权利,选择及参与的权利大大加强。

（4）娱乐性。一些传统的公司发现,网上娱乐能够帮助它们进行产品重点定位,通过网络将娱乐与销售结合起来。如耐克公司长期以来在其官网上以一系列的做法来加强其"卓越"及"超越卓越"的主题,如它们为用户提供与著名球星聊天的机会。与此同时,百事公司将其名为"新一代"的主题在网上进行诠释,它们以青少年为主要对象,推出了运动游戏及流行歌手创作的音乐作品。通过对互联网的互动性及混合媒介(图片、视频及音频)的使用,那些与娱乐不搭界的品牌也开始享受娱乐所带来的巨大好处,它们可以借此吸引消费者来到自己的网站,并且随着时间的推移,让消费者对自己的品牌产生正面的印象。

组织通过网络开展的公关活动可以体现在三个方面:一是对组织信息的主动传播,二是对网络舆论的监控,三是对网络公关战略的制订。

（1）主动传播组织信息。通过网络有效传播组织信息一般从事两方面的工作:首先是提供组织的形象信息特别是产品的信息。网上的形象经营主要考虑的是两个方面:① 信息本身,包括产品(有形的或无形的)、服务和交互机制等方面。② 视觉形象,首先从域名开始,当你在网上推广的产品或服务在传统市场上已经拥有一定的知名度和品牌效应时,在网络上要对其进行有机的延伸,此时,仅仅从公司名称缩写的角度是不够的。如果销售的是一个新产品,最好能够起一个好的名字,它可以是无意义的如 Yahoo 之类,然后依靠你的经营来赋予它新的意义。在域名之后是品牌名称的问题,可以是独立品牌,即赋予每个产品一个独立的品牌,如宝洁公司的各类洗发用品,用这种方法可以避免系列产品中的一款出现问题后,对总品牌中的其他产品产生影响。其次是统一品牌,即所有的产品共享一种品牌,如 Sony 等,其好处在于不用再对新的产品品牌进行投资,但是当系列产品不均衡时,低品质的品牌会削弱整个品牌的力度。再次是分类品牌,即给予不同类别的产品以不同的品牌,如日本松下公司的家电产品用 National,音像制品则用 Panasonic。这种方法可以将一家公司生产的不同类型的产品分开,每个类别的品质比较好均衡,不至于互相影响。21 世纪新经济的模式也被人称为注意力经济,如何让你的网站在丛林中脱颖而出,这同样需要借助网络公关。美国联合包裹速递服务公司(UPS)在 1994 年开展网上业务时,就是把它在现实世界中已具有强大影响力的品牌转移到新的网络媒介中,注册 ups.com 站点。UPS 认为没有必要再在网上建立一个新的品牌,顾客想知道的是它们在虚拟世界中是否具有与现实世界中同样的诚实。网络的本质是沟通,是为了消除信息不对称前提下的欺骗,从而使网上用户的在线消费有良好的回报,因而从消费者的需求出发加强信用度的设计至关重要。

在组织形象的宣传中还涉及网络的新闻公关。一个组织在网上发布新闻时应该特别注意新闻的即时性。网络媒介相对于传统媒介的一大优势即网络媒介的即时性,如果希望以尽可能快的速度传播某一事件,最好是将新闻公告不仅在 Web 上发布,而且还要投寄到新闻界去,这样才能实现传统媒体与网络媒体的结合。注重建立广泛的网络媒体联络,当组织有新的产品或新服务出台时,最好能及时地发送一些消息给那些希望发布此消息的网络媒体。组织的网上新闻公告中还可以包括合作伙伴、客户等消息,也可在自己的公告中加入他们的链接。

(2) 监控网络舆论。在现实工作中,公关对舆论的监控会占据大量的精力和时间。同样,公关人员必须分析网上的舆论从而去创造良好的社会舆论氛围。对于网络舆论的威力,大名鼎鼎的 Intel 公司肯定深有体会。1994 年冬,一个大学的使用者在尝试用奔腾计算机进行一些浮点的数学运算时,发现总会出现一些错误。他通过 Usenet 新闻组请别人重复他的测试过程,结果是相同的。这个实验证明错误的产生是由于奔腾芯片在设计上有缺陷。于是,用户们向 Intel 提出了质疑。Intel 其实并没有注意这件事,当用户的反映越来越激烈时,它们才意识到了问题的严重性以及这一事件对公司整体品牌的影响。最后,Intel 不得不回收并替换已售出的奔腾芯片。因此,忽视新闻引发的公众舆论会带来危险,特别是当这种舆论意见具有现实意义时。虽然新闻组的应用范围还是有限的,但是在各种形式的讨论组和 BBS 中,用户参与程度都是较高的,各种信息也总是被迅速地传播。在网络时代,互联网成为一种新的信息传播方式,对于公关人员来说是一种新的挑战。

(3) 制订网络公关战略,如通过网络与记者建立良好的关系,根据记者的需要和提问迅速地给予详细的答复。它可以是向新闻记者和消费者及时地发布组织的政策变化,同时也可以是通过网络消除误导的信息,通过设置专门的网络信息监督员的岗位,及时纠正新闻组或邮件清单中关于组织的不准确的信息,避免引起公众的误解。还可以是在网上举办新闻发布会,使那些不能出席发布会的人可以通过网络了解新闻发布会的内容(既可以是同步的也可以是会后的)。

为了充分利用网络与媒介,使其保持联系,有些企业甚至还专门规划了媒介关系网站。如克莱斯勒公司的媒介关系部专门建立媒介关系网站,主要目的就是把它建成一个无所不包的信息站,以尽其所能提供记者需要的任何信息。这里的信息内容只对媒介人员和公司职员开放,他们需要提供用户名和密码才能进入。当公司逐个通知记者该网站的存在时,记者们便蜂拥而至。

如一家银行需要建立新闻媒介的特别网站,可以提供的以下四个方面的信息:① 关于银行的最新信息,包括可以下载的能直接用于广播的录音片段;② 银行近期会举办的活动介绍,以及相关联系人的情况;③ 银行媒介关系部门的联系人、联系电话和电子邮件目录;④ 近期的和过去的新闻报告,并附有背景资料。

5. 自媒体时代的公关传播

自媒体(We Media)又称"公民媒体"或"个人媒体",是指私人化、平民化、普泛化、自主化的传播者,以现代化、电子化的手段,向不特定的大多数或者特定的单个人传递规范性及非规范性信息的新媒体的总称。自媒体平台包括微博、微信、百度官方贴吧、论坛∕BBS等网络社区。美国新闻学会媒体中心于2003年7月发布了由谢因波曼与克里斯威理斯两位联合提出的"We Media(自媒体)"研究报告,里面对"We Media"下了一个十分严谨的定义:"We Media是普通大众经由数字科技强化、与全球知识体系相连之后,一种开始理解普通大众如何提供与分享他们自身的事实、新闻的途径。"简言之,即公民用以发布自己亲眼所见、亲耳所闻事件的载体。

2005年爱德曼公关公司的信任调查发现人们信任的人已经从权威人士转到了"普通人",因为"普通人也参与到谈话中去"。如其中的微博、微信等作为一项技术正在推动着这个进程。因此,公关人员不仅需要持续关注影响全社会的事件,同时还要紧跟传播技术进步,因为传播技术会直接影响到人们、组织和政府之间的关系。

七、其他传播媒介的特点与运用

除了报纸、广播、电视、杂志、电影、书籍、网络等大众传播媒介外,在公共关系和公关广告活动中还有一些媒介也会经常被运用。如广告媒介性质的招贴、路牌、站牌、招牌、霓虹灯、车身、锦旗等;企业形象识别系统类的商标、包装袋、礼品袋、标准图案、标准字体、固有色彩等;以促销为主的公共宣传画、宣传品、礼仪队等;社会组织内部的会议、文件、报告等。在此主要介绍组织内部的一些经常使用的印刷媒介,这些媒介包括传单、小册子、目录、招贴及海报、机关刊物等。这些媒介的使用往往可以采取直接邮递的方式,即将上述一种或数种印刷品附上一封总的介绍信或特别设计的印刷品,直接寄给特定的公众。直接邮寄可以说是一种分发形式而非一种媒介。尽管采取分发方式远远不如报纸广泛,但它们各有特点,往往也是不可替代的,而且这些传播形式机动灵活,制作简便,便于使公众形成强烈的个性印象,当然这种方式的影响范围小,往往是地区性的。

(一)公关刊物

公关刊物一般有三种:内部刊物、外部刊物、综合刊物。

1. 内部刊物

内部刊物是指组织根据自身的需要为了进行经常的、有计划的沟通交流,由组织出钱并控制的刊物,一般可以分为报纸和杂志,也可以是一些小册子。其中自办刊物是最初的公关形式之一。早在19世纪中叶,美国一些公司就创办了这种媒介。据美国的一项调查表明,美国和加拿大的各种公司内刊发行量是日销报纸的4~5倍。尽管内部刊物的传播范围比大众媒介要小得多,但是,一个组织仅仅依赖社会大众媒介往往在时机、版面和内容上处于被动状态,而且,组织内部刊物可以专门针对某一特定的公众确定其内容和版式,其传播的有效性也会大大提高。当然,内部刊物的相对成本较高,要投入一定的人力、物力和财力,而且发行量又比较固定,常常难以持续。

在美国的全部公关报刊中,内部刊物约占一半。有的是报纸,有的是杂志,有的是两者皆备。我国企业、事业单位一般采用报纸形式,大多为8开,一般是周刊或旬刊。而杂志的成本会高于报纸,可以是月刊或季刊。如美国通用汽车公司内部沟通计划的一项重要内容就是编辑出版刊物,为此,通用汽车公司开设了包括全国150个分支机构的"要闻简报",向公司各地的编辑和公关负责人邮寄主要的新闻稿、讲演稿和文章,印发《通用汽车公司编辑指南》,其公关部门每月印发一期《通汽人》,供在美国工作的40万名员工阅读。杜邦公司公关部门印发的《生活更美好》杂志则是季刊,每期24页,据调查,杜邦公司全部10万名员工中,有90%的员工阅读这份杂志。如中国最大的电信设备商华为,内部刊物为《华为人》,成了华为文化的重要内容。

内部报刊能否吸引人的关键在于它有什么样的内容。一般来说,内部刊物的内容不可能与社会上公开销售的报刊内容一样。

内部刊物可以包括以下几方面内容。

首先是关于组织方面的情况,这是内部刊物最主要的内容。美国有近150年历史的公关内部报纸《胜家公司报》的办报方针是促进员工关系。一个组织的内部情况可以体现在组织的创建史与发展史、组织的宗旨目标、方针和价值观念、组织的现时状况、组织的重要成就和未来的规划或计划等。其次是关于员工工作方面的情况,包括员工对组织的贡献、员工对组织的建议和意见、员工的技术素质和培训方面的经验与信息、普通员工的工作情况等。再次是关于员工生活方面的情况,这部分内容最能体现内部刊物的亲切与友善,如员工的婚丧寿育事件、解决员工具体生活困难的措施和行动、介绍和推荐适合员工参加的各种活动、解释与员工福利有关的待遇以及其他与生活有关的问题等。最后是一些与组织的发展、组织形象建立等有关的以及大多数员工所关心的社会情况等。

2. 外部刊物

外部刊物是一个组织对外公关所采取的形式,其主要读者是外界可能的客户、消费者、经销商、供应商以及股东、政府及社区有关人员。在美国这类刊物约占全部公关刊物的1/4,其目的是争取外部公众对组织的形象和服务的认同,同时可以宣传组织产品方面的信息,与外部公众建立良好关系。公关的外部刊物在印刷上更加精美,国外在书报亭公开出售的组织自办的外部刊物已与正式出版的杂志没有任何区别。如福特汽车公司每月一期的《福特时代》杂志,是汽车业中年代最久的(1908年创刊)、最负盛名的杂志,也是该公司24种公关印刷媒介中发行量最大的杂志。该杂志中只有25%是关于汽车的,其余都是与客户有关的内容,因其影响力颇大,所以吸引了美国知名的艺术家、作家来写稿。很多外部公众纷纷要求福特汽车公司的经销商们能将他们列入该刊物寄发的名单。

3. 综合刊物

综合刊物是指既供内部公众也供外部公众阅读的组织刊物,这类刊物的内容也相应地更加丰富多彩,内外兼顾。在美国,这类刊物约占全部公关报刊总数的1/4。

(二)板报和宣传栏

板报和宣传栏是组织机构内部的重要宣传媒介,常用于通报情况、宣传政策、鼓励先进及鞭策落后。宣传栏和板报以其形式简单、文字通俗易懂而为公众喜爱,是组织机构传播内部信息时不可多得的工具。

板报与宣传栏的特点是经济实用、更换方便,有人将之称为是公共关系所有媒体中的"轻骑兵"。其内容一般与组织发展息息相关,同时也可以兼顾一些外部的信息。如组织机构内部的新动态、近期的打算、国内外新闻动态、好人好事或"坏人坏事",各季节的度假信息等。它会不断地随着季节的变化而改变或调整传递的信息内容从而丰富人们的业余生活。此外,它也可以刊登一些名人名言等。

(三)对外宣传页

对外宣传页是组织机构用于公共关系传播的一种特殊的传单,其特点是三个"一":一张单页、一条信息、单一分发。对外宣传页具有营造舆论氛围、提高组织形象的作用。对外宣传页具有很强的时效性,无论何时何地,一旦有引起公众关注的大好消息发生,人们就可以借助现代化的排版印刷手段及时把组织的喜讯和善意传播出去。对外宣传页因其非商业广告的形象而具有比商业广告更可信的效果。

对外宣传页一般可以包括以下的内容:首先,除了最重要的喜庆信息外,还可以用来宣传组织文化,发布自编的厂歌、徽记图案等信息。其次,可以发布社区活动的信息。在公关公众管理中,社区关系管理的核心和目标是通过努力使社区公众把自己当成他们非常了解又非常依赖的好邻居,组织机构可以开展一些面向所有公众的"开放日"活动、联欢活动,而对外宣传页可以及时传递这些活动的信息,甚至可以印上请柬和乘车路线图以激发公众的参与热情和兴趣。最后是矫正组织形象的信息。当社会上出现对组织不利的舆论时,组织也可以利用传播媒介来引导舆论,这时在信息传播的环节上一般可以有两种选择:一是举办新闻发布会;二是分发对外宣传页。在具体运用上,前者主要以公开事实真相、消除顾虑为主;而后者以扩大影响、强化公众对组织发展前景的信心为主。

复习思考题

1. 公关主体即社会组织的基本含义及类型有哪些?

2. 公关组织机构有哪几种类型?

3. 公关部门设置的类型及服务特色是什么?

4. 专业公关公司的服务特色及服务范围是什么?

5. 公关部门经理的职责及与相关职能部门的关系是什么？

6. 公关从业人员的一般素质要求有哪些？

7. 公众的基本含义及基本特征是什么？

8. 公众划分的标准及各类公众的特点是什么？

9. 员工、股东、政府、媒体、社区等主要目标公众的管理意义及管理手段是什么？

10. 传播对于公共关系的特殊作用是什么？

11. 印刷类大众传播媒介、电子类大众传播媒介的特点及运用技巧是什么？

12. 网络公关的运用及特点是什么？

13. 新媒体时代公关适用的要求是什么？

14. 一个组织可利用的非大众传播媒介有哪些？

第四章 公共关系四步工作过程

📑 **学习要求**

1. 掌握公关工作的基本程序。

2. 掌握公关调查的意义、目的及调查方案的设计。

3. 了解各种主要的调查方法及运用技巧。

4. 掌握公关形象设计的基本原则,熟练运用形象设计中的各种资源整合和几种主要思维方式。

5. 掌握公关策划方案的内容及基本要求。

6. 掌握公关经费预算的基本方法,如何进行公关媒介的选择及运用公关的各种传播模式。

7. 掌握分析公关传播过程中的障碍以及公关行为的基本方式。

8. 掌握公关评估的基本方法及应用范围。

9. 了解公关评估标准的确定。

10. 了解公关活动过程的循环性。

公关人员一向认为公关不仅是艺术,同时也是科学。"艺术"主要是指公关活动需要遵循的各种技巧,"科学"就是指进行各种公关活动所必须遵循的原则。这些原则经过无数次的实践和经验总结也就具有了某种规范性。公关工作的"程序"就是属于科学性的总结。自从卡特利普和森特出版了他们的代表作《有效的公共关系》以来,人们都普遍地接受了公共关系工作的四个基本步骤,也称为"四步工作法",即公关调查、公关策划、公关实施和公关评估。公关的四个工作步骤体现了公关工作的计划性、连续性、节奏性和规范性,也体现了公关工作的科学性。

据《有效的公共关系》描述,作为一个组织解决问题和利用传播资源的科学管理的组成部分,公关从业人员可以在一个四步式解决问题的过程中,运用相关理论以获得最好的结果。

第一步：界定问题。体现了公关管理的情报职能，它通过判断"现在发生了什么"为问题解决过程中的其他步骤奠定基础。

第二步：制订计划与方案。将收集来的信息用于项目公众、目标、行动以及传播战略、战术和目的的决策。这包括把从第一步调查得来的结果纳入该组织的政策和方案之中。即回答"我们依据什么基础了解形势，我们应该改变什么，或者做些什么，说些什么"。

第三步：采取行动和传播。涉及针对每类目标公众实施旨在达到特定目标的行动和传播，以及何时、何地和如何做到这一步。

第四步：对这个方案的准备、实施和结果进行评价。在实施这个方案的同时，可以根据它是否有效地评价结果而作些调整。在弄清楚了"我们正在进行得怎样或我们曾经做得怎么样"这一问题以后，可以继续执行方案也可以停止执行方案。

第一节　公共关系调查

公共关系调查是调查和掌握与组织政策和活动相关并受其影响的公众的情况，主要是为了发现并确定问题。公关调查是公关活动的开端，是其他公关活动的前提。成功的企业一般都十分重视公关调查。在排名前 1000 位的大企业中，大约有一半都利用公关调查来为其形象建设服务。许多著名的公关公司也纷纷加强自己的调查能力，如伟达公关公司调研部门的人数在短时间内甚至增长了几倍。

公关调查虽然与一般社会调查在方法和手段上会有一致性或可借鉴性，但是，与一般的社会调查不同的是，它需要就公众对组织形象的评价进行具体的分析，用数据或文字形式显示公众的整体意见，或者就某一具体公共关系活动条件进行实际考察。换句话说，公关调查的针对性、目的性更强。

一、公共关系调查的意义

公关专家格鲁尼格将现代社会的组织分为两大类：一类是"开放的、解决问题的组织"；另一类是"封闭的、受命运支配的组织"。前一类组织总是积极地对待自身与环境的交互作用，及时地了解环境的变化，了解公众对自身行为的反响，从而调整自己的下一步政策。这类组织的决策者总有一批助手或顾问在充当"社会的末梢神经"，总是不断地吸收并研究来自环境的各种信息，然后找出组织面临的问题，进而确定解决问题的方法。后一类组织则使自己处于与外界割裂的状态，世事的变迁，如技术的进步、市场的萧条、竞争者的新产品、公众需求的改变，对他们可能都没有任何的触动，他们总是按照"既定的方针"我行我素，到头来完全"受命运的支配"。当然任何组织不可能生来就是开放的、解决问题的,同样也不是生来就是封闭的、受命运支配的。属于哪一类组织完全取决于组织决策者的选择。一个具有公关意识的决策者必定会充分认识到调查研究的重要性,认识到收集信息的重要性。格鲁尼格就公共关系在组织中的作用作过一次调查。他发现,原来强调的是"提供信息",而不是"寻找信息",而现在渐渐地转向强调"寻找信息"了。

公关调查为公关工作的开展会带来以下作用。

(1) 可以使组织更准确地了解其在公众中的形象地位。组织的形象地位是指用定量的方法判断组织在公众中的认知,可以测量出一个组织自我期望的形象和其在公众中实际形象的差距。公共关系人员可以根据这个差距,策划有效的公共关系活动方案,从而增强公关活动的针对性和目的性。

(2) 为组织决策提供科学依据,有效地预测和检验决策的正确性。要保证决策的正确,调查是最好的方法,通过调查了解公众的要求和愿望,从而作出符合公众需要的决策。

(3) 保证组织及时地把握公众舆论。公众舆论是自发产生的并经常处于不断扩大或缩小的动态中,它是公众对组织的一种浮动的和表层的认识。当少数人的观点、态度扩展为多数人的观点、态度;分散的、彼此孤立的意见集中为彼此呼应的公众整体意见、声势尚小、影响甚微的局部意见变成声势浩大的公众的共同反响时,将对组织的形象产生很大的影响。积极的公众舆论有利于组织塑造良好的形象,消极的舆论则有损于组织的形象,甚至会造成组织形象的危机,因此公关调查对公众舆论的监测作用就不可缺失。

(4) 能够提高公关工作的成功率。公关作为管理的一种方式或手段同样需要对现有的人力、物力、财力等资源进行调查和研究,对组织所拥有的主体及客体的条件进行解剖从而提升各种资源的使用效率。这种效率的追求是从真正的意义上将公关纳入了现代管理体系。

二、公共关系调查的内容

公共关系的调查一般包括内部调查和外部调查两个方面。内部公关调查主要是为了掌握组织内部自身所拥有的各种公关资源的情况。外部调查主要是包括对组织外部生存环境的了解、舆论的监控和形象分析等。

(一)组织内部公关调查的内容

1. 组织一般资料的调查

(1) 组织的历史。如成立的年代,组织历史上的重要人物以及这些人物对组织的创建、发展和社会的进步所作的贡献,组织历史上发生过的重要事件,以及这些事件对组织以及社会造成的影响。

(2) 组织的目标。组织的目标是什么,组织的目标是否作过一些调整,为什么要做这些调整,调整后的效果到底如何,组织的目标是否为组织获得利益的同时也服务于公众的利益。

(3)组织的政策与措施。组织的这些政策和措施的制订、实施情况及这些措施的实施对公众的影响,组织的政策与措施是否也作过调整,这种调整的原因、作用分别又是什么。

(4)组织的经营管理情况。组织内部机构的设置、领导人及部门领导人的职权范围、工作绩效;组织的生产和服务质量现状;组织的产品销售、技术开发状况;组织的人事、财务状况;组织迫切需要解决什么问题。

2. 组织公关基本状况的调查

一个组织公共关系的基本状况可以体现在以下几个方面。

(1)组织对社会的贡献。组织为了自身的社会形象曾作过什么样的努力,组织的存在和发展对社会服务的意义是否明确,对社会是否作过类似于捐款、资助、义务服务、人力扶持等方面的贡献,组织是否还有能力为社会再多作一些贡献。

(2)组织内部的领导人是否具备公共关系意识,是否追求公关的目标和要求。如组织领导是否有过对公关重视的行为,对组织形象塑造的进一步要求是什么。

(3)组织内部的员工对组织的基本要求又是什么,如广大员工对组织的认识及评价,是否提出过关于组织的批评、意见或看法,他们对领导层提出的组织总目标的支持程度如何,组织在公关方面迫切需要解决的问题是什么等。

(二)组织外部调查的内容

组织外部调查的内容可以包括四个方面。

1. 组织外部基本环境的调查

一个组织生存的环境直接影响到组织的发展前景,因此需要对政治、经济、文化、科技环境进行冷静的分析。对政治环境的分析主要是指了解所在国家和地区的政治结构、政治气氛和变化趋势,国家和政府有关部门已经颁布或有可能颁布的各项政策和法令,以及这些政策和法令对组织有可能产生的影响。对经济环境的分析主要是指国内经济发展的基本状况、国家经济发展战略和发展趋势、资源和能源的储量及开发情况、当前国民经济的整体水平。国民收入的现状及发展趋势,社会购买力的特点及人们消费结构的变化特点及趋势,等等。对社会文化环境的分析主要是指对社会观念和行为规范变化的分析,社会流行思潮及这些思潮对公众行为有可能产生的影响,人们的价值观念、行为方式、消费倾向、宗教信仰、文化素质、道德规范等方面的变化以及这些变化对组织发展的制约和影响。对科技环境的分析主要是指目标市场的技术水平、技术特征及技术要求、技术标准、技术类型的信息,国际市场科技创新的趋势和值得关注的问题,等等。最后还要对竞争对手进行分析,它可以是指一个组织所在的行业情况,组织在竞争中所处的地位、竞争对手的现状和发展趋势、竞争对手的公共关系倾向等。所有这些分析都是为了使组织在竞争中能处于领先的地位。

2. 外部公众状况的调查

外部公众状况的调查主要由三个部分组成：一是公众的构成；二是公众的需求；三是对公众舆论的监控。

首先，从公众构成的情况看，主要是对目标及其他公众进行分析及细分。对公众的确定过程实际上就是公关工作的开始，体现了公关调查的针对性从而保证高效运用公关资源。

其次，对公众需求的了解。在确定了具体的公众对象后就要对公众的需求进行分析。这种调查和分析是为了掌握公众对一个组织的基本需求和特定需求，以便针对公众的不同需求来制订相关的公关政策和方法，从而体现公关工作的基本出发点，即满足公众的需求。

最后，对公众舆论的监控。公众舆论往往也会被称为民意，是特定社会中人们对于某一问题所公开发表的具有某种一致性的议论或意见。公众对组织的整体形象评价如何，对组织的某一行动持赞成还是否定的意见，这种意见是代表大多数人还是少数人，这些都是公众舆论的标志。在进行舆论分析时还可以把舆论标志分为四个等级，即主导舆论、分支舆论、次舆论和微舆论。其中，主导舆论是指在一定范围内有 70% 以上的人所坚持的共同意见；分支舆论是指同时存在的几种有相当数量的人赞成的一致意见；次舆论是指在某些局部地区有多数人坚持的但并不具有全局性意义的意见；微舆论是指某些小社会环境下的群体舆论，舆论主体可能只有几十个人或上百人。

舆论标志是舆论指标体系的综合体现。舆论的第一类指标是指舆论的量度指标，包括舆论的公众数量和公众的分布。作为客观存在的人群的集体意向，不仅表现为持某种意见的人数的多少，而且和公众的分布、类别有着重要的关系。有些问题可能在某一类别公众中持肯定意见多，而在另一类公众中持否定意见多。所以，公众舆论调查在确定量度方面，必须兼顾公众的人数和分布种类两种量的平衡。而公众人数和类别的乘积数就是舆论量度指标，量度指标越大就表明舆论的影响越广，也就越具有权威性。如某一组织在全社会的公众范围内进行公众舆论调查，选择调查的人数是 100 万人，选择测定的公众种类是 10 种，那么舆论的量度指标则为 100 万人×10＝1000 万人，也就是说，通过 100 万人的测定可以大致推算出 1000 万人所持的态度。

舆论的另一指标是强度指标，即公众所表示的意见、态度、观点的强烈程度。调查对象在表达对组织的意见时，不同的调查对象具有不同的强烈程度，用指数体系表现出来就叫作强度指标。如公众对组织的某项决定的态度是十分赞成、赞成、比较赞成、无所谓、不太赞成、不赞成、极不赞成等七个等级，哪一等级的人数多，舆论强度的指数就大。

因为公众舆论始终处于不断变化之中，所以对于公关人员来说对组织形象的跟踪和监测应该成为组织形象管理的例行公事。经常并定期地进行监测并不断地制订相应的图表模型,可以形象地展示公众舆论的变化趋势,并据此来修正自己的工作。

3. 公众态度和行为倾向的跟踪与监测

公众态度其实是公众舆论的一部分且构成了其核心内容,公众态度由公众对组织的意见、观点、动机、情感和认知等因素组成。对组织形象进行监测既要注意公众舆论的变化趋势同时更要密切关注公众态度的转变。因为公众态度的变化将直接与公众的行为倾向结合在一起。

态度作为人们在认识和行为上相对固定的倾向,包括人对事物和社会认知的倾向、情感的倾向和意图的倾向。态度一旦形成就会具有一定的稳定性,将会比较持久地影响人们对事物的判断和看法,影响人们的行为方式和方向。所以,态度是行为的内在动力,它是心理向行为过渡的临界点,也就是说态度是行为的准备状态,而行为只是态度的表现形式。公众对某一组织的管理、产品或服务的态度在日常生活中可以表现出喜欢或不喜欢、赞成或不赞成、欢迎或不欢迎,而这些实际上都体现了公众对这个组织的态度。这种态度往往包含着较为强烈的情感成分,并最终导致不同的行为选择。公众的行为倾向表现为在认知与情感的基础上对组织所做出的必然反应。如是否选择组织的服务、是否愿意购买组织的各种产品、内部公众是否接受组织的领导等。由此可见,相对于公众舆论而言,公众的态度所引起的公众的行为倾向将直接影响组织的生存和发展。

因此,组织的公关人员必须随时注意公众对组织的态度和行为倾向的变化,并通过适当的管理手段加以调控,有时可以采取"顺向强化"的方法,即通过积极的公关活动强化组织的知名度和美誉度,不断巩固和促进处于正向状态的公众态度和行为;有时可以采取"逆向转化"的方法,即通过主动的公开活动,迅速化解并消除逆向状态的公众态度和行为,使组织形象在公众心目中始终保持积极的状态。

4. 组织形象的分析

在公关意义上,形象是一个组织的实际表现在内外公众,特别是外部公众认识中的投影。也就是公众对一个组织的总的印象、看法和评价。一般衡量组织形象的指标有两个:一是量的指标即知名度,另一个是质的指标即美誉度。知名度是指一个组织被公众知道、了解的程度以及组织社会影响的广度和深度,它是评价组织名气大小的客观标准;而美誉度是指一个组织获得公众信任、赞美的程度以及组织社会影响的好坏,它是评价组织好坏程度的指标。一个真正良好的组织形象应该既有知名度又有美誉度。

在现实的公关管理中,有知名度的不一定有美誉度,有美誉度的也不一定有知名度。有知名度而没有美誉度是一种不好的公关状态,光有美誉度但没有知名度也将会失去好的市场机会。因此,根据知名度与美誉度两个指标综合分析公众的评价意见,公关人员可以运用组织形象地位图测量组织的实际形象地位。这种调查可以初步诊断组织的公关状况,为寻找组织在公共关系管理方面存在的问题提供大致的方向。这种形象地位的测量一般可以经过以下三个环节。

第一环节是组织形象要素的分析。组织形象要素分析是对构成一个组织形象的各种相关因素进行分析。根据公关人员所选择的体现一个组织知名度及美誉度的众多因素进行调查,对选择的调查对象就自己的看法给出评价,公关人员再将调查的结果进行统计,计算每一个调查项目中各种不同程度的评价所占的百分比,从而找出影响组织形象的具体原因,确定本组织公关管理中存在的问题,为下一步确定公关目标及方案寻找依据。一般可以根据语意差别分析法制作组织形象(要素)调查表,如表4-1所示。

表 4-1 组织形象(要素)调查表

调查项目	评 价							调查项目
	非常	相当	稍微	中	稍微	相当	非常	
经营方针正直		65	25	10				经营方针不正直
办事效率高			25	65	10			办事效率低
服务态度诚恳				15	20	65		服务态度不诚恳
业务水平有创新					20	70	10	业务水平缺乏创新
管理顾问有名气						10	90	管理顾问没有名气
公司的规模大					25	55	20	公司的规模小

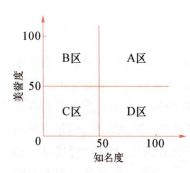

图 4-1 组织形象地位测量图

第二环节是根据组织形象要素对组织形象进行地位测量,一般可借助组织形象地位测量图,如图4-1所示。

图 4-1 中所示的 A、B、C、D 四个区间分别表示组织的不同形象状态。A 区表示高知名度和高美誉度,是公关的最佳状态,任何组织的公关活动最终所要追求的都是这种状态。但是,身在高处往往会带来挑战,即高处不胜寒,且要维持这种状态的成本也很高。B 区属于高美誉度和低知名度的公关安全状态,这种状态尽管没有什么风险,但是在市场经济条件下往往会失去一定的市场份额,并不属于好的公关形象。C 区是公关的不良状态,既无知名度也无美誉度,但是任何组织初创时期都是从这种状态开始其公关活动的,一张白纸能够描绘最美好的图画,关键是从何处着手。D 区是公关的恶劣状态,即高知名度和低美誉度,也是我们所说的公关危机状态。当然,任何危机都是一次机会,是表现

解决问题的能力及勇于承担责任的机会。一般处于此状态时可以有两种选择：一是低调处理,退回到 C 区;二是在众目睽睽之下,采取果断的措施,纠正不良的形象,可以直逼 A 区。

第三环节是进行形象差距分析。形象差距分析即将组织的实际调查所得的形象与组织自我期望的形象进行比较,并找出两者的差距,而弥补或缩小这种距离则成了公关努力的基本方向。如图 4-2 所示,图中的虚线表示自我设计的形象,而实线则是根据上述调查及分析后所得出的一个组织在公众中的实际形象。实线的标示方法是通过实际统计得出的,其计算方法可以是:将组织形象要素调查表示不同程度评价的 7 个档次相应数字化,成为数值标尺。如 1 表示非常差,2 表示相当差,3 表示稍微差,4 表示一般,5 表示稍微好,6 表示相当好,7 表示非常好。然后根据上表的调查统计结果计算公众对每一个调查项目评价的平均值,将各个平均值分别标在数据标尺相对位置上,连接各点,即成为组织形象的实际形象曲线。找出实线与虚线之间存在的距离就是公关调查所要完成的工作(如经营方针是否正直这一项:相当好得 6 分,共 65 人,则得 390 分;稍微好得 5 分,共 25 人,则得 125 分;一般的得 4 分,共 10 人,则得 40 分;全部相加为 555 分,再除以人口基数 100,则为 5.55 分,这样就可以将它标示在图表上了)。

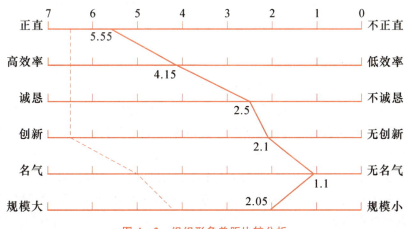

图 4-2　组织形象差距比较分析

三、公共关系调查的基本原则

公关调查与一般的社会调查相比更注重特定的公众对象对特定的社会组织的认知与评价。因此,它不仅具有一般调查所应具有的规范和科学,同时也具有公关调查的特殊性。公关调查一般应该坚持以下四个原则。

(一)科学性原则

从设计调查方案开始就应该强调公关调查的科学性或实用性,只有实用性强的调查方案才能真正成为调查工作的行动纲领。同时调查方案的设计是一种科学的工作,不能从自身的主观意愿出发,而应该考虑实际环境和条件。是否具有实用性及科学性是调查能否成功的首要条件。

(二)时效性原则

所谓时效性原则即考虑公关调查中的时间效应,特别是当调查为了确定发生问题的原因时,其中根据事态变化及迫切性更应该强调其及时性,否则会失去调查结果的实际意义。如果是预测性的问题,更应该作超前的调查与研究。有些调查需要深入、持久、反复进行,调查工作可能需要较长的时间,因而这种时效性不能根据调查时间的长短来衡量,而要根据调查结果的使用时间来定。

(三)经济性原则

设计调查方案或进行公关调查本身都需要进行人力、物力、财力资源的考虑。公关资源的利用效率同样会体现在公关的调查中,考虑到各种调查方法的经费预算。能作抽样调查的就不作普遍调查,能作典型调查的就不作抽样调查,能作文献调查的就不作现场调查,能作观察调查的就不作实验调查。在调查对象、范围、时间的选择上同样要考虑这些资源的利用问题。

(四)灵活性原则

灵活性原则是指在进行任何一次公关的调查过程中,预期的计划与实际的操作间肯定会产生一定的出入,而且在实际调查时还会产生一些无法预测的问题。因此,在设计调查方案时必须灵活,保持一定的弹性,这样调查才会真正有效。

四、公共关系调查的基本程序

公共关系调查一般由四个相关步骤组成。

第一步是制订调查方案阶段,即确定调查的行动纲领。调查方案是根据调查目的在调查前对调查的总体任务各个方面和各个阶段进行的整体安排。它必须提供实施调查的工作程序。调查方案一般应该包括:调查目的,调查目的越具体越好,且需要一个最主要的问题;调查对象;调查项目;调查提纲和调查表;调查时间和地点;调查方式;调查资料的研究分析方法;调查组织计划的制订,如调查的领导情况、调查机构的设置、调查人员的选择和培训、调查工作的步骤及善后处理措施等。

第二步是设计调查方法阶段。根据不同的调查任务和组织自身的主观和客观条件,选择不同的调查方法。一般较常用的调查方法有观察法、访谈法、文献调查法和问卷调查法等。这几种调查方法各有优点和不足,为了达到调查目的,每一种调查方法在使用前都应该经过精心设计。

第三步是收集调查资料阶段,也即调查方案的实施过程。它需要组织调查队伍,遵照调查方案的基本要求和设计的调查方法进行资料收集。

第四步是处理调查结果阶段,这也是公关调查的最后一步。

调查研究总是一个组织开展公关活动的先导。如有一家宾馆设立了公关部,配备了豪华的办公室和漂亮的公关小姐,但是配备了现代化通信设备的公关部经理却觉得无事可做。后来这位经理请来了一位公关顾问,向他请教"怎么办"。这位顾问向他提出了以下几个问题:本地共有多少宾馆?总铺位是多少?旅游旺季时,本地的外国游客每月有多少?国内的外地游客有多少?贵宾馆的知名度如何?在过去三年中,花在宣传上的经费共多少?贵宾馆最大的竞争对手是谁?贵宾馆的潜在竞争对手会是谁?去年一年中因服务不周到引起顾客不满的事件有多少起,服务不周的原因何在?对于这样一些极其普通而又极其重要的问题,这位公关部经理却张口结舌。于是那位公关顾问对公关部经理说:"先搞清楚这些问题,然后再开始你们的公关工作。"

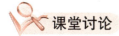 **课堂讨论**

> 你认为这位公关顾问是否已经指出了问题的关键?公关调查的主要目的是找出公关面临的问题,当面临众多问题时,应该如何确定最主要和最迫切的问题?

如某五星级宾馆,调查对于他们来说恰恰是一件经常性或习惯性的工作。日常调研工作通常由以下几个方面组成。

(1) 日调查。① 问卷调查:每天将调查表放在客房里,表中的 32 项内容涉及客人对饭店的总体评价,对十几个类别的服务质量的评价、对服务员服务态度的评价,以及是否加入饭店俱乐部和客人的游历情况等。② 接待投诉:几位客服经理24 小时轮班在大厅内接待客人反映情况,随时随地帮助客人解决困难、受理投诉,解答各种问题。调查表和投诉意见每天集中收回,由客房部和公关部每月初进行统计整理,其结果当晚交饭店总经理处理,使决策层及时了解情况,次日早晨在各部门经理例会上通报情况。

(2) 月调查。月调查主要包括两个方面。① 顾客态度调查。每天抽样向客人发送该饭店在全球统一使用的调查问卷,每月收回,月底集中寄到国外总部专门部门进行全球性综合分析,并在全球范围内进行季度评比。根据量化分析对全球最好的分店和进步最快的饭店给予奖励。② 市场调查。前台经理与在京各大饭店的前台经理每月交流一次游客情况,互通情报,共同分析本地区的形势。

(3) 半年调查。饭店总部每半年召开一次世界范围的全球旅游情况调查会,其所属的各饭店的销售经理从世界各地带来大量的信息,互相交流研究,使每个饭店都能了解世界旅游形势,站在全球的角度商讨经营方针。宏观上可以使饭店的决策者高瞻远瞩地了解全球旅游业的形势,微观上可以了解本公司每个岗位的服务乃至每个员工工作的情况。

第二节　公共关系策划

一、公共关系策划的基本含义与原则

（一）公关策划的基本含义

策划是指为了达到一定的目标,依据已有的信息,遵循一定的程序,发挥人的创造力,设计可行方案的过程。首先,策划不是行动而是事先决定做什么、何时做、如何做以及由谁来做等;其次,策划也不是计划,策划把握的是原则和方向,计划则是关注细节及程序;最后,策划也不是战略或战术,战略是脑力思维的过程,策划是动手的过程,战术则是实施的细节,而策划的结果必须是一种战略的体现和一种战术的实施。公共关系的策划可以理解为公关人员对调查信息进行整理和运用,为了达到一定的公关目标,发挥公关人员的创造力,针对一定的目标公众,对公关活动进行整体规划的过程。任何公关策划都是立足于现有公关状态,以达到预期的公关状态为目的的。

（二）公关策划的基本原则

公关策划时必须遵循的原则主要有客观性原则、社会性原则、整体性原则、创新性原则等。

1.客观性原则

客观性原则是指社会组织在进行公关策划时要以事实为依据,即以对组织公关状态的科学评价和调查研究中对事实的掌握为基本前提,进行真实的策划,不断排除众多主观干扰。既要求不能过多地自以为是,充分尊重事实,同时也要求遵循职业道德,发扬对公众、对社会负责的精神,不能掺杂任何虚假信息。

2.社会性原则

社会性原则是指任何公共关系活动都是在一定的社会环境中进行的,公关活动既受社会制约同时也反过来影响社会。社会性原则就是要求公共关系的方案或策划过程应该考虑符合社会综合因素的要求,如政策、社会热点问题、传统习惯、伦理道德等。这种社会性的原则也体现了可行性及合法性的要求。如果公关策划时需要针对特定的公众进行分析,而且也掌握了特定目标公众的特殊需求,但事实上并非有需求的策划都会成功,因为这种需求还涉及伦理的规范及道德的制约。如美国海勒曼啤酒公司经过市场调研后发现,非裔美国人一般都喜欢喝酒精含量高的啤酒,于是专门开发了一种含5.9％酒精的大力士啤酒,并开展了大量的广告和公关工作,然而,出乎他们预料之外的是,该方案一见诸媒体,即招来铺天盖地的批评,联邦官员、工业巨头、非裔美国人领袖以及各大媒体竞相谴责"大力士"啤酒有损非裔美国人健康。很快该品牌就消失了,成了啤酒界的一个回忆。

 课堂讨论

为什么看起来很好的一个创意会失败？在公共关系的活动中,如何考虑可行性的背景,如企业利益、社会利益和企业责任的统一性?

3. 整体性原则

整体性原则既包括时间上的延续,也包括空间地域上的统一性要求,它体现了公关资源的整合协调原则。在一切可利用的组织公关资源中一般首先应该针对一般公众塑造一般的形象,同时这种形象带有一种延续性和扩散性。如可口可乐以白色和红色的形象走遍世界。又如不论是美国的假日旅馆还是日本的山之上宾馆都必须让顾客住得舒服。从塑造整体形象的角度出发就是要从社会组织全局的角度来审视公关活动和策划方案。在公关策划中应该把具体形象的特征和影响作用放到整体形象中去衡量,以整体目标来协调各个具体形象的单向目标,进行整合性的综合平衡,形成整体效果的最优化。同时,还需要强调形象策划中的整体效益,即产生部分之和大于整体的效果,注重形象的内涵与外显的统一。

4. 创新性原则

创新性原则既可以体现在不同时期一个组织形象的一种差异性,也可以体现在与其他同类组织形象的差异性。这是一种形象的特定的个性,即针对特定公众对组织的特定要求而设计的特定形象。如美国假日旅馆的"所有人都可以来住宿"与日本山之上宾馆的"文化人的宾馆"的形象肯定是不同的。同样,从时间的推移来看应该体现一种对公众新的需求的满足,这就是为什么从1886年可口可乐发明至今,可口可乐公司在不同时期会推出不同主题的宣传口号。1886年,可口可乐刚上市时是"提神味美的新饮料";1888年是"美味爽口,醒脑提神";1890年是"可口可乐,令你精神爽朗,回味无穷";1907年是"可口可乐,来自南方的圣水";1923年是"令人精神爽朗的时刻""遍及每一个角落""使炎热夏天变得凉爽";1925年是"一天喝6000000瓶";1929年是"要想提神请留步";1936年是"喝新鲜饮料,干新鲜事";1944年是"可口可乐,全球性的符号";1953年是"恢复你的精神""好味道的标志";1960年是"享受可口可乐""只有可口可乐,才是真正可乐";1970年是"心旷神怡,万事如意,请喝可口可乐""喝一瓶可口可乐,你就会展露笑脸";1980年是"微笑的可口可乐";1990年是"如此感觉无与伦比""挡不住的感觉";2000年"要爽由自己";2010年"可口可乐,爽动美味"。

在美国人看来,可口可乐不仅仅是一种饮料,它的独特品位带来的感觉和体验实际上已成为美国人生活方式的一部分,成为美国人精神的化身和延伸,其产品的销售过程更多的是在传播美国人不同时期的生活方式和精神。

 课堂讨论

> 1. 既然可口可乐销售的不是可乐本身,那么产品身上的附加值应该如何传承与创新呢?
>
> 2. 根据这一百多年来可口可乐宣传主题的改变,联系你对美国这一百多年历史演变的了解,谈谈在进行公关策划时,如何体现时代性和延续性的协调。
>
> 3. 请罗列国产可乐品牌,分析这些品牌的形象价值。

在形象的变化方面表现得较成功的还有美国的万宝路,被誉为是"善变的"或"变色的"万宝路。它指的是万宝路从最早的一种女士过滤嘴品牌变成男士牛仔品牌,而一到了养尊处优的香港又变成了绅士的品牌。这就是一种改变,也是一种创新,这是一种思维转变所带来的必然结果。

有位著名的 MBA 教授去给学员讲课,听课的学员大多是来自企业管理第一线的经理或其他管理人员。这位教授踩着铃声走进了教室,出场的仪式很独特,左手拿着一个大包,右手拿着一个大气球。教授上讲台宣布开始上课时,学员们根据惯例拿起笔和纸准备记录下教授的讲课内容,但这位教授却要求大家不用做记录,只是要求和他一起做游戏就行,学员们感到非常惊奇。教授先从包里拿出一个瓶子,要求学员把气球塞进瓶子里。一个女学员不敢做过多的考虑,也不敢征询一下是否可以把气放掉,而是费劲地塞。教授指点可以先把气放了再把气球塞进瓶子里,然后再吹上气,这叫作变。教授讲了一通市场如何善变而作为管理人员应该具备基本的应变能力及心理承受力的要求,然后要求学员将这个瓶子做五个不能重复的动作。一位男学员上来后,先是第一遍五个动作、再五个、再五个……直到第六遍时,这位学员狠狠地将瓶子扔在桌子上,表情表现得非常痛苦,教授解释这是一个不断改变的过程,而市场是瞬息万变的,而我们在不能改变市场的多变性的同时只能调整好我们自己的心态。最后,教授从包里拿出一个更大的瓶子,要求学员将大瓶子放到小瓶子里。一个男学员上来后很痛快地将大瓶子砸碎了,将碎玻璃放到小瓶子里。教授启发道,现在这个大瓶子不可能再恢复原来的形状了,你会后悔吗?学员无言以对。教授说,这是一种彻底的变,而在彻底地改变以前一定要做好充分的准备。

 课堂讨论

> 1. 你认为这种应变能力的训练对公关人员从事公关策划工作有什么意义?
> 2. 如果大瓶子不能放到小瓶子里,这位学员可以放弃吗?

（三）公关策划方案程序

下面提供一份摘自英国伯明翰大学传播学教授海恩思的一份公关策划方案的程序，请按此分析公关策划的基本进程，依此作为评估公关案例的标准并进行一次简单的策划。

公关战略方案策划程序①

调研

（1）背景（综合考虑首要与次要研究以便提供背景情况、历史及当时舆论和态度的倾向，等等）。

（2）形势分析（就当前形势和问题进行分析，认定有关的困难和潜在的问题）。

（3）核心困难（用一句话表明困难的核心，以及为何不能解决问题，它对客户的潜在危险）。

（4）初步认定各方公众和资源（认定将受形势影响和可能介入问题的有关个人或组织）。

策划

（5）活动目的（解决核心困难所要达到的目的）。

（6）具体目标（争取实现活动目的的具体的、可以测量的、能够达到而且受时间限制的各种结果）。

（7）主要公众（为了达到活动目的和最终目的必须加以影响的各方公众，认定他们的自身利益，并开始形成诱导他们的信息文稿）。

（8）各种战略（确定影响每方公众的具体战略，旨在用上述步骤开始形成的信息文稿影响这些公众）。

（9）各种战术（确定各种具体的战术或各种媒介工具来支持上述制订的各项战略，需要许多战术来支持每项战略，每项战术必须是一个传递既定战略的信息渠道）。

传播

（10）具体信息设计（完善并最后敲定为每方公众设计的信息文稿，确保将公众的具体利益考虑进去）。

（11）传播许可表（在头脑里对上述第7—10点进行检查，确保已经为每方主要公众确定了传递信息的战略和支持战术。反复检查，确保信息和计划将保证整个活动的目的和具体目标的达成）。

---

① 郭惠民.当代国际公共关系[M].2版.上海：复旦大学出版社,1998：78—79.

（12）日程表（设计一张时间任务表，以统一协调战略计划的落实）。

（13）预算（审查整个计划，并按战略逐项具体确定并说明所需要的费用）。

评估

（14）评估标准（联系整个活动目的和具体目标，确定具体的评估标准）。

（15）评估工具（选择并具体列出适合评估标准的公关策划战术，并将对日程表和预算的评估考虑在内）。

二、公共关系策划的基本程序、内容和方法

（一）公关策划的基本程序

公共关系的策划虽然相较其他策划具有公共关系工作的特殊性，但作为管理过程的基本环节也有其普遍的规定性，即规律性。一般来说，公共关系策划需要经过以下几个方面的工作：分析整理现有的公众资料和策划所需的相关材料，公共关系各项内容的策划，实现公共关系目标的方案策划，公共关系策划效果的评估等。

公关策划具体可以分为五个阶段：立项、调研、策划、论证、决策。

1. 立项

立项阶段是公关正式进入某个专题活动的标志。只有项目确立了才可能开展公关策划的工作。一般影响立项的基本因素有：必要性，即公关活动的意义；可行性，即最基础的条件，包括经费支持等。

2. 调研

调研阶段是指项目进入策划前的调查和研究分析阶段的工作，如目标和时间的研究、目标公众的确立、活动主题的确立等，一般来说，主题的提炼需要具有现实意义。

3. 策划

策划阶段是指策划的主体工作阶段，包括拟定公关活动的内容和形式、活动排列的程序、时间安排、专场布置方案、制订经费开支及落实工作计划等，同时还要制订一整套的与目标公众的沟通策略、信息传播策略和媒介策略（也有学者认为可以将媒介策略放在公关实施的阶段），即必须给出一个完整的策划方案。

4. 论证

论证阶段是指策划思路拟成方案后，对方案进行预测性的评估工作。这一过程既需要听取专家的意见，也要听取参与活动的公众的意见，从各个不同的角度论证策划方案实施的可行性。

5. 决策

决策阶段是由决策人审定经过充分论证后确定出可行的策划方案的工作。

（二）公关策划的基本内容

公关的策划工作一般可以包括公关目标的策划、公关方案的策划、公关时机的策划及公关计划的制订。

1. 公关目标的策划

公关的策划事实上就是将公共关系目标变得具体化和可操作化。公共关系的目标一般可以分为以下几种：① 公关的长期目标，一般来说，塑造一个组织的良好形象、提升组织的社会声誉是一个组织公关工作的总体目标和要求，也可以理解为是一个组织公关运行中最基本的目标要求，它直接体现了一个组织形象策划中的基础；② 公关的特殊目标，它体现了一个组织形象的独特定位；③ 公关的公众目标，在确定目标的同时确定其目标公众的工作。

不论公关目标的时间长短，公共关系自身目标一般都会表现在以下四个方面：① 传播信息，这是最基本的目标，一个组织初创时期大量的公关工作几乎都围绕着传播信息开展，改变公众的态度、行为等问题尚未列入议题；② 联络感情，感情投资既是一个组织公关工作的长期目标，也是一种在短期可以立即见效的方针；③ 改变态度，不管公关理论有什么新的发展，在实践中改变公众的态度始终是公关工作的目标，也是最容易检验公关成效的一种目标；④ 引导公众产生预期的行为。

数十年来，美国花旗银行一直是在日本开展业务的最大的外国银行，但外国银行在日本银行业务中所占比重不到 3 个百分点，而花旗银行在日本所取得的成绩也远远不能与其盛名相符。究其原因，人们不难发现，完全是因为数十年来几乎所有的外国银行，没有一家把目标放在日本的小额存款业务上。然而这一情况终于有了改善，1984 年美国花旗银行决定实施一种全新的策略，这一策略是向日本银行业的小额存款业务进军。

要在日本设立一个储蓄网，对于花旗银行来说有许多必须消除的障碍。花旗银行的服务形象远比其他日本竞争对手差，它只有为数极少的几家分支行，还没有形成银行网络，而这在一个主要以现金进行经济活动的社会中是一个极为不利的因素。但另一方面，花旗也有它自己的优势，它善于用战略性很强的市场营销策略去推进银行业务，同时，在银行储蓄业务所应用的软、硬件方面，它也总是领先他人一步。作为在日本最大的外国银行，花旗银行的一言一行都有着举足轻重的分量。如果把所有这些因素都加到一起的话，那么花旗银行在日本的银行储蓄业务上的优势就能取得一个最大值。花旗银行对日本的银行市场进行了周密的研究，并精心选定了它的目标：主要针对那些倾向于将储蓄与流动资金进行投资的具有所谓"世界性"意识的人。为了让这些人了解花旗银行，该行决定提供与其竞争对手不同的产品与服务，投那些具有超前意识和全球意识的日本人所好。花旗银行将目光瞄准了日本市场上对其与众不同的产品和服务最感兴趣的那一部分日本人，这些人包括需要大量流动资金进行投资而不愿浪费时间等待的专业人员和企业家，日本大公司中的高收入人员,尤其是那些有海外生活工作背景的人,因为这些人习惯于"比较购物",即用他们的钱去获得最佳收益。

花旗银行所具有的美国形象及由此产生的神秘感,会使一些日本女人,尤其是那些在做生意时受过性别歧视的日本女人,成为花旗银行的忠实客户,而且有研究表明,这些女人对收益率情况极为敏感,且比一般的日本男人更易于接受新产品。很明显,花旗银行首先通过对其目标的确定找到了它的目标公众,针对特定的目标公众开展策划是一个成功策划的前提。花旗银行必然会围绕其所确定的目标及目标公众而进行方案选择并加以实施。

2. 公关方案的策划(即活动方式的策划)

公关方案的策划涉及创意的问题,即在公共关系方案的策划过程中,要有自己的特色。公关方案的策划是以创造性思维、形象思维为主要思维方式的创新性活动,它没有固定的程序和统一的格式。但是一般在选择一个实现目标的方案时,不仅要围绕着公关设计的目标,同时也必须考虑方案的可行性和对公众可能产生的影响。如上述花旗银行就此确定了其行动方案:用高收益进行竞争。由于日本没有任何法规禁止花旗银行为其外汇存款自行制订储蓄利率,因此,花旗银行推出了美元储蓄。通过做广告积极宣传其高收益优势,公众反应极为踊跃,日本的银行家及大藏省的官员及宇航局虽对此极为担忧,但却未采取任何禁止行动。同时,花旗银行为日本顾客创造一种全新的银行服务概念,向日本顾客推出了电话储蓄业务,这一极为方便的服务使花旗银行打进了它尚未开设分行,而其日本竞争对手却有着舒适的银行设施的地方。

事实证明花旗银行的这一套方案是成功的。现在,该行的大部分零散客户都是日本人,尽管该行只有六家分支机构,但很多日本人仍然选择了花旗银行,花旗银行保证其顾客能利用东京最大的 ATM 网络,因为该行同 13 家日本城市银行的自动提款机网络实行了并网运作(所有这些银行在日本的 3000 家分支机构中拥有20000 台自动提款机),这些又增强了顾客对花旗银行提取现款方面的信心。

在进行公关方案的设计时,公关活动主题是公关活动的灵魂,因此,如何设计主题成了整个公关方案最重要的环节。一般来说,主题是根据目标而设计的中心思想,可以通过活动的各项内容表达出来。因此,活动主题必须与目标一致,且其传递的信息必须独特新颖且具有强烈的号召力。同时,公共关系主题的设计必须适应公众的心理要求,既要生动形象,又要可信可靠。最后,公关的活动主题要简明扼要,易传播易记忆,即具有传播性。如杭州西湖博览会的主题是"让杭州走向世界,让世界了解杭州",读来朗朗上口,易于传播。

3. 公关策划的时机选择

公关策划中的时机选择主要包括以下两个方面。

(1) 选择公关"由头"。公关"由头"是指一个公关活动得以开展的价值与依据,即给一个"理由"。一般来说,公关由头由三个要素组成:① 符合公众的利益,为公众提供信息、知识、理念的服务;② 符合组织机构的总体目标和自身利益,与组织机构的性质有关,而不牵强附会;③ 具有新闻价值,公关的活动策划一般应该体现其传播的效用,因此,公关活动需要具备新鲜性、突出性、接近性和公益性的特点。公关活动最好能兼顾公众利益、组织利益并具新闻价值,这就需要公关人员善于在有效时间内挖掘公众最关心的话题和机遇进行策划。

(2) 选择公关时机。一般来说运用各种固定的特殊时机来策划公关活动是最常见的方法。如重大节日、重大纪念日、其他有规律性的节日,如学校的开学日、高考日、中考日等。运用各种信息传播事件或活动来策划专项公关活动,如学术活动、调研活动、发布活动、艺术展览、比赛活动等。运用各种偶然的机遇和社会上的热门话题来策划专门的公关活动。社会上每日每时都会发生许多事件,公关人员应该具备强烈的公关意识,应该学会不失时机地利用这些事件进行公关策划。在选择公关时机时,还应该注意不要在同一天或短时期内策划两项内容不同的专项公关活动,以免影响效果。

4. 公关计划的制订

进行了公关的目标、方案、时机的策划后必定要将它具体化,这就需要进行公关计划的安排。一个完整的公关计划通常包括公共关系目标、公共关系活动主题、公共关系活动针对的目标公众、公共关系活动项目、公共关系媒介选择和经费预算等内容。公关计划的制订是公关活动难度最大也是最为关键的一步,它是将公关的所有思想付诸行动的关键点,也是将策划的思路具体化的关键。公关目标能否实现,关键看计划本身是否完整地体现了公关目标和方案的要求以及具体公关资源的安排是否合理。

公关计划一般可以分为长期计划和短期计划两种。

(1) 公关长期计划是指与组织总体发展目标相一致的战略性计划,它是起决定性作用的基本计划,对于一个企业来说,是与生产、推销、经营管理等所有管理活动一致的、决定企业发展的计划。

(2) 短期计划可以是针对某一个具体的问题而制订的计划,也可以是为突发事件准备的后备计划,如推出一个新产品、企业开张、庆典等。短期计划可以分为预防性计划和治疗性计划两种。预防性计划是指万一发生什么问题,事先针对下一个阶段的目标制订的一个超前的公共关系计划,治疗性计划是指组织出了问题或发现问题后所应该采取的应急计划。一般以预防性计划为主。

长期计划经过长时间才能生效,而短期计划可以及时收到效果,两者共同构成了组织公共关系计划的体系。

制订公关计划时需要注意几个技术性的问题,如公众分析和目标的具体化等。确定目标时首先需要明确的是指导思想,即把公共关系的目标与组织的总任务联系起来。公关计划的制订固然能使公关工作顺利进行,但有时也有可能会制造障碍。因为计划过于烦琐,细节过于冗杂,往往会限制人们的主动性和创造性,而且计划过于僵化，也不会有好的效果。因此计划应该具体但不能过分细节化。

总的来说，公关计划只能是"蓝图"，再精确的计划也不能囊括公共关系活动过程中可能出现的各种情况，计划只能成为行动的指南。这就要求公关人员既要认真细致，又要具有随时根据情况变化来改变行动计划的能力和魄力。

（三）公关策划的基本方法

现代策划已经从经验决策转向科学决策，从单一劳动转向由各方人士共同完成。现代社会知识密集，社会分工如此发达以至于任何一个人都不可能熟悉并掌握所有的知识。因此，现代社会的策划必然是一个合作的过程，展现群体智慧的过程。它需要调研人员、工程人员、设计师、营销人员、广告人员等协作完成。因此，公共关系策划是一种多种人才组合的集体策划形式，可以组成一个专项策划小组，通过分头调研、共享信息、独立思考、小组讨论和专人提炼后，再形成一份策划方案。其中分头调研、独立思考和专人提炼体现了发挥个人智慧的作用，而共享信息、小组讨论则体现了群体智慧的作用。这样既能体现各种知识背景的优越性，达到一种个性的发挥，也能体现集体智慧的作用，从而达到一种思维的碰撞和知识的互补。

在整个策划的过程中，策划会议是一种重要形式。中外学者根据经验，作了许多的探讨和研究，总结了许多的策划构思、创造的方式，其中比较实用的是三种构思方法，即头脑风暴法、案例排列法和德尔菲法。

1. 头脑风暴法

头脑风暴法是通过联想进行构思的方法，其核心是高度自由的联想，一般通过小型的策划会议，使与会者毫无顾虑地提出各种想法，彼此激励导致新的方案产生。头脑风暴法也称为 BS 法，原意是指精神病人的胡言乱语，转意为无拘束地思考问题，实行四项原则：自由鸣放、不互相批评、欢迎提出多种不同方案、善于总结别人提出的方案。这种小型策划会议一般不会超过一个小时。

2. 案例排列法

案例排列法主要是通过对过去案例进行回顾而激发新的构思，这要求穷尽参与者头脑中的案例。如北京炊具总厂积压了两万把菜刀，通过模仿丰田轿车在火柴盒上做广告及当时流行的有奖销售的方法，提出家庭主妇可以凭印有关于炊具厂信息的火柴盒享受打折，结果两万把菜刀一售而空。学会将案例中的方法总结在一起其实就已经完成了一种新的创造，因为总结就是一种创造。

 **课堂讨论**

如果公关给的是一种经过包装后的信息，选择什么样的渠道将信息传递出去更合适呢？火柴盒上的信息会给家庭主妇带来什么样的感觉？家庭主妇接受这种信息的过程是强制的还是自愿的？

3. 德尔菲法

德尔菲是希腊传说中的神谕之地,城中有座阿波罗神殿,可以预卜未来,因而借用此名。它是一种比较先进的调查研究和科学预测方法。采用许多专家背对背多次进行咨询的方法征求意见,领导小组对每一轮意见进行汇总和整理,再作为参考资料分发给每个专家,请他们分析判断提出新的论证。由于采用匿名的方式,应邀专家互不了解,完全消除了心理因素的影响,专家们可以参考前一轮预测成果修改自己的意见而无须公开说明,无损自己的威信,而且采用统计方法对结果进行处理,这样反复多次,专家的意见渐趋一致,结论的可靠性也就越来越大。

在整个公关的策划方法中体现了许多个体差异性,但是其中有些规律性的东西还是可以把握的,如公关工作都是针对特定的目标公众,而人的情感因素的渗透是最具有普遍意义的。因此调动情感的策划往往都已成功了一大部分。绿色和平组织曾经为了保护濒临灭绝的格陵兰海豹,发过一份宣传小册子,在小册子的封面上专门印了一头活泼可爱的格陵兰小海豹,但是却在旁边配上了一句非常伤感的话:和这头小海豹吻别吧。小册子里有这么一段话更是令人感到痛心:在那个多事的季节,出生才几天的格陵兰海豹跟在妈妈的后面,扭动着身体向海边游过来,终于第一次看到了人,没有想到这个人当头给了它一棒,把它拖到了岸上,并在它还活着的时候当场剥皮。几乎所有看过这本小册子的人都被激怒,而这种愤怒源自人们对人类婴儿的一种联想,很明显这是一次非常调动人们情感但又合乎规律的策划。

 课堂讨论

> 如果需要你进行易位思考,从生态伦理角度,把这只小海豹比喻为人类的婴儿你会产生什么样的联想?后来,加拿大政府聘请了博雅公关公司来处理这件事情,你认为博雅公关公司会作什么样的舆论引导?

三、编制公关经费预算与撰写策划书

(一)编制公关经费预算

在整个公关计划方案的策划中,预算可以说是一种以货币和数量表示的计划,是关于为完成组织公关目标和计划所需要资金的来源和用途的一项书面说明。由于组织的任何公关活动都离不开资金的运作,通过预算就可以使计划具体化,从而更富有控制性。

作为一种传统的广泛运用的控制手段,预算的作用可以体现在以下几个方面。

(1)有利于组织的公关管理者掌握全局,控制整体公关的运作情况。对于任何组织而言,资金财务状况都是举足轻重的。由于预算是用货币量来表示的,这为

衡量和比较各项活动的完成情况提供了一个清晰的标准,从而使公关管理人员可通过预算的执行情况把握组织公关的整体进程。

(2)有利于公关管理者合理配置资源和控制组织中各项公关活动的开展。资金作为一种重要的杠杆,调节着各项公关活动的轻重缓急及其规模大小,预算内的资金收支活动因得到人力和物力上的支持而得以进行,而预算外的情况由于不能开展而引起警觉从而被控制。管理者可以通过预算合理配置公关资源,保证重点公关项目的完成,并控制各项公关活动的开展。

(3)有助于对管理者和各部门的工作进行评价。由于预算为各项活动确定了投入产出标准,因此,只要运用正确,就可以根据执行情况来评价各部门的工作成果。同时,由于预算还规定了各项资金的运用范围和负责人,因此,通过预算还可以控制各级管理人员的职权,明确他们各自应该承担的责任。

(4)有利于培养勤俭节约、精打细算的工作作风。由于预算一般不允许超支,而且通常作为考核的依据,因此,预算可迫使管理者在收支的考虑上尽可能精打细算,从而有助于杜绝浪费,严肃和严格的预算可以促使成本下降、效益提高。

在进行公关预算时,要像制订公关计划一样:① 不能过繁过细,否则会失去灵活性,而无灵活性是预算最大的风险;② 不能把手段当成目的,预算是公关管理和实现公关目标的手段,不能将其凌驾于组织公关目标之上,不能热衷于某个环节而无视整体公关目标的实现。当预算目标与公关的整体目标的实现不一致时,应该调整的是预算目标。

公共关系的经费预算和管理目前尚未有统一的模式,可以根据不同的情况而定。一般来说,公共关系的预算开支包括两个部分:① 日常行政开支,如公关部门日常所需要的费用和所有工作人员的工资、资金、津贴等,这是由一个组织的人事和行政部门统一预算和管理的;② 开展各种公关活动和工作所需要的费用,而我们一般指的都是开展公关活动所需要费用的预算。

公关部门工作和活动经费的预算操作起来比较复杂,下面两种方式比较普遍。

(1)固定比率法。固定比率法是以一个组织一个时期内的总经费中的某种比率作为公共关系工作的费用。许多企业往往是从上一财政年度的产值和销售额中拿出一定比例的资金,再考虑一些经济的因素,如一定的币值,最后定出本企业的年度公关预算。这种方法简单易行,但是往往很难确定最佳比率,容易影响预算的科学性。而且这种方法缺乏弹性,一旦有特殊的公关需要,就很难得到资金支持。

(2)目标先导法。目标先导法是指首先制订出公共关系工作希望达到的目标,再根据这一目标制订出需要完成的公共关系的任务;算出完成这一任务所需要的费用;把这些费用的金额相加,再加上一定比率的风险基金,最后即得出本年度公共关系的全部经费。这种预算的好处是主动性和伸缩性强,可以根据公共关系活动的需要和环境变化来发挥主观能动性。但是,如果预测一旦不科学、不准确,就可能出现超支或浪费的情况,而且操作难度也比较大。

公关预算的主要构成是：① 劳务工时报酬。公关相对来说是一种劳力比较集中的行业，大量的公关工作都要靠人去完成，其费用成本往往以公共关系人员的工资和报酬为主。② 行政办公经费，即办公用品、通信费、房租、水电费、保险费等。③ 专业器械和产品制作费用，即制作各种宣传品、纪念品的费用，以及摄影设备和材料、工艺美术器材、视听器材、展览设施和展品、交通或通信设备等费用。④ 公共关系广告费用及各项大众传播媒介费用。⑤ 实际活动费用，如座谈会、招待会、宴会、参观、大型纪念活动或庆典活动及其他接待应酬的开支，及为公众免费提供的各种教育、培训和服务费用，调查研究费用及公共关系人员的日常差旅费和交际费。

当然，作为一种灵活性较强的活动，应急费用是必须包含的内容或项目，一般会占到全部费用的 $5\%\sim10\%$。

（二）撰写公关策划书

公共关系计划经过论证后，必须形成书面报告——策划书。职业化的公共关系策划必须建立自己完整的文书档案系统，每一项具体公共关系活动必须见诸文字，以备查找。

公关策划书的写作应该包括十个方面。

1. 封面

封面应该注明策划的形式与名称、策划的主体（策划者及所在公司或部门）、策划日期、文件编号。此外，还可以考虑在封面上附加兼有说明作用的内容简介。

2. 序文

序文是指把策划书所讲的要点加以提炼概括成文字说明，内容要简明扼要，使人一目了然，一般在 400 字左右即可。

3. 目录

目录要提纲挈领，务求让人读过后能了解策划的全貌，目录与标题应该协调统一。

4. 宗旨

这是策划的大纲，应该将策划的重要性、公共关系目标、社会意义、操作实施的可行性等问题加以具体说明，展示策划的合理性和重要性。

5. 内容

这是策划书的主体和最重要的部分，内容因策划种类不同而变化，但必须以使读者能一目了然为原则，应该层次分明、逻辑性强，又切忌过分详尽冗长。

6. 预算

即按照策划确定的目标（包括总目标和分目标）每项列出细目，计算出所需费用。在预算经费时最好绘出表格，列出总目和分目的支出内容，既方便核算又便于以后查对。

7. 策划进度表

把策划活动的全部过程拟成时间表作为策划进程的指导，进度表最好在一张纸上列出,以作一览表之用。

8.有关人员目标责任分配表

这是根据目标管理原则,对各项目标、各项任务确定具体由何人负责,所有相关人员的责、权、利应该明确清楚,避免责任不清,权力交叉造成的混乱。

9.策划所需要的物品和活动场地安排

活动中需要的各种物品、设施、场地的布置规模、停车场地的安排等也要细致安排。

10.与策划有关的资料

一般指的是有关的背景资料、前期调查结果、类似项目及竞争对手的情况等,这些资料主要是为了给策划者和审查者提供决策参考。

总之,策划书的写作应该注意扼要地说明背景,引人入胜地描绘策划主题,详尽地描述整体形象,严谨科学地说明预算。如果可能,应该尽量用图表给读者以直观印象。

第三节　公共关系实施

一、公共关系实施的媒介选择

公共关系的实施过程即将策划好的方案通过一定的传播模式借助于一定的传播媒介,清除一些传播的障碍,通过公关的行为模式或行动方式实现预期目标的过程。公关的实施过程即公关的传播过程,所以,首先会面临一个传播媒介的选择与利用的问题。在前面曾专门介绍过公共关系可供使用的各种媒介及可使用的各种沟通方式,在此,将介绍在公共关系的各种工作或活动中该如何在众多的媒介中作出选择。当然,在从事公关活动时,可以将上述媒介和方式全部都用上,但事实上并不一定有此需要甚至是不合适。媒介选择一般来说可以遵循以下几个方面的原则。

（一）对象原则

对象原则,即对公关工作的对象进行分析。分析传播的对象时应该注意他们的受教育程度、经济状况、工作和生活习惯、所选媒介能否触及他们等。如果你的对象是出租车司机,那么电台会比电视更有效;如果你的对象是朝九晚五的白领阶层,则晚间的电视节目会比电台更好;如果你的对象是受教育程度不高的人,则电台和电视会比报纸更为有效;如果你的对象是企业家,那么你最好选择一些有针对性的经济类的报纸和杂志来传递你的信息,如果仅仅是在一般的影剧院登银幕广告,恐怕就不能达到预期的效果。而在移动媒体时代,手机平台应该对手机用户都是合适的。如欧洲有一款专门针对男士设计的品牌,为了打开16～24岁带有叛逆心理的男青年的香水市场,专门进行了非主流媒介的宣传,在迪斯科舞厅发送香水片,在小巷里贴上很特别的海报,上面的宣传词也非常另类:"这只是一款香水,你喜欢它就买,你不喜欢就不要买。"这种传播媒介的选择充分体现了针对特定对象的原则。

 课堂讨论

> 　　在迪斯科舞厅和小巷里进行香水信息的传递主要是追随着这些带有叛逆心理的年轻人而去的。因此,传播媒介只能是公关追求目标实现的手段,对象原则是首要的。你认为,当这款香水与他们形影不离时,充斥这些年轻人感官的是什么样的音乐、灯光及气味?

(二) 区别内容的原则

要根据传递的信息或内容来选择媒介。你说的东西复杂吗? 需要再三思考才行吗? 单是文字应付得了吗? 要不要图解? 是否涉及一个进展的过程? 这些问题都需要在确定媒介前考虑清楚。如果一种信息需要进行反复思考,那么播音就无法交代清楚,因为听广播的人根本无法进行反思。如果听不明白还在考虑,那么接下来的内容就更听不清楚了,因此可以选择印刷品如报纸,受众可以一看再看、慢慢考虑,更可以加上图解。如果是为了介绍一件事情的总过程,那么选择电影、电视作为传播媒介,效果似乎略胜一筹,但仍然比不上报纸和杂志等印刷品可以随时随地地再看的效果。

(三) 合乎经济的原则

无论我们做什么事情都必须记住一点,所有的资源包括人力、物力、财力和时间都是有限的,所以绝对不能浪费。通常一个组织只能拨出一部分的资源去搞公共关系,所以公关人员就应该在这范围之内选择适当的媒介。当然真正的经济原则并不是越省钱越好,而是看投入和产出的对比关系。如运用大众传播媒介制造新闻和新闻事件的方式,尽管是经济的且有人认为是免费的,但是我们想要传递的信息必须具备新闻价值或娱乐性或教育性才能有机会利用这些媒介传播出去,而即使传播出去也有可能会被删减修改,同时也是可一而不可二的,这并不符合公共关系需要持久和一再重复的原则,更何况能否刊登或播出都是无法自主的。此时如果采取花钱做广告的方式效果可能会更好。因为广告的形式、日期和时间、次数都是按照自己的意思来做,虽然要付钱,但广告可以设计得十分显著以吸引人们的注意力,而且一再登广告可以收到累积的效果从而使人们获得更深刻的印象。严格说来,是利用大众传播媒介的新闻宣传还是利用大众传播的广告来传播是要根据信息的性质决定的。现在无论做什么事情都需要花钱,为了省钱而未能达到传播的效果无异于因噎废食,更何况制造新闻事件也是需要成本投入的。

公关计划一经确定,一系列的传播活动也就开始了,要及时、准确、充分地把信息传递给公众,向所有可能受到信息影响和能够提供重要支持的人解释和宣传你所制订的方针和计划。作为公关四个工作步骤之一,这一环节是公关工作程序中最为关键的环节,因为这一环节乃是将组织与公众的意见、看法、态度甚至情感都进行沟通与双向交流的过程,只有完成这一过程才能达到相互理解、支持和舆论配合的效果。

二、公共关系实施过程的控制

(一)传播过程的控制

公关目标的实现依赖于有效的传播与沟通,而影响有效沟通的因素是众多的,有正面的也有负面的。正面的因素有利于沟通的完成,而负面的则会阻碍沟通的有效进行。因此,在分析公关实施过程时必须了解影响传播的各类因素以求更好地实现公关的目的。

在公关传播活动中有利于有效沟通的因素有以下几点。

1. 可依赖性

沟通应该是在彼此信任的气氛中进行的,这种气氛应该由作为沟通者的组织努力创造,这可以反映他们是否有诚意满足接受者的要求。

2. 一致性

传播者应该事先制订传播沟通的计划,传播沟通的计划必须与组织的环境要求相一致,这是以对环境充分调查研究为基础的。

3. 内容有意义

传播的信息必须对接受者具有意义,必须与接受者原有的价值观念具有同质性,必须与接受者所处的环境相关。

4. 持续性

沟通是一个连续不断的过程,要达到最大的接受效果必须对信息进行重复,但又必须在重复中不断地补充新的内容。

5. 明确性

信息必须用简洁的语言表达,所用词汇对发送者和接受者来说都代表同一含义。信息需要传达的环节越多,越应该简单明了,一个组织对公众发送信息的口径要保持一致。

6. 合适的渠道

传播者应该利用现实生活中已经存在的信息传递渠道,这些渠道多是接受者日常使用并习惯使用的。在沟通过程中,不同的渠道在不同阶段具有不同影响,所以应该有针对性地选择不同渠道。由于人们的社会地位及背景不同,对各种渠道的看法也不一样,传播者在选择渠道时应该考虑这一因素。

当然,公关传播活动中也有阻碍有效沟通的因素,其主要表现在:没有明确的对象、语言使用不当、信息过滥、时间选择不当、编码不当及信息与行为之间的矛盾等方面。

（二）传播过程的障碍

信息传播是一个动态的复杂过程，但简化起来，基本由信源、编码、信息、信道、信宿、译码、反馈等七个因素构成，这七个因素相互作用，构成了一个传递回路。众多的传播学者已经指出，从信源发出的信息含义与在信宿接受的信息含义完全一致是罕见的，造成这种结果的原因便是传播中存在障碍。

在高科技时代的今天，人与人、群体与社会的关系，不仅仅表现为面对面直接接触的关系，而且表现为通过媒介建立起来的间接关系。人与人、群体与社会之间的信息传播越来越多地通过媒介及专业机构进行，所以，我们在研究传播规律和分析传播障碍时，不仅要考虑人—社会系统，也要考虑人—机系统。

1. 人—社会系统障碍

人—社会系统的障碍往往是由人与人之间不同的经验造成的。在任何传播活动中，传与受双方必须在相同的经验范围内传播才会有效，双方的经验范围越大则传播效果就越明显。美国传播学家施拉姆认为：参与传播关系的每一个人都带有充满一生的经验，用以解释别人给他的信息并决定如何反应。假如两个人要达到有效传播的结果，他们储存的经验必须有若干共同的地方。而不同的经验范围所造成的传播障碍主要体现在以下几个方面。

（1）语言障碍。语言是人类最重要的沟通工具，但是语言又是一种极复杂的工具，语言障碍就成了最主要的人—社会系统的障碍。如不仅不同的国家、不同民族的传播沟通会遇到语言上的障碍，同样地，同一国家的同一民族因地区不同也会有不同的语音，这也是一种严重的传播障碍；而且，同一国家、同一民族、同一地区的人的信息传播还会产生语义障碍。

（2）符号障碍。符号的构成除了语言文字还有表情、动作、图案等。对于符号意义的认知是由学习而来的，先由学习积存为经验，若没有经验，符号就无从理解。如对于交通标志，如果没有学习过这些符号，即使进行大量的传播，对于阅读者和接受者来说也是无效的，这是符号的第一种障碍。符号的第二种障碍是指符号与本体之间的距离对符号的概略性认识和推论所产生的错误。大多数符号是象征性的、笼统性的，在数量、形状和质量上绝不完全等同于本体。任何符号都可能帮助我们了解外在世界的各种现象和事物，我们也经常使用符号来想象、推测和追寻一个更广大的世界，这些想象、推测往往造成事实与推论的混淆。如有些人认为挂上"福特"牌商标的就是美国生产的汽车，但实际上可能是在英国设厂制造的，不一定是真正的美国货。第三种符号障碍出自人对符号的内向推衍倾向。人们常常在符号领域里推衍各种事物的含义，如对一些数字的禁忌。世界是多变的，而符号是缺少变化的，新事物、新发明、新学科、新研究不断地涌现，人类现有的符号难以完全代表全世界的每一种新事物，而新创造的符号一时又无法让人适应，这些也会造成传播的障碍。

（3）观念障碍。每个人在生存过程中都要经历社会化过程，家庭、学校、职业、宗教等往往给人根深蒂固的价值观念，如果传播内容与人们已有的价值观念不相吻合，就容易遭到误解、曲解和拒绝。施拉姆在《大众传播媒介与社会发展》一书中举巴尼一家为例。巴尼一家住在亚洲南部一个古老的国家里，精神生活继承了丰富的宗教、哲学、诗歌和艺术的遗产，但物质生活很贫乏。政府派出社团发展工作者，设法增加农业生产，巴尼家两个读过书的年轻人很快就接受了，他们回家同家长谈起政府的变革设想，他们说："这些人说，如果我们用这种方法耕种，我们的大米收成可能会更多些。"家长问："为什么我们要生产更多的大米？"年轻人回答说："他们希望我们生产更多的大米，卖掉大米好换钱。"家长说："钱是麻烦的东西。"年轻人说："这钱可以给母亲买一件新衣服。"家长说："她有衣服了，买了新衣服放哪里？"年轻人说："用这钱，我们可以把小孩子送到学校去。"家长问："那他们会不会离开我们到城里去？"家长的态度是严厉的，因为他认为经过几十年的不断摸索他已经掌握了耕种的技巧，没有理由再去相信远方来的政府官员的建议，而这些老式的、经过亲自试验的、就近的总是最保险的，而新的、遥远的总是不可行的。

（4）心理障碍。心理障碍是指人的认知、情感、态度等心理因素对传播沟通造成的障碍，常见的有以下几种。① 感情失控导致的传播障碍。② 迷信权威导致的传播障碍。③ 不调和心理导致的传播障碍，如有些人对于自己所拥有的经验和学识都有强烈的优越感，往往从心理上排斥与既定思想、观念不符的传播内容。④ 两极化心理导致的传播障碍，即有时在评价或判断事物时往往有非此即彼的倾向，不是好就是坏，不是成功就是失败，不是聪明就是愚笨，而很少考虑两者之间的中间性。事实上事物往往是复杂的、多层面的，若不能认识或展示事物的多层次，也会产生传播的障碍。我们分析各种传播中的障碍主要是为了尽可能地减少传播障碍从而增强传播的效果。

2. 人—机系统障碍

人—机系统障碍主要是指不能维持传播通道畅通无阻的因素，主要包括以下几方面。

印刷媒介的机械故障，主要有：印刷不良，如字体模糊、彩色印刷版面不清、色彩紊乱、书籍杂志里纸张破损；装订不良，如脱线脱页、倒装等。这些障碍往往会影响读者的阅读并影响传播的效果。

就电子媒介而言，最常见的机械故障是：广播电台与电台之间所使用的频率非常接近，从而产生很大的干扰，使收听产生困难；大气压中的传播静电会产生杂音，影响收听；电视台、发射台、接收天线的设备故障等都会造成电视影像不清、画面模糊等现象。

至于个人与团体之间面对面的直接传播也会遇到机械故障。如一个演讲者使用的话筒发生故障，或话筒的杂音太重，都会影响传播效果。

（三）传播过程障碍的克服

克服障碍的基本要求即优化传播效果。由此可见，传播是一种手段而不是一种目的，为了达到目的必须优化传播的环境，尽力达到传播的预期目标。

1. 克服传播过程中的障碍

（1）整体协调，即保证公关传播工作的方方面面达到和谐、合理、配合、统一的状态，注重整体目标，当局部的公关工作和整体的公关目标相背离时，要放弃局部的工作。

（2）控制进度，即及时发现超前或者滞后的情况，使各方面的工作同步进行和平衡发展，保证传播工作按照既定的程序逐步推进。

（3）反馈调整，即不断修正公关计划中的内容。由于客观环境和组织内部的状况总处在不断的变化中，不管公关的计划多么精密，也不能预测到未来发生的所有事情，要学会不断收集新的信息，不断和总目标进行对照并及时调整。

（4）正确选择时机，传播时机选择得是否得当，会直接影响传播的整体效果。选择恰当的传播时机也就是在最能强化公共关系传播活动效果的时间内，把所要传播的信息及时传播出去。最佳的传播时机对于公关人员来说是一种不可控的因素，必须在长期的实践中不断摸索。如 2003 年美国和伊拉克的战争刚开始，"万事达国际"负责品牌形象推广的副总裁即通知所有的媒体，战争打响后，他们公司所有的广告暂停一周，一周后将会重估局势的发展制订新的广告策略。可口可乐公司也表示，在新闻频道他们绝对不会播出任何广告，而只选择在娱乐、体育和家庭频道等特定频道播出广告。一般而言，在战火纷飞的时刻，播出香水或玩具的广告确实不合时宜。因此，许多企业对其产品的广告策划更加小心谨慎，一般均会在合同中专门设立有关战争时期的条款，以保证其宣传广告不会和一些战争时期的坏消息或血腥暴力的图片登在同一版面上。

2. 保证传播能够实现预期效果

（1）关于传播者。在整个传播活动中，传播者是信息传递关系中的主体，是信息的发出者，传播者发出的信息能否被公众接受，在很大程度上取决于其自身的条件状况。首先是传播者的知名度，如果信息发出者在社会生活中是有名望的人，他所传递的信息也易引起公众的注意。其次从传播者的权威性来看，信息传播者如果是所传播信息方面的专家、学者，他的观点看法具有权威性，信息内容则易被人接受。因为在相同的条件下，公众宁愿相信专家意见而不相信一般人的意见。再次是传播者的信誉度，信息传播者如果是被公众认为可靠的、可以依赖的人，具有公正无私的品质，那么公众态度较易于向有利于组织的方向转化。再次是从传播者掌握的语言艺术来看，在传播过程中，如果传播者能够准确地选择和恰当地运用词汇，充分、贴切地表达思想感情，巧妙地运用各种语言形式把信息传播给各类公众，那么信息的可接受性就会因其语言的艺术性而增大。最后是传播者与传播对象的一致性与否，在传播过程中，传播者如果能表明在利益上与传播对象一致或者表明不会从其传播中得到个人好处,就比较容易得到公众的认可,传播效果就会更好一些。

(2)关于传播的信息。公关传播能否取得预期的效果与被传播的信息内容也有很大的关系。

传播的信息一般最好具有以下六个特点。

① 真实可靠性。因为只有真实的信息才会赢得公众的支持。尽管有时真实性在产生预期效果方面无显著的近期影响,但是在促进和推动公关传播活动的成功方面具有很大的潜在影响力。

② 显著性。即要求传播的信息对于传播对象来说效果是明显的,这样会很快引起公众的注意,所以传递的信息最好有一定的强度和刺激性,以吸引公众的注意力。

③ 新鲜性。在社会生活中,信息无处不在,如果所传递的信息无新颖独到之处,就会被淹没在大量信息之中而不被注意,因此,信息应不断补充新的成分。

④ 相关性。相关性是指信息与传播对象的利益或决策要有一定的关系。

⑤ 明确性。传递的信息内容应该条理清晰、表达准确,使公众能很快理解其含义,否则只会引起公众的反感从而排斥或拒绝信息的内容。

⑥ 重复性或连续性。公共关系不同于一般的传播,它往往建立在长期传播活动的基础之上,因此,传播内容应该保持内在一致性,给公众以完整的组织形象。当然,如果同一信息的传播在每次重复时都可以加进新的因素,那么就更可以增加信息的吸引力了。

(3)关于传播对象。传播对象是能动的因素,为了保证传播活动能有针对性地进行,在传播时必须了解传播对象以下几个方面的内容。

① 传播对象的团体背景。传播对象是否接受某种信息,与其所在团体的观念有很大关系。因此,必须了解其团体背景因素和团体中的各种观念倾向以及传播者的固有观念等,使得传播信息的内容尽量与公众观念保持某种一致性。

② 传播对象需要的信息。在进行传播前一定要调查和了解传播对象最希望从你这里得到的信息是什么,而传播对象又是习惯于如何得到信息的。如果能够预先了解传播对象比较喜欢或接近的已有媒介资料,就可选用适合于公众的传播媒介,增加公众接触信息的可能性。

③ 传播对象的接受能力。公众的接受能力包括接受习惯、知识水平等,据此确定传播的方式、传播的媒介、传播的符号形式等,以便最大限度地适合公众的实际需要。

④ 传播对象的结构和数量。如果面对的公众结构松散、数量较少,则易对他们产生影响;反之,则不易使公众接受组织的信息或观念。在这种情况下则需要对公众进行细分,再针对不同公众对象进行不同形式的传播。

三、公共关系的传播模式

国外的公关学者根据公关活动的行为特征将公关的传播过程分为四种模式，即新闻代理模式、公共信息模式、双向不平衡模式和双向平衡模式。

（一）新闻代理模式（the press agentry model）

新闻代理模式认为，公关工作的主要目标是使组织在大众传播媒体上获得良好的宣传。这一模式在宣传推广某一运动、影星、产品和政治家的工作中较常见，新闻代理模式是一种单向的传播模式。

（二）公共信息模式（the public information model）

公共信息模式把公共关系看成是信息的公布，即组织利用新闻稿、宣传册和直接邮寄等媒介，通过大众传播媒介向公众传播相对真实的信息，但往往只提供组织所选择的愿意让公众知道的事实。如新闻发言人制度就是一种公共信息模式，这也是一种单向的传播模式。

（三）双向不平衡模式（the two-way asymmetrical model）

双向不平衡模式是运用调查研究来帮助组织设计传播信息，这些信息能够更加有效地促使战略公众按照组织所需要的方式行事。这一模式把公共关系看成是组织与公众之间的对话，但这种对话是由组织控制的。因为双向不平衡模式注重公众的态度，所以会比新闻代理模式和公共信息模式更能达到目标。当组织与公众间的冲突不是很大而且公众也能从自己的行为中获得利益时，这种模式应该是有效的。因为解决冲突往往需要来自公众而非组织的变化。

（四）双向平衡模式（the two-way symmetrical model）

双向平衡模式是建立在调查研究的基础上，运用双向沟通来处理冲突，并且与战略公众采取相互理解与合作的态度。因为双向平衡模式使公共关系建立在协商和妥协的基础上，它不强求组织在某些具体问题上作出对与错的选择。相反，双向平衡的公共关系模式通过对话与协商来解决"什么是正确的"这一问题。所以，双向平衡模式不仅是最有效的也是最人道的，当然也只有合乎道德的公共关系方式才是最有效地达到组织目标的模式。

双向平衡的公关模式体现了公共关系活动的道德问题，将公共关系的职业道德体现在整个公关活动的过程中。作为一个活动的过程，这种互动中的道德要求往往是公共关系活动成败的关键。双向平衡的公共关系为组织与公众共同感兴趣的问题提供了对话和探讨的机会，而价值取向的差异性往往会产生不同的观念。但只要对话是在符合道德准则的框架下进行，其结果也将是道德的，尽管这一结果并不一定符合双方的价值体系。因此，在双向平衡的模式中，双方都要根据对方的观点和要求来进行自身的定位，双方都要做出自我调整以适应对方。

在公共关系的实际活动中，上述四种公共关系的行为模式往往是混合起来的，如新闻代理模式同公共信息模式混合在一起、双向平衡模式与双向不平衡模式混合在一起等。

四、公共关系的职能类型与行为方式

公共关系的最终目标是通过传播与沟通,将有关组织的信息经过有计划的整合对目标公众产生影响,从而产生一种良好的社会印象。传播沟通在此成了公关目标实现的手段。事实上,各种不同的公关活动就是在传播内容、传播方式、传播技巧方面存在不同。一般可以根据公关的基本职能将公关活动区分为五种职能类型,再根据这五种职能类型在不同的公关状态下所体现的不同特点将公关活动区分为五种行为方式。

(一)公共关系活动的五种基本职能类型

1. 宣传型公关

宣传型公关是指通过宣传说服公众以达到树立良好声誉的目的。当一个组织具有完善的自身而知名度过低时,当一个组织推出新产品、新服务项目时,一般都需要开展宣传型公关活动。一般来说,公关的宣传会有两种形式:一种是不借助大众传播媒介的宣传,如展览会、展销会、经验交流会、提供印刷和影视宣传资料等;另一种是借助大众传播媒介进行宣传,具体又有两种做法,一是花钱利用广告作宣传,宣传组织的管理经验、经济效益、社会效益和已获得的社会声誉,二是吸引新闻媒介宣传组织和产品,这是一种被称为不用付费的宣传(但正如我们前面所论述过的,这种吸引也是需要成本的),易为公众所接受,如新闻报道、专题采访、专题通讯、经验介绍等。组织可依据新闻报道的规律,寻找公众关心的热点,制造一些新闻,吸引新闻媒介前来报道。宣传型公关活动的特点是主导性强、时效性强、传播面广、推广组织形象的效果快,特别有利于提高组织的知名度。宝洁公司推广洗发用品的宣传方式就是很好的证明:先是将洗发的理念传达给消费者,洗发不是洗去灰尘而是去除头皮屑,那么用海飞丝是最好的;洗发后必须易于梳理,为了保证梳理可以选择飘柔;头发洗好了理顺后应该让头发有光泽,只有饱含维他命原B5的头发才会充满光泽,因此选择潘婷;最后头发必须与人的脸型和身材相适应,因此,需要搭配合适的发型,沙宣则能起到发型定型的作用;当头发还需要一种气味时可以选择伊卡璐;而当头发还需要色彩时,宝洁公司同样地进行了欧洲染发品牌的收购然后再来满足你的需求。

 课堂讨论

公关、广告、营销在企业整合营销传播中往往难分彼此,其实在这里公关、广告与营销的作用表现得很默契。先是公关进行理念的引导,什么是洗发,再提供产品的广告,最后再提供购买产品的销售渠道,而公关很明显是走在最前面的,它发挥的是一种观念上的引导作用。请你再依此推理,人的头发还会有什么样的需求,宝洁公司还会为我们提供什么样的产品呢?

2. 交际型公关

交际型公关是指通过直接的人际交往，为组织广结良缘，其形式主要有团体交际和个人交际。团体交际包括各种招待会、恳谈会、工作午餐会、宴会、茶话会、慰问会、专访、舞会、联谊会等；个人交际包括交谈、拜访、信件来往、提供帮助等。交际型公关常借助人际传播的技巧，通过人际交往以达到组织与公众互惠、互利、互助和互通信息的目的，同时收集公众的相关信息。其特点是：直接沟通、形式灵活、信息反馈快且富有人情味。交际型公关不仅可以广泛地运用于外部公关，同样也适用于内部的公关管理，它能较直接地显现一个组织的人性化氛围。如日本的麦当劳的管理模式，不仅对员工关爱有加，同时还惠及员工的妻儿，充分表现了其家庭式的管理模式和充满人情味的管理特色。

3. 社会活动型公关

社会活动型公关是指一个组织通过举办各种社会性、公益性、赞助性活动来传递一个组织善意信息的过程。社会活动型公共关系的传播方式主要有四种：① 以组织机构本身的重要活动为中心展开传播，如利用开业剪彩、周年纪念的机会，邀请各界来宾，渲染气氛并扩大影响；② 以参加各种活动为中心展开传播，如参加各种体育比赛、文艺演出，借此来再次扩大影响；③ 以赞助社会福利事业为中心开展活动，它往往能带来较好的传播效果及提高美誉度；④ 以资助大众传播媒介为中心展开传播，如资助电台、报社、电视台、杂志社，举办各类大奖赛、智力竞赛、专题节目等。社会活动型公关的特点是：社会参与面广，与公众接触面广，社会影响力强，既能提高知名度同时也可以提高美誉度，但是公关投资费用也高。

4. 服务型公关

服务型公关是一种以提供优质服务为主要手段的活动类型，目的是以实际行动来获取社会的认可与好评，提供实实在在的服务是这种公关活动的最好体现，因为最佳的服务就是最好的公关。服务型公关的特点是以行动作为最有力的语言，让公众享受到实在和实惠，最易于被公众接受且易于提高美誉度，在很大程度上公关所提供的服务正是一种持久的竞争力，特别是科技含量低的产品很大程度上依靠的就是服务的竞争。如世界最佳服务的象征——IBM"24 小时服务"的承诺，就是其产品附加的最大竞争力。有一次，一位女工作人员答应客户 2 小时内一定赶到，没有想到路上却塞车，这位女代表立即跳下车，在商店买了一双旱冰鞋，飞快地滑到了客户的住处。

5. 征询型公关

征询型公关是指组织利用社会调查、民意测验、舆论分析等信息收集的手段，了解公众的信息、监测组织的环境、把握环境发展的动态，为组织决策提供咨询。其形式主要有：开办各种咨询业务、建立来信来访制度和合理化建议制度、制作调查问卷、设立热线电话、分析新闻舆论、开展社会调查、进行有奖测验活动、聘请兼职信息管理人员、举办信息交流会，等等。征询型公关的特点是：有较强的研究性、参谋性,是整个双向沟通不可缺失的重要机制。

（二）公共关系活动的五种行为方式

上述五种职能类型的公关活动在不同的公关状态下可以采取五种不同的行为方式。

1. 建设型公关

建设型公关活动是指社会组织开创之初,以及某项事业或产品及服务初创、问世阶段,为了开创新的局面所作出的公共关系的努力。在开业前后的一段时间里一般都会开展建设型的公共关系活动,如开业庆典仪式、剪彩活动、开业广告等。

2. 维系型公关

维系型公关适用于组织机构稳定、顺利的发展时期。为了维系组织已有的声誉,稳定已建立的良好关系,组织经常会采取一种持续不断、低姿态的传播方式,对公众施以不露痕迹、不知不觉的影响,确保一种潜移默化的渗透力。如保持一定的见报率,发放服务性及信息性的邮寄品,逢年过节进行专访、慰问,给老关系户适当的优惠或奖励等。

3. 防御型公关

防御型公关是一个组织出现潜在的危机时,为了控制公关失调的苗头,防患于未然,采取以防为主的策略。重视信息的反馈,及时调整自身的政策与行为,以适应环境的变化。平时应该居安思危和积极防御。在很多时候有些组织的自我揭短行为实际上就是为了对自己进行公关危机的防范。

4. 进攻型公关

进攻型公关适用于组织与环境发生某种冲突、摩擦的时候,为了摆脱被动局面,采取以攻为守的策略,抓住有利时机和有利条件变换政策,迅速调整,改变对原有环境的过分依赖,开辟新的环境和新的机会。一般要注意避免环境的消极影响,以减少与竞争者之间的矛盾和冲突,团结更多的支持者和协作者。2016年5月,网上流传了一则余姚榨菜腌制过程的视频,视频中出现了明矾、漂白剂、苯甲酸钠等添加剂,人们由此质疑余姚榨菜安全吗? 余姚榨菜协会会长谢灿荣首先站出来回应:"到市场去的东西,绝对是按照生产标准来挑行的,要不自己砸自己的饭碗。"这个视频是多年前个别小作坊的一个片面的暗访,这些小作坊早已关停,这对余姚榨菜是不公正的。谢灿荣表示,网上曝光对他们来说也是一个警醒。

5. 矫正型公关

矫正型公关是当组织遇到危机时所进行的公关活动方式。如当组织由于客观原因受到公众误解时,组织应该迅速查明原因,及时采取措施,运用各种有效的传播方式消除公众的误解;当有人故意制造谣言损害组织的形象时,组织需要运用传播手段予以澄清和驳斥;当组织出现产品质量、服务态度、环境保护、管理政策、经营方针等方面的失误时,组织公关人员应该尽快通过各种传播媒介,沟通信息、平息风波、求得谅解,使组织化险为夷,维护和恢复组织的声誉。

第四节 公共关系评估

一、公共关系评估的适用范围

在整个公关工作程序中,公关评估是最容易受到忽略的。正如公关学者拉赛尔所说:许多公关活动的唯一致命弱点,就是没有使最高决策层看到这一活动的明显效果。目前,美国许多大学开设公共关系效果评估课程,专业性的公关公司也将评估工作纳入其业务范围之内。公关评估的最大意义是正确评估公关工作的作用,总结经验教训,供以后工作参考。

传统上人们会认为公关评估仅仅限于公关工作的第四个阶段,即公共关系的评估是公关四步工作中的最后一步,它也是下一轮策划的开始,回答"我们做得怎么样""为什么会这样"等问题。事实上,评估囊括了公共关系工作的四个环节,即对公关策划和准备阶段的评估、对活动实施阶段的评估、对活动结果的评估、对活动经费的评估及其他特定内容的评估。

课堂讨论

公关的评估渗透到公关工作的每一个步骤,那么最后的评估与其他三个环节的评估有什么关系呢?

在国际公关界,美国电报电话公司的公共关系评估一直享有极高的声誉。该公司主要在五个方面对公共关系工作进行经常性的评估:① 整个公关部的管理工作;② 媒介关系;③ 雇员关系;④ 社区关系;⑤ 教育关系。在评价公关部的管理工作时,一般要求计算公关部的各项开支,然后在各个职能部门间进行比较,从而核定公关部的工作效率。在对媒介关系进行评估时,要求弄清各种大众传播媒介是怎样报道有关公司的政策和活动的,弄清在影响新闻媒介的报道方面公共关系人员起了多大的作用。公司还专门雇用公司外的人员来分析新闻媒介对公司活动的报道,要求分清哪些报道是公关人员努力的结果,还要确定哪些报道对公司是有利的,哪些是不利的,哪些是持中间态度的。在雇员关系的评价上,公司要求进行年度调查,弄清多少雇员收到了公司有关的出版物,多少人记住了有关的内容,此外还要了解出版物的可读性问题。在社区关系和教育关系方面的评价也都有一定的专门指标。

二、公共关系评估的标准和依据

传播效果简单地说就是传播活动发生后对传播对象产生的影响和作用。在传播业非常发达的今天,人们的态度和日常行为总是或多或少地受到传播的影响,传播效果也就随时随地表现在人们的日常行为中,与人们的心理和行为紧密相连。

传播效果总体上是在受传者身上表现出来的,公共关系的效果则是在公众身上体现出来的。一般来说,公关传播效果的评估同样可以体现在四个层次的效果上。其中信息层次和情感层次称为非宣传层次,而态度层次和行为层次则称为宣传层次。无论哪个层次上达到了目的都可以说是取得了一种效果。

要从信息层次上来看是否与公众共享了信息。一个组织是开放的还是封闭的,关键是看它的信息的开放程度,看它是否设法把公众欲知而未知的信息传达出去了;看它是否准备了关于自己的各种活动和服务项目的基本信息的宣传资料;看它是否把这些宣传资料通过各种途径送到了公众手里;最后还要看公众是否及时、准确、充分地获得了信息。向公众传达信息是一个组织公关部经常性的工作,公众获得了信息即取得了公关工作的效果。

情感层次开展的公关活动往往是在不知不觉中进行的,如舞会、游园活动,看似消磨时间其实起到了联络感情的作用。经常性的联络感情是通过包括专职的公共关系人员在内的所有组织成员来进行的。联络感情应该真正尊重人的价值,如果中间掺杂了利用的痕迹,则会带有许多虚假的成分,最终反而是疏远了公众。

态度层次是宣传的第一个层次,因为先有态度后有行为。一个组织的公关活动应该通过科学调查的方法,获得公众态度的资料,然后在此基础上设计以影响公众态度为目的的公共关系的计划,在实施计划后做出评估,看一看公众就某一问题的态度发生了什么变化,进而可以知道公关工作达到了什么效果。

行为层次是宣传的第二个层次,也是公共关系传播效果的最高层次。一个生产性组织的最终目的就是推销自己的产品,一个服务性组织的最终目的是有人来消费它的服务,因此,组织公关的最终目的便是引起公众的消费行为。当然这一层次上的效果是以信息层次、情感层次和态度层次的效果为基础的。

判断公关计划是否成功,关键不是看多少报道见报,也不是看公司的年报和介绍是否漂亮,活动办得是否顺利,客户是否满意。根据时任博雅公关公司高级副总裁苏思纲的观点,衡量公关计划是否成功的最佳标准应该是观念的转变。因为所谓品牌的成功其实就是观念上的成功,能够左右观念的公共关系是客户的无价之宝,这样公关才不会浪费时间和金钱。而这种对观念的管理即构成了原博雅公关公司的"观念管理"(也被称为"认知管理"),因为人的行为是受观念所左右的,而传播与交流就成了影响观念最基本的工具。

三、公共关系评估的基本程序

(一)设立统一的评估目标

统一的评估目标是检验公共关系规划或公关活动项目的参照物,如果目标不统一,将会在评估调查时搜集许多无用的材料,影响评估的效率或效果。因此,有必要将有关问题以评估重点或提示要点的形式组成书面材料以保证评估工作顺利进行。此外还要详细规定调查结果如何进行运用。

（二）取得主管高层认可并将评估过程纳入公关计划

评估不是公关计划的附属品或计划实施后的思考及补救措施，而是整个公关计划的重要组成部分。因此，应该对评估给予足够的重视，对评估的方法、程序等方面应该予以充分的考虑和周密的筹划。

（三）在公关部门内部取得对评估的一致意见

即使是公关工作人员本身也不可能一下子就把公关活动没有实物性结果的性质与客观存在的可测量效果联系起来，要给他们足够的时间去认识公关评估的作用和现实性，并允许他们通过自己的亲身体验加深这一认识。

（四）从可观度与可测度的角度将目标具体化

在项目评估过程中，首先应该将目标具体化，如目标公众、哪些预期效果会发生以及将在何时发生等，没有这样的目标分解，项目评估就无法进行。同时，目标分解还可以使公共关系计划的实施过程更加明确化与准确化。

（五）选择适当的评估标准

目标说明了组织的期望效果。例如，一个组织将"公众了解自己支持当地福利机构以改善自己的形象"作为公共关系活动的目标，那么评估这样的公关活动的标准就不应该只是了解公众是否知道当地报纸上哪一个专栏报道了这一消息，占用了多少篇幅，而应该了解公众对组织的认知情况。

（六）确定搜集信息的最佳途径

调查并非总是了解公共关系活动的最佳途径，有时组织的活动记录也能提供这方面的大量资料。在有些情况下，小范围的试验是有效的。在搜集有关评估资料方面没有绝对的最佳途径，因此，方法的选择取决于评估的目的、提问的方式以及前面已经确定的评估标准。

（七）保持完整的计划实施记录

这些资料能够充分反映公共关系工作人员的工作方式和工作效果，尤其重要的是反映计划的可行性程度，哪些策略是有效的、哪些策略是无力的或者无效的、哪些环节还有疏漏或欠缺。

（八）评估结果的使用

公共关系活动的每一个周期都要比前一个周期表现出更大的影响力，这是因为运用前一个周期评估的结果可以对后一个周期进行调整的缘故。由于评估结果的运用，问题确定及对形势的分析将会更加准确，公关目标将会更加符合组织发展方向的要求。

（九）将评估结果向组织管理层报告

这应该成为一项固定的制度，它的作用一方面可以保证组织管理者及时掌握情况，有利于进行全面的协调；另一方面也可以说明公共关系活动在持续保持与组织目标的一致性及其在实现组织目标过程中的重要内容。

（十）公关评估还可以丰富公关专业知识的内容

公共关系活动的科学组织与有效评估使人们对这一活动及其效果有了更多的理解与认识，效果评估的成果又进一步丰富了公共关系专业知识的内容。通过对具体公关活动效果评估所得资料的抽象化分析，可以得出对指导这一活动有普遍意义的思想方法和原则。

课堂讨论

> 如何量化公关评估的标准是一个难题，经过公关知识的学习，你认为这种评估标准的确定应该考虑哪几个方面的因素？你是否认可下面所列举的三个阶段、多层次的评估标准与方法？

四、公共关系评估的基本方法

迄今为止，有些公关学者提出了三阶段、多层次的评估标准与方法。

（一）准备过程的评估标准与方法

1. 材料准备是否充分

在整个计划的实施过程中，及时发现在进行组织环境分析中被遗漏的、对公关活动项目有影响的因素是十分重要的。这种评估只有在充分占有和详尽分析计划制订的背景资料的基础上才能实现。这个时期的分析包括：在确定公共关系活动目标公众时是否遗漏了关键公众？哪些关于公众的假设被证明是错误的？新闻界需要的材料还有哪些没有充分准备？组织环境中的所有关键因素是否都已经确定？这里的评估实际是在检验前几个程序中是否占有资料以及分析判断的准确性。

2. 信息内容是否正确合理

评估的重点是信息的组织与公关活动项目是否适应形势的需要。如在政治活动中，公共关系活动计划者要研究竞选者在电视辩论中的发言以及各种新闻媒介对他的讲话及其本人的评价，并通过选举过程中选民对这个竞选者的反应来看公关活动是否成功。在评估这一活动时要分析：公共关系活动中准备的资料是否符合活动本身的目标及媒介的要求？沟通活动是否在时间、地点、方式上符合目标公众的要求？有没有对沟通信息和活动的对抗性行为？有没有制造公关事件或其他行动配合这次公共关系活动以及这方面做得够不够？对于任务本身而言，公关活动人员和预备资金是否充分？一般来说，可以利用剪报、宣传品以及广播讲话录音和原稿来分析信息资料的内容。这些评估分析的结果，可以作为进一步审定或调整计划与战略、改进方案实施过程的重要参考资料。

3. 检验信息的表现形式是否恰当

这实际上是检验信息表现形式的有效性，其分析的重点是检验有关信息传递的资料及宣传品的设计是否合理、新颖,是否达到引人注目、给人以深刻印象的要求。其评估活动的具体要求是文字语言的运用、图表的设计、图片及展示方法的选择等,这是对公关活动组织者专业技能的检验。因为"媒介就是信息"(麦克卢汉之名言),所以信息采取的方式与信息是同样重要的。

(二) 实施过程的评估标准与方法

公关评估不仅包括对公关工作完成后的效果评估,还包括在公关活动实施过程中同时开展的评估,这种评估可以发挥监控、反馈的作用。如发现哪些决策是正确的、哪些是错误的、哪些决策不利于公众产生对组织的信任,以及发现决策实施过程中出现的偏差等。一般可以包括以下四个方面。

1. 检查发送信息的数量

这种检查是从发送信息资料数据着手的,因为这些数据可以直接反映组织在实施公共关系活动中所进行的电视广播讲话次数、发出信件数、其他宣传资料以及新闻发布的数量。通过这一检查还可以发现其他宣传性工作,如展览等进行与否及其努力的程度。这一评估过程需要了解所有信息资料的制作情况和其他宣传活动的进行情况,一旦这项工作完成以后,不理想的环节和计划实施过程中的一些弱点就会从这些数据中反映出来。

2. 信息被传播媒介采用的情况

公共关系工作不能只看制作信息的数量,还要注重这些信息资料为传播媒介所采用的数量。因为只有通过传播媒介,才能有效地保证公众接触这些信息并受其影响。报刊索引和广播记录一直以来都被作为检查传播媒介采用信息数量的依据。同样,其他的如展览、公开讲话的次数也可以反映一个组织是否有能力运用各种可能渠道将信息传递给目标公众。这种评估有时可以发现公关活动实施过程中的一些重大失误。如美国一位公关专家经过这一层次的评估发现了这样一个事实:某公关公司耗费大量人力、物力、财力开展了一次公关活动,但是,制作和发送的大量信息资料却很少为大众媒介所采用,因而也就无法与目标公众接触,这就是公关资源的浪费。

3. 检查接收到信息的目标公众有多少

这里需要注意的是,应该对收到信息的各类公众进行分类统计,从中找出目标公众的数量,这就是说,对于评估来说,重要的不是收到信息的公众的绝对数量,而是这些公众的结构。如在一份权威的杂志上发表文章虽然能够博得本组织领导人的欢心,但是由于目标公众很少阅读这份杂志,所以对扩大组织影响的作用并不大。在评估时不仅要了解宣传资料被多少人接触,还应该了解宣传资料被多少目标公众接触。通过评估,如果发现目标公众对组织的信息材料接触不足,还可以采取一些补救性的措施,如公关人员将这些在传播媒介上发表的材料复制出来,亲自送到目标公众中那些关键人物手中。报刊的发行量可以作为评估信息传播效果的参考数据,公关事件、会议、展览的次数也可以作为这种评估的参考数据。但值得注意的是,这些数据反映的是信息的理论接收人数而不是实际接收人数。

4.目标公众接收信息的效果

通过对阅读、收看、收听范围的调查,可以了解公众对不同媒介和信息的注意程度不同。这方面的调查有时得到的结果是令人吃惊的。如对一家医院的公关工作进行调查时发现,医院的员工在是否接收院方的公关资料时,结论竟然是各占50%。这说明,组织在传播信息时不能仅仅注重信息的内容,还必须重视信息传递的方式。因此,阅读的调查可以明确哪些人在阅读本组织发出的信息材料,他们的数量是多少,他们又读到了什么,读了多少内容;对广播、电视收听率或收视率的调查也会起同样的作用。这些为公关计划的实施过程所做的调查提供了指导性的意见。

(三)实施效果的评估标准与方法

实施效果的评估是总结性的评估,这一阶段的评估标准与方法有以下几个层次。

1.了解信息内容的公众数量

阅读程度测定方法的创始人丹尼尔·斯塔齐认为,人的阅读理解程度可以分为三个层次:① 注意,比如被测验者只是注意到这么一则广告,或者说他们已经见到了这一则广告;② 认知,即被测验者对广告的内容略有了解,但是不能够回忆起广告人的名字;③ 熟知,即被测验者能够回忆起广告内容的50%以上。我们可以根据这三个不同层次的标准检测"注意到信息的公众"已进入的阅读理解层次。

关于广播、电视节目接收者的调查一般可以采取以下三种方法。

(1)日记法。这种方法要求被测试者在测试期间每天将自己收听广播、收看电视的次数、时间以及有关事项记录下来,以供分析和研究。这种方法比较简单易行,但是测验效果受到被测试者的态度及其责任意识的影响较明显,即这种方法的准确与否关键在于被测试者是否真正持合作的态度。

(2)表录法。这种方法是将一种电子记录器指针调整到与被测试电台的频率、电视台的频道相一致,以测定各媒介对有关信息的发布,然后,将测定的资料传送到中心电子计算机系统进行处理,这种方法的最大缺陷是无法确定哪些人在收听或收看。

(3)电话访问法。这种方法是指在节目播出期间或者刚刚播出完毕,由调查者进行电话访问,了解公众对节目的收听及收看的情况。但是要知道其产生的实际效果还需要进行评估,如注意到某条信息并不一定理解了这条信息,所以还应当设置此种情况的评估标准。公共关系活动的目的之一是增加公众对组织的认识、了解和理解。公众所掌握的有关组织的情况,经常影响公众对组织所采取的行为和感情,从而影响他们与组织的关系。同样,公众没有了解或没有完全了解有关组织的情况,也会影响他们对组织的态度和行为。评价公众在公共关系活动中了解到什么,或者他们所掌握的有关组织的情况是否得到了补充,就要对开展公共关系活动前后公众对组织的认识、了解和理解等变量进行比较,即对两组可比值进行比较。如在公共关系活动实施前后对同一组公众进行比较,或者在一组公众当中开

中篇 公共关系基本实务

公共关系学的最大特点,就是它的实践性或应用性。1993 年美国公关学者吉布森在《公共关系季刊》上撰文讨论公关教育应该从哪些方面培养人才时,提出了理想的、受欢迎的公关工作者的标准至少应该包括演讲、谈判、写作、印刷与音像制作、人际关系、沟通与倾听、计划能力以及解决难题和调研的能力等。因此,本书的第二部分将较详细地介绍公关工作中必须具备的经常应用的实务知识与技能,包括公关调查、公关传播、公关专项活动的策划与实施、公关广告与CIS 的制作、公关危机处理、公关礼仪知识的运用等。

在进行公关实务的策划与组织时需要注意三个方面。

一是日常公关活动的重复性及创新性的结合。公关作为一项不可或缺的管理活动,会存在大量重复进行的传播与沟通活动,无论是内部公众的班组会议还是对外发行宣传册等。而这种重复的活动如何才能针对不同的时间、对象、背景进行适当的调整以更好地达到效果?这就需要将公关活动的重复性和创新性相结合。

二是公关的专项活动是一项涉及大量人力、物力和财力的活动,无论是小型的新闻发布活动,还是大型的公关展览活动,都是建立在科学策划、资源有效配置基础之上的。因此,追求公关资源的最大价值,是体现公关实务活动专业水平的基本要求。

三是公关同样也要追求商业价值。如何来衡量公关活动的结果,这与为什么要进行公关活动密切相关,不能为了搞活动而开展活动,公关的任何一种活动都是为了追求一种目的,而这种目的的实现与否可以形成公关实务的评估标准。对于一个企业来说,这种结果是商业的也无可厚非。

第五章 公共关系调查

第一节 公共关系调查的基本方法与具体运用

采用适当的调查方式进行调查，是实现公关调查目的的关键，传统的调查方法一般可以分为直接调查方法和间接调查方法，具体包括民意测验法、访谈调查法、抽样调查法、观察调查法、实验调查法及资料分析法等。这些传统的方法一般被称为人工调研，这些方法可以保证调查人员直观掌握资料，但存在调研周期长、范围广、样本采集难等问题。借助于现代科技发展，大数据时代可借用的调查手段也展现了独特的作用。公关人员应综合运用不同的调查方法，以保证调查结果更有利于公关工作的开展。

一、民意测验法

民意测验法又称问卷调查法，它是公共关系调查中最常用的一种现代科学方法。它是指运用统一设计的问卷，运用抽样调查的方法，直接了解社会公众对某一组织、事物、事件或某种问题的需要、认识、看法、意见和反应，它往往会通过访谈、电话、邮寄等方式来了解公众的意见、态度等情况。民意测验法可以较准确、客观地反映民意或舆论的形成和变化，所以也有人将它称为问卷调查法或舆论调查法。

　　在公关的日常实践中,政府公关的民意测验会较普遍地运用于调查公众对选举、政府官员任命、政府的实施方针以及重大事件等范围广泛的问题。而企业作市场调查时,往往会运用民意测验来了解消费者对商品的购买、使用和消费者对商品的喜好、意见、购买动机等。不论目的有何不同,其调查的方法及调查技术是相同的。

　　20 世纪 50 年代的某一天傍晚,乔治·盖洛普博士接到白宫打来的电话,内容是想知道社会舆论对政府某一外交政策的看法,由于国际事务的需要,这份报告必须在 13 个小时内交给总统。短短的 13 个小时,找谁来收集和如何收集公众舆论?盖洛普博士突发奇想,并立即开始行动。他先找来 6 位助手,他们以最快的速度拟出若干与该项外交政策有关的题目,然后分头打电话给 6 位不同地区的记者,请他们立即分别采访 10 位不同文化层次的人。被采访者对那些问题发表了意见,总结这些意见便形成了对外交政策的基本看法。深夜之前,博士得到了回音,博士列出了表格,把人们的意见反映在上面并写出了报告。比规定的时间提前两个小时,报告出现在美国总统的办公桌上,成为美国总统处理这一重要外交事务的公众舆论的依据。乔治·盖洛普在 11 个小时之内完成了民意测验,这是有史以来的第一份民意测验报告,由此乔治·盖洛普成为民意测验的创始人。这种民意,简言之,就是社会公众的意见,因为民意对于一个组织来说,犹如人们生存依赖的空气一般重要。

　　民意测验法相较其他调查方法,有以下特点:一般都是直接的、标准化的调查,可以突破时间与空间的界限,而且可以对众多的调查对象进行调查,以最小的投入获得最大量的社会信息。相对来说,问卷调查的方法较方便,排除了人际交往中的一些不便,有利于被调查者毫无顾忌地表达自己的真实意见。而且,如果采取的是封闭式的提问方式更可以方便地进行定量分析。但是,问卷调查方法的准确性及真实性也有可能会不及访谈调查,而且问卷调查对象一般只能提供简单的答案,不可能由此发现较深层次的问题,同时也可能受到被调查者的文字理解能力和表达能力的限制。

　　问卷调查法的种类一般可以根据不同的标准进行分类。根据问卷的传递方式,可以分为报刊问卷、邮寄问卷和送发问卷等;按答案的形式可以分为封闭式问卷和开放式问卷两种。

　　问卷调查的基本程序是:确定调查目标、拟定调查问卷、确定调查方式和最后整理调查资料等。

　　调查目标的确定,即需要了解的问题是什么,应该是越具体越好,最好一次调查只是为了解决一个最主要的问题,而拟订调查表或调查问卷就成了一项非常专业及重要的工作。你所想了解的一切问题能否得到答案,关键看你能否设计一份好的调查问卷。

　　调查问卷一般由三部分组成,即前言、主体和结束语。前言是对调查目的、意义及有关事项作出说明。主体则包括调查的问题和回答方式。调查问卷上的提问一般可以按照三部分来设计：自变量、因变量和中介变量。自变量主要是由社会性的事实构成，即了解被调查者的基本情况，如年龄、性别、文化程度、居住地区、经济收入、职业、婚姻状况、宗教、党派、国籍等。自变量是固定的因素，不会受到其他因素的影响。因变量是指受到自变量或其他因素影响而发生变化的变量，一般是为了问清态度，即被调查者对某件事物、某个观点的认知程度、理解程度和偏离程度构成的态度，对某件事物、某个观点的评价，以及被调查者的行为取向等。中介变量是受到自变量影响会发生变化，同时又能影响因变量的因素。也就是问为什么，即原因是什么，它可以包括动机、需求、信仰和期望等。

在设计具体问题时可以采取开放式和封闭式两种基本的形式。开放式提问方式是指提出相同的问题后，不事先设定任何问题的答案，被调查者可以根据自己的情况进行自由回答，它可以提供给被调查者多种创造性或自我表达的机会，只是结论往往不方便统计，因此一般不大适合大规模的调查。而封闭式提问方式是指提出了相同的问题后，对每一个问题都事先设定若干可能的答案，由被调查者根据自己的情况在其中选择合适的答案。其好处是答案是标准的，便于调查者进行有效的统计，而且对于被调查者来说也较易回答，缺点是无法发挥其创造性，而调查者也不易发现问卷之外的新问题。

封闭式提问方式一般可以有以下几种表现形式。

（1）两项选择，即只有两种答案的问答方式，如您的性别？男（　　）、女（　　）。

（2）多项选择，即列出多种答案，由被调查者自由选择进行回答的方式。如您是通过何种方式知道某种产品的？报纸广告（　　）、购买商品（　　）、杂志广告（　　）、旁人介绍（　　）、广播广告（　　）、电视广告（　　）、该公司推销员（　　）、直邮广告（　　）。

（3）对比选择，即在问题后面列有两项备选答案，而这两种答案的对比较强烈。如您购买商品时更注重以下何种因素？无名企业的产品（　　）、知名企业的产品（　　）、质量（　　）、价格（　　）、服务态度（　　）、对服务态度无所谓（　　）。

（4）排序选择，即在问题的后面列有多个备选答案，被调查者可以根据自己的看法，排列各种答案的先后顺序。如：根据您的看法，下列因素在影响您对某某产品形象的看法上何者为先，何者为后？请填好顺序号：技术水平（　　）、老字号（　　）、服务态度（　　）、名气（　　）、广告（　　）、价格（　　）、质量（　　）。

（5）意见程度选择，即对所提问题按照语义差别列出几种程度不同的答案，要求被调查者选择一种。如您对某某产品的评价如何？相当好（　　）、非常好（　　）、比较好（　　）、一般好（　　）、比较差（　　）、非常差（　　）、相当差（　　）。

另外,在问卷调查中还需要注意几个问题,如试填的工作,这主要是为了检验是否有些问题有错误或存在误导,另外还要确定合适的投递方式。一般来说,报刊问卷的回答率约为 10%～20%,邮寄问卷的回答率是 30%～60%,送发问卷的回答率是 80%～90%,而直接访问问卷的回答率最高。

 **课堂讨论**

> 利用所学问卷调查的基本操作要点,设计一份调查问卷,了解大学生日常网络消费的基本情况。

二、访谈调查法

访谈调查法是一种直接调查法,它是通过与被调查者的直接交谈从而掌握公众的态度、看法等第一手资料的方法。正如卡特利普和森特在《有效的公共关系》中所说:对公众认知、观点及态度的评估能力,一直是而且永远是公关行业对人员评价的一条重要标准。有头脑的公关人员发现好多"在各类的人群之中随便走一走"的途径。

访谈调查借助于直接的口头交流方式,体现了调查者与被调查者之间人际交往的过程。访问者的个人能力及访谈技巧的体现直接影响到访谈调查的进程及效果。访谈调查法涉及面较广,一切有思维能力和口头表达能力的人都能成为访谈的对象,不受文字表达能力的限制。在所有的调查方法中访谈调查法的回答率较高,并且可信度也较高,可以在调查中通过对被调查者的非语言信息来了解访谈对方的真实意见或意图。当然,访谈调查方法往往是所有调查方法中成本较高的,而且需要对访谈者进行专门的培训,时间消耗也比较大。

访谈调查的实施技巧:与陌生人进行交谈是一件很不容易的事情,需要面对各自不同的背景、性格、职业、需求、爱好、宗教、道德和兴趣等。因此,首先要做好访谈前的准备工作,即准备好访谈的提纲及所提问题,选准访谈对象后要充分了解对象的基本情况,确定访谈的具体时间、地点及场合。最好这一切都以被访问者的方便为准,这可以为访谈的进行创造一个宽松的环境。要善于接近被访问者,如称呼得当、寻找共同的兴趣点,在与被访问者的接近过程中,一般可以采取以下几种方法:① 自然接近,即在共同的活动中与对方接近,然后通过人际关系的逐渐培养再进行正式交谈;② 求同接近,即寻找与对方的共同语言来接近对方,如共同的兴趣爱好、经历;③ 友情接近,即从关怀、帮助被访问者入手,通过培养感情产生信任,如果条件允许也可以提供一定的帮助;④ 正面接近,即开门见山,通过自我介绍,说明调查的意义、目的和内容,希望得到对方的帮助与协助。在访谈调查中要详细做好访问记录,它可以是书面记录,也可以是录音或录像,记录时必须客观、真现出来。所以,对这种影响效果的评估并非公关工作人员所能完成的,这是留给社会学家和社会心理学家的题目。

完整的公共关系活动效果的评估既要检测公关活动对公众产生的影响,也要考察组织内部活动的有序性和组织外部的变化,甚至还包括对社会、文化产生的影响。因此,即使掌握了足够的证据,在解释与使用这些评估资料时也要进行谨慎的分析。如果在评估时发现活动的期望结果没有发生,则有三种可能:① 公关计划的失误,即可能只从自己一方的情况出发而没有考虑外界环境的各种复杂因素以及没有充分估计到它们对组织的公共关系活动的综合影响;② 准备工作不充分和公关计划实施过程中存在偏差;③ 评估本身的失误,也就是说可能期望的结果已经出现,但由于评估检测样本选择不当或使用不当而没有测定出来。

五、公共关系评估报告的编写

公关评估报告一般包括公关四步工作分阶段评估的全部内容。

(1) 对公关活动策划和准备阶段的评估。立项是否必要?依据是否科学?准备工作是否充分?参加人员是否理解此公关活动的意义?

(2) 对活动实施过程的评估。实施是否到位?有什么不足之处?

(3) 对实施结果的评估。活动目标是否实现?是否导致舆论或行为模式的改变?

(4) 对活动经费的评估。经费使用是否合理?整个活动经费是否超出了预算?

(5) 借助形象分析进行公关效果的评估。分别借助组织形象地位图和组织形象要素调查表、公关组织形象差距图表等工具来了解活动前后的形象改善情况。

复习思考题

1. 公关调查的地位及其基本作用是什么?

2. 公关调查的基本方法及运用的基本要求有哪些?

3. 公关策划的基本原则及内容是什么?

4. 公关策划的基本程序及基本方法是什么?

5. 公关计划的制订及经费预算的方式是什么?

6. 公关传播媒介选择的原则是什么?

7. 公关传播中的障碍有哪些?清除的方法是什么?

8. 公关的五种业务类型及五种行为方式分别是什么?

9. 公关评估的范围及基本标准有哪些?

10. 公关评估经过的程序及基本方法是什么?

11. 如何编写公关评估报告?

展公关活动,然后将两组测试结果加以比较分析。这种方法既可以用于实施效果评估的活动项目之中,也可以用于沟通活动结束后,对公众观点和态度变化的了解。而网络发布信息可通过点击率来掌握了解信息的公众数量。

2. 改变态度的公众数量

这是评估公关活动实施效果的一个更高层次的标准,因为"态度"所涉及的范围广泛,内容丰富复杂,而且不易在很短时间内发生变化,因此,评价公众的态度不能仅凭一人一事,而要根据一段时间内他们在所有有关问题上的立场和观点来分析。

3. 发生期望行为和重复期望行为的公众数量

所谓"发生期望行为"的公众,就是指出现了公关活动所期望的改变行为的公众。人们行为的改变要受到多种因素的影响,一般来讲,行为发生变化的人们在行为改变前肯定是接受了某些信息或在某些方面被说服了。如果这些人的行为发生了变化,就意味着他们放弃了以前接受的信息或立场。在掌握了发生期望行为的公众数量之后,还应该了解重复期望行为的公众数量。所谓"重复期望行为"的公众就是指这种人的行为并不是短期行为而是长期行为,即公关活动实施后几个月甚至几年中都会重复改变行为的公众。评估一种公关活动在改变人们长期行为方面取得的效果需要较长时间的观察数据。

评估公共关系活动对公众行为产生的影响效果主要可以使用以下三种方法。

(1)自我报告法。这种方法是让调查者自己说明行为的变化,其缺点是可能产生不真实的测量结果,尤其是向被调查者提出一些较敏感的问题时更是如此。当然,如果利用灵活的提问方式,许多变化还是可以通过这种方法调查出来的。

(2)直接观察法。这种方法主要是研究人员在各种会议和发生较大事件期间对人们的行为进行观察。这种方法需要较长的调查时间,并要求研究人员具备较高的调查技术和分析能力。

(3)间接观察法。这种方法是利用有关部门的记录,如展览馆的维修记录可以表明哪些展品能引起人们的注意;再如通过图书馆内的书刊借阅记录,可以估计有多少人阅读了某种书籍等。

4. 达到的目标与解决的问题

这个评估标准是公共关系活动效果评估的最高标准。公共关系计划目标的实现,可以表现为活动取得理想的组织形象的一流评价率、筹措资金的数额达到预期指标以及销售金额增长多少百分比等。应该注意的是,有时公关活动产生的结果并非完全与计划目标相一致,但是这些结果同样是积极的,可以认为是达到计划目标的其他表现方式。在这种情况下,这些结果也应该作为评估公共关系活动效果的根据。因为这里面包含了目标与结果的部分吻合。

5. 对社会经济和文化发展的影响

这里指的是公关工作人员的活动对社会和文化发展产生的积极影响。当然,这种影响要同其他影响一起发挥作用,并在较长的时间里以复杂的、综合的形式表实,不能把访问者的个人意见、情感和态度也掺杂进去。访问记录必须保证其完整性,有关数据和数字必须确实可信,必要时进行核对和证实。同时,做好访谈过程的控制,如时间控制得当,一般以一小时或一个半小时为宜。最后,在访问的整个过程中都不能采取诱导的方式,访谈结束后最好表示真诚的感谢以为今后的调查作好铺垫。

在所有访谈法的操作中,公关工作经常运用的是公众代表座谈会、单个面谈和深度访问等。

(一)公众代表座谈会

公众代表座谈会是我们较熟悉的一种方法,也是经常采用的一种面对面的访谈法。如平时我们经常看到的某企业举行的消费者代表座谈会、某一政府部门举行的居民代表座谈会等。在举办座谈会前最重要的是确定代表,其中最主要的是其要有代表性。同时,注意会议的进程和议题的明确,保证整个座谈会都围绕着确定的主题展开。公关人员一般要在座谈会中控制进程,善于引导和提问,当然也需要对座谈会进行录音或录像。

(二)单个面谈

单个面谈是指选择好访谈的对象并安排好访谈时间后,就某一中心问题征求被访公众的意见。如医药企业对医生进行访问时,带上药品的样本或说明书请医生试用,试用后按事先拟好的征求意见表,按顺序向医生询问。访问时还可以选择典型对象、人物进行典型调查;在不同的时间、不同的地点反复多次地就某一问题进行调查询问,从中分析发展趋势和相应的公众反映,以进行异同比较。

(三)深度访问

深度访问是为了了解公众作出某一决定的深层心理和情感原因,由公关人员选择一些对象进行访问,这种方法类似于记者采访新闻人物或新闻事件背后的有关人物。访问者事先必须经过深思熟虑,对如何提问、先问什么、后问什么等,都必须事前拟好,并且要在无拘无束的气氛下进行。因为只有这样才能获得深度信息,甚至还可以收到意外的宝贵资料。

如艾瓦特保险公司从成立第一天起就发行了一份名为《艾瓦特拥护者》的报纸。三十五年来,公司从来没有调查过职工对报纸的态度和评价,于是艾瓦特公司公关部部长凯瑟琳·维伯决定举办一次调查,确定职工对这份报纸的看法,以便根据员工的意见来提高报纸的质量。为了使这次调查能够取得预期的效果,他按照下列步骤筹划了一份调查方案,并拟订了调查的样本。该样本由 50 个部门的职工代表组成,由每个部门的负责人派三名职工代表供公关部门进行采访;其次,确定了提问的方式,维伯决定采取自由提问的方式,即由这些职工代表自由地发表对报纸的意见和看法;再次,采取团体访问的方式,每次访问 15 人,代表五个不同部门的意见,然后再进行集体讨论。访问及讨论结束后,整理成访问及讨论概要,然后对概要进行分析,以寻求共同意见和建议,供该报参考。

三、抽样调查法

在具体的调查中既可以进行全面调查，也可以进行抽样调查。全面调查就是对需要调查的对象进行逐个调查，这种方法所得的资料比较全面可靠，但调查花费的人力、物力、财力较多，且需要的时间也较长，不适合一般公关调查的要求。抽样调查就是指从需要的调查对象中，抽取若干样本进行调查，并根据调查的情况推断总体特征的一种调查方法。抽样调查可以把调查对象集中在少数样本上，并取得与全面调查相近的结果，这也是一种较经济的调查方法，因而得到了广泛的采用。

抽样调查方法一般可以分为随机抽样法和非随机抽样法两种形式。

（一）随机抽样法

随机抽样法是指从调查对象的总体中按照随机原则抽取一部分单位作为样本，共有五种具体操作的方法。① 简单随机抽样。简单随机抽样是一种最基本的随机抽样方法，即在总体中不进行任何组合，用纯粹偶然的方法按随机原则直接抽取样本进行调查，如抽签法、随机数量法。② 等距随机抽样。等距随机抽样也叫机械随机抽样，即把总体各单位按一定顺序排列起来，编上序号，然后用总体单位的总数除以样本单位数得到抽样间隔，再在每一个抽样间隔内随机抽取一个单位作为第一个样本单位，以下即按间隔作等距抽样。③ 分层随机抽样，也称类型随机抽样。是将总体各单位按一定标准(如属性、特征)分为若干层(或类型)，然后根据各层单位数和总体数的比率确定从各层中抽取样本单位的数量，最后，按照随机原则从各层中抽取样本。④ 整群随机抽样，也称集体随机抽样。即将总体各单位按一定标准分成若干群或若干集体，再按随机原则从这些若干群或集体中抽出群或集体样本，然后对作为样本的群或集体的全部单位进行调查。⑤ 多级随机抽样，也称多段随机抽样，就是把从调查总体中抽取样本的过程分为两个或两个以上阶段进行的抽样方法。先将调查总体各单位按一定标准分成若干层作为抽样的第一级单位，然后把第一级单位又分成若干小的层，作为抽样的第二级单位，再依此类推，还可以再分为第三级、第四级等，按照随机原则，先在第一级单位中抽取若干单位作为第一级单位样本，然后再在第一级单位样本中抽取第二级单位样本，依此还可抽出第三级、第四级样本等。

（二）非随机抽样法

非随机抽样法，也叫标准抽样法，指用一定的标准去抽取样本。所谓一定的标准多数情况下是指总体单位的中等水平，如为了了解某种产品的需求量，可选择一个中等人数、中等经济状况的县作为标准样本，由此来获得调查资料。标准抽样法一般适用于样本有重大差别的情况。标准抽样法的好处是调查对象往往具有一定的代表性，但标准的确定往往也会带有设立者的主观偏差，因而在确定调查的标准时一定要慎重和客观。

抽样的方法一般也会经过五个阶段，即确定调研的总体范围、编制总体名单、确定样本规模、抽取样本、评估样本。一般来说,样本规模越大,抽样误差就越小,但随着样本规模的扩大,其标准性并未成比例地增长,所以当样本的规模达到一定程度时,影响样本质量的不是规模而是其失去了代表性。

 课堂讨论

> 能否利用所学的抽样调查方法了解大学生对公共关系的认识情况?

四、观察调查法

观察调查法是指调查者进入调查的现场,用自己的感官及辅助工具观察和记录被调查对象的表现,从而获得第一手资料的调查方法。相对于其他调查方法,观察调查法收集到的资料更直接、更真实,从而也更生动具体,所以往往成为公共关系调查中常用的一种方法。如公关人员可以以商场消费者的身份去了解其他消费者对本企业产品、服务和企业的评价,或者是汽车厂家的公关人员在路上观察记录公共汽车消费的基本情况。

五、实验调查法

常用的实验调查法主要有两种:① 事前事后的对比实验;② 控制组与实验组的对比实验。

(一)事前事后的对比实验

这是最简便的一种实验调查方法,即在同一个市场内,实验期间在正常的情况下进行测量,收集必要的数据,然后进行现场实验,经过一定的实验后,再测量在试验过程中的资料数据,从而进行事前和事后的对比,通过对比观察了解实验变数的效果。

(二)控制组与实验组的对比实验

控制组是指非实验单位,因为是与实验组作对照比较的,又称为对照组,实验组即实验的单位。控制组与实验组的对比实验即以实验单位的实验结果与非实验单位的情况进行比较而获得信息的一种实验调查方法。

六、资料分析法

资料分析法也称为文献调查法。文献一般是指存贮在一定物质载体上按照一定逻辑关系组织的有关知识内容的信息记录,或者又称为记录在一定物质载体上的知识。文献的构成有两方面的要素:① 要有一定的知识内容;② 要有记录知识的物质载体。记录文献的物质载体可以是报刊、书籍、卡片和微缩胶卷,也可以是录音带、录像带和计算机硬盘等。

文献收集既包括对新闻资料的利用,也可以是对手头上的历年统计资料、档案

资料、样本资料等日常收集、整理、储藏的资料进行研究。正因如此,有人也会将文献调查法或资料分析法叫作案头资料研究法,即利用手头可以找到的一切资料甚至是报纸杂志的工商广告之类的第二手资料进行研究分析。《日本企业强化情报研究所工作》一文中提到:资料样本是日本企业收集最多的一种情报,虽然样本的内容比较简单,但直观性强,有经验的技术人员常会从样本中获得启示。

文献调查中涉及的文献种类很多,大体可以根据文献的载体形式和记录技术分为以下几种类型:① 书面文献,指用文字或数字记录的资料,包括各种公开发行或不公开发行的报刊、书籍、档案、报告、会议文献、统计资料等,是一种最广泛的文献形式;② 声像文献,指运用录音、录像和摄影技术直接记录声音和图像的文献形式,包括电影、电视、录像、录音、唱片、照片等媒介形式;③ 电子文献,指用计算机技术编辑和查阅的文献形式,包括电子文献等。

文献调查法对于调查和了解过去的事件是不可缺失的一种方法,也是最有效的一种方法。文献调查法的作用具体包括:① 能够全面深入地分析某一社会组织的公关状况及社会环境的历史;② 通过资料的整理可以对将要调查的对象有一个初步的印象,对于实地调查可以提供背景资料,从而减少实地调查的盲目性并节约调查的时间;③ 搜集各种文献资料可以确定实地调查应该搜集的资料来源。

由于文献资料法所得到的是第二手资料,因其间接性,需要进行资料真实性的确定,进行资料的审查工作,即资料是在何时、何地、何种条件下产生的? 资料作者的观点如何? 当时资料整理的目的是什么? 资料是否具有一定的可靠性? 同时,对资料涉及的社会横向及纵向的相关性还要进行分析和判断。资料审查后,还要完成资料简录、分类和贮存的工作。其中较常用的是卡片法,即将资料简录后做成资料卡片。采用卡片法时需要注意以下问题:① 记录的每一段资料应该写上题目,表明属于哪一类型的资料;② 抄录的资料要进行选择,选择那些能说明问题的材料;③ 标明资料的来源,包括书名、作者、页码等内容,同时还要将资料进行编码,按照一定的标准加以分类、编目、编制文献索引等,然后再按照一定的规律排列起来,如可以按分类目录、偏旁部首或汉语拼音进行排列,建立文献资料检索系统;④ 对登录分类的文献资料进行贮存,建立资料库。由于文献资料会越来越多,为了提高检索的速度,除了合理利用目录、索引等检索工具,还可以用计算机存储、加工、检索、传递文献的目录、文摘、索引等来建立电脑资料库。如果建立了电脑资料库,并且使文献系统网络化,那么就一定可以提高资料的使用效率。

七、网络调研

网络调研[①]是利用互联网和科技手段在线收集数据信息的一种新型调研方

---

① 2009 年 8 月 12 日,国内首个"在线调查联盟"在京正式成立。来自全国 30 个省、自治区、直辖市、地区的近 50 家调研机构共同签署了承诺书。这是中国网络调研领域的第一个行业性组织"在线调研联盟"的成立,预示着我国网络调研行业步入一个新的阶段。

式。比较常见的方式有在线调查(在线询问)、计算机辅助电话咨询、email 问卷调查等。网络调研具有信息收集的广泛性、调研信息的及时性和共享性、调研的便捷性和经济性、调研结果的准确性等显著优势。

(1) 在线询问。通过 Java 编写的网站应用程序,随机选择访问者,并弹出问卷窗口,邀请其参加访问。在线询问与传统询问法相似,只是调查人员可以根据计算机显示器上读出的问题,同时向多个被调查者提问,并将他们回答的数据直接输入计算机。此法可在同一时间里与 40 个人进行询问,且具有较高的经济性。同时,也可以消除从询问表到输入计算机的大量工作和差错。

(2) 计算机辅助电话询问系统(CATI)。计算机辅助电话询问系统目前在美国十分普及。它不仅加强了电话询问在时间和成本方面的优势,同时也突出了方法上的优势。当利用这种方式进行调研时,系统可以根据随机数抽样得出电话号码并拨号,每一位访问员都坐在一台计算机终端或个人电脑前,当被访问者电话接通后,访问员通过一个或几个键启动机器开始提问,需要提出的问题及备选答案便立即出现在屏幕上。同时,计算机系统还会根据被调查者对前面问题的回答,自动显示与被访者个人有关的问题或直接跳过去选择其他合适的问题。

(3) email 问卷方式。调研问卷就是一份简单的 email,并按已选好的 email 地址发出。被访问者回答完毕将问卷回复给调研机构。有专门的程序进行问卷准备,列制 email 地址和收集数据。

但是,无论什么调查方法,它们是不会有本质区别的,无非是收集及处理数据的方式上存在一些差异。网络调研既可以充分运用网络提供的信息,突破传统调研中数据本身的局限性,还可以借助现代数据处理的技术在动态中更全面地把握事物的发展趋势。

首先,对互联网数据本身的应用,即调查样本的采集,可以直接运用互联网提供的海量信息。随着大数据时代的到来,云数据和全覆盖数据具有体积巨大、类型繁多、速率极高、效度较准但是价值密度低的特点,调查研究工作的数据基础将发生较大转变。大数据时代的调查研究工作,要尽可能掌握和运用更多的数据,以便我们更加正确地考察细节并进行新的分析。但是前提是必须实现各行业、各单位尤其是政府各部门之间的信息共享。

网络调研的设计一般需要注意以下几个方面:① 选择合适的搜索引擎;② 监控在线服务;③ 有针对性地跟踪目标顾客;④ 利用 email 和顾客注册表,获得顾客和市场信息;⑤ 传统市场调查和网上调查相结合。

不可否认的是,大数据已经成为宏观调控、国家治理、社会管理的信息基础。如在甲型 H1N1 流感爆发的前几周,谷歌公司通过观察 5000 万条美国人最频繁检索的词条数据,发现"哪些是治疗咳嗽和发热的药物"这一主题的检索频率大增,进而准确预测了流感的发生及传播范围。大数据的能量往往超出我们的想象。在房地产价格统计上,银行的贷款信息及住建部门的网签数据能让房价数据更真实可靠;在就业领域,搜索引擎大数据可以帮助监测、预警失业率和劳动力市场供求状况;道路上拍摄的交通影像数据可以帮助推算公路运输的货运量等。由此可见,大数据在商界、政府管理上都体现出了非凡的能力。例如,在全国两会期间就有人大代表提出,可以通过分析春节期间移动用户漫游情况,掌握人口的流动规模与迁徙规律,为交通管理、铁路运输、公共安全管理等提供决策参考。这是挖掘大数据价值的现实建议。在医疗健康、食品卫生、地质灾害、社会舆情、信息安全、国土安全等领域,大数据的分析研究可以有效地实现对重大安全、危机、风险的防范和预警,大大提升国家治理的水平。

但是,海量数据(其中包含着无限制样本)存在着"偏爱潮流""不懂背景""过分解构"等局限性,而且网络调研也受到技术人员或手段本身的限制。因此,我们还是需要结合传统的调研分析方法,如民意调查、访谈法、资料分析等,将海量云数据和传统数据样本相互对比、相互印证、整合运用,以进一步增强调查研究数据基础工作的科学性。

其次,网络调研也给了数据分析提供了新的视角。在运用传统调研方法时,因为我们获取数据的能力有限,我们往往只能对已有的信息进行简单的推理,因此因果分析、逻辑推理是当时最重要的研究方法。通过这种方法得出的结论往往需要通过实践进行验证和修补,有的甚至最终会被证伪、推翻,因为以有限的信息去推导一般的规律可能是以偏概全的。但是,大数据时代的调查研究则不必再拘泥于对因果关系的探究,相反,我们完全有条件实现向关联、非关联等相关因素呈现式调研的转变,可以利用大量的信息,在看似无关的信息中发现被隐藏的规律。如今,我们可以充分利用云计算等现代化手段,对海量的数据进行统计性的搜索、比较、分析、归纳,发现原本似乎毫不相干的事物之间其实存在着较高的关联度。如20世纪90年代,美国沃尔玛超市将 A prior 算法引入 POS 机数据分析中,从 10 万种以上的商品中发现了啤酒与尿布的相关性,于是将两种商品摆放在一起,从而大幅提高了啤酒的销售量。

因此,当公关面对网络环境时,一切网络技术的发展都会为公关调研提供新的演绎法和工具,而恰恰是调研数据的庞大也会对我们已有的处理数据的思维形成必然的影响,对现代人的思维形成了强大的压力。现代公共关系无论是职业化的发展或理论的研究都将面临新的挑战。

第二节　公共关系调查报告的撰写

一、调查资料的整理与统计

通过调查所收集的资料往往都是个别的、分散的,如何对资料进行科学的审核和分类,并使资料系统化、条理化也是公关调查的一项很关键的工作,这是最后对调查结果进行评估的基础。在对资料进行整理时首先要对资料进行审核,对于用问卷调查法和访谈法所得的第一手资料,要了解被调查者的态度及理解能力和情感偏向,回答内容是否具有逻辑性。特别是通过一些控制性的问题来判断其可靠性;而对于利用间接调查获得的第二手资料,一般应该注意发布者的社会地位及社会政治背景,以及文献编写的时间。一般来说,文献编写的时间离事件发生的时间越近,文献的内容就越真实可靠,但又可能受当时社会政治背景影响含有虚假成分。而文献编写的时间晚些,可以摆脱当时的社会政治影响,反映事实更客观一些,但是又可能因时间距离长而出现偏差。

调查资料整理完成后,可以用统计表、平均数、百分比等方式对资料进行一般分析,统计分析作为一种定量分析方法是调查资料的具体化和数量化,并为进一步的理论分析提供数据支持。统计分析可以是描述性的也可以是推断性的,其中描述性的占主要地位。

二、调查报告的撰写

调查报告的撰写是整个调查活动的最后一个阶段。一份好的调查报告应符合以下要求:语言简洁、有说服力,词汇尽量避免过于专业化,结构严谨,不能遗漏任何重要的资料,应该对调查所要解决的问题有明确的结论或提议,调查报告应该让读者了解调查过程的全貌,即说明为什么进行调查、调查的方法是什么以及得到了什么样的结果等。

规范的调查报告,一般包括五个方面的内容。

(1) 序言。介绍调查研究课题的主要情况。

(2) 摘要。概括地说明调查活动所取得的主要成果。

(3) 引言。介绍研究的背景和目的。

(4) 正文。对调查方法、调查过程、调查结果以及所得出的结论和建议进行详细的阐述。

(5) 附录。呈现与正文相关的资料,以备读者参考。

复习思考题

1. 公关调查方法的选择有哪些及如何做到各种方法的配合运用?

2. 公关民意测验的程序及操作技巧是什么?

3. 公众代表座谈会的具体组织与安排是怎样的?

4. 公关观察调查方法的应用范围与过程是怎样的?

5. 公关资料分析方法的运用与注意事项是什么?

6. 公关调查资料的整理、分析与调查报告的撰写要求是什么?

第六章　公共关系新闻传播

学习要求

1. 掌握公关新闻稿撰写。
2. 掌握公关新闻事件的策划和要求。
3. 掌握如何举办新闻发布会。

第一节　撰写公共关系新闻稿与新闻资料

一、新闻宣传的一般程序

要使新闻宣传达到预期的效果就必须使新闻宣传的整个过程符合传播的客观规律,对新闻宣传程序的了解是新闻宣传的前期条件。新闻宣传一般包括五个环节:新闻形成、新闻传送、信息接收、引起效果和信息反馈。

(一)新闻形成

新闻形成是指专业的信息传播者,如报社、杂志社、广播电台、电视台、网站的记者和新闻电影的编剧、公关人员等,将采集到的新闻信息进行加工制作,将它们变成新闻稿、广播稿或新闻电影脚本。

(二)新闻传送

将信息编撰成新闻信息及素材,经过报社、杂志社、广播电台、电视台、网站编辑和电影制片厂导演的加工制作,在报纸、杂志上刊登出来,或在广播电台、电视台或网站上播放,或在电影制片厂拍成影片在观众面前放映。其中,编辑充当的是审读、编选、加工、制作标题、设计版面或播放方式的角色,在需要的时候还可以增加评论内容进行再创作。

（三）信息接收

信息接收是指让观众、读者、听众、网民接收到信息，这是整个过程中最关键的环节。

（四）引起效果

观众、听众、读者、网民接收到信息后产生了一系列的心理活动，引起了感知、注意、联想和思维的变化，并且可能产生态度及行为的改变，而公关利用新闻传播渠道所追求的往往就是引起公众态度及行为的变化。

（五）信息反馈

信息反馈即对信息效果的了解，它可以通过公关人员的调查，如电话、函件、来访、网络等来获取，这会为公关的再次传播带来极大的影响。

二、新闻宣传稿的写作

了解了新闻传播的程序也就了解了公关人员在新闻传播中的主要工作，即撰写新闻稿件或新闻资料。

新闻稿是组织公关部门(人员)撰写的以目标公众为宣传对象的文字作品，包括提供给媒介的消息、通讯和专访稿等。新闻稿传播是组织公共关系人员利用大众传播媒介对公众施加影响的重要手段，也是组织与新闻界保持密切联系的纽带和桥梁。

新闻宣传稿的内容即新闻或消息，是报纸、网站上最常见的一种新闻报道体裁，它以最直接、最简练的方式迅速及时地告诉读者、网民发生了什么事。

发新闻宣传稿对于公关人员来说是一件经常性的事情，只要把撰写好的新闻稿直接送到各个传播机构的采访部门就可以了。许多人都以为发新闻稿是免费的广告，事实上这种说法不是很恰当，因为并非所有的新闻稿件都会被新闻界采用，即使被一般报刊采用也并不一定会放在显著的位置，其效力很难和设计优良的广告相比。由于新闻稿并非广告而必须有一些新闻价值，撰写时就不能采取广告口吻仅作正面宣传或做出不忠实的报道，如果实在没有新闻性则最好不要发出来，因为即使勉强刊登出来也可能会引起读者的反感。

撰写新闻宣传稿件最好采取"开门见山"的手法，将全部要点都浓缩在第一段里，让读者一眼就知道内容是什么，然后按照其重要性依次交代。一般来说全文的字数也不必太多，这样编辑在遇到稿挤时可以只登新闻稿的前面两段重要部分而不需要将全文改写或缩短。

（一）新闻稿的基本要素和基本结构

1. 新闻稿的基本要素

要想提高新闻稿的采用效率，公关人员必须了解不同媒体文字写作上的要求，熟悉新闻报道的体裁(新闻、通讯、特写、评论等)，懂得新闻稿的结构(导语、主体)，掌握新闻稿件的基本要素等。

一般来说，人们都倾向于接受新闻稿件的五个 W 和一个 H 的要求。

（1）when：事情发生于何时？

（2）where：事情发生于何地？

（3）who：事情牵涉何人？

（4）what：所发生的是何事？

（5）why：发生此事的原因是什么？

（6）how：其整个过程如何？

此外，公关专家杰弗金斯独创了写新闻稿的七点模式，并把这七点概括为SOLAADS，也很具有指导意义。

（1）主题（subject）：这新闻稿是关于什么事件的？

（2）机构（organization）：机构的名称是什么？

（3）地点（location）：机构的所在地是哪里？

（4）优点（advantages）：所谈的产品或服务有什么新颖或特异之处？能提供什么价值？

（5）应用（applications）：如何使用或享受这些产品或服务？谁可以使用或享受这些产品或服务？

（6）细节（details）：它的规格如何？颜色、价格、大小如何？

（7）消息来源（source）：这是指发出消息的地方，它和产生新闻的地方未必一致。如一架新型的飞机可以在市郊某一机场启航，但发出新闻的航空公司总部却在市区。

不论新闻稿中的要素有几个方面，一般来说，新闻稿的结构都会包括导语和主体两个部分。其中导语是新闻稿的开头，它是提炼新闻精髓并提示主题，以吸引读者继续阅读全文的第一句话或第一段话。导语可以理解为以凝练的形式、简洁的文字表述新闻中心内容开头的一个单元或部分。导语同时也可以起诱导、引导、前导的作用。导语在写作时一般是突出最主要、最简单、最新鲜、最吸引人的事实，给读者留下最深刻的印象。导语一般要求做到开门见山、中心突出、简明扼要、生动有趣。而主体部分是新闻的主干部分，也是新闻的展开部分，一般需要具备两个方面的内容：一是对导语提出的主要事实、问题进行具体的阐述和回答；二是用附加的材料来补充导语中没有涉及的新闻内容，提供新闻背景、说明事情的来龙去脉，以保证新闻内容充实饱满、主题更加突出。

2. 新闻稿的基本结构

新闻稿件主体部分的写作往往会采取两种结构形式：一是倒金字塔结构，二是顺时结构。所谓倒金字塔结构，是以事件重要程度为序组织材料，也就是指一篇新闻稿里，将最重要的、最新鲜的事实放在导语里，主体部分的内容则依据重要性递减的顺序来安排，这种方法既保证了主题突出、便于阅读，同时也便于编辑删节。顺时结构则是根据事件时间的先后顺序来组织材料，这种结构能够较清楚地反映事件的来龙去脉、前因后果，较适合报道一些重大事件等。

在新闻稿中必须对新闻稿中的事实作一些补充说明,因此需要用一些新闻背景资料。新闻背景资料指的是新闻事实的历史条件、环境条件及其他有关新闻事实的外部联系,它在新闻稿中会起映衬、补充、烘托、说明、解释等辅助作用,可以增加新闻的可信度,增强新闻的知识性、趣味性、可读性,并且也可以提高新闻价值。常见的新闻背景资料包括:人物背景,当新闻涉及读者不熟悉的人物时,有必要对人物的情况作一些相关的介绍;地理环境,如新闻中涉及读者不熟悉或不甚了解的地理情况时,应该有所介绍;历史背景,即提供一些新闻事件产生和发展的历史过程;知识背景,如果新闻中涉及读者较生疏的知识时需要通过背景资料加以介绍,它可以使新闻变得更充实。一般来说,新闻背景资料可以在导语、新闻主体或结尾等地方反映出来。

(二)新闻稿的新闻价值

一篇新闻稿能否被登出,关键看是否具有新闻价值。什么是新闻呢?有人说新近发生的与大众有关的事实报道就是新闻。有的新闻学教材专门罗列了十种情况,其中任何一种或多种情况都可能成为新闻。

(1)新,如用宇宙飞船登陆某一星球。

(2)奇,如一对孪生子同时受伤。

(3)与名人有关,如一对明星伉俪突然婚变。

(4)与大多数人有关,如政府宣布加税或加息。

(5)有冲突性,如战争、体育竞赛。

(6)有神秘性,如离奇罪案。

(7)具有泄露秘密的性质,如披露内幕消息。

(8)牵涉将来的,如政府宣布修建第二条海底隧道。

(9)具有浪漫的成分。

(10)让别人感兴趣,愿意阅读。

如果新闻的内容可以简单归纳为有人愿意阅读,即可以让人感兴趣的话,那么要让自己的信息通过传播媒介传递出去,还得考虑其形式,要方便编辑的工作。因此,从形式上来看,任何新闻都需要注意文字简练,如最好是一张纸只写在一面上。

当然,一篇好的新闻稿还需要有一个好的标题。新闻标题就是以最简短的文字将新闻中最有价值、最生动的内容提示给读者,它既可以作为读者阅读的导读,也可以向读者提供简要的信息。

因为新闻稿的撰写是公关人员的日常工作,所以,投寄稿件也就成了公关人员经常性的工作,但是能否刊登则是另外一回事了,当然充分的准备及有组织的安排还是可以提高使用机会的。如福特汽车公司作为具有悠久历史的世界性大公司,为了庆祝75周年生日,公司从四年前就开始准备,它们把这一次庆祝作为一次"以福特人为荣、以福特产品为荣、建立自豪感"的公关战役。从开始准备一直到周年庆祝日,每个月公司至少有一次新闻发布会,而每两个星期便会有五套新闻资料袋寄给 400 家主要的新闻媒体机构,随时随地和新闻媒体保持良好的联系。

第二节 公共关系事件策划

一、公共关系事件的含义

"公共关系事件"也称为策划新闻事件。在我国港台公关界一直都使用"公关事件"这一概念,其含义是指公关工作人员有计划、有目的地举办的大型活动。它的目的是吸引社会公众参与,引起大众媒介注意并加以广泛报道,从而在社会上产生轰动效应。运用公关事件可以追溯到公关学科的创立者——伯尼斯,伯尼斯在公关事件方面可说是屡出奇招。在 1929 年,伯尼斯为"电灯发明 50 周年纪念"筹备盛大庆祝活动。那天由发明家爱迪生在白宫当着美国总统胡佛和众多宾客的面,采用简单仪式,重新演示了一次当年发明电灯的全过程。然后,美国国家广播公司播音员一声令下,全世界各大电力公司共同停电一分钟,接着同时开启电灯以示庆祝。这是一次史无前例的国际性庆祝活动仪式,取得了很大的成功。

美国学者布思丁专门对此进行过分析,他认为这是一种"假事件"[①]。与一般事件相比其特点是:"假事件"在策划之初就将新闻报道视为举办活动的目的之一,且"假事件"的成功与否依赖于被新闻媒介报道的程度。"假事件"是人为策划的,通常极具戏剧性,常比社会事件更有趣和富有刺激性。对新闻界人士而言,"假事件"因其资料齐全而极具报道性,而且"假事件"中的相关人士也愿意被采访,因为经过专门的训练而表现得能言善辩且富有感染力。日本的公关学者加固三郎称:"公关事件"是在 20 世纪 80 年代与"CIS 全面兴起"并列的两大公关的趋势。

公关事件与广告是有区别的,主要表现在:广告是通过直接购买报纸版面和广播、电视的播出时间来传递组织或产品的信息,以达到宣传组织和产品的目的;而新闻事件是通过构思、举办有新闻价值的事件或活动,吸引新闻界的注意,然后以新闻报道的形式出现在新闻媒体中,以达到宣传组织形象、传播组织声誉的目的。虽然新闻策划也需要投入一定的人力、物力和财力,但这些投入不是用于购买报刊版面或广播、电视的时间,其使用的版面或电视、广播的时间是媒体主动提供的,是免费的。新闻事件在策划的过程中也需要做一些广告,但这仅是策划的一部分,其策划效应主要还是体现在组织所获得的免费报道上。最后,新闻策划的效果也会比广告大,因为新闻报道的权威性、真实性和新闻受众的广泛性,一旦新闻策划成功了,便会形成良好的公关效应和宣传效应。当然由于其隐藏了经济目的,少了一些劝说色彩和自吹自擂之嫌,因而更容易取得公众的信任和好感。总之,一

---

① "假事件"是指经过设计而刻意制造出来的新闻或公共关系事件。

次成功的公关策划活动会使组织受益无穷。

二、公共关系事件对公共关系工作的益处

公关事件之于公关工作的益处主要在于以下几个方面。① 公关事件迎合人的天性。人的天性有群体活动的愿望,这也是人的社会性的本能,而公关事件作为大型公关活动可以吸引更多社会公众的关注。② 公关事件的成功举办往往是有效的资源整合,能够强化一种合作的精神。③ 会吸引新闻媒体报道。一方面举办公关事件的公关工作人员往往会邀请新闻界共同参与;另一方面,新闻媒体也乐于报道社会"热点",当然正如前面所说的,主办单位总是有所准备的,所以能增加报道效果。这种因媒介作用而使"告知面"扩大的结果也可引发社会话题,促成更多的人参与讨论,从而更好地提升主办单位的知名度。因此,日常生活中常见的如破土动工典礼、剪彩仪式、揭幕仪式、任命仪式、名誉学位授予仪式、合同和立法签字、记者招待会以及其他媒介事件,其实都是作为"新闻"精心设计出来的。当第四亿个"客人"进入迪士尼乐园时,这个公园就设计出了新闻,通过安排和管理这样的事件,试图将其作为新闻来源吸引媒介的报道并且获得对报道内容的某些控制。当美国联合碳化钙公司的公关部利用飞进办公楼的鸽子,邀请动物保护协会、动物园和电视台的摄影记者时,他们很明显地是在进行新闻策划。因此,在公关资源的经营中,我们并不介意通过新闻的策划来展示对社会有意义的活动。

公关事件的成功与否,既取决于主观的努力也取决于客观条件的配合。公关人员在新闻策划时必须能吸引新闻界,因而新闻事件的策划一定要具备新闻价值,这一点与前面所述的新闻稿的新闻价值是相同的。是否具有新闻价值取决于组织提供的信息是否能够满足社会和公众特定的需要,其新闻价值的高低即取决于对满足需要的信息本身的素质(质和量)。因此,在新闻策划时要注意信息本身的真实性。新闻价值的首要因素是新闻的真实性,公关活动中传递的信息必须确保其真实。在真实性的基础上,从公共关系与新闻学相结合的角度来分析,公关事件的新闻价值还体现在以下几个方面:① 新鲜性,即具有时效性,新闻的信息量,即提供的信息量的多少;② 重要性,这也牵涉到对新闻由头的掌握与否,因为媒介一般只会对社会生活中出现的那些为许多人关注的,对社会生活影响较大的事件予以报道;③ 接近性,即近因效应;④ 趣味性,最好能够将趣味性与思想性相结合,同时也将趣味性与人情味相结合。

在进行公关事件的策划时首先要有自信心,因为媒介对报道新奇事物的渴望是强烈的,在公关事件策划的实践中最基本的技巧就是努力将自己置身于一种可以获得良好形象的事件中,并竭力突出自己的形象。公关事件可以大到和世界性的事件联系,也可以小到地区的重要事件。但是无论是奥林匹克运动会还是一所中学的演出,只要定位合适,就可以从中获得相当大的公关效益。尽管它是明显的"公开作秀",但只要有意思、有趣味,大众传媒就愿意报道和转播。当美国公关专

家把万宝路的品牌与汽车比赛联系起来时,四年时间里,万宝路所赞助车队的巴西籍车手赢得了因迪 500 比赛的冠军,此间电视以及印刷品上面的大量相关宣传为万宝路带来了价值数百万美元的收益。当有人对把汽车与万宝路摆在一起表示不理解时,其策划人只能这样通俗地解释:我们这样做只是为了上电视。

总之,在公关事件的策划中有五个方面是必须掌握的。

(1) 了解组织需要的是什么,即确定新闻事件所要达到的目的是什么。一个组织面对以下情况时一般都有了一定的时机或策划新闻事件的由头。如为了改变陈旧的形象、针对新产品或新市场建立知名度、进行消费的指导并引导消费者、组织危机后重建组织的形象、组织形象识别系统的宣告、热心公益事业和关心社会的形象宣传、协助产品的销售、做好股票的成功上市、组织新开张等。

(2) 充分评价组织的环境和拥有的资源,如活动是为了突出科技优势还是文化优势。

(3) 拟定具体的活动方案,包括活动的主题、活动的必要性及可能性、主办单位、协办单位、活动内容和规格、活动时间和地点、活动预算、活动的宣传计划。公关事件的造势更多需要借助宣传计划来配合活动的具体操作。

(4) 进行各种公关资源的整合,而公关人员在其中既是协调者也是资源的整合者,还是幕后的工作者。

(5) 进行活动可行性的评估。

当然,因为公关事件的策划过程不是纯粹主观的活动,所以还必须做好最坏的打算,在策划方案实施中,一旦出现紧急突发事件,必须有一套预备措施或者同时配套多种方案。

第三节　举办新闻发布会

一、新闻发布会的含义

新闻发布会是组织利用媒介与公众进行沟通的例行方式,是一种两极传播方式,它也是一种引导舆论的基本方法,先由组织将信息告知记者,再由记者所属的新闻机构将信息告知公众。新闻发布会即发布新闻的会议,因此最关键的是必须有新闻需要发布。因此严格意义上说,新闻发布会与记者招待会应该是两种不同的公关形式。记者招待会是媒体和组织进行联谊、相互结识的晚会或联欢会,其中的食品和饮料都应该是一流的,这种场合一般不适合谈论严肃的话题。因此,记者招待会应该在适当的时候,用于轻松和愉悦的目的。而新闻发布会不能诱导记者进行不实的报道。

在众多的公关对象中,新闻发布会所面对的主要是新闻界的记者,而对记者这一职业特点的了解也是举办新闻发布会时需要事先有所准备的。

二、新闻发布会举办的流程

一般在确定了新闻发布会的必要性后,可以开始操作一次新闻发布会,从其开始到结束大致需要安排以下几个方面的工作。

(一)选择举办的时机

作为与新闻界建立和保持联系的一种比较正式的形式,与向新闻界提供新闻资料相比较,召开新闻发布会不仅具有更为严肃、规格更高的特点,更重要的是记者可以在会上就自己感兴趣的问题和自认为最佳的角度进行采访。

其中需要特别注意的还是新闻的由头。新闻的由头就是为了确定新闻发布会是否有必要,或者某一新闻是否有新闻价值,这是在新闻发布会前最重要的问题,即事先确认紧迫性,不要将无新闻价值的东西硬拉上新闻发布会。通常,组织新闻发布会的由头有以下几种:新产品开发、组织经营方针的改变、组织首脑或高级主管人员的变更、新项目的上马或旧项目的改建、组织合作、周年纪念日、组织产品的获奖、与组织有关的重大责任事故的发生等。

在新闻发布会时机的选择上另外需要考虑的还有,尽量在时间上避免与重大社会事件、重大的纪念日发生冲突,因为具体的时机选择会直接影响媒介介入的程度。一般来说,每年的 1 月是新闻较缺失的月份,特别是春节前的一段时间。

(二)新闻发布会具体时间的安排

新闻发布会一般选在上午 10 点或下午 3 点举行为宜,这样有利于记者到会。当然,突发事件的首场新闻发布会最好在事件发生后的 24 小时以内。一般的新闻发布会正式发言的时间不超过 1 小时,同时应该留时间让记者提问。

(三)确定来宾的名单与寄送通知

确定来宾的名单时,需要考虑媒介的知名度和影响范围、媒介的报道方针与组织的经营内容是否相关或相符等。确定名单后根据定好的具体时间,要提前 1~2 周向记者发出书面邀请,让记者充分安排时间。因为并非所有的记者都能到会,所以,为使新闻发布会圆满成功,最好在邀请函上附一张回执。在邀请函上将新闻发布会的内容及时间进行说明,并一定要确切地落实对方能否出席。最好是打电话后再派人亲自将请柬或邀请函送过去,以当面确定他们是否能来。

(四)举办地点与会场的安排布置

在举办新闻发布会时,应该考虑安排合适的地点。在地点的选择上一般要从两个方面着手:一是会场选址。新闻发布会的选址与发布新闻的性质要融洽。二是考虑交通及新闻发布会场的硬件等因素,如电话、网络、打印、照明设施等。一般会选择在宾馆或新闻中心举办新闻发布会。在选定新闻发布会地址后,还要注意会场的环境布置,如气温、灯光、噪声等问题都要考虑周全。如果选择一个富有时代感的公关人员来布置会场,使会场既能体现组织文化或管理理念,又能使记者及其他来宾产生宾至如归的感觉,那是再好不过了。会场一般应该设有记者或来宾的签到处,在每个记者席上准备好有关的书面资料,使记者们能够了解发布信息的相关内容。

(五)工作人员的选择

提前确定新闻发布会的主持人和主要发布人。其中主持人的作用在于把握主题范围,掌握发布会的进程并控制会场的气氛,从而促进新闻发布会的顺利进行,一般由公关人员来担任;主要发布人一般由组织主要负责人或部门负责人担任,因为决策者了解组织的整体情况及方针、政策,讲话具有权威性,必要时还可以安排一位或几位专业技术人员做主要发布人的现场助手。记者大多会提出一些尖锐和深刻的问题,甚至会让人下不了台,这对主持人和主要发布人都提出了较高的要求,主持人和发布人必须对问题比较敏感、思维敏捷、有较高的文化修养和较好的风度,当然口齿也要伶俐。

此外,也要确定具体的材料准备人员、发布会现场的服务人员(可以安排与会者签到、引导与会者入座、准备好必要的视听资料等),同时还要安排一名摄影师专门拍摄会场情况,以备将来作宣传或纪念之用。

(六)新闻资料的准备

在新闻发布会举办之前,根据新闻发布会的主题,组织应成立专门的发言起草小组,收集有关资料,写出清楚生动的发言稿提纲供发布人参考。还可以写出报道提纲,在会后给记者作为报道的参考。会前应该将会议主题、发言稿和报道提纲的内容在组织内部通报一下,以统一口径,防止在会上出现自相矛盾的现象,避免引起记者的猜疑和混乱。不过,不要事先向外界透露任何重要的或核心的消息,否则等到正式发布消息时,所引起的冲击力就会变小了。在辅助材料的准备上要围绕发布主题,可以包括背景资料、新闻稿、有关图片等,材料不宜过多,应该方便记者携带,最好是装在新闻袋里,若能有用录像带录成的资料则更好,可以直接交给电视台的记者。

(七)新闻发布会的进程

因为新闻讲究的是时效性,所以新闻发布会的进程要求议题紧凑、节奏明快,即使新闻记者的态度与发布人的意见明显不一致,发布人只能力争用肯定的语调公布确凿的信息。而此时主持人则应该审时度势,尽量将记者的提问和发布人的回答及时引入符合主题的正确轨道。如果出现发布人不能回答或无法避免的问题时,应该果断而得体地申明本次新闻发布会不会探讨某个特殊的问题,请记者们谅解。当然,新闻发布会上一般要保证有问必答,但有些问题可能已超出你的准备范围且无法作答时,应该事先有心理准备,可以避正答偏,将话题引导到自己准备得比较充分的问题上来。当然无论你如何充分地准备,还是有可能会遇到一些棘手的问题,因此要作好真诚作答的准备。在新闻发布会结束前,要提示"请提最后一个问题"。

（八）预演

如果条件允许,最好进行一次预演,以保证新闻发布会能顺利进行。如果是来宾较多、影响较大的新闻发布会,事先一定要进行预演,发布会前应当研究一下每一个可能遇到的问题。

（九）会后的安排

新闻发布会结束后要尽快整理出新闻发布会的记录资料,对新闻发布会的组织、主持和发言等方面的工作进行总结,收集与会记者及其他来宾的反应,检查发布会在接待、安排等方面的工作是否有欠妥之处并从中吸取经验和教训,并将总结好的资料保存好以便以后的工作参考。就长期的会后监控而言,还要注意与会记者在各种媒介上的报道,检查是否达到了发布会的预定目标,同时,注意与会记者是否都发了稿,并对已发稿件的内容与倾向性作分析,以此作为以后举办新闻发布会的参考依据。如果出现了不利的报道,则应该及时作出应对策略。一般来讲,对于不正确的或歪曲事实的报道,应该采取措施加以说明,向报道机构提出更正要求,必要的话可以采取法律措施。

新闻发布会是公关区别于广告的一种重要形式,而最能体现公关新闻发布地位及作用的莫过于发生在美国佛罗里达州的一则案例。

20世纪70年代末,美国佛罗里达州发生了一件不幸的事故,居民罗伯特在自家阁楼上安装某工厂生产的工作灯时不幸触电身亡,死者家属状告消费品安全委员会,法院和委员会出于同情及责任,对灯具进行检查后确认它是危险的。法院判定生产商和经销商立即采取补救措施,即必须将这种灯是危险的信息通知各地的消费者。为了保证最大范围地让消费者知道此事,广告应登在最主要的报刊上,更要在电视上播出,而且广告重复的次数不能低于15次,其中5次必须是在黄金时段,持续时间不能低于一个月。

在全美几十个州同时买进广告时段,且必须含有黄金时段,保守估计,整个广告活动将需要花费1000万美元。危急之中,一个经销商召来了自己的公关部以应对这一危机。公关部了解到这种工作灯并非产品安全委员会所宣布的那样具有强烈的危险性,发生事故的概率是极低的,当然危险也确实存在。因此,公关人员首先找到了法院,向负责案子的法官陈述了苦衷,证明不良工作灯的危险并非一触即发,而且自己有更好的办法把信息传达给消费者,其效果将会比广告更好。他们展示了详细的公关宣传计划,比较公关活动与广告活动后,法官也同意了,因为人们更多的是关注新闻而不是广告,因此,法院要求商家在一个星期内必须把消息传达出去。

公关部马上与生产商和经销商一起开了一个规模盛大的新闻发布会,地点定在华盛顿特区——美国的首都。为了保证各大报社、电视网的记者和撰稿者参加,他们想尽了一切办法进行联络——电话、信件、拜访等,成功地保证了他们的出席。新闻发布会同样也很成功,由于这是一种关系公众切身利益的消息,各大媒体争先恐后地详细报道触电事件和回收产品的消息。全国各地的电视台、报纸、商店也收到了以特快专递形式寄上的新闻稿。一周以后,厂家、商店带了一张巨大的美国地图来到法庭上,在地图上,用小红旗标识着报道不良工作灯消息的报社、电台、电视台的地点,此外,还有一大叠新闻剪报和新闻报道的录像带。法官由此举起议事槌重重地一击:"鉴于信息已得到广泛的传播,本案就此终结。"整个公关活动只用去了 10 万美元,而且非常成功。

 课堂讨论

　　传递信息的方式是多种多样的,但是为了达到有效传递的目的,面对各种方式我们首先需要作出选择。你认为这次公关传播的范围如此广泛的原因是什么? 案例中前后共出现了哪些传播的媒介,它们各自有什么样的特点? 公关的新闻发布与广告比较,各有什么样的特征?

复习思考题

1. 公共关系新闻传播的基本类型是什么?
2. 公关新闻稿撰写的技巧及其基本构成要素是什么?
3. 在公关新闻事件的策划中应遵循哪些原则?
4. 为什么要举办新闻发布会? 如何确定新闻发布会的时机?
5. 举办新闻发布会应注意什么问题?

第七章 公共关系专项活动

学习要求

1. 掌握公共关系各类专题活动的内容、特点及具体操作的方法。
2. 了解各种专项活动的设计与操作的基本技巧。
3. 了解公关与广告的关系、公关广告的特点及其制作。
4. 了解 CIS 的含义、CIS 的具体内容及其具体的设计要求。
5. 了解公关赞助、展览、庆典、开放参观的设计及管理。

第一节 公共关系广告

一、公共关系广告的特点

(一)公关与广告

对广告的理解至今也是莫衷一是,一般来说,广告按其字面的理解就是"广而告之",即向广大公众告知某件事情。广告一般有广义和狭义之分。广义的广告是指所有能唤起大众对某一事物的注意,并且诱导大众向一定方向进展的公开宣传。因此,从广义角度理解的广告内容广泛,包括政府的公告,政党、教育、宗教、文化、市政、社会救济等方面的通告、公告、启示、声明等。狭义的广告是指营利性的经济广告,也称商业广告,是指为了推销产品或服务,借助各种媒体开展的宣传活动。简单地说,广告就是一种"付费的宣传"。目前广告与公关的功能都在不断延伸,广告已从简单的促销向宣传推广甚至改变人们思维方式和观念的方向发展,企业形象与信誉的建立越来越为人们所重视,公共关系也开始从被动适应环境向主动改良环境、积极影响环境、努力营造环境转变,而且广告与公关正不断地相互交叉、补充,目前公关与广告已经成为现代组织或企业对外传播中不可或缺的两大工具。公关与广告无论是从表现手法、策划创意还是营销目标、市场战略上看,都有着不可忽略的关系。一方面,公共关系利用广告的形式进行宣传和传播构成了公共关系活动中的一种专项活动,即形成了公关的广告宣传活动。另一方面,在现实的公关实践中,广告公司与公关公司的不断合作也促使公关人员必须熟悉广告的基本原则、主要内容、制作的基本方法等。

公关广告的着重点是介绍一个组织的观点、政策,使公众了解本组织的情况从而增加对组织的信任,并给予支持和合作。正是因为公关广告借助广告的表现形式,因此,公关广告与一般的广告也会有一些相同点,如都是广告的形式,都需要花钱购买媒介的时间或版面;都是进行信息的传递;都有一定的目标受众(公众);都具有一定的目的性。

(二) 公关广告与商业广告的区别

公关广告作为公关的一项活动与一般的商业广告还是不同的,这种区别一般可以表现在以下七个方面。

1. 传播对象不同

公关广告传播推销的是组织的形象或信誉,而商业广告传播推销的是商品的性能、用途或特点,树立的主要是一个组织中最主要的组成部分即产品的形象或信誉。

2. 传播内容不同

公关广告传播的内容不仅是大量的而且是多方面的,就以一个企业的公关广告为例,它的内容既可以包括产品方面、管理方面、技术设备方面、员工素质方面,也可以是股票价值方面和企业前途等内容,当然还可以是一个组织的历史或组织领导人的成就等;而商业广告传播的内容仅仅限于产品本身以及与该产品相关的内容。

3. 目标追求不同

公关广告追求的是社会效益,不与销售发生直接的关系,注重的是同公众的全面沟通。它可以包括:消除公众对某一组织的误解,寻求公众的支持、赞许或好感,争取协作单位的配合与合作,特别是国外投资者的了解与信任,改善组织内部关系,协调各级管理部门的经营并得到员工的理解与信任,争取新闻界朋友的支持,注重社区及政府部门关系的处理等;而商业广告则以销售为导向,追求的是很简单、清晰的经济效益。

4. 评估标准不同

公关广告一般没有明确的商品销售中的商标推广,其经济效益会在较长的时期内逐步地得到体现。因此,公关广告的效果同样借助于一般的公关评估的方式,是通过调查并测定公众的态度变化来进行的。而商业广告的效果是以该产品销售额的增长与否来评估的。总之,公关广告是让公众先知道我、了解我、再理解我、喜欢我并且逐步地支持我。而商业广告则是让消费者能够买我。可以这样说,公关广告作为一种组织的传播手段是一种非直接营利的声誉性广告。

5. 适用范围不同

公关广告适用于所有的社会组织,既可以是政府的,也可以是社团组织的,还可以是服务性的社会组织的,当然更可以是营利性的企业的。而商业广告往往是指营利性的组织。事实上,如果比较公关广告与商业广告的范围,人们无法回避的一个事实是:当一个组织的产品被宣布为有害物品而禁止在任何媒体上做商品广告时,大多数组织会选择放弃,而烟草制造商们却没有停止努力,他们选择的是公关的广告宣传,即广告的缺席恰恰给公关提供了机会。

6. 传播媒介和手段有区别

公关广告的手段可以有各种形式,既可以利用新闻媒介,也可以利用人际沟通、专题活动,如开业典礼、周年庆典活动等各种公关专项活动;而商业广告的媒介选择更为广泛,它可以是各种大众传播媒介,也可以是产品的陈列、橱窗的展示、产品的包装袋、车厢展示和挂历等。

7. 信息传播的途径和过程有区别

公关广告与商业广告都必须将信息传播出去,但传播的途径有所差异。公关广告是先将组织的整体形象信息传递出去再传递产品形象信息,而商业广告则通过产品的形象信息再带动整个组织形象信息的传递。

二、公共关系广告的类型

对于一个组织来说,公关广告的主题内容有组织的声誉、公共服务项目、经济贡献、员工关系、特殊事项等。因此,常见的公关广告有以下五种形式。

(一) 形象广告

形象广告向公众阐明的是组织的经营方针、政策和措施,是为在公众的心目中树立良好的形象并获得好评。它主要以宣传组织的目标、方针和经营思想为主,可以在公司、企业开张开业、厂庆纪念的广告中列入上述内容。如美国西屋电气公司曾在周刊上刊登岁末广告,把当年有关该公司的各种新闻和报道汇集起来,冠之以总标题:"来自本公司的一切美好消息",这则广告极富效果,使广大读者对西屋公司有了美好的认识。另外,在形象广告中一般也会向公众披露更多的内容,比如自身的实力、技术装备、人员素质和经营发展状况,增加组织对公众的吸引力。

(二) 观念广告

观念广告主要是为了提倡一种观念或反对一种观念。我国中央电视台的"广而告之"属于典型的观念广告。日本政府为了提倡年轻人服役,曾经专门制作了一批宣传广告,其中有招贴画,上面画的是年轻英俊的小伙子。在广告宣传中,凡是军人出现的地方大多是比较豪华的场所,而且每次出现都能引起很多女孩子的兴趣,这大大地提升了军人在人们心目中的地位。又如我国台湾地区提倡社会关注学习,专门设计的观念广告语是:书香社会从家长陪同小孩读书开始。

(三)响应广告

响应广告是指一个组织为了响应社会或其他组织的号召,响应社会或其他组织的活动,或者为了表示一种共鸣的广告宣传形式。这种响应广告既可以是对政府的政策、措施或当前社会活动中的某项重大事件以组织的名义做出响应,也可以是对某些新开张或有重大庆典活动的组织或企业,以同行的身份刊登广告以示祝贺。这种广告一般也被称为"同贺广告"或"祝贺广告"。如节假日向公众的贺喜等。因此,在现实生活中,组织在元旦、春节期间在电视台、广播、报纸或网络上向公众祝贺新年或新春是响应广告最普及的形式。同样,也可以在不同场合利用媒介向广大公众或其他团体、机构致谢。我国每年的人大、政协会议,以及每一届的党代会时,政府都会有重大政策出台,此时有些组织就会抓住出台重大决策的机会,配合政府的号召,而这些决策也可以通过响应广告的形式对外进行传播。如北京2008年奥运会申办、上海世界博览会的申办等,都会带动一些组织表示响应或在经济上给予支持。凡是一个组织对重大社会活动提供的赞助也都可以通过广告的方式进行传播,以造成广泛的影响,从而促进公众对一个组织的关注及认同。这种关注借助的是响应对象本身的影响力。

(四)公益广告

公益广告是指一个组织倡导一项公益活动或参与一项公益活动时,将其服务信息传递给公众从而加强对社会公众的服务。如美国广告代理商协会曾组织22次反对吸毒的广告,广告费高达五亿美元,希望公众"爱生命、不吸毒"。我国台湾广告界对公益广告也相当重视,有一组提倡献血的广告标题是:"想想看……假如有一天您的亲友也需要血。""想想看……您可能拯救了这个小孩。""想想看……有一人因为您的一袋血救回了生命。"金马广告公司曾经策划制作了一系列以"绿满全球"为主题,旨在保护人类生态环境的广告宣传画,画上画着与我们生活息息相关的清水、服装、教材、苹果、垃圾等,并用反常的视觉表现手法和说服劝导性的文字向公众表示:"不要让它变成奢侈的饮品——不要污染水源,否则一杯清水的价格将令人咋舌;不要让它变成历史的遗憾——不要滥杀野生动物,否则将来孩子们只能在画册上看到它们;不要让它成为流行的服装——不要污染空气,否则你将不得不戴着防毒面具上街;不要让它成为21世纪的景点——不要乱丢垃圾,否则你将不得不在垃圾里度假。"这些宣传画给人留下了深刻的印象。公益广告的商业味很淡,可以向公众表明组织对社会环境、道德风尚的关心与爱护,既能帮助组织树立良好的社会形象又可为组织带来无形的财富,即良好的口碑所产生的认知效应。

(五)评论广告

评论广告这种形式在美国非常广泛,它主要是对敏感的政治、经济及社会问题加以预测或评论,引起公众的关注及参与,能够确立一个组织如何对待当前的主要问题的观念导向。如英国福克钢铁公司是英国唯一的一家生产特大型钢铁的工厂,但却常年亏损,经分析后发现原因在于自家产品成本太高,所以在竞争中处于劣势。而为它提供能源的是英国煤气公司,为此英国福克钢铁公司向英国煤气公司提出希望得到优惠的价格,但遭到拒绝。英国福克钢铁公司公关部由此制订了公关计划:委托专家撰写一份英国煤气公司的政策分析文章,在全国媒介上披露自己的不满,同时对政府进行游说,争取政府部门的支持,争取和其他用户达成利益同盟。1987 年摩根教授撰写了《英国煤气公司的价格政策与合同煤气供应户的关系》一文,称煤气公司破坏公平竞争,指出它之所以敢索取高价是因为作为垄断供应商,它知道用户没有讨价还价的能力。一场媒介宣传活动由此展开,最后,煤气公司只能让步。

三、公共关系广告的策划

(一)公关广告策划的基本原则

公关广告的策划与一般广告的策划一样需要遵循两个原则:一是科学性原则,二是艺术性原则。从国外公关与广告大公司的运作来看,科学与艺术的组合比例是4:1,即 80%的科学性与 20%的艺术性,而我国的广告策划与制作中科学与艺术的比例则是 1:4,即 80%的艺术性和 20%的科学性。

广告策划中的科学性原则既是指广告内容的客观性和真实性,同时还需要体现对现代科技手段的充分展示及运用的能力。公关工作是一项真实、公正的工作,从其为了树立长期的组织形象或声誉的角度来分析,它最注重的应该是公众对组织信任的管理与培养。因此,广告内容上的真实客观以及在传播方式上的科学规范就成了最基本的要求。公关广告的科学性原则还体现在广告的效果评估上,通过对公关广告效果的客观评估来了解一个组织公关资源的利用结果。当然,在策划公关广告时一定要尽量避免商业痕迹。公关广告的艺术性原则往往体现了公关广告的独特创意,它是指在真实的基础上制造出一种与众不同的氛围和奇特的认知效果。如在雀巢奶糖的广告中,一个男孩正在动物园的大象馆前,当他一边逗着小象玩一边吃着糖果时,很调皮地将最后一颗糖果递到小象的鼻子前,小象正想用长鼻子卷走糖果时,小男孩却突然将糖果放进了自己的嘴中甚至还做了一个鬼脸。广告画面一切换,多年后,小男孩长成了一个青年小伙子。有一天,他正站在马路边观看马戏团的游行,当一群大象走过时,其中有一头大象突然冲到小伙子的身边,用长鼻子作弄了小伙子一下,正所谓"君子报仇,十年不晚"。这可真是一则颇有创意的广告设计。

(二)公关广告的策划与制作

组织广告策划是公关的重要内容之一,制作公关广告首先要根据公共关系的目标确定广告的基本内容和要求。一般可以依照如下程序进行:

首先应对公众进行详细的调查,确定公关广告诉求的目标公众。当宝洁公司

"尿不湿"准备对中国的年轻母亲宣传其低廉的价格时,它其实并不了解中国年轻母亲的心理需求是什么,等它终于注重"吸水性强,保护宝宝屁股干爽"时,它找到了市场。

其次是进行广告的定位。广告的定位往往是宣传的独特定位,也是一个组织公关广告诉求的基点,根据广告的定位可以确定广告的主题。

最后是选择广告的媒介,媒介可以是一种也可以是多种媒介的共同配合,选择媒介的关键是保证广告能收到较好的传播效果。

课堂讨论

> 中国广告界有一句笑话,说在中国20世纪80年代,谁有钱做广告就肯定能挣钱,而20世纪90年代谁有足够的钱做足够的广告,那么他就肯定能挣钱。而现在的形势是,谁有足够的钱做足够的广告也不能保证可以挣钱。你能领会其中的意思吗?

在广告的策划与制作中最关键的是广告主题的构思。广告主题一般会由广告目标、信息个性及消费心理三方面组成。广告主题是广告的灵魂,也是广告的中心思想,公关人员可以通过思考、提炼、浓缩,最后用最简单的语言,运用画面、声响等来表达广告的核心,通过主题来说明广告的意义或价值。主题中的信息个性是广告所要传递的内容,即产品、劳务或观念的个性。公关广告主题一般可以选择的题材是:信誉、公共服务、经济贡献、特殊事项,如周年庆典、职工关系、组织风格、组织标识、组织传统、组织文化等。公关广告主题的设计同样需要遵循公关设计的基本要求,即体现稳定性与变化性的统一,体现一个组织形象信息的连续性和统一性,同时也需要体现其形象信息的变化性和创新性。

四、整合营销传播

整合营销传播(integrated marketing communications)是近年来出现的营销广告新概念,其中心思想是:一方面将广告、营销、公共关系、直销、CIS(企业形象识别系统)、包装、新闻媒介等一切传播活动都包含在广告活动的范围内;另一方面则使一个组织能将统一的传播信息迅速地传达给公众,所以整合营销传播也被称为"speak with one voice"(用同一个声音说话)。整合传播的观念被越来越多地表述为:为公关的目的而使用广告。而整合营销传播也被人们形象地称为一种新的广告。公共关系在整合的传播中至少可以体现三个方面的作用,即寻找广告宣传产品对象的赞助商;吸引公众事先对广告产生更大的兴趣;增强广告的可信性。

在目前国际公关理论界享有大师称号的格鲁尼格是反对"整合营销传播"概念

的①。他认为一个组织同时需要市场营销和公共关系这两种功能。从本质上讲，市场营销有着经济的作用，而公共关系则有着政治的作用，公共关系应该帮助组织的所有职能部门与受组织影响的公众进行交流。而消费者仅仅是一类公众，当公共关系仅属于市场营销的一部分时，它只是与消费者公众进行交流，可组织与社区、政府、投资者、员工和媒介的关系处理是营销的理念所无法包括的。因此，格鲁尼格认为，公关可以通过营销传播对组织的营销功能提供支持，而且所有的营销手段都应该整合，甚至包括广告，但一个组织的所有传播行为不应该全部归结到营销传播中去，而且更关键的是，公关的所有形式也应该进行自身整合，但它不能被整合到市场营销或其他任何功能中去。

 课堂讨论

　　请你根据对整合营销传播的理解，以及公关的相关理论进行分析：你认为一个组织的公关如何保持其不可替代的作用？公关功能的独立性应该体现在哪些方面？

第二节　导入企业形象识别系统

　　为了突出一个组织形象的刺激度，众多组织纷纷通过导入企业形象识别系统(CIS)来提升自身的形象视觉冲击力，并获得了成功。

一、CIS 的含义和特点

　　CI 是英语 corporate identity 的缩写，corporate 是"企业""社团"的意思，而 identity 是"身份""统一""识别"的意思。依此"CI"可以译为"企业形象识别"。完整的 CI 应该是一个不可分割的系统，即 CIS(corporate identity system)，通常被译为"企业形象识别系统"。

　　具体地说，CIS 应该是一个企业通过传播媒介来增进社会认同的符号传达系统，它是一个将一个企业的经营理念向社会大众有效传达的过程。而 CIS 战略则是一个帮助企业从经营宗旨、组织体系、市场策略、商品政策、公关广告乃至企业人员素质等方面，进行全方位综合管理的系统工程。其目的是明确企业的发展方向，将企业的整体运作纳入既定的管理轨道。

　　一般来说，CIS 具有五个特点。

---

　　①　郭惠民.当代国际公共关系[M].2 版.上海：复旦大学出版社,1998：6.

（1）CIS可以将企业的管理、营销、公关、广告提升为贯彻企业经营理念与经营哲学的具体行动。

（2）CIS一般都会由企业的首脑亲自把控，动员整个企业所有部门共同参与。

（3）其计划的传播对象不仅仅是消费者，同时还指向企业内部的员工、外部的社会大众及相关的团体。

（4）其计划中包含的对企业信息进行传达的媒介不仅是大众传播媒介，所以要尽可能运用企业内外所有的传播资源。

（5）其计划不是短期的即兴作业，它是企业长期的战略规划，是需要定期进行督导与有效监控的系统工程。

二、CIS的起源和发展

CIS起源于第一次世界大战前德国的AEG公司，它在系列产品上首次采用彼得·贝汉斯所设计的商标，这一商标成了以后该企业统一视觉形象的雏形。第二次世界大战以后，随着国际经济的复苏，欧美各大企业纷纷导入CIS，例如被誉为"美国国民共同财产"的可口可乐，以引起视觉强烈震撼的红色与充满波动条纹所构成的"Coca-Cola"标志，在全球消费者心目中成功地塑造了老少皆宜、风行世界的品牌。同时，CIS逐渐进入日本，在日本的发展极为迅速。日本第一个开发CIS的企业是1970年的马自达（MAZDA）汽车公司，为企业识别系统的建立树立了典范。

由于CIS在不同的国家和地区、不同的企业运用的方式不同，因此形成了不同发展过程的CIS战略，其中主要以欧美国家、日本和中国台湾地区CIS的发展为代表。

（一）欧美国家CIS的发展

欧美国家的CIS战略注重市场营销和竞争导向的视觉传达设计以及设计项目的规划和运用，尤其是美国特别注重CIS的发展。它们认定这么一个道理：一个在高速公路上开车的司机，他的视野很狭窄，注意力集中在前面，要求他同时识别路旁的事物是很困难的，但他看路标却不困难，原因就是美国的马路标识的统一化，可以使人一目了然。一些美国的企业受此启发，如果一个企业能够设立一种标志，使人能够很容易识别，这样也可以使企业扩大影响。因此，企业开始设计标志、制订标准颜色并强化传播企业的统一形象，其目的主要是为了促进商品的销售。美国企业特有的标记为企业进入市场、参与竞争、扩大影响、树立形象识别、寻求发展奠定了坚实的基础。在此方面，欧洲的一些企业与美国企业在CIS战略的运用上有着许多共同点。

（二）日本CIS的发展

日本CIS的起点更高，发展也更快。20世纪70年代前期，日本CIS战略的主要内容是视觉传达设计的标准化，力求设计要素与传达媒介统一，使得标志、标准色和标准字都能充分运用在企业体内,比较有代表性的就是日本东洋物产株式会社的马自达品牌。20 世纪 70 年代后期,日本 CIS 的方向在于重整企业理念与经营方针,目的是活跃士气、带动生产和创造更高的利润。20 世纪 80 年代前期,日本的 CIS 以员工的意识改进和企业改制为主。20 世纪 80 年代后期,日本的 CIS 注重的是企业本身的经营资源和经营方针,再将其充分运用,其目的是扩大与竞争对手之间的差异性,这一时期也终于确定了独特的"日本型 CIS 战略"。

 课堂讨论

> 日本 CIS 战略与美国 CIS 战略的区别主要在哪里?请结合日本 20 世纪 80 年代企业文化建设的背景进行分析。

(三)中国 CIS 的发展

中国最早引入 CIS 的是台湾地区的大企业家王永庆的台塑企业,该企业设计出了波浪形外框作为企业的著名标志。在 20 世纪 80 年代后期,作为改革开放前沿的广东省,以太阳神集团为代表的一些有远见的企业开始先后导入 CIS 计划,从 20 世纪 90 年代开始,在一些已经应用 CIS 战略并取得良好经济效益企业的带动下,全国各地的企业开始了对 CIS 的全面认识和理解,使得一些企业下决心导入 CIS,并开始将其作为策划企业的形象宣传攻势和全面发展策略的必由之路。

三、CIS 的构成

企业形象识别系统由三个子系统构成,分别是理念识别(mind identity,缩写为 MI)、行为识别(behavior identity,缩写为 BI)、视觉识别(visual identity,缩写为 VI)。

(一)理念识别

理念识别(MI)是一个企业在长期发展过程中所形成的、具有独特个性的价值体系,它是一个企业宝贵的精神资产,也是一个企业不断成长的根本驱动力。MI 一般包括企业精神、信条、目标和企业经营管理观念等,其用意是确立企业的宏观发展战略,倡导与此发展战略相适应的企业精神与价值观念,为企业的社会地位和经济地位确定方向,也被人称为一种策略的定位。MI 一般来说在表现形式上比较抽象,但却是 CIS 的核心,它从根本上决定着企业之间的差别,并且左右着一个企业的素质,而且在相当大的程度上影响着企业的市场地位及长远的发展趋势,体现着一个企业的文化素养。如麦当劳快餐连锁店的创始人雷柯创业之始就设立了四个经营信条:高品质的产品(quality)、快速微笑的服务(service)、清洁幽雅的环境(cleanliness)、物有所值(value),缩写为 QSCV。

(二)行为识别

行为识别(BI)是一个企业在企业理念指导下逐渐培养起来的,它是一个企业

全体员工的工作方式和行为方式。BI 一般包括一个企业对内和对外两种行为活动,对外的如市场调查、促销活动、社会公益活动等;对内的可以是生产管理活动、员工培训教育、服务水平和其他行为准则等。从根本上说,BI 是一个企业理念识别的实现途径和目标的保障,是一个企业实施其发展战略必要的行为规范。就一个 BI 操作而言,最主要的是体现其独特性,同时还需要有这种设计的实施保障,即说到做到,因为设计的完善毕竟不能等同于实施的完美。如麦当劳为了实现QSCV,制订了一套准则作为员工的行为规范。如营业员训练手册、岗位检查表、品质导正手册、管理人员手册等。其中甚至可以小到消毒的程序、大到系统管理等都会有相关的手册进行说明。具体地说,它可以把一个餐厅的服务工作分为 20 多个工作段,每个工作段都会有岗位检查表,上面会详细说明各工作段事先应检查的项目、步骤和岗位检查表。进入麦当劳后,员工将逐步学习每个工作段的工作,在各段表现突出的会晋升为训练员,训练新员工,训练员表现得好才可以进入管理组。

课堂讨论

　　"与其背靠墙休息,不如起身打扫",你认为如果没有顾客光临时,是打扫卫生合适,还是休息合适? 为什么?

（三）视觉识别

　　视觉识别 VI 是企业所独有的一套识别标志,它是理念识别的外在表现。理念识别是视觉识别的精神内涵,没有理念识别系统,视觉识别系统只能成为一种简单的装饰。但是,如果没有视觉识别系统,那么一个企业的精神观念也将得不到表达。VI 一般可以分为基础系统和应用系统两大类。基础系统包括企业的名称、标志、象征图形、标准字体、标准色彩、口号、专用乐曲等;应用系统则是以基础系统的基本元素规范为主,融入企业经营管理理念、行为准则和别具特色的设计语汇,应用于企业的所有符号系统、产品销售、包装、办公、业务、展示、宣传、广告、指示以美学为基础的富于艺术感的形象设计。

　　VI 所涉及的内容可以是:企业及产品的命名、标志及商标的设计、产品的外形包装、广告、厂房设计、标准色的选择、公关礼品的制作、宣传资料及招贴画的印发,以及厂徽、厂服、厂歌的设计与创作等。视觉形象识别最注重的是稳定性、创意性和一致性。如麦当劳的 M 形黄色拱形门和面带慈祥微笑的打扮成小丑模样的麦当劳叔叔,世界各地都是一个模样,从而给人留下深刻的印象。

四、CIS 的作业程序

　　CIS 导入对于一个企业来说是一个非常系统而漫长的过程,每一个 CIS 管理周期基本上都可以分为以下几个阶段:第一阶段是配合经营战略决策需要而决定开始新的 CIS 导入;第二阶段是调查、设计、测试、实施等 CIS 更新作业阶段;第三阶段是全面的 CIS 应用和推广阶段;第四阶段则是 CIS 的管理与维护阶段。一般来说,第三和第四阶段基本上由企业自行负责展开,而与之配合的外界力量也由专业的 CIS 设计顾问公司转到以营销传播为主的公关公司和广告公司,而当一个企业在发展过程中又经历重大的转型或者突变时,往往就标志着一个新的 CIS 管理周期的开始。一般一个全新的 CIS 全面导入需要一年的时间,而一些大型企业和全球性企业的 CIS 更新则需要长达 2~3 年的时间才能完成。

(一) CIS 导入和发布的时机

一套好的 CIS 设计,除了 VI 部分付诸视觉实现外,更重要的是借助适宜的导入时机,发布新的经营理念、行为理念,达成一个企业内部整合与外部传播对新品牌的认同。一般企业业务扩大化和多元化时、企业形象老化时、决策层交替时、企业合并时、企业向国际化转化时、知名度过低时、周年纪念时,都是导入 CIS 的有效时机。在 CIS 发布时要把握好天时、地利、人和三要素,使得 CIS 作业能够顺利地完成企业的新老品牌的交替。天时是指发布的时机。地利指的是空间优势,即地点和媒体,要求不但能有效地全面传达 CIS 的内容,而且可借助 CIS 冲击力,造成该地区品牌产品的销售优势,并且借助该地区媒体将企业 CIS 消息准确、完整、迅速、有效地传达给公众。人和指的是 CIS 发布推进和公关协调,CIS 的发布是一个循序渐进的过程,并不是单纯的一场新闻发布会。一般而言,一个企业导入 CIS,首先应从内部着手,整合企业 CIS 的认知,确定 CIS 的意识,普及推广对员工的 CIS 教育,使企业在 CIS 教育的进程中逐渐建立统一鲜明的品牌,并由内辐射至外部。对于外部环境则应采用新闻发布会、公司品牌广告、销售网络、公关活动等方式传达企业的 CIS 观念。

(二) CIS 导入的作业流程

一般较可行的 CIS 导入作业程序可以包含以下六个方面。

1. 概念确立阶段

主要是明确 CIS 的目的、意义,导入 CIS 可能给企业带来的效益,确立 CIS 导入的重点,CIS 导入的评估指标与评估体系,成立 CIS 委员会,确立 CIS 导入的执行工作。

2. 企业实际状态的调查阶段

主要是把握企业的经营状况、外界认知的情况、企业形象设计的现有情况等,从而确定企业实际形象在公众心目中的认知程度。

3. 形象要领确立阶段

即用前阶段调查的内容分析该企业内部情况、外在形象、市场环境与各个设计系统的表现形式,拟定未来企业的形象定位与应有形象的基本概念,以作为后续作业的策略和原则。

4. 设计作业展开阶段

将上述基本形象概念转化成具体可见的信息符号,在进行设计规划时,必须不断进行模拟调查、测试,直至设计表现符合原计划形象概念为止。

5. 完成与导入阶段

本阶段将重点放在排定导入实施项目的优先程序、策划对外告知活动以及筹备组建 CIS 执行小组和管理小组。

6. 监督与评估阶段

CIS 的设计规划是前瞻性计划,要使这一计划真正得到落实,还必须时常监督评估,以确保符合原始企业形象的设计,借此让社会公众达成识别认同的效益,若发现原有设计规划有缺陷则应该及早提出修正。

(三)制订 CIS 手册

CIS 手册是一本阐述企业 CIS 战略基本观点与具体作业规范的指导书,是 CIS 整体内容的导向,手册可以确保 CIS 运行作业的水准,一般来说,企业可以参照 CIS 手册中的规则来检查自己的管理体系。

CIS 手册一般可包括以下五个方面的内容。

(1) 总论部分:

董事长、总经理的致辞;

企业经营的理念与发展规划展望;

导入 CIS 的目的;

CIS 手册的使用方法概述。

(2) 基本要素部分:

标志、标准字、标准色;

标志、标准字、标准色的变体设计;

标志、标准字、标准色的制图法与标准色的标示法;

附属基本要素。

(3) 基本要素组合系统:

基本要素组合规范;

基本要素组合规范的变体设计;

禁止组合的范例。

(4) 应用要素:

办公系统(信封、信笺、文件夹等);

环境系统(建筑物外观、营业环境等);

标识系统(路标指示、招牌等);

服饰系统(员工服装及饰物等);

运输系统(业务用车、手推车等);

包装系统(产品外观、大小包装等);

广告系统(各种广告媒体设计)。

(5) 标志、标准字印刷及标准色。

第三节　公共关系各类专项活动

一、公共关系庆典活动

（一）公关庆典活动概述

公关庆典活动是一个组织为了引起社会的关注，扩大自身的知名度，专门利用节假日或重大事件举行的庆祝活动或典礼活动。这是一个组织向社会和公众展示自己的活动，也是体现一个组织领导人的能力、气质与风度以及该组织的精神面貌及文化水准的机会。一个组织的庆典活动往往会成为公众评价该组织的重要途径。组织在开展庆典活动时往往还会邀请知名人士、记者参加，可以进一步扩大影响并提升组织的知名度和美誉度。总之，公关的庆典活动往往因喜庆而热烈的气氛从而给公众留下深刻而美好的印象。

（二）公关庆典活动的类型

公关庆典活动有多种形式，主要可以包括以下几类。

1. 节日庆典

如法定的节日（元旦、国庆、春节等）和某一具体的纪念日，如"校庆""厂庆"。这类庆典活动既可以扩大组织的社会影响，也可以总结一段时间的工作，最关键的是可以赢得媒体的关注。

2. 开工、竣工典礼

这可以包括新设施奠基、新设施落成、企业开业剪彩、通车竣工典礼，甚至可以是社会组织的转产、迁址和装修结束，以及开设新的分支机构等。

3. 签字、颁奖、授勋仪式

它是以举行签字、互换正式文件或表彰先进、授予荣誉为载体的公共关系实务活动。虽然参加仪式的基本上是参加会谈的人员或内部人员，但也可以邀请上级部门、相关单位，特别是新闻媒体参加。这种仪式往往是制造"人和"的好方法。

（三）公关庆典活动的组织

一般庆典活动时间都不会太长，形式也不太复杂，但要办得热烈、丰富多彩也不是容易的事情，一般可以从以下几个方面来努力。

1. 准备工作

充分的调查是为了了解本组织的基本情况，主要是在其所在地区进行广泛的调查研究。关键是了解公众对组织的认可程度，了解公众对组织的兴趣所在，以便在选择庆典活动时，可以最大限度地迎合公众的心理，安排某些独特的活动，特别是要迎合与组织发展有重大关系的部分公众的心理需求。同时，要展开有针对性的宣传工作以求激发公众的兴趣或消除公众的疑虑。在准备阶段还需要完成的工作是：选择活动的具体时间,最好是选择组织性质与社会效应巧妙结合的时机来开展庆典活动,以获得公众的广泛关注;活动的形式、规模则视组织的性质、经济实力而定;组织好工作班子。一般来说一套精干的工作班子应该包括：① 策划管理人员,主要负责整体构思和策划,同时分工主管各部分、各环节的工作;② 实施操作人员,主要负责策划阶段的材料准备、文字撰写、摄影印刷、美工制作、广告设计、公共关系游说、迎宾礼仪、主持司仪、乐队调音等具体工作;③ 其他后勤人员,包括司机、厨师、清洁工、电工、木工,等等。所有这些准备工作及前期的宣传工作都应该准备一份备用方案及一些相关的备用人员。

2. 邀请嘉宾

嘉宾既可以是政府官员、社会名流,也可以是组织的内部成员。有家企业在剪彩时专门安排了与工程相关的员工担任剪彩嘉宾反倒引起了社会媒体的轰动。

3. 基本的物质准备

这部分的内容较细致,主要包括场地的选择及布置,组织标识和宣传品的安排,各种文稿(演讲、致辞、报告、讲话等)准备,设计好迎宾词、介绍词、演讲或报告内容等。同时分发给记者的文字材料也应该撰写、打印、装袋,并且及时分发给参加的人,这也便于记者们筛选材料,有选择地进行报道。在布置会场时还需要关注其他一些物品,如剪彩用的剪刀、手套、托盘等。

4. 编排程序

如果是剪彩仪式,一般程序是：宣布开始、介绍来宾、致贺词、致感谢词、剪彩或其他相关的活动。活动的程序安排一般应该人手一份,事先都要有所准备。

5. 善后工作

一般庆典活动后有以下一些余兴节目：① 参观,参观的内容可因组织的性质不同而有所区别;② 座谈会,这既可以向嘉宾、公众宣传本组织的形象,也可以借此机会与广大公众、上级机构、协作单位、新闻记者、同行代表等建立联系,听取意见和建议;③ 宴请招待,这种宴请可以是正式的宴请,也可以是自助餐或酒会、茶话会等;④ 观看表演,这可以是有关业务生产的操作表演,也可以是与业务间接有关的表演,当然也可以是专业的文艺表演等。

总之,庆典活动的组织与安排一定要突出其新闻性、计划性和艺术性。

在庆典活动方面堪称模范的是福特汽车公司的 75 周年庆典。福特汽车公司是美国最早的汽车制造商,其产值从 1903 年的 25000 美元增加到 1978 年的 65 亿美元,成为当时的世界 500 强之首。福特汽车公司一直致力于公关资源的管理,对内努力培养一种以身为福特人为荣、以福特产品为自豪的价值观;对外主要表现为协调好各方面的关系,及时宣传组织的各方面形象,力争在公众中保持一个好公司的口碑。在公司建立 75 周年之际,福特公关人员决定利用这次机会举行一个大型的庆典活动。

1974 年,公关人员提出了庆典计划,成立三人庆典委员会。福特公司的 60 个部门也各派一名高级管理人员参与庆典的筹备工作,并且成立分工明确、由 12 人组成的常务工作组。在筹备活动中,他们起草了庆祝活动建议书,从不需花钱的活动到耗费 500 万美元的大型活动应有尽有。大量的提议、设想经过归纳、总结,最后形成了一个具体的、明确的、操作性强的计划书,供决策层选择。最后,3 人庆典委员会批准了 60 多项花费不一的项目,总共预算为 138.5 万美元。

庆典活动正式开始之前,福特公司进行了大规模的宣传活动。早在 1977 年,每个月福特公司都会就庆典活动举办一次新闻发布会,而在 1978 年初直到庆典日那天,美国 400 家新闻单位每隔一周就会收到一份福特公司的新闻资料袋。新闻界对于福特公司本身就十分有兴趣,所以提供给公众的信息中总是包含着大量图片的资料。

福特公司为庆典专门出版了三本书——《福特 75 周年厂庆菜单汇编》《福特之路》《亨利·福特的汽车》,共卖出了 19 万册,公众对福特的兴趣可见一斑。福特公司还制作了一些视听资料,包括 20 分钟的幻灯片、3 套录像带、一部 28 分钟的电影《福特世界》,向全世界介绍福特公司。

经过精心策划的庆典活动终于开始了。庆典当天,福特汽车公司在全国的 65 家工厂同时举办开放式的庆祝活动:在密歇根州,举办了趣味盎然的汽车游行活动,一群身穿 20 世纪初服装的汽车专家乘一辆 1903 年生产的福特 A 型车,在这辆车后,福特先生亲自用曲柄摇动发动机,75 辆福特公司历年生产的汽车组成了车队,开始了浩浩荡荡的汽车游行,一时间,万人空巷;在佐治亚州,一辆 1914 年的 T 型车从装配线上开了下来;在明尼苏达州,福特公司和同是 1903 年建厂的坦奥尔福特公司举行了双庆活动;在纽约,福特的市场人员和管理人员共同切开了一个巨型蛋糕,然后乘上福特汽车参加游行。此外,午餐聚会、与大学生座谈、向大中院校提供赞助等也是厂庆的内容。这次活动中,光是员工家属参加的人数就达到了 45 万,被庆典所吸引的公众更是不计其数。

 课堂讨论

请对福特汽车 75 周年的庆典活动进行分析,考虑其中的策划、媒介运用及活动的创意等。

二、公共关系赞助活动

(一)公关赞助活动的意义

在竞争日趋激烈的现代社会,每年都会有无数的产品和服务问世,竞争性价格和便捷的运输都不足以应付商业竞争,只有产品和形象鲜明者才可能取得消费者的青睐。据统计,在世界经济最发达的美国,每年的商业赞助支出达 40 亿美元之巨,而全球的数额则达 100 亿美元,其中体育赞助的比例最大,约占 66%。有策略

性的赞助计划无论是在提高组织的知名度还是对社会事务的参与度上都有着积极的作用,而恰当地使用赞助更可以有效地接触公众、传达信息和提高品牌的美誉度,从而实现公关的形象及信誉的推广作用。一个赞助活动的成功推广也更深刻地体现了组织的社会责任意识。如CCTV的"经济年度人物"专门设立了社会贡献奖,邵逸夫因其对大陆的几十亿的教育捐款而获此殊荣。至于比尔·盖茨承诺将他的几百亿美元的资产捐赠社会,更是体现了一种与社会共存的意识。

(二)公关赞助活动的内容

在所有的赞助活动中,体育活动当仁不让地成为最佳选择。除体育活动外,赞助还包括:各种社会福利事业,如捐助社会上的残疾人、孤寡老人、失学儿童和失业者,援助受灾和经济落后地区等;各种文化活动,如为某一主题开展义演、义展,出资拍摄影视剧,扶持民族文化、艺术等;资助兴办教育等。

体育项目之所以会成为赞助的大热门主要是因为赞助体育活动会获得巨大收益。而且体育活动为广大的社会公众所热切关注和积极参与,企业若想通过支持一项公众关心的活动表现其社会责任感,赢得公众的喜爱和信任,体育虽不能说是唯一的,但肯定是最好的。当人们不得不坐在电视机前并且耐着性子看完长长的赞助名单时,当人们发现众多的省市级足球队都被冠以企业的名称时,这自然会令人联想到这些企业的实力之雄厚以及产品会畅销。从1920年在欧洲设立第一个瓶装公司开始,可口可乐在海外的业务得到了迅速的发展,到1926年,可口可乐已在20多个国家设立了分支机构。这时,一个叫斯坦顿的朋友给当时的可口可乐总裁伍德罗夫带来了第九届奥林匹克运动会将在荷兰阿姆斯特丹举行的消息,这使伍德罗夫一下子迸出灵感来:可口可乐公司要赞助奥运会。第九届奥林匹克运动会注定要载入史册,因为它创造了两个第一:一是第一次在开幕式上举行了火炬点燃仪式;二是第一次在奥运会上出现了可口可乐的身影。开幕式上,当打着国旗的美国队上场时,人们还不知道他们外套上印的"Coca - Cola"是怎么一回事,可是口渴的人们散场后却发现周围的商店、小摊子上到处都是印有"Coca - Cola"的饮料。多年以后,伍德罗夫说:没有什么比体育更能吸引那么多人的注意,对于服务大众的饮料行业,借助体育也许是风靡世界的最好办法了。

(三)公关赞助活动的注意事项

在提供公关赞助活动时,一般需要同时考虑以下几个方面的问题。

1. 选择适当的赞助对象或赞助内容

一般选择的项目或内容是和组织自身的形象定位和谐的,如决定让柯受良驾车飞跃黄河时,是一个电视机厂商还是生产汽车或摩托车的厂商提供赞助更合适,这是一个需要事先考虑的问题。如李宁公司自2012年开始,签约成为中国男子篮球联赛(CBA)2012—2013年至2026—2027年15个赛季的装备赞助商。李宁与中篮联将以官方战略合作伙伴关系并肩前行,携手推进中国篮球联赛职业化和中国运动品牌专业的发展与共赢,这种赞助会是一种双赢的结果。

 **课堂讨论**

> 赞助的最终目的应该是利用赞助来促成自己组织信息的传播,你赞成吗? 如果是这样,那么应该让赞助的对象为自己服务,是吗?

2. 确定赞助的经费

在提供赞助服务时一般不能陷于盲目地攀比,因为公关资源毕竟是有限的,且对资金的充分使用及使用的时间、方式的选择也是考察公关管理成熟与否的标志之一。

3. 考虑赞助的效益问题

不能要求赞助活动都立即见效,赞助活动更多地体现在"攻心",特别是通过资助社会公益事业或社会福利事业,能够展示一个组织的社会责任心,体现一个组织生存中的价值取向,尽管组织肯定会追求利益,但它更应该追求长远的利益。

三、公共关系展览活动

(一)公关展览活动的特点

公关展览活动是一种运用各种媒介手段,推广产品、宣传组织整体形象的活动。展览会是国内外许多组织或企业公关计划中的一项主要活动。一般来说,公关的展览活动与其他公关活动相比具有以下几个方面的特点。

(1) 展览活动是一种非常直观、形象而生动的传播方式。展览会通常以展出实物为主,还可以进行现场的示范表演,同时使用多种传播媒介(如文字媒介、声音媒介、图像媒介等)进行交叉混合传播,综合了多种媒介的优点,因而可以给人以十分直观、形象和生动的感觉,可以加深参观者对展品的印象。一般来说,展览活动中会涉及的媒介包括:文字注释、印刷宣传资料、介绍材料等文字媒介;讲解、交谈和现场广播等声音媒介;照片、幻灯片、录像片及电影等音像媒介;实物媒介和现场表演、示范等动作语言媒介。

(2) 展览活动可以为组织提供与公众直接进行双向交流的机会。展览会一般都要安排专人回答参观者的问题,并同参观者就感兴趣的问题展开深入讨论。组织在让公众了解自身的同时,也了解公众对其形象、展品等的反应,组织可以根据公众反馈的信息进行改进工作。在展览会上,展览组织可以与参观者面对面地交谈,也可以搜集公众对产品的意见与建议,还可以进行解释并解决一些问题。总之,许多这些来自第一手的资料或信息,在批发商、代理商和经销商进行货品销售时是难以传播的。

(3) 展览会是一种高度集中和高效率的沟通方式。一个展览会可以集中许多行业的不同展品以及同一行业中多种品牌的同类产品参展,它可以为参观者提供更多选择的机会,可以节省大量信息传达的时间和费用。

(4) 展览活动往往会成为新闻媒体追踪的对象并成为新闻报道的题材。展览活动的吸引力来自其能满足人们的多种需求,并且具有一定的社交性,也含有一定的娱乐价值,一般来说,很少会有别的方式能如此地吸引公众的注意力。如我国的"广交会"常能吸引数百万公众的注意力,至于国外著名的展览如日本的丰田汽车展览、索尼电器展览等,也常能给参观者一种类似"一日游"的感觉。

(二) 公关展览活动的类型

按照不同的划分标准可以将公关展览活动分为以下几种类型。

(1) 按照规模的大小可以将展览划分为大型展览、小型展览和微型展览。大型展览一般是由专门的单位举办,有产品展览的组织均可以报名参加。大型展览,一般指的是国际性和多国性的展览。小型展览一般由组织举办,展示自己的产品。微型展览一般是指商店橱窗展览和流动展览车的展览,一些企业自设的样品陈列室也可以归为微型展览。

(2) 按展览性质的不同可以划分为贸易展览、宣传展览和特种展览。贸易展览是通过展示实物产品以促进产品的销售;宣传展览是为了宣传某种观点、思想或者信仰,或者让人们了解一段史实,也可以是一种公关的展示会;而特种展览则是为了树立产品的特殊形象而举办的。

(3) 按展品种类可以划分为综合性展览和专题性展览。综合性展览要求总揽全局,全面介绍某一地区组织的全面情况。专题性展览则是围绕某一专题举办的展览活动,要求主题鲜明,内容集中。

(4) 按展览的场地可以划分为室内展览和户外展览两种。室内展览较为隆重且不受天气的影响,设计布置也较为复杂,所耗的费用也会较高。而室外展览的设计布置较为简单,场地也较大,所需要的费用也不会太高,但会直接受到天气情况的影响。

(5) 按照展览的目的可以分为以销售为主的展览(展销会)和以树立形象为主的展览(展示会)两种。

(6) 按照展览地点是否固定可以分为固定展览和流动展览两种。固定展览,其展览地点不变,常常是自己举办组织的小型展览会,对于一个要接待各种参观团体的组织来说,拥有一个永久性的固定展览是最理想不过的。如英国医药学会在它的布兰总部就有一个与医药有关的精美展览馆,同时,这个展览馆也成为这个建筑体的室外装饰部分。某些国际性的著名企业都在国外的国际贸易中心设有固定的展览室。流动性展览指那些巡回展览,它借助各种交通工具和拆卸、组装自如的组合柜架,将展览会从一地转移到另外一地,还有的组织干脆利用交通工具做展览场地,如日本的贸易邮轮等。

(三) 举办公关展览活动的注意事项

公关的任何一项活动都需要精心策划、组织和安排。为了有效地组织展览活动,应该注意以下九个方面的工作。

(1) 明确展览活动的主题,也就是确定展览的目的和意义。一般来说,展览的内容很多,只有主题明确才能提纲挈领,保证将所有的图表、实物、照片及文字等有目的地组合成一个有机的整体,使参观者一目了然,从而强化参观的针对性。

(2) 确定参展单位、参展项目和展览的类型,一般可以根据展览活动的主题来确定。在确定了主题及类型后,可以采取广告或发邀请函的方法来吸引参展者。广告和邀请函上应该清楚地说明此次展览的宗旨、展出的项目和类型、估计参观者的人数、展览的要求及费用预算等。

(3) 展览场地的选择。选择场地时主要考虑四项因素: ① 是否方便参观者; ② 周围环境是否与主题相得益彰; ③ 辅助设施是否容易配备和安置; ④ 是否容易放置和保护展品。

(4) 培训展览会的工作人员。展览会工作人员技能的高低、职业素养的好坏,对展览活动的成功与否有直接的影响。因此需要事先对展览会的工作人员,如讲解员、接待员和服务人员、翻译(有外宾参加时)等进行良好的公关培训。培训的内容为每次展出项目内容的专业知识及礼仪知识等,以保证工作人员既能了解最基本的专业知识,同时也能做到仪表端庄,热情、自如、礼貌地与参观者交谈,同时还能提供展品业务方面的适当咨询服务。

(5) 做好与新闻媒体的联络工作。为了有效配合新闻宣传,组织应该专门设置一个新闻发布机构,直接负责与新闻媒体的联系。该机构要利用一切能够调动的传播媒介,使参观者可以通过多种渠道获得组织的有关信息,并把展览会中发生的许多有价值的东西写成新闻稿发表,从而扩大展览活动的影响力。对外新闻发布机构的工作内容主要有:在展览会地点和时间确定后,以举办新闻发布会的形式发布消息;邀请新闻界人士参加开幕式,尽可能多地在报刊、广播、电视、网络等各种平台上报道开幕式的消息和实况;安排好新闻发布室,并准备新闻报道所需要的各种辅助宣传资料。在展览会期间可能不断地出现有新闻价值的事件,如接待某位重要的人物;参观人数达到 100 万或 200 万时需要做出特别的报道。同时还可以举行庆祝性的活动或发送有纪念意义的奖品;每日出版展览会的简报;对新闻机构可再举行一次记者招待会,或者组织新闻预报会,同时保证新闻发布室自始至终都开放,以随时保持与新闻媒体的联系。

(6) 布置好展览大厅。展览大厅的布置要求围绕主题认真选择产品,精心布置陈列,引人注目。展览大厅的入口处应该设置咨询台和签到处,并张贴展览大厅的平面图以作为参观指南。德国几乎所有的知名展览公司都已入驻中国,在上海市徐家汇布置的展厅吸引着众多上海市民。市民更多的是去欣赏金碧辉煌的展厅布置,所以展厅的布置应该是一种艺术与科技的完美结合。

(7) 做好展览活动的经费预算。展览活动的费用一般包括场地租金、电费、设计费、陈列费、装饰费、工作人员的劳务费、交际费、交通运输费、保险费等。对于上述费用都应该进行预算,遵循厉行节约、留有余地的原则。

（8）公关工作为了更好地运用展览技巧,将展览活动举办得生动活泼、新颖别致,可以事先邀请有关知名人士出席,为参观者签名留念以吸引更多的参观者,同时也可以为记者们设计出有新闻价值的好题材。如果作为参展方在展览中没有拿到较好的展位,公关人员更应该设法想出一些别出心裁的办法来吸引参观者。如有一家单位的展厅很偏僻,其工作人员就在展厅的入口处扔了一些黄灿灿的铜片,上面刻上了展厅的号码及单位的名称和商品的种类,结果好奇的参观者纷纷从地上捡起了铜片,同时沿着提示的号码涌到了该展厅,形成了一道壮观的人流。

（9）检验展览的效果。为了检验展览的效果,可在出口处设置参观者留言簿以征求参观者的意见;也可以结合展览会举办座谈会,请参观者谈谈自己的感受;还可以在展览会后登门访问或发出调查问卷,了解展览的实际效果。检验展览效果最直接的指标是订货合同及金额,除此之外,还可以通过专家评价、新闻报道和参观者的人数来表现。

复习思考题

1. 公关广告与一般商业广告的关系是什么?

2. 公关广告一般表现为哪几种形式?

3. 在公关广告的制作中应该如何突出广告的主题?

4. 一个组织导入 CIS 的时机有什么要求?

5. CIS 的基本构成是什么?

6. 如何安排公关庆典活动、公关展览活动、公关赞助活动?

7. 如何安排公关的对外开放参观活动?

第八章　公共关系危机管理

📂 **学习要求**

1. 掌握公关危机的内容及原因。
2. 掌握公关危机的预防和处理。
3. 掌握危机管理计划的制订。
4. 具备处理危机中各项机制的贯彻及实施的基本能力。
5. 了解危机传播的基本程序和应对的基本技巧。

第一节　公共关系危机管理概述

一、危机和公共关系危机管理

危机是指突然发生的、严重损害组织声誉、给组织造成严重的经济及公关损失的事件。公关危机会使一个组织面临严重的困难，会使一个组织陷入舆论的压力之中，失去公众的信任并影响组织的生存与发展。事实上任何危机在传播的时代都是公关的危机。因为危机容易引发人们的关注，所以媒体因需要收视率、点击率还有发行量必然会介入危机事件，既然无法改变媒体的生存方式也不可能剥夺媒体的生存权利，那么面对危机时公关的管理价值就尤为突出。

近年来，危机管理越来越受到人们的关注，并在组织中发挥着越来越重要的作用，它正成为一种专门的公关实务。危机、事故、灾难通常是一种公共事件，任何组织在危机中采取的措施都将被人们知晓，若举措不当则会影响组织的生存和发展。尽管由危机引起的关注和处理会带来危机管理的经验和资源，但是同时这也是一种压力。因此，公共关系对危机管理的作用既可以体现在预防期，也可以体现在整个危机的处理过程及善后的管理工作中，甚至可以这样说：危机管理的全过程就是公关引导的过程。因为危机作为事实是不能改变的,但是如何客观公正地评价这一危机事件,以及如何体现管理者对危机管理的水平却是一个可以引导的过程,特别是要保证在危机管理过程中不要因为信息的不对称而造成不信任或恐慌。因此,有人将公关称为一个组织不能缺失的"消防队",指的就是它在危机管理上的特殊地位,而这种危机管理往往是其他组织职能部门无法胜任的。危机管理可以说是公共关系活动中最富有挑战性的工作,因为它往往需要调动整个组织的力量及综合运用各种传播媒介,才能使一个组织顺利地渡过难关。

我们可以从某饭店的公关危机培训指南中学到相关的经验。

在饭店突然发生严重危机事件时,新闻界通常会立即前来采访询问。这时饭店管理层应该明确表态,指出只有主持调查的有关部门负责人才有资格答复新闻界的询问,而饭店管理层则"无可奉告"。新闻记者当然不会满足于这个简单的回答,因而有必要解释一下饭店管理层的态度。例如在发生火灾的情况下,原因只能询问消防部门,饭店方面暂时无法做出解释,因为消防部门正在对此进行调查,并且会公布调查结果。

发生火灾后,新闻界人士常常会要求饭店管理者立即就火灾造成的物质损失做出估算,饭店发言人可以诚实地告诉新闻记者,饭店已将火灾通知了财产保险公司,将由他们派调查员确定损失的金额。对于有关人员伤亡的询问,一般也应该让记者到消防部门、急救站和当地医院去核实。至于死亡者的名单一般也不是由饭店告诉新闻界,而是由调查部门在通知家属后再公布。饭店经理应不断地指出,饭店会采取积极措施来解决问题,并确保宾客服务工作继续进行。这种坦率会使新闻界采取同情的态度从而更倾向于单纯报道事实真相,从而避免了因饭店发言人拒绝合作而导致的夸张的消极报道。

自杀、炸弹、精神病患者的失常行为等不幸事件在整个旅游业和交通运输业已变得越来越频繁,而饭店的公关人员在应对此类问题时已表现得从容及有计划。如果在饭店发生上述事件,并有新闻记者前来采访时,公关人员会请他们前往有关部门查询。同时,饭店发言人要求新闻记者在报道中不要提及饭店的名字。提出这一要求是有着充分的心理学根据的,只要经过解释,大多数记者都会谅解。例如记者会问:既然饭店在成为其他事件的场所时都要求新闻报道提及饭店的名字,为什么当不幸的事件如自杀发生在饭店时,饭店却要求新闻界在报道事件发生地点时却只说"本市一家饭店"而不提及饭店名字呢?心理学和旅游业实践发现了一种现象,就是当一个心情忧郁或精神分裂的人从报上读到某一特定地点发生过自杀或自杀未遂事件后,这个人会被吸引到同一地点来做出类似的举动。例如,有些饭店可接近的楼顶成为几次跳楼自杀的场所,使这些饭店不得不在楼顶设置安全警卫。如果这些不幸事件的发生地点被新闻媒介不适当地点明,则有可能会鼓励悲剧事件的重复发生。由此可见,在危机的始终,公关都必须以其独特的管理方式来尽量引导危机事件往好的结果发展。

二、公共关系危机管理的类型

一般来说,一个组织的危机事件可以分为以下八类。

(1) 自然灾害。如地震、洪水、暴雨、大雪、火灾等。

(2) 交通事故。如飞机失事、火车脱轨、轮船沉没等。

(3) 环境污染。如废气、废水、废渣的排放,核电站泄漏等。

(4) 生产失误。如重大工伤事故、质量事故,房屋倒塌等。

(5) 商业危机。如竞争对手冲击市场、股票交易危机、产品信誉危机等。

(6) 人为灾害。如重大盗窃案、凶杀事故、自杀事件、他人对组织的陷害或破坏、公众对组织的误解等。

(7) 劳资纠纷。如罢工停产、游行示威等。

(8) 其他突发事件。

就公关的管理意义来分析,可以将其概括为三种具体类型:组织自身行为不当引起的危机、突发事件导致的危机、媒体失实报道引起的危机。面对组织自身行为不当导致的危机事件,公关需要面对的只能是组织承担一切后果,不能给自己寻找任何借口。而对于无法控制的突发事件,公关同样需要及时面对,即做出详细说明的同时尽可能地帮助公众减轻损失,这体现的是一个组织的社会责任感。面对媒体的失实报道所产生的危机,关键是要与媒体及时沟通,希望媒体能尽快做出澄清,千万不能与媒体发生争吵,因为任何误会都可以通过有效的沟通方式得到解决。如上海的"霞飞危机事件"。当时,中央电视台与国家卫生部在"3·15"晚会这样一个具有象征意义的场合对不合格化妆品进行了曝光,而霞飞恰好榜上有名。但是这次霞飞产品是因为某批次的外包装没有使用中文"合格"字样而不是产品本身的质量问题,但是观众或消费者却认定这是与"3·15"一起出现的,必然是质量问题。尽管这是一次媒体信息传递造成的失误,但是,上海霞飞公司在处理时仍然本着沟通与合作的原则,在短短的几十天后就将问题澄清并使产品重新回到了市场。

第二节 公共关系危机管理的基本过程

一、公共关系危机的接受

任何危机管理的前提都是对危机的接受,而接受危机的前提又是对危机的判断,因为假如组织不能认定自己是否已经面临危机就不会让自己进入非常态的危机状态,那么危机管理的相关程序也不可能启动,危机也就不可能得到解决。

判断及接受危机的第一个重要事项是保证组织立即进入危机管理的状态。有一个学校的校长碰到了一件麻烦事:学校开家长会,家长来开会而学生却回家了,有几个男孩子去游泳而两个小孩不幸溺水身亡了。现在的问题是，学校或校长有没有碰到危机事件呢？答案是肯定的。学校本应该进入危机状态，学会运用危机管理的思路保证行为及语言符合危机管理的要求。校长却说了这样一句话："学校开家长会的消息早就通知每个家长，家长白纸黑字写过回执，这说明学生的监护权已经还给了家长，那么学校就是没有责任的。"当一个人遇到麻烦时会启动自我保护的本能，这是人之常情，但是危机管理却应当打破这种人之常情，不能保护自己而应该保护弱者。本事件中弱者是谁？肯定是家长，那么家长就成了决定危机未来走势的最关键的因素，而当校长出于本能的自我保护说学校没有责任时，家长会产生什么样的反应呢？家长感到被伤害，而需要得到保护的人被伤害时会产生非理性的行为，家长要求学校给钱解决问题，这个要求尽管是无理的，但是在校长表态后却是必然的。因此更多的时候不能怪别人无理取闹，首先需要反思的是为什么要给别人无理取闹的机会。如果立足于危机判断及接受的原则，校长只需要在最快的时间与最弱者站在同一个立场，即向家长表示"感同身受""深表同情"，尽量避免因"回执""监护权"如此冷冰冰的字眼而无法与家长建立共同的情感纽带。

判断及接受危机的第二个重要事项是把危机确定为机会，因为一个自信的管理者是没有危机的。这包含两个方面的意思。① 真正自信的管理者会在第一时间承认自己面临着危机，同时会尽量地争取社会资源来帮助自己解决危机。而这种社会资源的配置过程直接影响了危机的发展态势。② 危机给了管理者一个提高防范能力及应对能力的机会，同时也提供了一个及时发现问题从而保护并延续其职业生涯的机会。既然危机已经在管理者面前出现，那么不管是直接还是间接的，都会折射出一个组织存在某些方面的问题，然而这也是及时找出漏洞、及时改进的机会。因此，接受危机往往是生存之道，当然，这里指的并不是表面上的接受，而是思维方式及行为方式上的彻底接受。

二、公共关系危机的预防

公关管理一直坚持双向信息沟通的原则，因此大量的组织内外的信息都在公关监控的范围内，那么一个组织生存发展的环境所产生的危机信息也会成为公关管理所涉及的内容。

1985 年美国莱克斯肯传播公司总裁斯蒂芬·芬克对美国企业总裁的一份调查表明，虽然 89％的公司总裁认为危机就像死亡和税收一样不可避免，但是只有 50％的公司总裁表示他们已有危机管理的计划。国外危机管理专家也曾经对《幸福》杂志排名前 500 名的大公司的董事长和总经理就企业危机展开过调查。其调查结果表明：80％的被调查者同意现代企业面临的危机就像死亡一样不可避免。在寄回问卷的公司中，74％的公司认为曾接受过严重危机的挑战。被调查者几乎百分之一百地同意，他们公司容易发生的危机无外乎以下十种：生产性意外、环境问题、劳资争议及罢工、产品质量、股东丧失信心、具有敌意的兼并或股票市场上大股东的购买、谣言或向大众泄露组织的秘密、政府方面的限制、恐怖破坏活动、组织内部人员的贪污腐化。危机具有突发性和破坏性,因此,对危机的预防就成为一项非常有意义及富有挑战性的工作。

 **课堂讨论**

> 　　美国"9·11"恐怖事件后,美国政府曾经组织了一批好莱坞的剧作家,要求他们去设想那些恐怖分子还会想出什么样的破坏手段。然而同时,中国有位学者却说了这样一句话:中国是不会发生"9·11"的,因为中国有社区大妈。其实,无论是美国调动的好莱坞导演这种资源还是中国调动的社区大妈这种社会资源,都是在提示一个客观的事实,那就是危机的预测是指我们只能尽可能地去调动一切可利用的社会力量而已。因为危机管理的特点决定了我们只能做到尽可能好,但是很难真正做到完美。因此,一方面我们强调危机的突发性,但是另一方面我们又在强调危机的可预测性。这并不矛盾,只是在实践中我们的一种可努力的方向。那么你认为危机可以预测吗?危机预测中可利用的资源又有哪些?

　　有效的公关预警机制不能完全依赖公关等专业人士的监控,而需要组织的所有工作人员立足于其工作岗位对与组织相关的危机信号进行搜集及汇总。因为危机管理并非发生危机后的管理,它应该渗透到所有工作人员的工作环节中。对危机信息的管理与一个组织最新的财富理念及管理能力有关,因为组织工作人员的监测是成本最小化、效益最大化的,而且监测本身也会使组织工作人员的工作敏感度有所提升,并促使组织进入一个良性的运转状态。

　　公关危机的预防需要注意危机的征兆,如果是由于组织自身的原因,则肯定会有一个积累的过程,注意可能造成危机的一切征象,如组织的效率低下等。如果是外部的危机则可以通过以下征象来判断:对某些问题的认识是否清晰,是否已经认识到问题的存在,公众通过新闻媒介是否已经形成了自己的意见,解决方案是否开始制订,而且还应该形成法规形式,如《中华人民共和国环境保护法》。这些需要一个组织的公关人员制订问题管理方案、检查可能的问题、确定需要解决的问题、估计这些问题可能对组织产生的影响、确定组织的应对态度、决定解决问题的方针、实施具体的计划并不断地监控和修改计划。在危机的预防环节最好设立应对危机的常设机构,一般包括以下人员:决策者、公关部经理、法律顾问、人事部经理、保安部经理等。

　　如一个制药公司如果经常使用动物来试验药效,其公关人员就可以通过监测动物保护运动组织的活动及其议论来评估这些人士的态度,以帮助组织制订周密的计划来应对极端人士可能采取的行动。又如在食品安全的监测上,公共关系部门可以帮助食品制造商准备应对人们因某种恐惧及议论而减少对一些食品的需求所带来的危机。又如一家公司注意到潜在竞争对手可能兼并其资产，可以要求其公关公司监控各种财经媒体和重要团体，并报告股民的言论及其对公司资产运作的评论。

危机的预测工作往往需要借助专门的方案来体现并借助危机预案的管理，从而使一个组织进入有序的应急状态。专业的公关对组织制订预防危机的方案是非常重要的，这些方案可以有效地帮助组织应对危机。如美国有家银行在感恩节突然着火，但是这家银行的危机管理计划却在火灾中经受住了考验。因为在早些时候，银行改进了其旨在保护顾客利益的危机管理计划，以确保顾客的储金在危机发生时万无一失，银行的经营活动也可以正常进行。修改后的计划包括提供放置记录副本的安全地和与高级管理人员紧急联络的电话号码，还有对危机发生时各部门可以使用的临时办公地点的安排。当大火还在吞噬着银行大楼时，危机管理计划已经启动了。银行总裁通过广播和电视告诉广大的储户，他们所存款项和其他物件都很安全，银行整个大楼都已投保，各分行照常营业。一个由 12 名银行公关人员和其他人员组成的工作小组成立，并在银行对面的建筑物里设立了"战时"办公室，以集中处理顾客、员工以及媒介的来电和来信。后来银行负责传播的副总裁这样说道："当时很多人沉不住气，变得惊慌失措，他们以为银行着火了就意味着他们的钱也着火了。"由于良好的组织工作，整个危机中媒体记者可与总裁直接沟通。当这家银行重新营业时，银行的一些职员们身穿有银行字样且易于辨认的红白 T 恤衫在大街上来回奔忙，以引导顾客去银行营业部。整个危机管理前后总共花了 40 万美元，这家银行的总裁说："感恩节的大火是我一生中所遇到的最大灾难之一，但也是处理得最好的一次。我们的银行在生意上没有受太大的损失，人员没有伤亡，媒体对我们也不错。"正如危机管理专家杰斯特所说，从某种意义上说，这家银行很幸运，这主要归功于它有一个危机管理的应急计划，且对计划作了修订。此外，银行在执行计划时还有创新，如让员工穿上事先准备好的 T 恤衫引导顾客。

三、公共关系危机的处理

危机管理总是在各种压力下进行的，从危机发生到危机最后的解决又可以划分为两个阶段。

第一阶段是危机发生时的准备阶段。首先要成立危机处理小组，从各方面来确定哪些能说，哪些不能说，即什么是可以让公众知道的，什么又是不可以让公众知道的。需要有专人对媒体与舆论的发展情况进行 24 小时监控，并随时根据情况来发出组织的声音，因为坏消息不可能等你来慢慢地研究对策，迟钝只能导致各种猜测和流言的蔓延，因此快速的反应尤其重要。一般可以从以下几个方面来做工作：设立应对危机的常设机构，注意危机前的信号，制订危机管理方案，尽早启动危机公关。

第二阶段是危机处理阶段。这一阶段要按照在准备期间制订的方针、政策,有步骤地实施危机处理的方案。在这个阶段最关键的是坚持以下原则:① 要快,即第一时间原则;② 要真实,即永远给出真实的信息,危机管理工作不存在善意的谎言,因为它会导致与公众的对立;③ 保护弱者原则,危机管理过程勇于承担责任必然要求管理者不能仅保护自己,而是要与弱者建立情感及心理上的捆绑联系;④ 责任原则,即勇于承担责任并表示愿意为以后不再发生类似危机而付出努力,在承担责任的同时还要表明解决问题的能力。

在选择解决危机的手段时人们往往会忽视公关的特殊价值,而在公关史上"打赢了官司,失去了市场"的例子也比比皆是。尽管化害为利有一定的难度,但是当一个组织面对危机时积极回应并勇于承担责任,对其形象的修复及提高是有利的。只是需要做出超常的牺牲,需要真心诚意、毫无私心,需要不计回报地帮助受害者,保持开诚布公的态度,需要对一切公众的举动、态度都表示关心。

真诚地沟通与传递真实的信息是解决一切危机的前提。危机公关专家帕金森认为,危机中如产生人为失误,造成的真空会很快被颠倒黑白、胡说八道的流言所占据。所谓人为的失误即指公关管理机构对公众传言不予理会。一位学者陈述了公关中的各种隐瞒问题:公众之所以如此疑心重重,是因为我们的大公司如此习惯于从事玩弄小聪明的公共关系,而不是告知事实真相。英国著名危机管理专家里杰斯特在他《危机管理》一书的开头即写道:在现代社会里,人们对公司社会责任的期望值越来越高。若一个公司在发生危机事件时,不能与公众沟通,不能很好地告诉公众它的态度,它正在尽力做什么,这无疑会给组织的声誉带来致命的打击,甚至有可能导致组织的消亡。在事件发生后,一个公司如果是有诚意的,那么对或错就变得不重要了,对人们来说,感觉更胜于事实。

危机的发生往往会改变一个组织的正常决策程序,也很容易使组织作出不恰当的决策,结果是即使危机过去后一切都恢复了正常,但错误往往已成为事实。危机管理过程的一个重要任务是了解危机期间决策的局限性或干扰性,尽力减轻决策者的压力,对各种信息加强控制。因此,里杰斯特建议可以做好以下几个方面的工作:① 帮助组织最高管理人员减轻危机决策的压力,向一些重要公众如媒体、员工及相关人员提供简明准确的消息;② 协助建立危机管理中心,安排训练有素的公关人员来回答各种询问,有效地协调与媒体的关系;③ 为组织准备背景材料并将这些材料散发给有关媒体和重要公众;④ 确保所有组织的传播交流活动尽可能得到控制;⑤ 尽可能让外界了解组织关心的公众的态度。要相信在危机期间,完善的公共关系活动可以确保组织妥善处理组织与公众的关系,得到公众的同情与支持。

四、公共关系危机的善后

组织不仅要利用公关来处理危机,而且危机过去以后也需要运用公关来消减危机所带来的长期影响。危机期间组织的态度会引起公众的广泛注意,有时会成为公众攻击的依据。组织在处理危机时如果不考虑后果,不愿意承担责任,不愿意对那些受害者表示关心,那它就很难得到公众的同情和支持。组织的危机善后处理包括恢复公众对组织的信心和恢复组织的信誉。它可以修复危机给组织带来的破坏,利用危机创造的机会宣传组织的形象。要想尽快地恢复组织的品牌形象,需要进行一定的管理资源的投入,因此,有些大公司会专门设立首席风险官进行危机的处理工作。在对全球工业500强的董事长和总经理的调查中发现,这些公司被危机困扰的时间平均是8周半,没有应变计划的公司,要比有应变计划的公司长2.5倍。危机后遗症延续的时间平均为8周,没有应变计划的公司同样也会比有应变计划的公司长2.5倍。

有人说看一个组织的实力只需要知道它如何面对危机就行了,危机来时并不会全然按常理出牌,因此管理危机必须准备多张王牌。以可口可乐公司的危机管理为例,在人力资源安排上平时都有危机处理小组,成员包括各部门抽调的人员,如瓶装厂总经理、生产管理人员、对外推销人员、技术监控人员,甚至是电话接线员,因为一旦危机发生后,询问电话就会如潮水而至,这时训练有素的电话接线员就成了公关的第一道门户。可口可乐公司的危机处理小组每年都会接受几次培训,培训内容就如同游戏,如模拟记者的采访、模拟事件处理的整个过程等,同时还会进行几个人之间的角色互换,如总经理扮演监控人员、公关人员扮演总经理之类,这样可以保证从不同角度来为事态的全局提供服务。据介绍,在危机发生时,可口可乐公司几小时内就可以联络到总裁,不管他正在进行高级谈判还是在加勒比海度假。这正是可口可乐公司严密高效地组织协作的一个表现。

在1999年的6月,酷暑中最难熬的政府大概就是比利时政府,而最难过的公司大概要数可口可乐公司了。"二噁英事件"尚未平息,比利时欧洲饮料市场又起波澜。继比利时首先宣布禁止销售比利时可口可乐公司生产的可口可乐、芬达和雪碧等所谓软饮料之后,卢森堡也宣布禁止销售该公司生产的可口可乐。在荷兰,可口可乐公司主动地将由比利时可口可乐公司生产的产品从市场撤回。与此同时,欧盟就可口可乐公司产品可能带来的危险向其成员国发出警告。事件的起因是,在比利时发生多起、至少100名中学生喝了可口可乐以后中毒的事件,中毒者的主要症状是恶心、头痛和发高烧。在资讯如此发达的今天,这个有100多年历史的饮料巨头面临着空前的信任危机。但在可口可乐总部的电脑里,通过公司内部联网传来的关于危机的所有消息、发现的问题以及统一对外的原则已静静地等在那里了。危机处理小组召开紧急会议,商讨处理方案。为了让消费者尽量了解事实真相,公司公关人员全体紧密协作,并与媒体密切沟通。当天,许多媒体发布了消息,称比利时安特惠普瓶装厂使用不纯正的二氧化碳以致产品带有异味。部分由法国敦刻尔克供应的罐装饮料也因为罐子底部沾上了在处理木制板时遗留的材料而产生异味,与所有其他国家的瓶装厂无关。可口可乐公司还强调这次事件的出现与"二噁英"污染及溶血病无关。

与此同时,世界各地可口可乐有关机构配合当地卫生部门的检查,提供供应商及检验标准的资料。1999年6月17日,可口可乐首席执行官依维斯特专程从美国赶到比利时首都布鲁塞尔,从当地新华社发来的消息可以看出,可口可乐的第一个也是最直接的举措是总裁当场喝了一瓶可口可乐。6月22日,可口可乐行政总裁艾华士飞往比利时接受专访,公开向消费者道歉,并表示了可口可乐对于重塑消费者信任方面的信心和举措。尽管可口可乐公司在比利时的举措在比利时政府作出停售可口可乐的决定之后,但毕竟训练有素,以极快的速度解决了这一危机事件。按照管理专家汤姆的观点,一般处理此类危机的正确做法大体上有三步:① 收回有问题的产品;② 及时向消费者讲明事态发展的情况;③ 尽可能地道歉。公关人员作为一个组织的信息管理者,有效的信息传播必然会使得事态往好的方向发展;而无效的信息传播则会使得事态朝不好的方向发展。既然已经无法改变事实,你就只能努力地去改变人们对于这一事实的看法了。同样的,在处理危机时,任何权势都比不上对公众的坦诚与歉意,因为谣言止于真相,而对真相的判断必然源于了解。

如20世纪80年代末,中国政府经过科学的分析和调查,决定在深圳大亚湾修建一座核电站。然而建设之初,工程指挥部对外封锁消息,关起门来搞建设,未向大亚湾及周边(包括香港)的公众进行有关核电知识的介绍和宣传,公众被蒙在鼓里。1986年,苏联发生了切尔诺贝利核电站爆炸事故,并且造成了严重后果,这一与人类生存相关的重大问题引起了世界各国人民的广泛关注,我国在大亚湾建核电站之事也相应地成了一个热门话题。然而有关部门此时也并未开展积极有效的公关活动向公众进行正面的宣传,因此,反对在大亚湾修建核电站逐渐成为一种社会舆论。部分香港公众组织了反核的专门机构,发起香港各界100万人的签名活动,并派出请愿团赴京请愿,将签有125万香港公众的请愿名单送至北京。而这时核电站的工程已经开始,工程拖一天就会给国家造成100万美元的损失。工程指挥部经过分析,认识到危机产生的主要原因在于对大亚湾核电站的修建缺乏宣传,香港公众不了解情况而产生了误解,处理此事应该采取公关宣传等软处理的方式。于是,指挥部门采取了如下的对策:① 立即组建核电站公关处,由一名高级工程师任处长,以增强公关宣传的针对性;② 通过新华社、中新社等新闻媒体,如实地报道苏联切尔诺贝利爆炸事故调查及援救工作展开的情况,并及时详尽报道调查的结果——由于操作人员操作不慎所造成的爆炸而不是技术本身的问题;③ 由权威的核科学家和核电专家在香港举办关于核电知识的讲座;④ 组织香港人士参观大亚湾核电站基地和设施,增加工程的透明度。由于以上公关工作的不断展开,一场轩然大波终于平息了。

危机管理中的及时、公开、真实、真诚等符号成了公关运用的护身符,且也屡战屡胜,但奇怪的是人们似乎总是在最初应用不到位时才发现这些符号的价值或意义,从伦理的层面来分析可能还无法解释其全部的原因,可能是人们拘泥于一种较传统的自卫心理,即事情发生了别人知道得越少或不知道越安全。但却忽视了现在是一个大众传媒时代的事实——别人迟早会知道。就在 2009 年 2 月 12 日,被拘押的昆明市晋宁县李某在看守所死亡。究其死因,警方的答案是与狱友玩"躲猫猫"游戏时不小心撞墙致死。这一近乎荒唐的死因引来了媒体及广大网友的强烈质疑,舆论认为当地政府没有承担事件责任,给出的回应缺乏可信度。如何以有效方式揭开事件真相,给广大公众一个满意的答复,是摆在有关政府领导面前的最大难题。

2 月 19 日,云南省委宣传部高调介入此事,借助网络手段,吸收网民和社会各界人士代表作为调查委员会成员参与事件调查,得到了网友的称赞,社会各界报名异常踊跃。2 月 20 日,当地公安部门依然发布通报,称李某系游戏意外受伤致死,媒体与广大网友开始质疑报告,舆论压力再次形成。2 月 27 日,云南省检察、公安两部门联合召开新闻发布会,公布了事件调查结论,认定李某系因同监室在押人员殴打、拳击头部后撞击墙面,导致受伤死亡。公众普遍接受了检察机关的调查结论,有关责任人也被追究了事件责任,事件至此结束。

很明显"躲猫猫"是一起典型的政府危机事件,前期地方公安部门推卸事件责任,因给出缺乏可信度的回应而陷于被动之中;后期云南省有关政府部门借助网络手段,创造性地采取了公众参与的调查委员会形式来还原事实真相,借助媒体与公众进行真诚沟通,最终得到广大网友与媒体的支持,经受住了公众舆论的考验。公众其实要的就是一个说法。当云南省委宣传部提出不准从宣传部门的渠道传播"不明真相的人"这一符号时,我们也终于看到了中国政府部门在舆论面前的能力,因为不明真相的人可能是一个事实,但是比事实还要重要的是人们对于事实的看法。公关绝对无法改变事实,如果公关为了引导人们的认识而从扭曲事实开始的话,那么公关的失败也就成了必然,因为你说什么并不重要,重要的是人们会如何来理解你所说的话,而社会各界对于事实自然有一个判断的能力,而恰恰是给出了不敢给的事实真相却让人们在舆论面前感到了真正的自由。这就是公关面对舆论时的自信及公关的真正水平。

课堂讨论

古人说:"知屋漏者在宇下,知政失者在草野。"很多网民称自己为"草根",那网络就是现在的一个"草野"。网民来自老百姓,老百姓上了网,民意也就上了网。群众在哪儿,我们的领导干部就要到哪儿去,不然怎么联系群众呢?各级党政机关和领导干部要学会通过网络走群众路线,经常上网看看、潜潜水、聊聊天、发发声,了解群众所思所愿,收集好想法好建议,积极回应网民关切、解疑释惑。善于运用网络了解民意、开展工作,是新形势下领导干部做好工作的基本功。各级干部特别是领导干部一定要不断提高这项本领。① 请分析公关管理应该如何通过网络走群众路线?

———————

① 习近平在网络安全和信息化工作座谈会上的讲话,2016 年 4 月 19 日。

复习思考题

1. 为什么接受危机是生存之道？

2. 公关危机管理的含义是什么？

3. 公关危机产生的主要原因是什么？

4. 公关危机一般会有哪几种表现形式？

5. 公关危机管理的基本机制是什么？

6. 如何做好公关危机的预防和处理工作？

7. 公关危机管理中应该掌握哪些最基本的原则？

8. 公关危机传播的基本原则是什么？

9. 公关危机传播要注意的事项是什么？

第九章 公共关系礼仪规范

学习要求

1. 掌握礼仪的基本原则与规范。
2. 了解公关礼仪对于一个公关工作者的重要性。
3. 了解公关人员的个人礼仪规范。
4. 把握公关礼仪的基本要求及各类公关活动中礼仪的具体运用。

第一节 礼仪的公共关系管理意义

作为公关的从业人员,由于经常要进行对内、对外的沟通与协调,因此掌握与运用一般礼仪知识就显得特别重要,礼仪也就成了公关人员在进行公关具体活动及与公众交往时必须遵守的最基本的规范与准则之一。也就是说,礼仪是公关人员必须掌握并娴熟运用的人际传播技能。对公关人员来说,礼仪不仅是与公众交往的通行证,而且还是体现公关人员自身修养和业务素质的一种标志。礼仪虽然有一套大家所公认的规则,但在不同的场合有不同的表现形式。懂得礼仪是容易的,但是懂得在不同的场合、不同对象面前恰如其分地运用不同的礼仪形式,就不是容易的事情了。

公关与礼仪的结合主要是基于公关礼仪在整个公关理论及实践中的独特地位。从公关礼仪的理论地位来看,它是整个公共关系理论的一个基本组成部分,但是公关礼仪和礼仪在目的上和对象上不完全相同,这也是公关礼仪作为一门独立学科存在的原因所在。在一般的人际交往中,礼仪的规范化要求比较严格,而程序的规范化要求相对自由一些。但在公关礼仪中,对礼仪和程序的规范均有严格要求。况且,一般人际交往中如果不慎有失礼仪,只是个人形象受损。若是公关活动中,公关人员或组织重要成员有失礼仪就有损组织形象。公关是塑造良好形象的艺术,而公关礼仪是组织形象的体现。因此,公关人员不但不能忽视礼仪的重要性,而且必须娴熟地掌握和运用礼仪。再从传播的手段来看,礼仪依赖于人际的传播,而公关更多地依靠大众的传播媒介,特别是目前为了扩大组织的影响力,更多地要借助职业传播机构的帮助来引导社会的舆论和观念。

公关礼仪在公关的具体管理职能中是不可缺少的,具体可以体现在以下两个方面。

首先,经过礼仪所塑造的公关人员的个人形象能产生晕轮效应。因为作为礼仪的表情、语言、体态与一般的表情、语言、体态的区别,在于前者是自觉的、规范的,它能够满足审美的要求。公关人员如果能够衣饰得体、举止稳重、善于应酬及谈吐优雅,则充分显示了其对服饰礼仪、体态礼仪、行为礼仪和交谈礼仪的掌握与运用。可以肯定的是礼仪是可以促进公关的,因为公关的主体是公关人员,所有的公关业务及活动,最终都得通过公关人员来完成。其次,公关礼仪的作用不仅仅体现在对一个公关从业人员个人形象的塑造及对一个组织形象的组合,更多地还体现在公关作为一种实践性的学科,它贯穿于公关人员从事任何活动的始终。因为礼仪的延续性与渗透性不仅会从公关人员自身的言谈举止中得到体现,而且还会更多地体现在公关实务活动的操作中,更多地显示出一种活动程序的规范与原则。这种活动程序的规范可以保证公关活动顺利完成,而且还可以提升公关的专业化水平和职业化的程度。由此可以显示公关管理的科学性和系统性,当然也能体现公关活动的可控性和预测性。

第二节　公共关系礼仪的特点与原则

一、公关礼仪的特点

公关礼仪一般会表现出共同性、实用性、灵活性、民族性与长远性等特点。

(一) 共同性

共同性强调了公关礼仪的基本规范,如文书的规格、各种公关实务活动的既定程序等。这些共同性的要求一方面体现了礼仪的共同原则,同时也界定了公关活动的规范性,特别是在跨越各种国家、民族及不同地区间的公关活动中,它能促进公关工作的开展和成功。

(二) 实用性

实用性是指公关是一门操作性很强的学科,注重的是实际运用。公关礼仪的实用性体现在两个方面。① 其自身操作性。不论是公关人员的日常行为还是公关专项活动,都会表现出与不同公众的交往与沟通。这种交往的过程,既是公关活动的过程同时也是运用各种礼仪的过程。因此,公关礼仪不是一门基础理论课,而是一门应用性、实践性的课程。② 其表现出的价值与意义。这主要表现在通过公关礼仪的具体应用而产生的对社会与公众的作用及特殊意义上。2002 年日韩世界杯足球赛的主题,就是希望整个世界能够通过沟通来摒弃仇恨。正如美国马丁·路德·金曾经说过的:人与人之间充满仇恨是因为互相不了解,而人与人之间的互相不了解是因为缺乏沟通。因此,解决仇视消除谅解的最好办法是沟通,这不应该仅仅停留在人与人之间的交往上,还应该体现在民族、国家的交往上,甚至可以体现在人与自然的相处中。

(三) 灵活性

灵活性显示了公关礼仪在运用中的一种应变性。公众是多变的,公关过程是持续的,随着环境的改变应该进行不断的调整。公众的多变性可能由于一个组织自身的政策调整,也可能由于公众自身的变化性。这种组织与公众的互动,无法保证公关活动能够完全按照预定计划完成。正如公关界一向坚持的,在整个公关的四步工作法中,最具有多变性、最能显示公关人员创造性能力的,就是公关的实施过程。因此,同样的计划在具体操作中往往会因公关人员而异,同时也会因地而异,这就需要把握一种策略性与灵活性相结合的尺度。

(四) 民族性

民族性要求公关人员熟练地运用公关的各种有关少数民族的礼仪规范,学会入乡随俗。由于不同民族的文化背景对礼仪有很大的影响,因此在跨民族与国家交往时,要尽可能熟悉对方的商务习俗与节奏。当你代表公司洽谈生意时,如能尊重对方的风俗习惯,使客户心情舒畅,成功的概率就会增大。为了避免交往中的失礼行为,必须事先了解介绍客户有关概况的资料,了解问候用语、服饰规范、用餐知识、地理概况、赴约及赠送礼仪习俗等。在异国他乡学一些当地的言谈举止,有助于拉近彼此间的距离,并对业务的开展产生积极的影响。

(五) 长远性

长远性是一种需要特别关注的特征。从一个组织的生存意义来看,盈利与否是一种很基本的评价标准,但是公共关系追求的是一种长远的利益,而且往往是以前期的投入为其工作的方式。正如广告与营销总是无法理解公关一样,人们对于公共关系能否带来直接利益总是带有一种怀疑的态度。因此,公关礼仪往往就是以付出作为它的工作方法,当然这种付出是会带来回报的,尽管不是在眼前。公关礼仪的长远性将时时提醒着你,"欲将取之,必先予之"。从礼仪的角度讲,只关心生意能否做成是短视的行为,一次商务活动能否完成在很多时候往往取决于你打高尔夫球的水平,或有赖于主人在同你进餐时或听音乐时对你的品位及性情的了解。人们会更多地将建立彼此间的信任关系作为长期合作关系的基础。

二、公关礼仪的原则

公关人员除了了解和掌握公关礼仪的基本特性外,还必须坚持并在公关工作中实践公关礼仪的基本原则。公关礼仪的原则除奉行礼仪的一般原则外,还根据公关工作的特殊性另外约定了相关的原则,即更加突出了以下几个方面的要求。

(一) 实践的原则

公关的原则更多的不是理念性的或思辨性的,它是实践性的。它可以充分地体现在公关的日常行为和活动中,同时也会为公关活动的顺利开展带来明显的效益。实践的原则也要求在学习公关礼仪时必须学会一定的操作与运用方法,如各种公关文书的撰写、各种公关专项活动的设置与安排中的礼仪设计,以及个人形象的设计等。

(二) 影响公众的原则

公关礼仪的目标很明确,即对目标公众开展公关的活动并在与公众的交往中体现出组织的形象。因此,公关礼仪的任何作用都会影响到与公关主体关系密切的公众的身上。如在新闻发布会上如果能主动地直接称呼记者的姓名往往会带来意想不到的效果,这是礼仪的一种具体运用即对公众的重视。在与公众的交往中有一些基本要素往往会诱发公众的防卫心理,因为一旦有人向你表露一些观点时,表露的深浅程度是与对你的评价与判断有关的。因为这是一种自己内在的表现,因此,来自对方的任何不恰当的态度及评论都会引起他的防卫心理,使他中止表露,沟通也会就此停止。因此,对别人的了解就成了沟通与交流的前提。

(三) 双向沟通的原则

自从卡特利普和森特在 1952 年出版了他们合著的《有效的公共关系》以来,公关界一直将他们所倡导的"双向沟通"理论奉为公关的"圣经"。公关有别于宣传的最大特点就是其双向性,它不仅仅是主观地、主动地将自身的信息传递出去,同时也会关注公众对信息产生的反应。这种双向性的交流是目前公关的一种基本的工作方式。

第三节　公共关系礼仪的基本内容

公关礼仪的基本内容包括了公关人员的个人礼仪、公关的日常实务礼仪及公关专项实务礼仪。

一、公关人员的个人礼仪

在公关活动中,公关人员作为微观的公关主体,直接展示了其所属组织的形象。公众会以与公关人员的接触对其组织产生一种很直接的评价。作为一个个体,直接影响外界对其评价的因素,主要有仪容、仪态、服饰、语言、应酬以及行为等诸多方面。因此,这些方面的礼仪规范的学习与掌握就成了公关人员开展公关活动的前提。公关人员的个人形象不仅仅是一个组织形象的体现,它更是一种宣传,也是一种品牌,同时还会产生一种效益。

常见的礼貌
用语

（一）礼貌用语

所谓"礼多人不怪"，礼貌用语是日常交往中使用最为频繁的。

1. 问候语

问候语并不强调具体内容，仅仅是表示一种礼貌，公关人员要主动地向沟通中的公众表示问候，根据不同的时间做出不同的问候，脸上带着微笑。一般问候语言不涉及私人问题，也不套用中国的习俗问候，如"吃饭没有"。

2. 请求语

请求别人帮助时要"请"字当先，即使请人共进晚餐也应表现得有礼貌："能否和您共进晚餐?"当然向别人提出请求时必须考虑别人当时是否适合帮助你或接受你的请求，这是一种对别人的理解和尊重，即别让别人过分为难。

3. 致谢语

当别人向你提供帮助时必须向别人表示感谢，即使别人侧身让你先过也是一种对你的谦让，也应该表示感谢，对别人的感恩之心应是人们交往中的常有心态。

4. 称赞语

赞美别人时要注意赞美的技巧，要学会"赞非所赞"，最好是通过第三人赞美。

5. 道歉语

及时道歉可以大事化小，小事化了。道歉是一个人心胸坦荡、深明事理、真挚诚恳和具有勇气的表现。当别人未向你表示歉意时，可以从两个角度理解：一是他也许正在找机会，二是他给了我一个表现大度的机会。

6. 祝贺语

在喜庆祝贺和节日祝贺时，学会向别人表达出你的情感，为别人的喜悦而高兴，这也是大度的一种表现。即使在很多竞争的场合，向你的竞争对手表示祝贺也会为你赢得众多舆论资源。

（二）称呼语

公关人员一定要掌握记住别人名字的能力，因为别人总是希望你会记住他的，当你第二次和别人见面时要主动地叫出他的名字，这是公关人员的一个基本技能。称呼时学会尊称与泛称的不同使用，在得体的称呼中要注意不能使用"的"字结构，而应该使用偏正结构，在"的"的后面加上名词。

（三）介绍礼

介绍分为自我介绍和第三者介绍。

1. 自我介绍

自我介绍时就是向别人推销自己的形象，因此吐字要清晰，报出你的全名，同时一般会辅以名片。社会上在使用名片时一般讲究对等的原则，所以制作名片时应该真实，印刷也应正规，同时选择有代表性的内容。使用名片时应该注意一些基本的礼节。当与长辈、女士、上级交往时应主动先行递上名片，双手正面递上，可以是四个手指托住，拇指捏住。接受名片时，先说"谢谢"，然后仔细看一遍，牢牢地记住对方的名字,并妥善保管,可以放在名片盒里,如果将名片放在办公桌上,不能在名片上压任何东西,不能手拿名片摆弄着和别人交谈。

2. 第三者介绍

在作第三者介绍时,如果充当中间介绍人,注意介绍的顺序,受尊重的人有优先了解别人的权利,因此是后被介绍的;如果是集体介绍时可以按照座位顺序或职务次序由高到低。介绍时,四指并拢拇指分开,用词准确,称呼上一步到位以方便彼此可以互相称呼。如果以被介绍人的身份出现,应该表现出一种很大的兴趣,微笑地看着对方,听到介绍人对对方的称呼时最好再称呼一遍。当介绍人介绍到你时,应该把自己的名字再复述一遍,同时辅之以握手的礼节。

（四）交谈语

交谈时应让自己成为一个善于说话和一个会听人说话的人。一个会说话的人应该是让别人有兴趣与之继续交谈下去的人。交谈的内容不要涉及隐私或死亡等不愉快的话题,一般不能用批判的语气谈论在场者和其他相关人士,也不要讥笑他人。遇到不便谈论的话题不要轻易表态,应学会委婉、幽默、模糊等基本表达方式,涉及对方反感的话题应马上道歉。在公共社交场合,应该选择大家都可以介入,又都方便发表意见的话题,即寻找共同的经验范围,如现场气氛、环境布置、天气、当日新闻、国际形势、文艺演出、体育比赛等,切忌只谈论个别人知道或感兴趣的事而冷落其他人。男士一般不参与女士圈的话题议论,与女士谈话要宽容、谦让、尊重和不随便开玩笑。听时不仅要用耳朵还要用脑、用整个身心。听话时要注意少说多听,听话时听重点听思路;凝视说话的人,努力用眼神与对方进行交流,注视对方时眼神要轻松自然,不要过多地聚焦于对方身体的某个部位,最好能够把对方的整个人都笼罩在你的视线之中。面对面交谈时,双方距离以 1～2 米为宜,与对方视线接触 1～2 秒即移开,一般注视对方的时间不超过 2 秒钟,因为长时间的注视、凝视或上下扫视(除关系亲密者)会给对方压力。人的脸部可以分为三个目光区域:下眼线以上、发际以下属于第一区域,是最正式的注视区域;下眼睑以下、上嘴唇以上属于一般性的注视区域;上嘴唇以下至下巴是最亲密的注视区域。为了表示对对方说话的专心,身体向前倾斜,边听边时时点头表示你的诚意和兴趣;神情专注,不能做小动作,也不能只顾做自己的事情。最会听话的人应该是让对方把话说完的人。符合礼仪的交谈应该是充满感情的。因此,有两个方面必须考虑:① 用词的情感性,多用褒义词,少用中性词,不用贬义词;② 要考虑说话人的地位、职业、爱好、习惯等,即把握住语言环境,同时注意用词繁简适当。在交谈时如果双方的意见不一致,要学会最基本的劝服技巧,即先肯定后否定,肯定的是对方的一种思维方式,而否定的是对方的结果,要永远站在别人的立场思考问题。

（五）电话礼仪

无论是在什么样的情况下,凭借一个人在打电话时的讲话方式,就可以基本判断出其教养水平。电话是一种重要的社会交往形式,声音可以较准确地传达一种情绪。因此,打电话也是一门艺术,一般应掌握以下几个方面:① 时间上,一般不在早上 7 点以前和晚上 10 点以后及三餐时间打,电话交谈的时间一般以 3~5 分钟为好,若要占用较多的时间一般要作出说明或另约时间;② 打电话前要注意好身姿,一手听筒另一手握笔、挺直背脊说话,通话重点最好一一列出、注意四周环境是否安静,因为通话对方可以察觉到 4 米方圆内的细微声响;③ 打电话以前要考虑好要表达的内容,对方接电话后先说"您好",这既可以表示礼貌也可以借此来听出对方接电话的人的语气。一般是由打电话的一方先结束谈话,致告别语,若对方是外宾、女士、长辈、上级,要听到对方先挂下话筒后才能挂电话。对着话筒不能发出不雅的声音,若遇急事需要和身边的人交谈时应该捂住话筒或按下电话上的静音键,凡是对方说到数字、名字、地名或关键性的问题,最好重复且记录下来。

(六) 手势语

手势语是通过手和手指活动来传递信息,早于书面语言甚至早于有声语言。根据手势意义可以分为四类:情意手势,表示人的情感,如握手;象征手势,表示一种抽象的信息,如 OK、WC;形象手势,给人一种具体、形象的感觉,如摹形状物;指示手势,指示具体对象。在此主要介绍握手的礼仪。握手礼是国际上通用的礼节,源自原始社会的摸手礼,动作的主动与被动、快速与迟缓、力量的大小、时间的长短、身体的弯度、脸部的表情、视线的方向都有讲究。一般要求做到:① 双方距离为 75 厘米左右;② 长辈、领导、女士、主人先伸手,伸出右手握住对方的右手,四指并拢,拇指张开,右手掌处于垂直状态,正视对方的表情及眼神的活动,上下晃动3~5 秒钟;③ 用力适度、均匀,不能让人产生痛感,特别是和女士握手不能过分用力;④ 若很多人同时在场,应该按照顺序,不能交叉地握。

(七) 服饰礼仪

随着人际交往的不断扩大,服装的实用性作用渐渐减少,而装饰性、审美性、社会性的功能则在增强,文化内涵越来越丰富,现在人们更注重服饰的文化内涵和文化价值。在社会交往中,服饰在一定程度上反映着一个人的社会地位、身份、职业、收入、爱好、个性、文化素养和审美品位,服饰因此一直被看成是传递一个人的思想、情感的文化心理的"非语言信息"。因公关活动代表的往往是正规的交往活动,因此着装的规范性显得更突出。首先应体现民族文化特征和社会风尚;其次才是个性的体现。一些正规的场所其服饰的规范可以体现在很具体的要求上,如在一些正式的宴会请柬上,会在左下角注明"正式的(formal)""非正式的(informal)"或"小礼服(black tie)"等字样,有时也写着"随意(casual)"。若请柬上未注明要求,有些客人会特意打电话征求着装的意见,因为这是一种对主人的尊重。

服饰一般要重视"TOP原则",即时间(time)、地点(place)和场合(occasion)原则,要求着装兼顾时间、地点和场合,并与之相适应。时间原则包括三个因素:① 时代性,也就是合乎时宜,着装应与时代进步的主流风格保持一致,既不可背离时代而复古,也不宜过分前卫;② 季节性,考虑服饰面料随不同季节而变化;③ 早、中、晚的区别。

场合原则中首先要区分两种场合：正式场合，泛指一切进行正式交往的场合，又可分为公务场合与社交场合两类情况。公务场合是指人们在自己的工作单位办公的时间，正统、保守、庄重成了其基本要求，一般制服、套服及其他一切符合这一要求的服装才是公务场合的适当之选。社交场合通常有两种含义。从广义上讲，它指的是一切人际交往，从狭义上讲，它指的是人们在工作之余与别人进行应酬活动的时间。当社交场合与公务场合相提并论时，一般应根据后一种含义对它进行理解。如出席舞会、观看演出、应邀赴宴、参加联欢会、与人约会、拜访他人等业余活动，都属于极其典型的社交活动。在社交场合，着装的基本要求是典雅、时尚和别致。除去公务场合、社交场合以外的一切活动时间皆应包括在休闲场合之内，它包括在自己家中的独处，也包括公共场合与其他不相识的人共处。如居家休养、外出度假、运动健身、观光旅游、逛街散步以及采购物品等，都属于典型的休闲活动。着装上追求的是无拘无束、自得其乐，基本定位是舒适、随意、自由。正如有人所说的，在休闲场合，最主要的是穿上衣服，除此之外，人们完全可以想怎么穿就怎么穿，因为这是你的个人自由。

地点原则即要求居家着装与办公着装不同，如在办公室或外出处理一般类型的公务，应该规范、整洁、文明、干净。

服饰礼仪追求的是三位一体，即款式、面料、色彩的统一，其中色彩给人留下的印象往往是直接而深刻的。色彩以其物理性质，刺激人的生理感觉，同时根据人的生活经验而生成某种心理感应，从而产生我们所谓的情感意义，每种色彩都能根据人们的审美倾向诱使人们产生一种心理的定式和联想，因此，在服饰的选择上首先必须对色彩进行选择。色彩搭配一般有三种方法：一是同色搭配；二是主色搭配；三是相近色搭配。在款式方面，目前西装已成为一种国际性的服装款式，一般指西装套装，穿着有一定的程序：梳头、换衬衫、换西裤、穿皮鞋、系领带、穿上装。正规的西装应是三件套，一般可以是单排扣也可以是双排扣。打领带之前先扣好领扣和袖扣，衬衫的领口应露出上装领口外1～2厘米，领子必须平整而不外翻；衬衫下摆不应露在裤子外面。衬衫袖子露出上装袖口2～3厘米，正式场合不应用毛衣或毛背心来代替西装背心。上装左侧口袋用来插装饰性的鲜花和手帕，上衣内袋用于存放证件等，如记事本、香烟、名片等，其余口袋不放东西。背心口袋放珍贵的小物件，如钢笔，西装裤袋则用作插手。裤脚盖住鞋面，后面略长一些，外面大衣不宜过长，最长到膝盖下3厘米左右。正式的社交场合必须打领带，领带以长及腰带为宜，领带夹夹在第三到第四颗扣子之间。金笔、手表、打火机一般被称为男士三大配件，并被看成身份的象征。在公务和社交活动中至少应该携带一支钢笔和一支铅笔，在正式场合最好带好一点的笔。笔可以放在公文包里或者西装上衣内侧的口袋里。手表的佩戴因人而异，但做工要精、款式要雅、走时要准，最好戴机械表，而广告表、时装表、运动表一般不在正式场合和正装搭配。

（八）仪表礼仪

林肯曾说过：一个人的长相过了四十岁以后应该由自己负责。一个人的仪表或修饰代表的是一种对职业的态度及对他人的尊重，当然也是一种生活方式的体现。虽然漂亮的外表在很大程度上取决于遗传，但后天的努力及恰当的修饰和保养也有着举足轻重的作用。因为漂亮、美丽、风度并不是同一个概念，只有当外在的漂亮依附于内在的素质时，才能拥有一种真正的、久远的魅力。仪表一般可以通过头发修饰、脸部妆饰、仪态等表现出来。这里主要介绍仪态礼仪。仪态又可以包括身体态势、气质和风度等。

1. 身体态势

身体态势主要是指公关活动中人的基本站姿、基本走路姿势和基本坐姿。

（1）基本站姿。头部抬起（一般不应高于自己的交往对象）、面部朝正前方、双眼平视、下颌微微内收、颈部挺直、双肩放松、呼吸自然、腰部直立。双臂自然下垂，放在身体两侧，也可以将两手交叉，右手轻搭在左手背上，轻放在腹部的位置。两脚立正并拢，双膝与双脚的跟部紧靠在一起。两脚呈"V"状分开，两者之间相距约一个拳头的宽度，身体的重心应当平均地分布在两条腿上。这一站姿的主要特点是头正、肩平、身直。从侧面看则含颌、挺胸、收腹、直腿，使人看起来稳重、大方、俊美、挺拔。

（2）基本走路姿势。行走时脚尖朝前方，步幅适度，一般是一个人脚的长度的1.5倍左右，脚后跟着地滚动地到前脚掌上。在行进的整个过程中，应注意使自己身体的重心随着脚步的移动不断地向前过渡，腰部成为重心移动的轴线。双臂要在身体两侧一前一后地自然摆动。女士着裙装时要努力走成一条直线，若着裤装则应走成两条平行线。

（3）基本坐姿。将自己的臀部置于椅子、沙发或其他物体上，以保持自己的身体重量，单脚或双脚置于地上，后背挺直，不能靠住椅子。男士可以把腿适当地分开，双手轻放在腿上；女士落座前先轻轻地坐下，一般只能坐一半或三分之二的座位，以保证大腿的曲线比较优美。为了表现得文雅得体，可以把腿并拢，坐成一种"S"形的曲线。

2. 气质

气质是一个人的素质，构成气质的有与生俱来的容貌、体质、血型和微妙的遗传因素，更有后天得之的环境气氛、文化素养、审美情趣、价值观念和心理机制，气质可塑可造未有尽时。但气质也带有一定的稳定性，一般可以分为几种较典型的气质类型，如气质纯真、高雅端庄、热烈奔放、雄健粗犷、温婉恬静、庄重深沉、浪漫忧郁等。人们在日常生活中也会表现出不同的气质，如艺术家的气质、哲人的气质、企业家的气质、领袖的气质等。从个体来看往往会有多种气质交织于一身，而越是充满矛盾的人往往越有活力。气质一般分为四种：① 不可抑制型，表现为情绪激昂，易冲动，态度直率，脾气暴躁，精力好，速度快但不灵活；② 活泼型，表现为兴奋热情,反应快、灵活,善于交际、易动感情,但注意力容易转移;③ 安静型,表现为不易兴奋,能克制自己的冲动,对人感情真挚,但对事物不敏感,反应较迟缓;④ 懦弱型,表现为处事谨慎,深思熟虑,内向性明显,优柔寡断,忍耐力差,行动呆板。

3. 风度

风度是气质的显现,并总是伴随着礼仪,一个有风度的人必定深谙礼仪的重要性,即使是气质粗犷、冷峻的人一般也不会营造无礼粗暴的自我形象。既彬彬有礼又落落大方,顺乎自然合乎人情,这才是现代人的潇洒风度。

二、公关的日常实务礼仪

公关实务作为一种职业活动,有自己的专门业务领域和工作范围,既包括公关人员的日常工作实务也包括由公关的基本职能扩展出的专项业务内容,如公关调查、新闻传播、广告宣传、策划和举办活动、处理危机、交际、演讲、谈判等。公关实务的常规性内容和程序都比较稳定,由此形成了一些合乎礼仪规范的又能符合约定俗成的方式,一般可以概括为公关日常实务礼仪及公关专项活动礼仪。

(一)迎送和接待

1. 迎送礼仪

迎来送往是公关人员日常工作中最经常性的事情,尽管事情简单却需要细致和周到,它往往能在细微之处完善地展示一个组织的形象,这中间既包括充分的事先准备,更体现出具体接待与迎送时公关人员的自身素质。

对应邀来访者无论是官方人士、专业代表团还是民间人士,在他们抵离时都应该安排身份相应者前往机场、车站、码头迎送。要确定迎送的规格,主要迎送人员与来宾的身份相同,如有各种原因不能完全对等时,可由职位相当的人士或副职出面,并向对方作出解释,另外迎送的人员不宜过多。迎送时如果双方身份较高,可以事先在机场(车站、码头)安排贵宾休息室,并准备好饮料。尊重来宾的民族特点及风俗习惯,如需要献花,则必须选用鲜花,一般可选用一至两枝较名贵的花,如兰花、玫瑰花等,有时也可送花环,一般是在迎送的主要领导人与客人握手之后,由儿童或女青年献上。

2. 陪行礼仪

作为主人一般都有引导客人的义务。引路时一般是走在客人左前方一步左右。用手示意方向时,应张开手臂,小手臂与大手臂的夹角约130°,手掌自然摊开,四指并拢,掌心向上。引导客人上楼梯时,要走在客人的前面,为客人带路,送客人时应走在客人的后面。一般陪行时以前、右为上,三人行时以中为上,自己是主陪时并排走在客人的左侧,若自己是陪同的随行人员,应走在客人和主陪人员的后面,不能并排或走在前面。换行走方向时,应立于一边说明,同时以手示意。乘有人电梯时,客人先进先出;乘无人电梯时,客人先进后出。至会议室时,为客人开门,门向外开时应站在外面让客人先进,门向内时,则应自己先进站在里面。

3. 陪车礼仪

乘坐小轿车的次序和座次是比较讲究的。四个座位的小轿车,一般是后排右侧靠窗的位置是上座,为主宾的座位,后排左侧的位置次之。如果后排是三个座位,则中间位置为第三位,司机旁边的位置为低。乘主人自行驾驶的小车,以前座为尊,后座右侧次之,左侧再次之,而以后座中间座为最末。作为主宾理应陪坐于前座,并且前座客人中途下车后,后座客人应立即移至前座,补其空缺。如主人夫妇驾车时,则主人夫妇坐前座,客人坐后座。上车时应打开车门请客人、长辈和女士先上车,下车时最低位者先下车,并为位尊者做好"护顶",即左手开车门,身体顺势站在门后,右手挡于车门框上端,以免客人下车时碰了头。乘坐火车、飞机时,靠窗的位置为贵,靠窗且和车前行方向一致的座位为最贵。如果是一般的大巴车,不管何人驾驶,多排座位轿车排位皆应由前而后,自左而右,依距离前门远近而排位。

(二) 会见和会谈

会见也称会客、会晤、会面。会见总是一方处于主动地位,另一方处于被动地位。而会谈双方都处于同等地位,也可以称为谈判或洽谈、磋商,是指有关各方就某些感兴趣的问题进行实质性的讨论,以求部分或全部达成一致,或者订立协议。

会见或会谈时,除参加人员外,其他工作人员在安排就绪后均应退出。谈话过程中旁人不要随意进出。记者采访最好也安排在谈话前几分钟。如谈话中允许采访,应有隔离带。会见(接见)客人时,可视具体情况安排好座位图。如果是接待外宾可正式一些,并配备翻译和记录。如果接待内宾,不需要翻译和记录,可采取随便的就座方式。双方面对面地就座,一般是用于公务性的会谈,通常可以考虑两种情况:① 一方面对正门,另一方背对正门,此时的要求是面门为上,背门为下;② 如果室内分为左右两侧,讲的是右上左下。

如果双方是平起平坐的话,意即地位相仿,一般是礼节性的交谈,可以采取并列式坐法。如宾主双方面门而坐,同样讲究以右为上,或者以远为上。

多边会谈通常是由三方或三方以上的人士参加的会谈,其位次排列主要有两种方式:① 主席式,某一方发言时可走上主席台;② 自由式,即自由就座,不具体安排座位,如果是安排圆桌的话,则不必区分位置的上下。

在会见或会谈的安排上,如果有合影,应安排在宾主握手、合影之后再分别入座。合影时,要事先安排好合影图及有关工具。如果是国内的活动一般讲究的是居中为上,居左为上,居前为上,具体又有单数与双数之分。但在涉外活动时,通常可以遵循国际惯例,使主人居中,主宾居于主人的右侧,同时两侧应由主方人员把边。

三、公关专项实务礼仪

(一)悬挂国旗

国旗是一个国家的象征和标志。人们往往通过悬挂国旗,表示对本国的热爱和对他国的尊重。在国际交往中的悬旗惯例,已为各国公认,实际已成为一种重要的礼宾仪式。

接待一国的元首、政府首脑等国宾时,在国宾下榻的住所和交通工具上悬挂该国国旗(有的是元首旗),这既是一种外交特权,也是一种礼遇。两国国旗并挂,以旗本身面向为准,无论是墙上并列悬挂中外两国国旗还是在地面旗杆上并列升挂中外两国国旗,都应该是右挂客方国旗,左挂本国国旗。如果国旗是交叉摆放在桌面之上,或者交叉悬挂在墙壁之上同样也以国旗的面向为准。如果是悬挂多国国旗,一般按照国际惯例,以面向为准,自右向左依次排列。东道主的国旗有时可以居于末位,有时也可以采取其他的方式。车上挂旗,以旗本身面向为准,司机左方为主方,右方为客方。所谓主客不以活动举行国为依据,而以主办活动的主人为准。外国代表团来访,东道国举行欢迎宴会,东道主为主人;答谢宴会上则来访者为主人。国际会议上的悬旗,除会场悬挂与会国的国旗外,各国政府代表团均按会议组织者的有关规定,在一些场所或车辆上悬挂本国的国旗。在某些博览会、体育比赛等国际性活动中,也往往悬挂有关国家的国旗。比赛获金牌时往往会庄严地升起获奖者所属国的国旗、奏获奖者所属国的国歌,以示对获奖者及其所属国的尊重。悬旗的一般规定是日出升旗,日落降旗。悬挂双方国旗,左为下,右为上。升降国旗时,要求服装整洁,立正、脱帽,行注目礼;不得使用污损、污秽和不合乎规范的国旗,国旗不能倒挂和反挂。如遇外国元首或政府首脑逝世,按照礼宾规定,会在特定的建筑物上悬旗志哀,以示礼节。通常的做法是降半旗,即先将旗升至杆顶,再徐徐下降至离杆顶1/3杆长的地方。

(二)宴请礼仪

1.组织宴请

宴请的目的是多种多样的,如有代表团来访,庆贺某一节日、纪念日,展览会的开幕、闭幕,某项工程的开工、竣工等。

宴请的形式分为宴会、招待会、工作餐、茶会等。宴会又包括国宴、正式宴会、便宴、家宴等。国宴是国家元首或政府首脑举行的庆典,是规格最高的宴会。宴会厅内要悬挂国旗,安排乐队演奏国歌或席间乐。餐前有致辞仪式和祝酒活动。正式宴会上不挂国旗,不奏国歌,规格与国宴大体相同。宾主均按身份就座。家宴就是指在家中设宴招待客人的一种宴请形式,出席家宴时一般要带礼物,如鲜花、酒。便宴是形式简便的宴请,也属于正式宴会。一般来说,正式、规格高、人数少的宴请以宴会为宜,人数多则以冷餐酒会更为合适。妇女界活动一般多用茶会,在外交活动中提倡多举办冷餐会和酒会以代替宴会。招待会是不备正餐的较为灵活的宴请形式,备有食品、饮料,通常不排座位,也可自由活动,有酒会和冷餐会两种形式。酒会也称鸡尾酒会,招待品以酒为主,略备小吃,为便于广泛接触交谈,不设座椅,仅备小桌和茶几,便于走动。冷餐会一般不排座位,以冷食为主,也可用热菜。由于菜连同餐具陈设在餐桌上,供客人自取,因此也称为自助餐,可自由取食,多次取食。一般可在室内、花园里、院子里举行,可设小桌、椅子自由入座,也可不设座椅,站立进餐。工作餐包括工作午餐、早餐、晚餐。这是利用进餐时间边吃边谈的一种非正式宴请形式,只请与工作有关的人员参加,规格较低,菜的道数较少,往往会安排座位,尤其以长桌为多,便于交谈。

　　在组织宴请时需要注意以下方面:确定宴请的范围及规模、时间、地点,根据拟定的人员名单发出请柬,请柬一般提早一至两周发出,同时再以电话的方式确定被邀请者能否出席。宴请的酒菜根据活动形式和规格,在规定的预算标准以内安排。选菜不以主人的爱好为准,主要考虑主宾的爱好与禁忌。正式宴会一般都要排定席位,也可只排部分客人的席位,其他人只需排桌次或自由入席。较为正式的宴会都要按宾主顺序入座。在中国,座次高低一般以进门方向为准,面门方为上位,背门方为下位。不论桌子形状均如此。按西式礼节,排座位一般不考虑进门方向,而是以主人位置为准,桌次以主桌位置为准,基本原则是相对于主桌位置而言右高左低,近高远低。一般来说,席位安排是一门精细奥妙的学问,公共关系人员必须深谙为身份地位不同的宾客安排与之相称的座位之道。当然,宴会既然是一种社交活动,其首要目标应该是社交的成功,因此有必要将有利于交流及增进沟通放在第一位。

2. 西式宴请

　　首先要预约,说清人数和时间及座位上的要求。穿着要整洁,入座时得体,一般由椅子的左侧入座。用餐时,上臂和背部要靠到椅背,腹部和桌子保持一个拳头的距离。西式宴请的上菜顺序是:菜和汤—鱼和肉—水果—乳酪—甜点和咖啡,还有餐前用酒和餐用酒。一般前菜、主菜(鱼或肉择其一)再配以甜点是最好的组合。主菜若是肉类则应搭配红酒,主菜若是鱼类则最好搭配白酒。

　　饮用葡萄酒的最佳室温是18℃,对于一般的葡萄酒应该在饮用前1～2小时先开瓶,名为醒酒;而对于名贵的红葡萄酒,一般要先冰镇一下,时间约1小时。饮用白葡萄酒的最佳温度是零下10～12℃之间,因此,喝白葡萄酒之前应该先把酒冰镇一下,一般先在冰箱中存放2小时左右。饮用气泡葡萄酒(香槟酒)的最佳温度是在零下8～10℃。喝香槟酒前应该先冰镇一下,特别是香槟的酒瓶比一般的酒瓶厚2倍,所以一般至少冰3小时。喝酒时,用三根手指轻握杯脚,为避免手的温度让酒温升高,应用大拇指、中指和食指握住酒杯脚,小指可放在杯子的底部固定住杯子。喝酒时不能吸着喝,而是倾斜酒杯,像是把酒放在舌头上似的喝。喝汤时先用汤匙由后往前将汤舀起,汤匙的底部放在下唇的位置将汤送进口内。汤匙与嘴呈45°较好,身体的上半部往前倾。吃面包时,先用左手拿起来。吃硬面包时,用手撕不但费力而且面包屑会掉地上,此时可用刀切成两半,再用手撕成小块来吃。餐桌上刀叉摆设很有讲究,西餐刀可以分食用刀、鱼刀、肉刀、奶油刀、水果刀;西餐用的叉可以分鱼叉、肉叉、龙虾叉、沙拉叉;西餐用的匙可以分汤虾、茶匙、布丁匙、咖啡匙等;西餐桌上的杯子可以分为茶杯、咖啡杯等。餐具应由外向内取用。中间

西餐餐具的
摆放

离席,刀叉交叉成"八字"形状,餐巾揉得比较皱直接放在椅子上;就餐完毕后,刀叉并排放在盘子里,但不能放在桌布上,餐巾稍微叠得整齐一些放在餐桌上。最好不要移动餐桌上的杯子,每次喝完酒把杯子放回原来的位置,嘴里有食物时不能喝酒或喝饮料。喝咖啡时,一手拿杯一手托盘,取方糖时用专用的夹子,咖啡勺是用来搅拌咖啡的,用后放回托盘上;吃水果时应切成小块。

(三)签字仪式礼仪

签字仪式是最常见的公关业务形式之一。首先要做好文本的准备工作,内容应该由双方商定,然后定稿、校对、印刷、装订、盖火漆印等。正式文本要一式若干份,同时准备签字用的文具、国旗等物品。双方助签人员必须事先就细节问题进行具体洽谈和磋商,事先与对方商定签字人员和助签人员。其次是布置签字场所。不论是专门的签字厅还是临时用的会议室,都要布置得庄重、严肃,最好铺满地毯。面对正门的墙上(签字桌的背景)一般要高挂帷幕,幕上标明签字仪式的时间。我国一般会在签字厅内置一张覆以绿色台呢的长方桌为签字桌,桌后放两把椅子为双方主签人员的座位,主方在左,客方在右(以面门方为准)。座前放各自保管的文本,文本前放置签字文具。桌子中间摆一旗架,悬挂双方国旗或者是印有组织标志的小旗。双方参加仪式的其他人员,按身份顺序排列于签字人员的座位之后,不设座椅。如果设观礼座位,要放在签字桌的对面。双方助签人员分别站在各自签字人员的外侧。

举行仪式时遵循国际惯例采取轮换制,在双方条约中,双方签字处即在左边的首位处。正式签字时,各方代表先在自己保存的文本上签字,之后,包括几种不同文字的文本,均需要一一签字。助签人员分别站在签字人员外侧,协助文本的翻页,指明签字的地方,防止漏签,并用吸水纸按压签字处以吸干墨汁。签完自己保管的文本后,由双方助签人员合上文本,然后各方代表在对方保管的文本上签字。当签字人员签完最后一份文本时,双方签字人员起立,互换手中的文本,并热烈地握手,互相表示祝贺。有时,签字人员还互换签字的用笔。这时,观礼嘉宾要鼓掌表示祝贺。最后,礼仪服务人员端上香槟酒,参加签字仪式的人员共同举杯以示祝贺并合影留念。

(四)电视采访礼仪

接受媒体采访是与公众进行沟通的绝好机会,但是要提高采访的效果就必须掌握媒体访谈的技巧。在电视上接受采访时,人们不仅看着你而且也在听你发言。因此,你必须看起来和听起来都很正常。在电视上,你的表现不仅体现在你的语言应对上,同时还包括服装和面部表情等。在接受采访时,应该表现得冷静、自信、平和,接受采访与演出差不多,可能成功,也可能失败。而作为专业的公关人员将会成为这场演出的导演。电视采访提供了一个很好的论坛和机会,不用担心问题的质量,现场问题只要和你设想的问题类似,都可以套用备好的答案回答。坐下后要尽量地往后坐好,身体上部略向前倾斜一点。手、胳膊、肩膀都要和平常一样活动自如才好。随着手的挥动,脸部要适当作些方向性的调整。此时,可能画面比语言重要,所以接受采访时可以采取这样的姿势:两腿交叉;两只胳膊在胸前交叉;两手不要握紧,尽量放松和自然;胳膊肘放在椅子的扶手上;解开夹克衫的纽扣;腰部以上向前略倾,好像随时准备回答问题。如果遇到令人不方便回答的问题,可以简短回答一下对方提出的问题,然后自然地过渡到自己希望谈论的话题或主题上来,如"与此相关的,我想补充一点","这个问题有两种答案,在我作答前,我还想说另外一件事情……"将要说的观点抓紧时间说出来,然后再转过头去回答原本提出的问题。

(五) 剪彩礼仪

　　工程项目的奠基、竣工、纪念物的落成、商店开业、展览会开幕等,都常举行剪彩仪式,其仪式规范主要有以下几点:① 剪彩现场的布置。一般在建筑物入口处和工程现场举行,也有的在室内举行,布置应烘托出欢乐喜庆的气氛,可摆放花篮,悬挂横幅、彩旗、气球,铺上红地毯。② 用具的准备。红色缎带,一般需要用整幅的薄绸中间结花,红花的朵数根据剪彩人数加一的原则确定;新剪刀若干把;用来盛剪刀、花球、手套的托盘;给剪彩人使用的手套若干副,要干净洁白。③ 确定剪彩执行人,包括:剪彩人,一般是由上级领导、社会名流担任,1~3 人为宜;司仪;礼仪小姐,负责引导剪彩人上场、退场,拉直彩带,捧托盘,接住剪掉的花球。四是剪彩的程序。司仪宣布剪彩仪式开始、礼仪小姐捧托盘从剪彩人员的左后方上前递上剪刀和手套,然后退回到左后方 1 米处等候,剪彩人相互示意一起行动,将彩带剪断,礼仪小姐及时托住剪落的彩球。司仪要示意乐队奏乐,观礼者鼓掌。礼仪小姐从左后方上前接过剪彩人的剪刀和手套,会同拉彩带的和捧花球的礼仪小姐一起左转,从左侧退场。剪彩人和观众一起鼓掌,同司仪及台上的其他领导、来宾握手,表示祝贺。礼仪小姐上前引导剪彩人员从左侧退场,剪彩仪式结束。

(六) 演讲礼仪

　　演讲是演与讲的结合,演讲可以说既是一种艺术、一种激情,也是一种智慧。

　　美国演讲家理查德提出演讲是为了完成四个步骤:① 提出问题,以激起兴趣,免去不必要的开场白,一般可以以生动事例开篇;② 要讲清楚人家为什么要听你的演讲;③ 举例;④ 怎么办。即遵照三段论的逻辑:提出问题、分析问题和解决问题。分别回答了是什么、为什么和怎么办。

　　演讲的成功与否首先取决于是否有充分的准备。无论你是不是一个出色的演讲者,没有准备的演讲都会有跑题的可能。因此,成功演讲的宝贵经验就是充分的准备及事先的演练。演讲可长可短,可严肃也可以幽默,但是都必须有准备,几个小时的准备带来流利的演讲应该说是值得的。在走上演讲台时先要调整好发声的音调并保持低音,调整好嘴与麦克风之间的距离,以便保证坐在后面的人能够听到你的说话,不要用手去拍麦克风,正常地说话问一下后面的人是否可以听得清楚。

　　演讲的程序一般是:开场白(包括导言)、正文、结束语、结束后的提问。

1. 开场白

开场白一般就是第一句话,应该是对与会听众的一种称呼与问候。导言可以采取以下形式:① 提纲式,就是把自己要陈述的正题内容列成提纲,简单介绍主要内容;② 提问式,就是先向听众提几个问题,以引起他们的兴趣;③ 悬念式,就是先提出一个问题或者摆出一个事例、现象,激发听众的好奇心,然后回答或说明真相原委;④ 即兴式,就是结合演讲时的气候、季节、场地特征或逸事,以及听众的情绪即兴发挥随机应变。需要指出的是,不要在演讲一开始自我检讨或假客套、假谦虚,说些什么"没有准备""缺少研究""没有什么好讲的"之类的话。这是对听众的一种不尊重,也很容易引起听众的反感。

2. 正文

演讲的正文即正题,就是演讲者所要陈述的主张或发表的见解。从礼仪角度来看,有三点需要注意:① 逻辑性、条理性,不要茫无头绪,使听众不知所云;② 要紧扣主题,不要东拉西扯,跑题千里;③ 留有一定的余地,以便届时根据时间上的限制,尤其是听众的精力和情绪适时调整,延长或缩短时间。

3. 结束语

结束时要干脆利落。演讲的结束是走向成功的最后一步,是演讲者给听众留下的最后一个印象。拿破仑有一句名言:兵家胜败取决于最后五分钟。演讲也是如此。一般结束语可运用的方法有四种。① 概述式,就是通过概括总结演讲的内容,使听众能记住主要内容和观点并且加深印象。② 激情式,就是用一两句充满激情的话语来营造气氛,使听众精神振奋。但注意避免平地拔高,应该根据演讲内容而定,并提前蓄势,否则让人感觉做作虚假。③ 幽默式,让公众在幽默的美感享受中,心情愉快地离开会场,但应该注意幽默的健康、文明与智慧性。④ 赞美式,即感谢听众的支持。在结束语中,不要说"我的话完了""就谈到这里吧",在语气上不要显得疲惫不堪、无精打采、匆匆收场。记住,一定要对听众说"谢谢大家",而且说得要真诚、认真,不要让听众觉得这是一种"套话"。

4. 结束后的提问

通过问答的方式将几个简单的规则结合起来会更好。首先招呼所有现场的人请他们提问之前先说出自己的名字和单位,重复他们的问题以保证其他人也能听到,如果有人是在描述而不是提问,你可以插入讲话并有礼貌地说:"请问你的问题是什么?"如果有人问了你不能回答的问题,你不必因为承认不能回答而为难。你可以建议"也许这个房间里有人会比我知道得更多,可能更适合回答你的这个问题"。如果有人提了不友好的问题,你可以不予回答,指出这不是一个争议的地方,建议与他私下会谈。如果有人一个接一个地提问,你可建议会后私下谈,并说:"我很欣赏你的风趣,但应该给其他人提问的机会才公平。"如果你能够在听众坐立不安之前和他们希望你能讲得更多的时候结束演讲,他们会认为你是一个出色的演讲者。整个演讲过程都要对听众态度良好,表现出真诚与善意。切勿对听众说三道四、指手画脚,表现出对听众的轻视、蔑视和敌意,或者给人高高在上及与人格格不入的印象。

演讲是一种听觉艺术,更是一种视觉艺术,因为它涉及态势语言的充分运用,如面部表情、身体姿势和手势等。其身体态势语言运用的总原则是:准确(即用辅助口语来表情达意)、自然(真实自然地表达演讲者的真情实感)、精练(少而精地突出重点)。

就身体姿势而言,走向演讲台时应该步伐稳健,不要东张西望。如果演讲的主持人将你介绍给听众时,要及时地配合,向听众施以躬身礼,角度约为15°即可。演讲时,身姿动作有影响听众的移情作用,可以向前、后、左、右四个方向走动,但都是根据表意的需要来定。需要避免的错误是,盲目或毫无意义地在台上走来走去,使人看了烦躁不安;还有就是倒背着双手在台上迈步,似乎在深入思考但却很令听众反感。因此,移动身姿时要目的明确、移动恰当。

就演讲时的表情而言,有人曾问过古希腊十大雄辩家之首的德摩西尼:演讲者最大的才能是什么? 他回答说是表情。还有呢? 还是表情。演讲时,面部表情与演讲内容的配合是最为方便和自然的,其使用的频率大大高于手势与身姿,产生的作用也比手势与身姿更加直接和广泛。在面部表情运用上需要注意的是四点:① 要突出眼神的作用;② 要使面部表情与口语表达协调一致;③ 面部表情要富有变化;④ 面部表情必须自然。

演讲时可以用手势语言丰富的态势造型来传达人们内心微妙的感情。演讲时,两手应该扶在讲台边上,使上半身呈现倒八字形;如果没有演讲台,则可以将双手相握于身前。演讲时,除了持、握、翻讲稿外,双手不要再去拿其他的东西,使用手势语言时,要保证做到恰当、适度、富有个性及表现力,不能过多或过乱。

演讲时演讲者自身就是信息传递的主体,因此,演讲者的着装要求是稳重、整洁、文雅、大方。同时兼顾演讲的具体内容、类型和要求,要有意识地与主流听众保持和谐和统一,以免给人以"鹤立鸡群"之感。演讲时,根据社交活动的规范着装,绝不可随意,妆容与饰物都应该简洁、自然。

复习思考题

1. 公关礼仪的作用及原则是什么?
2. 交谈语言礼仪的基本内容包括哪些?
3. 如何在公关活动与交往中运用手势语言礼仪?
4. 如何遵守日常及社交行为礼仪?
5. 公关人员的服饰及仪表礼仪的基本要求是什么?
6. 如何在公关日常及专项活动中运用礼仪的基本规则?

下篇 公共关系案例评析

案例在现代汉语中也被称为个案、实例、事例、个例等,尽管表述形式不同,但其内涵是一致的,都是指对某一具体事件及其过程的客观描述或介绍。案例(case)一词最早源于医学,意指个别病案或医案。医疗部门对病情诊断结果和处理方法都会进行记录,这种用于分析治疗且有一定典型性的病历资料,即案例。后来,案例分析被广泛应用于法学、社会学、教育学、管理学等不同的领域,成为这些学科研究的一种重要方法。公共关系案例是指对某一特定的公共关系活动内容和过程所作出的客观描述或介绍。案例的内容应该是客观的、真实的且富有典型性,并且具有公关的实务性。无论是单一的案例还是综合性的案例,一般都会包括五个要素:① 主体要素,即案例中提供的公关主体的因素,它可以是一个组织的公关部也有可能是一个组织外聘的公关公司;② 客体因素,即公关案例中活动指向的对象是哪一类公众对象,这种公众的指向有可能是众多的也有可能是单一的;③ 传播沟通的要素,即案例中所展现的各种传播沟通的手段及运用的媒介分别是哪些,在使用时有什么样的经验和教训;④ 公关的目标要素,即案例中是否提示了公关活动的基本方向及目标是什么,也就是发生了什么样的事情,为什么要开展这样一次公关的管理活动;⑤ 公关相关环境的因素,这是对公关案例提供的一切宏观环境的分析,即一定时期的政治、经济、文化以及其他各种条件的影响等。

在面对各种案例时,我们可以按下面三个步骤进行分析。

(1) 熟读案例,就案例本身进行分析。即案例中提供的三大要素分别是什么? 本案例的结果是成功的还是失败的? 如果是成功的主要归因于哪几个方面? 如果是失败的,那么主要是对媒介选择的失败还是因为对公众的判断失误?

(2) 作为案例的旁观者,进入本案例的情境作进一步的分析。如果你是从事本案例的公关管理人员,如果案例是成功的,你能否进一步完善? 毕竟案例中并不能同时提供其他的解决方案,我们没有任何理由认为解决这件事情最好的方法就是这一种方式。如果案例提供的是失败的结果,那么,你会如何进行补救?

(3) 从案例提供的主体竞争对立面来分析,无论本案例给出的是什么样的成功,请进行颠覆。正所谓: 别人犯的小错误是你的小机会,别人犯的大错误是你的大机会,而别人不犯错误则别人的优点也已经隐蔽了缺陷。

公关案例分析的结果是形成公关案例分析的方案,任何公关案例分析的最后都需要给出你的意见。

目前公关案例分析已不仅仅作为一般的教学辅助材料,而是被当作一门相对独立的重要课程来对待。公关案例的点评在公关的学科体系中占据着重要地位。分析案例可以将一个抽象的公关理论进行具体展现,同时也可以将公关的实务进行阶段性的分析。分析案例最关键的是找出其普遍本质及规律,不断论证已有的公关理论并开创新的理论成果,也可以借此来完善我们自身的公关实务活动。作为管理的手段,公关并不存在某种固定的模式,因为它只能是成功的或失败的,而不能是美国式的、中国式的或日本式的,因为每种模式都包含了太多的不确定性及不可模仿性。因为它是一种特性在某个特殊的环境及条件下的充分展示,但不能再现所需要的全部条件与环境。然而,有些东西是可继承的,这就是任何时代、任何环境条件下,任何管理者都必须解决的,即只要是对人的管理,与员工及外部公众的价值沟通永远都是需要的,只是沟通的方式、对象、背景会有所不同而已。这种有价值的沟通不仅仅停留于一般信息沟通的层面,它更需要价值的沟通,只有有价值的沟通,其传递的信息才会如同发酵剂一样快速散播开来。在全球化、信息化的今日,组织的管理或运作早已打破国界,在各类案例的分析中,我们思考的是什么样的公关管理更适我们的文化,因为,任何公关管理都是以文化背景作为支撑的。如果说,公关注重的是信息沟通,那么其文化支撑就是对信息交流的认同及习惯。

案例一　双奥之城，和谐之都①

案　例　概　述

一、煌煌古城，现代都市

北京，简称"京"，地处中国华北平原北部，背靠燕山，毗邻天津市和河北省，是中华人民共和国的首都、直辖市、国家中心城市、超大城市、国际大都市。北京也是一座具有三千多年历史的文化古都，作为我国的首都，在经济、政治和文化等方面都扮演着重要角色。2014 年 2 月，习近平总书记在视察北京工作时讲道："北京作为首都，是我们伟大祖国的象征和形象，是全国各族人民向往的地方，是向全世界展示中国的首要窗口，一直备受国内外高度关注。"2017 年，中共中央、国务院批复确认北京为全国政治中心、文化中心、国际交往中心、科技创新中心。以下将从文化、国际交往、科技创新三个角度详细介绍北京的城市形象定位和优势。

文化上，北京充分运用自身浓厚的文化底蕴和文化资源集聚的优势，把北京建设成为社会主义物质文明与精神文明协调发展，传统文化与现代文明交相辉映，历史文脉与时尚创意相得益彰的中国特色社会主义先进文化之都。北京的丰富历史文化遗产是中华文明源远流长的伟大见证，是北京建设世界文化名城的根基，是北京的"金名片"；重大功能性文化设施布局合理完整，各类国家级文化功能区集聚，多所国际知名高等院校荟萃；文化产业高速发展，文化科技融合产业焕发活力，文化市场体系不断健全；社会主义精神文明建设深入人心，市民素质不断提升，公共文明行为规范体系不断健全，志愿服务队伍不断壮大。此外，北京以各类文化资源为载体，充分运用数字媒体、移动互联等科技手段，

---

① 本案例由浙江大学陈凌峰、袁隆桓、谢政宇、张雨佳、姚凌子、许桐慈等人整理材料并撰写。

构建立体、高效、覆盖面广的国际文化传播网络，并积极组织开展重大文化活动和国际文化交流合作，不断扩大文化竞争力和影响力。

国际交往上，近年来，北京聚焦重大国事活动服务保障，国际高端要素集聚承载，北京开放发展动力支撑，城市对外交往示范引领四个功能，国际交往中心功能建设不断取得新进展、新成效。目前，北京共有138个大使馆，2个名誉领事馆，16个国际组织驻华代表机构，189个外国新闻机构，6441家外国企业代表机构，同时拥有世界五百强企业60家，雄踞全球第一。党的十九大以来，北京圆满完成了2017年第一届"一带一路"国际合作高峰论坛、2018年中非合作论坛北京峰会以及2019年第二届"一带一路"国际合作高峰论坛、北京世园会、亚洲文明对话大会等重大主场外交活动服务保障任务。同时，北京还举办过北京国际电影节、北京国际设计周、北京国际音乐节等系列节庆活动，还积极培养中国网球公开赛、世界斯诺克中国公开赛等国际赛事品牌[①]。北京以打造国家交往活跃、国家化服务完善、国际影响力凸显的重大国际活动聚集之都为目标，不断优化国际交往服务的软硬件环境，不断拓展对外开放的广度和深度。

科技创新上，习近平总书记指出，"全党全社会都要充分认识科技创新的巨大作用，把创新驱动发展作为面向未来的一项重大战略，常抓不懈。"国务院2016年印发的《北京加强全国科技创新中心建设总体方案》明确指出，北京全国科技创新中心的定位是全球科技创新引领者、高端经济增长极、创新人才首选地、文化创新先行区和生态建设示范城。北京市以中关村科学城、怀柔科学城、未来科学城以及北京经济技术开发区"三城一区"布局为蓝图，发展量子信息、脑科学、人工智能、生命科学等新型研发机构，加强原始创新和重大技术创新。北京在基础前沿研究、重点产业技术研究、高端服务业等方面引领全国。同时，北京加快形成多层次的创新人才梯队，造就了一批具有国际影响力的科学大师和以青年科学家为带头人的优秀研究群体。在科技创新方面，北京已具备高端人才、高端成果、高端产业集聚的显著特征。

二、北京形象，扬帆奥运

2015年7月31日，马来西亚吉隆坡举行国际奥委会第128次全会，北京在这一天成为了2022年冬奥会和冬残奥会举办城市。这使得北京成为世界历史上第一个"双奥之城"。"2022年冬奥会如果来到中国，不仅将激发中国13亿人民对奥林匹克冬季项目的热情，也将推动历史悠久的中华文明同世界各国

---

① 董城,张景华,邹韵婕.北京:国际交往中心功能建设彰显首都风范[N].光明日报,2020-10-29(16).

文明交流互鉴"。奥林匹克精神指引着北京的城市建设,北京的城市建设也为其注入了鲜活的中国特色和北京特色。奥运会的举办,对于中国来说,让世界更加真实、更加深入地认识了如今时代浪潮之下我们的大国形象;对于北京而言,向世界打开了一幅特色鲜明、古今相接的城市画卷。作为大国之都的北京逐步走向国际舞台,成为中外交流中举足轻重的窗口,将繁荣、和谐、自信的中国推向全世界。

(一)2008年北京奥运会对北京城市形象的影响——以"祥云"火炬为例

2008年奥运使北京城市形象更真实、更透明。北京奥运会使外国友人了解到"绿色奥运、科技奥运、人文奥运"不仅仅是这次举办奥运会核心理念,更是北京城市理念。例如,2008年奥运会的"祥云"火炬的设计就把北京"绿色、科技、人文"的城市理念展现得淋漓尽致。"祥云"火炬,不仅在工艺设计上体现了中华文化的传承,契合了北京举办"人文奥运"的主题,而且在工艺实现上也运用了一系列创新科技,阐释了"科技奥运"的主题,彰显了中国制造的实力[1]。

首先,在体现北京人文形象方面,主创设计师章骏试图回到中华文化的源头,回到天人合一、和谐自然的人文精神,回到原始器皿的"漩涡纹样""蔓草纹样"和"云纹"。云纹不仅在华夏文明中有超千年的跨度,并且在建筑、雕塑、器皿和家具中也有广泛的应用,而且云纹有丰富的文化内涵,传递天地自然、人本内在、宽容豁达的东方精神和喜庆祥和的美好祝愿。云纹所传递的正是东方文化所独有的"面"和"线"的飘逸洒脱和内在的人文精神。此外,为达到火炬和手之间的完美平衡,使手握火炬时拥有舒适的手感,同时不会因为温度过高而灼伤,设计团队用橡胶漆喷涂包裹整个"祥云"火炬,在火炬内壁设隔热层,以此赋予其最合适的柔软度和温和感,使火炬传递者手握火炬时,感觉就像是与他的同伴握手,这也是奥运火炬首次使用橡胶漆材料。同时,为了满足和适应人体的要求,设计团队在设计祥云火炬时充分利用人机工程学,细致考虑人的因素,首先是尺寸合适、高低合适、使用方便,设计和生产更考虑到安全。北京奥运火炬在每一个设计细节中体现出细致的人文关怀表达了东方文化的特征,同时也突出了"人文奥运"的主旨[2]。

其次,在体现北京科技形象方面,数据显示,"祥云"火炬长72 cm,重985 g,燃烧时间长达15 min,燃烧稳定性与外界环境适应性方面达到了新的技术高度,能在每小时65 km的强风和每小时50 mm雨量的情况下保持燃烧,是北京科技迅速发展的缩影。"祥云"火炬的燃烧稳定性和环境适应性的实现

---

① 韩敬怡,杨婧.奥运火炬 中国传奇[J].流行色,2007(08):102-105.
② 隆鑫.基于北京奥运火炬浅析中国传统文化元素与产品设计的融合[J].西部皮革,2021,43(07):65-66.

得益于火炬内部燃烧系统技术的创新，双燃烧室双火焰的方式设计使"祥云"火炬面对极端情况导致主燃室火焰熄灭时，预燃室仍能保持燃烧，保证火炬不熄灭。这样，即便遇到大风天气，埋在火炬顶端下方的预燃室仍不受影响，保证火炬继续燃烧①。此外，火炬下半部所采用的喷涂（主要方法包括爆炸喷涂、超音速喷涂、等离子喷涂、电弧喷涂和火焰喷涂）是一项新发展的涂层技术。这项技术主要是用高压的惰性气体，把微米级的待涂材料，在没有高温熔化的情况下，以达到超音速的速度喷涂在待处理的工件表面，使其表面具有某种特殊功能，以满足使用要求，这一技术的应用也是北京科技创新能力的投影②。

最后，在体现北京绿色形象方面，"祥云"火炬的设计也同样有体现。火炬燃料丙烷是一种价格低廉的常用燃料，组成其主要元素成分是碳和氢，燃烧后只有二氧化碳和水，没有其他物质，因此不会对环境造成污染。同时，火炬外形制作材料为可回收的环保材料③。"祥云"火炬的这些设计不仅是对"绿色奥运"理念的诠释，更是对北京绿色形象的解读。

2008年北京奥运会"祥云"火炬设计是对"绿色奥运、科技奥运、人文奥运"完美的契合，更是对北京城市形象的成功体现，将一个绿色环保、科技发达、人文关怀三者兼具的北京城展示给了世界。除了"祥云"火炬，2008年北京奥运会的诸多产物也体现了北京这些方面的城市形象，例如北京奥运会倒计时牌采用了绿色环保涂层以及运用当时世界最先进的全球卫星定位系统；北京奥运吉祥物首次将动物和人的形象完美结合，强调了以人为本、天人合一的理念；鸟巢体育场国内外史无前例的巨型空间桁架编织结构同时保障了各类人群（运动员、观众、媒体、残疾者等）进行各项活动所需的空间，也保障了设施的安全性、便利性、舒适性④。这些奥运元素都使得北京"绿色、科技、人文"的城市理念更加真实、透明地展现在外国友人的面前。

（二）2022年北京冬奥会对北京城市的影响

巷道胡同，青砖灰墙，殿宇楼阁，街边小铺……北京的每一个角落，都在低声讲述着其深厚的历史，诉说着北京的包容与深沉，散发着独特的文化底蕴和魅力。历史上无数志士仁人在这片土地上书写中华民族辉煌的发展历程，为华夏子孙留下文化印迹，时代沉淀形成独特的京味文化。随着时代的发展，北京逐渐走向世界。现代化与悠久历史结合的北京，向世界展现了一个独具特色的世界一流城市的人文色彩。冬奥下的北京更加具备了力量与活力，健康、和谐

① 姜一.奥运火炬"祥云"闪烁的科技之光[J].中国科技奖励,2007(04)：53-54.
② 张建斌,余冬梅.夏季奥运会火炬：设计、材料与工艺[J].金属世界,2012(05)：4-7.
③ 环保节约的北京奥运火炬[J].中国石油和化工经济分析,2008(08)：66.
④ 袁玉斌."鸟巢"的设计是人文、绿色、科技奥运的集中体现[J].体育世界(学术版),2008(09)：106-107.

的城市环境,使城市内在形象更具辨识度与竞争力。奥运文化与北京文化融合,传统文化与现代风貌碰撞,北京的城市形象在国际舞台上以更成熟的步调绽放光芒。

习近平总书记曾说过这样一句话:"相知无远近,万里尚为邻。"冬奥会的举办,既让世界看到了北京跨越千年的深厚底蕴,更让世界认识了一个将古朴与现代结合的包容之城,一个热情开朗、海纳百川的开放都市。我们看到冬季奥运场地等硬件设施逐渐完善,也看到奥运会的志愿活动火一般的热情,将北京海纳百川、活力恣意的人文特征带给世界。"中国通过筹办冬奥会和推广冬奥运动,让冰雪运动进入寻常百姓家,实现了带动 3 亿人参与冰雪运动的目标,为全球奥林匹克事业做出了新的贡献",这是习近平总书记在北京 2022 年冬奥会欢迎宴会上的致辞。我们看到民众体育活动日渐丰富,冰雪运动的普及突破了地域限制,体育理念的传播改变了大众体育观念,健康生活理念的宣传赋予了体育文化新的内涵。

尽管北京冬残奥会已然落下帷幕,冬奥村的机器人做饭、智能防疫员、消毒机器人等创新性科技成就依旧历历在目。作为一个真正的现代化大都市,北京运用世界最尖端的技术与思维,为世界打造了一场繁荣的世界体育盛宴。"科技北京"的定位使北京充分利用作为一国之都的高端企业和人才集聚的资源,充分发挥优势科技的引领作用,使之有力地推动北京城市形象的创新发展①。

北京 2022 年冬奥会也促进了"绿色北京"城市形象的推广。高铁代替了传统出行方式,省时、节能、卫生,为选手们营造了更加愉快的比赛体验。张家口的风能和太阳能通过张北柔性直流电网工程入网,张北的风点亮了北京的灯,为所有运动场馆提供 100% 的绿色供电。这是奥运历史上第一次全部使用绿色清洁电力的一届奥运会,深刻践行了绿色奥运的理念。面对奥运比赛的巨量用冰需求,二氧化碳跨临界直冷制冰系统在北京首次亮相。0.5℃ 以内的温差、几乎为零的碳排放量、30%~40% 的制冷余热回收能效提升,是中国在北京给出对于节能减排承诺的答案!绿色奥运,绿色北京。冬奥会的举办为北京这座城市涂上了别具特色的"冬奥蓝"。

2022 年冬奥会使北京这座"双奥之城"再次成为连接中华文明与世界文明的重要纽带,成为中国实现奥运梦、传播奥运精神的新起点。2008 年北京奥运的丰富物质和精神文化遗产为 2022 年冬奥会北京自身城市形象的树立打下坚实基础。在冬季奥林匹克运动会中,世界再一次刷新了对北京这座城市的认知。

① 刘艳芹,张矛矛.大型运动会与城市形象塑造:以北京奥运会和南京青奥会为例[J].运动,2014(22):6-7.

三、古今交融，和谐之都

经历了三千年历史与文化的沉淀，北京在它厚重的土地上绘制出了未来时代的蓝图，从京味文化浓郁的一隅之地，演变成了当下海纳百川、文化交融的国际都市。北京，正带着独具特色的中国风格，在一次又一次的国际交流中，与世界相遇、相谈。这种种现象的背后，都流露出北京的城市形象之一：和谐，共生。

习近平总书记在 2014 年就北京市全面深化改革、推动首都更好发展的座谈会上，对北京发展和管理工作提出了 5 点要求，其中之一便是"提升城市建设特别是基础设施建设质量，形成适度超前、相互衔接、满足未来需求的功能体系，遏制城市'摊大饼'式发展，以创造历史、追求艺术的高度负责精神，打造首都建设的精品力作"。其中，城市的基础设施建设，既包括硬件设施，也包括"软件设施"，如城市人文环境的和谐等等，而北京的城市形象在这一点的体现上则尤为突出。中国作为礼仪之邦，自古以来便强调人与人之间的和谐，而作为北京的传统地域风格，京味文化中也蕴含着浓厚的和谐韵味。

在两次奥运会期间，各国运动员和相关团队相聚北京，在赛事之余，也深切地感受到了北京"和谐、淳朴、亲切"的城市形象。在瑞典电视台中国雇员冯亦菲印象中，北欧民众对政治不太关心，"他们认为，体育、奥运是日常生活的一部分。也许他们不会关注场馆规模有多大，有多少先进的设备，有多少座位，但一定会去关心，这块土地上曾有的居民去了哪里，他们过得怎么样"，所以，两次奥运会中，北京都力图让外国友人深入感受北京居民的日常生活细节，当外国友人在北京城游玩时，常常能够在北京人的日常行为中感受到这座城市的礼仪，他们会发现京腔京韵的"您"常常挂在北京人的嘴上，"您早啊！""您吃过饭了吗？""您的身子骨还硬朗吧！"这些融入生活的小细节，在两次奥运会期间都折射出了北京形象中和谐、亲切的一面。随着两次奥运会的结束，这份北京形象也留在了所有运动团队成员们的心中，并被他们带回了自己的国家，与"中华人民共和国首都"的政治形象不同，此次的北京形象将让全世界人民认识到一个更加立体、亲切、和谐的国际都市。

而北京在处理传统文化与现代生活上的和谐自如，也是奥运会期间让全世界眼前一亮的重要成就。习近平总书记曾经强调："要坚持以社会主义核心价值观为引领，坚持创造性转化、创新性发展，找到传统文化和现代生活的连接点，不断满足人民日益增长的美好生活需要。"比如北京老胡同与现代建筑的融合，正如 2014 年《人民日报》的一篇文章所描述的：在北京传统胡同聚居区的鼓楼地区"传统文化与现代生活找到了更亲密的接口，北京这座城的人文形象也更加立体。"《纽约时报》2015 年 2 月 22 日刊登的《在北京你做什么？》一文也称："想真正了解北京，你不得不深入钻研北京的胡同。雍和宫周围的老北京胡同是感受北京街头生态的极好去处"；还有相声与京戏，这是人们熟悉的传统文化的融合，而随着文化自信的不断提高，戏曲、相声、评弹也逐渐回到中国人民文娱的审美主流上，这一类扎根于中国本土文化价值的艺术形式，越来越容易得到现代人们的认同，北京大大小小的公园里也不少见京胡的影子；此外，地坛公园的庙会、三月三的豌豆黄、国营老店里的糖油饼、驴打滚、豆汁儿、焦圈儿、艾窝窝等等一系列"老物件"正融入现代生活的每一方面，它们在人民群众的生活中不知不觉被保留下来并以一种新姿态与现代社会和谐共生，而它们的融合程度之高，使人一见便大呼"北京的"，《北京人气超高的泥塑玩偶》中介绍了鼓楼附近可以买到的泥塑玩偶，《北京多姿多彩的皮影戏人偶》也介绍了在后海地区热卖的皮影戏人偶，这些文章都宣传了北京的旅游文化，在介绍纪念品的同时也对其背后蕴含的人文形象进行了正面的传播。

除了认识到北京本土的和谐风韵，两次奥运会期间，各国友人也能体验到北京对世界各国文化的兼收并蓄。比如奥运会期间的奥运之家便很有特色，将中国文化与各国风情完美结合在了一起，体现了文化融合的特色。如 2008 年的奥运会中，希腊之家结合了中国红与希腊蓝，进门影壁上的巨大蓝色背景带来了希腊爱琴海的微风，轻拂门口的中国大红灯笼；还有荷兰小屋的"纵情啤酒狂欢"，在屋内有来自荷兰以及全球著名艺人的精彩演出，还有各种充斥着荷兰风情的节日娱乐活动。除了这些奥运会期间特别建设的建筑之外，北京早在城市规划和发展中便对接了世界轨道，在政治、经济、文化等多方面都体现了北京和谐之都的特点，习近平总书记提道，要"明确城市战略定位，坚持和强化首都全国政治中心、文化中心、国际交往中心、科技创新中心的核心功能，深入实施人文北京、科技北京、绿色北京战略，努力把北京建设成为国际一流的和谐宜居之都"。世界 500 强企业中共有 21 家总部位于北京，高居全球第五；金融街、北京商务中心区等商务区更是北京对外开放和经济实力的象征。此外，中国国家大剧院、北京首都国际机场 3 号航站楼、大兴机场、中央电视台总部大楼、"鸟巢"等建筑也成为了北京的现代符号。而两次奥运会期间，北京巧妙通过这些国际化标志展现自己包容万方的城市形象，体现了北京完善的城市功能、和谐的城市氛围和包容的城市态度。

四、拥抱当下，走向未来

作为中国的政治中心、文化中心、国际交往中心、科技创新中心，北京在中国人民和世界各国人民心中一直拥有着举足轻重的地位。特别是自从 2008 年北京举办奥运会以来，国际媒体对北京的报道便更为频繁，以 2008—2016 年为例，每年都有涉及 2008 年北京奥运的相关报道。2009—2011 年，外媒的关注点是奥运场馆利用情况的报道；2012年，伦敦奥运与北京奥运的比较、互鉴成为关注最多的话题；2013年国际奥委会宣布启动2022年第24届冬奥会申办程序，北京报道再度披上奥运的光晕；2014—2015年北京积极筹备申办冬奥会并获得成功，外媒巨细无靡地记录了北京的申办过程、面临的困境和无数的猜测；2016年北京筹备冬奥会的情况以及国际奥委会对北京筹备情况的检查，也是外媒热衷报道的话题。奥运主题的报道一方面折射出2008年北京奥运的无限魅力；另一方面显示了国际性活动对于北京成为举世瞩目的全球城市的重要意义。

北京市是历史上首个既举办过夏季奥林匹克运动会，又举办过冬季奥林匹克运动会的城市。2015年11月，习近平总书记对办好北京冬奥会作重要指示，首次提出了"绿色办奥、共享办奥、开放办奥、廉洁办奥"的理念。奥运元素已经内化为北京城市形象的重要组成部分，再次擦亮了北京绿色、共享、开放、和谐的城市名片。

"坚持绿色办奥，提升全社会环保意识，加强环境治理和污染防控，把绿色发展理念贯穿筹办工作始终"。从2008年到2022年，北京都以实际行动践行"绿色办奥"的理念，北京冬奥会是首个实现"碳中和"的冬奥会。北京延续奥运会倡导的可持续发展理念，努力建设可持续、绿色低碳的北京，并为未来将要承办大型体育赛事的其他城市树立了良好的榜样。

"坚持共享办奥，积极调动社会力量参与办奥，提高城市管理水平和社会文明程度，加快冰雪运动发展和普及，使广大人民群众受益"。北京奥运会共有三个会场，以冬奥会为纽带，北京大力推动京津冀区域协同发展。此外，奥运会还为北京留下了丰富的奥运遗产。两届奥运会的成功举办，让北京具有了完备的体育基础设施、深厚的体育文化底蕴、浓厚的城市体育文化氛围，加快了北京建设国际体育中心城的步伐。奥运会不再是少数运动员的舞台，从北京出发，广大群众体验冰雪运动的热情空前高涨，"带动三亿人参与冰雪运动"的目标圆满完成。

"坚持开放办奥，借鉴北京奥运会和其他国家办赛经验，弘扬奥林匹克精神，加强中外体育交流，推动东西文明交融，展示中国良好形象。"北京有着丰富的历史文化底蕴，通过筹办奥运会，北京加强了与国际社会在体育、文化等领域的交流互动，努力讲好中国故事、发出中国声音、展现中国形象。

习近平总书记在考察北京市时，强调"要认真贯彻党中央决策部署，坚持首善标准，解放思想、开阔思路，求真务实、攻坚克难，统筹生产、生活、生态，立足提高治理能力抓好城市规划建设，着眼精彩非凡卓越筹办好北京冬奥会，努力开创首都发展更加美好的明天"。毋庸置疑，北京冬奥会获得了世界的认可，北京正一步一步迈向国际一流的和谐宜居之都。"双奥之城"推动着北京城市发展迈上新的台阶，北京也在以"双奥之城"的独特魅力影响着中国和世界。

案 例 评 析

2015 年 7 月 31 日,马来西亚举行的国际奥委会第 128 次全会上,国际奥委会主席巴赫宣布:中国北京获得 2022 年第 24 届冬季奥林匹克运动会举办权。由此北京创造了历史。2022 年北京冬奥会的举办,也意味北京将成为世界上唯一一个举办过夏季奥运和冬季奥运的"双奥之城",同时中国也成为第一个实现奥运"全满贯"(先后举办奥运会、残奥会、青奥会、冬奥会、冬残奥会)的国家。这份荣誉的取得,中国从 2008 年到 2022 年仅仅用了 14 年时间,而这份荣誉的背后和这个时间,也正是中国快速高质量发展的时期,更是中国日益强大的一个缩影。奥运会作为世界上最具综合性、最有影响力的体育盛会,无论其参赛规模、参赛人数都是世界上任何体育赛事无法比拟的,能成功举办一届奥运会不仅是一个城市的荣耀,也是一个国家的骄傲。而北京自 2008 年成功举办夏季奥运会后,时隔 14 年,又一次举办冬季奥运会,这在世界历史上绝无仅有的,没有相当的城市基础设施作支撑,没有相当的综合国力作支撑,都是很难做到的,这也就充分展现了首都北京的国际影响力和中国日益强大的综合国力。尤其这次北京冬奥会是在新冠疫情国际大流行、国内有反弹的背景下举办的,对特殊环境下举办赛事提出了严峻考验。但是无论是开闭幕式的预演、赛事的闭环保障还是冬奥村的环境等等各方面,都做得很好,充分展现了遇事不惊的大国风范和应对自如的强国能力。而作为"双奥之城"的北京城市形象的传播也获得了巨大的成功。

城市形象,一般而言,是城市(或特定的区域)给人的印象和感受,城市形象是城市整体化的精神与风貌,是城市全方位、全局性的形象,包括城市的整体风格与面貌,城市居民的整体价值观、精神面貌、文化水平等。城市形象就是城市文化的充分展现。以城市形象作为共同目标能够激发全体市民作为主人翁的责任心和自豪感,鼓励他们为城市的经济发展和社会进步做出贡献。城市形象的对外传播可以产生两个层面的效应:一是促进开放,加深合作与交流;二是提高城市在市场经济中的竞争能力。那么北京作为双奥之城到底要传播什么样的形象,我们来看一下北京冬奥办宣传动员部部长何继禄在"双奥之城"新形象的丰富内涵中所作的总结。

"双奥之城"是新时代北京城市的一个新形象、一张金名片,不仅代表了对国际奥林匹克大家庭的贡献,也反映了北京建设国际一流和谐宜居之都的生动实践,具有鲜明的时代特征和丰富的内涵。

一是时代性。继 2008 年夏奥会之后,2022 年冬奥会花落北京,这是中国百年奥运梦想与中华民族伟大复兴之梦的伟大结晶。习近平总书记表示,举办北京冬奥会、冬残奥会来之不易、意义重大,同实现"两个一百年"奋斗目标高度契合,给新时代北京发展注入了新的动力。北京将成为国际上唯一举办过夏季和冬季奥运会的"双奥城"。这一重要指示，从时代和全局的高度对举办北京冬奥会的意义给予了肯定，对北京"双奥之城"的城市形象寄予了厚望。国际奥委会主席巴赫也明确表示，北京冬奥会将是一次历史性的盛会，因为北京是第一个既举办夏季奥运会又将举办冬季奥运会的城市，这对于整个奥林匹克运动都很重要。回顾现代奥运会的历史，从1896年雅典奥运会起，共有28座城市承办了夏奥会；自1924年第1届冬奥会举办以来，至今已有20座城市承办了冬奥会，北京将成为世界上首座"双奥之城"。

二是文化性。奥运会是体育与文化相结合的典范，集精彩的体育竞技、独特的文化魅力和强烈的人文精神于一身。奥运会的文化价值既包括其丰富的仪式和标志体系，比如圣火仪式、口号、会徽、吉祥物等，又反映在东道国和举办城市展示文化传统、促进文明交流的实践创新之中。北京拥有三千多年的建城史、八百多年的建都史，传统文化与现代文明在这里交相辉映，是具有重要国际影响力的大都市。如同历届奥运会举办城市一样，奥运会对北京城市文化建设与发展产生了广泛而深刻的影响，"鸟巢""水立方""冰丝带"等艺术性建筑和奥运文化遗产相继诞生，志愿服务精神开花结果，传统文化保护受到了广泛关注，冰雪文化推广蓬勃开展，等等。"双奥之城"不仅见证了城市文明程度、市民文明素质的不断提升，也促进了奥运文化与古都文化、红色文化、京味文化、创新文化的融合发展，形成了丰厚的文化底蕴。

三是可持续性。1994年，国际奥委会在"体育、文化"之后，将"环境"确立为奥林匹克运动的第三大支柱。环境和可持续发展问题在奥林匹克运动史上得到了前所未有的重视。国际奥委会也要求举办城市必须具备城市美化、环境优雅的条件。2008年北京奥运会将"绿色奥运"列为三大主题之一。2022年北京冬奥会明确提出绿色办奥的理念，把环境保护与可持续利用放在重要位置，抓好低碳场馆、低碳能源、低碳交通、林业碳汇等措施，并推动首钢园区转型升级、建设冬季奥林匹克公园，为城市留下宝贵的环境遗产。同时，以奥运会为契机开展环境教育，提升市民环境素养，营造人人爱护环境、人人参与环境建设、人人共享环境建设成果的良好局面。进入新发展阶段，"绿色北京"战略正在深入实施，绿色生产生活方式日益成为社会共识，这是"双奥之城"的应有之义和坚实保障。

四是国际性。体育是全世界共通的语言，为促进不同国家、地区和不同民族的交流搭建了一座桥梁。在两个世界性大型综合性赛会的筹办过程中，北京城市所蕴含的国际性、开放性特点充分彰显，形成了从"同一个世界，同一个梦想"到"纯洁的冰雪，激情的约会"的生动实践。习近平总书记指出，开放办奥，就要坚持面向世界、面向未来、面向现代化，使冬奥会成为对外开放的助推器。当前，北京正在加快建设国际一流和谐宜居之都，更好服务国家开放大局。"双奥之城"是北京对外开放的一扇窗、一张金名片，将在弘扬奥林匹克精神、促进中外体育交流的同时，为深入开展对外文化推广、讲好中国故事、北京故事,展示大国首都良好形象提供新契机、新平台。

2017年1月17日上午,习近平主席在瑞士达沃斯出席世界经济论坛2017年年会开幕式并发表主旨演讲。这是中国国家主席首次出席世界经济论坛年会。在主旨演讲中,习近平主席说"这是最好的时代,也是最坏的时代"——英国文学家狄更斯这样描述工业革命发生后的时代。今天,我们也生活在一个矛盾的世界之中。一方面,物质财富不断地积累,科技进步日新月异,人类文明发展到历史最高水平;另一方面,地区冲突频繁发生,恐怖主义、难民潮等全球性挑战此起彼伏,贫困、失业、收入差距拉大……世界面临的不确定性上升。对此,许多人感到困惑——这个世界到底怎么了? 如果说2008年的中国借助奥运会让自己走向了世界,那么2022年的冬奥会中国则已经走向了世界的中心,中国通过两届奥运会传达的不仅仅是一个城市的形象,也是国家的形象,同时也传达了中国的智慧。

"我们说过会再见,挥手间就祈了愿,满满期待的心跳,总能听见……"《我们北京见》与《北京欢迎你》遥相呼应,唤起了人们关于奥运的温暖记忆,唱出了北京作为"双奥之城"的荣耀和自信。2022年2月15日,北京冬奥会适逢元宵佳节。元宵节"团团圆圆"的美好寓意,与奥林匹克格言新增的内容"更团结"之精神完美呼应。谈起北京冬奥会,除了"更团结""一起向未来",除了"简约、安全、精彩",人们还常提一个词:自信。对于北京冬奥会这场体育盛会,世人总要提及14年前的北京夏季奥运会,并将2008年和2022年两个年份作为感知中国的切入点:2008年,无与伦比的北京奥运会惊艳世界,14年后,作为世界上首个"双奥之城",北京又一次展现热情好客和开放包容,一个更加自信的中国呈现在世界面前。"双奥之城"将让北京的国际影响力进一步提升,将让中国全民运动的热情进一步高涨。总之,北京作为双奥之城所展现的不仅是体育的力量、科技的力量、文化的力量,更是体现了和谐力量。

案例思考题

1. 城市战略传播的基本要素是什么?
2. 你从"双奥之城"这个符号读到了什么?

案例二　谁　的　责　任

案　例　概　述

　　百事产品菲律宾公司是百事可乐在菲律宾的瓶子供应商。百事可乐美国公司通过百事可乐菲律宾公司拥有这家公司19％的股权。菲律宾是世界第12大饮料消费市场，其百事可乐的消费额占整个百事可乐市场销售额的20％。

　　但是，百事可乐在菲律宾软饮料市场中市场份额虽占20％，居第二，却远远小于排名第一的可口可乐78％的份额。为了从可口可乐公司那里抢夺市场份额，百事产品菲律宾公司于1992年2月推出了"热力数字"产品推广计划。在这个计划中，该公司在百事可乐瓶盖内壁上印上号码，并每天公布中奖号码。购买了印有中奖号码的百事可乐的顾客可以得到奖金。很快，公司通过报纸、收音机、电视等各种渠道宣传这个促销活动，其口号是："今天您就可能成为百万富翁。"

　　资金从100比索到100万比索（相当于4万美元）不等。这一促销活动在当时非常成功，它使百事可乐在当地的市场份额一度达到40％。看到这一成功，公司把促销活动延长了5周，共12周。在促销活动中，累计有51000人前来领奖。其中大多数人都是赢得了100比索，共有7人中了100万比索的大奖，这7个人还被公司聘用，参与了这一宣传计划。

　　有一天，电视屏幕上出现了当天的幸运数字349。但不幸的是，印有这一数字的瓶盖大概有50万～80万个。当成千上万的人要求百事可乐公司付给他们奖金时，百事可乐公司很快意识到这一错误。由于这一失误牵涉上亿资金，百事可乐公司拒绝付款。于是骚乱发生了，百事可乐公司到各处的运输车被挡住去路，甚至被焚烧、被掀翻。人们向百事可乐公司的办公楼和生产厂家投掷燃烧弹和炸药包。在其中一起事故中，有人甚至向停放着的百事可乐运输卡车扔手榴弹。手榴弹炸飞了卡车，炸死了一名5岁的女孩和一名中学老师，并导致 6 人受伤。同时,百事可乐公司的高层管理者收到了很多恐吓信。这些暴力行为吓坏了公司的管理人员,他们迅速提出给每位获奖者 500 比索(约合 18.5 美元)的解决方案。前来领奖者超过了 48 万人。这次促销计划原定奖金预计为 200 万美元,但实际上至少花了 1000 万美元作为奖金。但是,如果他们履行最初的承诺,给每位获奖者 100 万比索,奖金总额将高达 180 亿美元。

在这场骚乱中,30 余辆卡车被烧;大约 6000 人起诉要求赔偿;大约 5000 人起诉百事可乐公司渎职。所有这些,按百事可乐公司的解释都是由一台计算机的错误而惹的祸。

这种责任究竟应该由谁来承担呢?

案 例 评 析

责任的承担会有一个"度"的问题。行为者自由选择的同时必须为这种自由选择承担一定的责任,这种自由选择的权力越大,相应地责任也会越大。但是,这种责任承担也会受到一定条件的限制。百事可乐公司到底应该承担多大的道德责任呢?假如责任最后成为一种负担从而使其因不合理而被主体所抛弃,甚至有可能主体从此会走向其反面,那么主体则变得无责任可言。

当我们分析人们为什么会选择不履行一些必须履行的责任时,我们可能并没有经常性地考虑到一些客观条件的限制。正如本案例中所叙述的,如果将一些不可预测的并会造成重大损失的责任也强制性地加到公关主体身上,则会产生责任的缺失,因为履行责任成了一种极大的、超越自身承受力的负担。为了保证道德的可行性,关于责任的认定往往需要将其放入一定的环境和社会条件中。但是,我们还是本着一个基本的思路:同情虽可,但并不表示我们的判断可以是非道德的。责任是此处涉及道德问题的一个方面,而如何面对责任及如何来承担这些责任是问题的第二个方面。百事可乐公司是有责任的,只是它该如何来解释及如何来补偿。

既然并非所有的责任都是可以承受的,那么当我们面对因为自身的行为或由于不可抗力而带来一个不利的组织形象或舆论时,应该遵循什么样的思路?是直接为自己辩护还是先将自己应该承受的责任担当起来?或者就先承认自己的某种失误而无法使自己更好地服务于公众或社会?只要这种失职及产生的后果是不利于公众的,无论这种责任的承担者应该是谁,一个组织都应该因为自身与公众的联系已经存在的情况下所给公众带来的一切不利的影响而承担责任,这种责任的担当更多地是一种态度,而以这种态度为前提它可以为后续的处理带来一个良好的舆论环境及条件,这正是公关的责任及职业水平的体现。因为,毕竟有些金钱上的弥补,公关是无法替代的,而公关能够完成的就是为所有的工作制造一个观念上的氛围。

看来可乐的危机总是不断的,让我们来看一下印度是如何丧失对百事可乐和可口可乐的信心的。

世界两家最大、最知名的软饮料品牌——百事可乐和可口可乐在印度销售的可乐中含有过量的有毒化学物质,这一说法引起了不必要的火药味十足的传播反应。印度科学和环境中心(CSE)暗示,可乐中的有毒物质大大超过了欧洲国家允许的软饮料的健康标准,这一事件标志着一场真正的公关灾难的开始。

在印度科学和环境中心——印度全国性环境监督机构——宣布他们在检测的可乐样品中查出了四种有毒化学物质时,百事可乐和可口可乐两家公司就开始躁动不安。这四种物质是林丹、DDT、马拉硫磷和氯吡磷。尽管如此,百事可乐和可口可乐两家公司却都没有以关注和抚慰的态度过问此事,甚至也没有心平气和地组织第三方参与检测。他们如果这样做了,就可以表现出公司应有的人性化、专业化和负有社会责任感的特质。然而,他们却傲慢地声称他们的产品已经通过了权威的印度以及国际性实验室的严格检验。他们对这一事件公开的反应让很多人不舒服。

就在百事可乐坚持说自己的产品绝对安全时,一个政府实验室确认百事可乐的几种饮料含有超出欧洲允许的食品安全标准很多的有毒物质。百事声称当时的印度卫生部部长苏什玛·斯瓦拉杰签署了百事产品的安全证书,并认为这一消息可以平息消费者的不安,百事最后还加了这样一句话:"我们没有什么可以多说的。"不幸的是,斯瓦拉杰还有话要说。他审查了实验记录,确认了百事产品中有毒物质大幅超标的结果,宣称百事33%的被抽查的饮料中林丹的含量比欧洲认可的标准高出了1.1到1.4倍。CSE报告一出,各种软饮料在印度有了新名字"农药可乐"(Pesti-Cola),因为这个称呼与"百事可乐"(Pepsi-Cola)十分相似。

当消息被揭露之后,接踵而至的是消费者强烈的反应,印度国会立刻禁止在国内的咖啡店供应百事公司和可口可乐公司的产品,接着印度国防部也对国内各种酒吧发布了禁止销售两家公司饮料的命令。两家可乐公司不断地激烈否认他们的产品中有毒物质超标,百事还公开质疑CSE调查结果的可信度,接着通过法律手段抗议对其产品的禁令。印度卫生部门本已同意安排一次独立的测试来确认两家企业的产品质量问题,这对两个可乐业巨头本是一个好消息,可是百事急于争辩,并在德里上交了一份文件,寻求高级法院干预政府在此事中的作用,希望阻止政府依照CSE报告中的信息行事。百事同时也施加压力,阻止CSE出版刊登任何"未经证实的声明",并从流通渠道系统与网站上"撤回所有类似的材料"。任何一个现代组织都知道,信息一旦贴上网络就将广为传播,不再受最初的信息提供者的控制。百事针对CSE的法律手段就像是用一个蝴蝶网捕捉空气,纯粹是愚蠢至极,而且反而使百事显得有意在掩盖产品的相关信息。当然,百事的伎俩仅仅是增加了媒体对此事的兴趣而已。

接下来可口可乐的举动也有些粗暴过火。在 CSE 的报告曝光后,可口可乐一纸诉状递到了孟买高级法院,声称马哈拉施拉州政府从一家当地工厂没收箱装的可口可乐是不合法的。可口可乐还扬言没收可口可乐产品的官员没有权力这么做,也没有权力禁止被没收产品的销售。这一举动同样无法产生理想的效果,也无益于可口可乐在媒体上塑造正面形象。可口可乐公司的行为违反了问题管理的一条基本原则,也就是隔离,同时关注核心问题。在一个普通人的工作权限和权威的问题上争执不已,对于平息怒火、赢得同情是没有一点好处的。实际上可口可乐的行为可以被比作是一群大男孩要把一个小男孩推到一边——可是媒体喜欢保护弱者。接着,州法院驳回了可口可乐的诉状,事实上这是支持了没收可口可乐产品的做法,法院声明这一做法是被印度《杜绝伪劣食品法案》允许的。

同时,一些声称百事可乐与可口可乐的产品可以安全饮用的传单被四处分发,并说这些传单是加尔各答市政府发出的。加尔各答市的市长勃然大怒,威胁说要将这两家公司告上法庭,他说市政府并没有发布这样的许可。一位政界权威人物这样公开正式宣称他对两家公司的产品的安全性的质疑,无疑再一次给媒体的负面报道推波助澜。尽管市长的一位下属确认了加尔各答卫生官员确实进行了必要的产品测试并在其后发布了报告,但这个阿谀奉承的家伙却承认说测试并不是对有毒物质残余物的检测。这样一来,整个事件被暗箱操作的流言和贿赂的怀疑所笼罩,在真相没有浮出水面的地方,猜疑和混乱更加肆虐。

事实上,CSE 在 2003 年就曾经挑战过可口可乐和百事可乐这两大巨头:其报告证明两巨头在印度生产的饮料中农药含量比欧盟的产品标准高出 30 倍以上,可口可乐和百事可乐破天荒地被迫召开联合新闻发布会坚决予以还击,那一次,两巨头赢了。2006 年 8 月初,两大可乐巨头在印度又一次面临 CSE 这家非政府组织的挑战:CSE 的一份调查报告称,在印度生产销售的可口可乐、百事可乐等软饮料中,林丹等三种杀虫剂的平均含量比印度官方标准高出 20 多倍。随后,印度国内 1/4 的邦宣布禁止可乐销售,而印度最高法院则来了个釜底抽薪,要求可口可乐和百事可乐在四周内公布其配方,否则印度政府有权禁止这两大饮料巨头在印度销售饮料。对于可口可乐或百事可乐而言,配方是他们赚钱的根本。以可口可乐为例,其配料的关键秘方保存在亚特兰大一家银行的保险库里,只有两名高级职员掌握,而且两人不能乘坐同一架飞机出行,以防发生事故导致秘方失传,全世界知道这一秘方的人不超过十个。所以,对于可乐巨头而言,秘方是绝对不能公布的,无论以什么代价。

最后印度卫生部部长拉姆多斯称,由印度卫生部任命的一个专家委员会对印度 14 个邦销售的 213 种软饮料进行抽样检测的结果表明,印度境内销售的可乐等饮料中的杀虫剂含量"在可允许的范围内"。拉姆多斯此言一出,标志着印度国内持续将近一个月的"可乐杀虫剂超标"事件最终归于平静,可口可乐、百事可乐又一次在印度有惊无险地度过了危机。

毫无疑问,这一次两巨头在与印度政府与民意的较量中最终再次获胜,但其获胜的原因并不是公司本身而是来自美国政府的政治压力:先是美国商务部副部长拉文公开批评印度的可乐事件,认为这是印度经济的倒退,不利于印度进一步吸引国外投资,这标志着美国政府的正式介入。随后,美国更高层面的官员敦促印度总理辛格牵头解决这场可乐危机。正是在强大的政治压力面前,印度政府选择了妥协。

在印度可乐事件渐入尾声之际,整个事件的脉络也逐渐清晰起来。首先,为什么可乐事件来势会如此凶猛? 这一方面是因为印度国内民族主义情绪一直较浓,民众对美国产品有天然的抵触情绪,而两巨头在印度的社会形象都不好,曾经在印度惹出诸多事端;另一方面,这与印度国内的政治局势不无关系,现任执政党推行亲美政策,而反对党则对此非议颇多,禁止销售可乐的七个邦也主要由反对党控制,软饮料主要消费市场德里、孟买、加尔各答等大城市均未禁售。其次,短期内可口可乐、百事可乐的销售受到了一定影响,但长期看对其销售影响并不大;印度高等法院也会收回其命令不再要求两巨头公布配方,因为两巨头在印度销售额700亿卢比,设有20多家工厂,是印度最大的外资项目,为当地创造了税收和就业,从经济角度看,印度也得罪不起两巨头。2003年可乐巨头战胜CSE有两个理由:一是饮料使用印度当地地下水源生产,如果饮料中杀虫剂含量过高,应该归罪于水源本身;二是印度政府一直没有制订软饮料质量标准。2006年凭借的其实还是这两条,当然还包括政治方面的因素。对于大多数普通印度民众来说,恐怕不会因此而真正改变什么。

从公关人员的角度来看,如此强大的国际品牌竟会用如此幼稚的方式行事实在是不可思议。在关系到公众健康的如此严肃的问题上,危机管理的众多金玉良言都被抛诸脑后。危机管理所要求的公开性、协作性和预先的解决方案都到哪里去了? 尽管后来印度政府最终为两家公司澄清了"误会",他们的措施好像没有考虑到可能带来的公关副作用。也许两家公司在事件发展过程中都准备好了会丧失一些朋友和消费者的信任,但事实上他们完全没必要这样做。两家公司在这件事上都丢尽了脸面,在消费者的安全与公众健康受到威胁时,两家公司的傲慢态度却隐隐透着让人不快的味道,不知道是否还会有第三次的可乐危机。

对于舆论的傲慢、对于消费者利益的无视,这些都不可能是最终解决问题的方法,凭借着政府的强势而解决问题也只是一时的,真正的问题解决源自与消费者的沟通和协调,即真正的市场是消费者。

同样的,中国的企业也会面临这样的选择。2009年11月24日,海口市工商局发布商品消费警示,称农夫山泉、统一等品牌九种饮料、食品中砷或二氧化硫超标,不能食用。两大知名饮料企业陷于危机之中,事件引发媒体报道与消费者关注,

"砒霜门"事件由此触发。

11月26日,统一公司回应称涉案产品异地检验合格;次日农夫山泉方面回应称尚未收到任何官方机构的关于此次检测的报告,并称农夫果园与水溶C100多次抽查合格。11月30日,农夫山泉召开新闻发布会,质疑"砒霜门"事件,认为海口市工商局的消费警示是一个极端错误,董事长钟睒睒称:"这是针对'农夫'蓄意策划和操纵的恶性事件。"

12月1日,海口市工商局发布复检结果,称经权威部门复检,农夫山泉、统一企业三种抽检产品全部合格。海口市工商局以自我否定的方式,还原了事实真相,为两品牌涉案产品平反。虽然事件已得到平息,但却使农夫山泉蒙受了10亿元的巨额销售损失。

尽管农夫山泉坚持"速度第一原则",积极对事件作出了回应,并以最快的速度提供了权威部门的产品合格检验报告,但为什么农夫山泉却最终还是蒙受了巨额的销售损失呢?这源于其只注重与有关部门叫板,而将广大消费者的安全顾虑抛诸脑后,毕竟企业最终在市场上还得靠消费者支持,而消费者对产品的信任是第一位的。

案例思考题

请根据本案例提供的背景进行分析:如果你是百事可乐公司的负责人,你认为作出什么样的解释会更有说服力?事件发生后最需要沟通的是哪些公众?如何进行沟通?你认为骚乱的现场是公关可以控制的吗?以后应该如何防范类似情况的发生?

案例三　两　次　下　跪

案　例　概　述

　　距今 100 年的时间里，人类经历了两次世界大战，日、德是发动第二次世界大战侵略战争的轴心国，而战后两国在如何自我反省那场战争的心态上却有所不同。

　　《纽约时报》是美国最具代表性的报纸。1995 年底，日本一个自称为"青年自由党"的右翼团体愿意出 600 万美元买下该报的一个全版的位置，准备在 12 月 7 日——即日本偷袭珍珠港的 54 周年纪念日，向"亲爱的美国友人"澄清二战"各国对日本战争问题的误解"，并"借此促进今后日本与世界各国的关系"。这件事情理所当然地被《纽约时报》拒绝了。

　　但是，这版广告的清样却被西方媒体舆论泄露出来了。国际舆论因之大哗。

　　广告主要有三方面内容：

　　一是日本攻击珍珠港是奇袭而不是具有预谋性侵略的偷袭；

　　二是南京大屠杀经过历史学家的学术调查，证明是不可能的；

　　三是中国与朝鲜半岛的从军慰安妇，都是受高收入利诱自愿的，日本军方和政府都没有介入。

　　日本和德国都可以说是战争的失败者和和平的受益者。但是，战后德国的政治家却表现出了另外一番勇气。

　　德国总理魏茨泽普对人民说过：不认真对待历史的人，就无法了解自己现在的立场为什么是这样，否认过去的人就将冒重蹈覆辙的危险……如果不想或者不能从历史角度对本国在战时的行为作出评价，如果在判断究竟是谁发动了战争以及本国军队对其他国家究竟作了些什么这类问题上犹豫不决，如果一面迅速地染指战利品，一面又把对其他国家的进攻解释成自卫，那么，这对现代的我们来说，即使完全不谈道德结果也会产生外交上的严重后果。邻国就会认为你在政治和逻辑上缺乏判断力，就会把你看成一个不知道意欲何为的危险国家。

为了表达德国人对第二次世界大战中对他国人民所造成的伤害的真诚悔罪，德国政府先后有两任总理在受害者的纪念碑前下跪谢罪。

第一次总理的下跪发生在二战后德国勃兰特总理对波兰的首次访问。面对波兰人的冷漠，甚至是敌意，勃兰特总理显得非常低沉。到了华沙犹太人殉难者纪念碑前，勃兰特心情更沉重。面对600万无辜的冤魂，勃兰特慢慢地向前走着，走到平台，突然向纪念碑跪了下去。他缓缓地跪在寒冬冰冷与坚硬的大理石上，低着头静静地一动不动，犹如守墓的一座雕像。在场所有的人都惊呆了，平时见怪不怪的新闻记者们竟然忘记按下手中相机的快门，陪在勃兰特身边的波兰外长则张大了嘴，久久没有合上，脑子是一片空白。勃兰特跪在碑前默默地祈祷："上帝，饶恕我们吧！愿苦难的灵魂得到安宁，宽恕死难者的灵魂，宽恕杀害他们的凶手。"整个华沙一片沉静，人们开始不相信自己的眼睛，过了一会儿，不知有多少人失声痛哭。

勃兰特的战友也哭了，这些昔日被称为最缺乏情感的德国人一个个禁不住泪如雨下。

当天晚上，全世界新闻界首先从这一宗教的气氛中反应过来，各大通讯社争相报道，全球的目光都聚集到跪在波兰犹太人殉难者纪念碑前的勃兰特，各国的政治家和老百姓都在思考和谈论勃兰特下跪的深刻含义。

记者写道："因此，不必这样做的他，替所有必须这样做而没有下跪的人下跪了，他们没有下跪——因为他们不敢这样做，或没有能力这样做，他也试图为德国人及其牺牲者的历史搭起一座桥梁来，以表达紧密相连的感情。"

在纪念第二次世界大战结束50周年的1995年，又一位德国总理科尔跪在以色列的一座纪念纳粹受害者的纪念碑前，重申国家的道歉："我们内心充满着羞愧，我们只能说出以德国人民的名义而干的一切事情。"

正视历史事实，敢于承担历史责任，德国总理的下跪表明了勇气、忏悔及决心，这使德国政府形象大为改善，成功地返回欧洲社会，并成为欧洲共同体的核心成员。

但是这也是一个转变的过程，许多德国人都认为，自己是希特勒及其追随者的受害者，而正是这些人把德国拖进了深渊。直至1963年，德国的教科书还写道："虽然只有几万人直接犯下了罪行，但这罪行却玷污了整个德意志民族。这个想法集中体现在著名的纽伦堡审判中，为纳粹战犯作辩护的律师所声称的理由上：'这场导致5500万人丧失了生命的战争，只是一桩没有罪犯的罪行。因为，个人只是服从上级的命令，上级只是服从元首的命令，而国家元首是无罪的，因为他代表的是国家的意志，他有权决定是否发动战争和决定战争是否属于自卫，这是国家的主权。'"

案　例　评　析

　　我们总是会因为一些惯性的思维而让自己陷入困境。正如有人所说的：成功了就找主观原因，失败了就推脱为客观原因，似乎人的趋利避害的本能会在此表现得很充分，而这种惯性对于公关来说往往是最易失去人心的。南京冠生园的"月饼馅事件"就是一个典型的案例。

　　2001年9月3日，中央电视台《新闻30分》曝光南京冠生园回收陈旧月饼馅做月饼的事件后，一时舆论哗然，争相报道："南京冠生园株连九族，各地冠生园绝地反击"——《华西都市报》2001年9月10日；"百货大楼悬赏万元，众商家苦撑月饼残局"——《北京晚报》2001年9月11日；"市场销售跌入冰点，月饼遭遇信任危机"——新华网2001年9月11日。

　　从这些报道中可以看出，这一事件对南京冠生园、对全国的冠生园甚至整个月饼行业都产生了极为严重的影响。据新华网2002年3月6日报道，南京冠生园公司以经营不善、管理混乱、长期亏损为由正式向南京市中级人民法院申请破产。媒体的曝光对于一个有着较大市场占有率的企业来说应该不是致命的，但是南京冠生园因为没有正确面对与处理此次事件而失去了所有让公众信任的机会。在处理与媒体的关系上，南京冠生园采取了与媒体对抗的态度。在9月3日的报道后，9月18日南京冠生园在媒体上作出声明：某媒体9月3日播出的"南京冠生园大量使用霉变及退回馅料生产月饼"的报道，不但歪曲事实而且完全失实，对蓄意歪曲事实、毁损我公司声誉的部门和个人，我公司将依法保留诉讼的权利。我公司绝对没有在月饼生产中使用发霉或退回的馅料。记者利用隐藏式摄像机将本公司所谓各"生产过程"片段拍下，经拼接后，再配以旁白陈述以及所谓"目击证人"提供的信息，武断地作为"事实"进行陈述。如果拍摄当时真的看到冠生园使用霉变原料去加工生产的话，记者应该立即向执法部门举报，严惩厂家，怎么可以等待将近两个月时间，乃至一年后等厂家生产出的月饼走进全国市场后再作报道？这是怎样的用心呢？这有什么样的目的呢？冠生园的这些表述等于是让自己失去了翻身的机会。在面对记者的提问时，南京冠生园趁机将所有同行全都拖下了水。在接受《北京青年报》记者采访时，南京冠生园的吴总这样回答记者：这种做法在全国同行中是一个普遍的现象，因为月饼是一个季节性很强的产品，没有一个厂家做几个卖几个，都是用陈旧馅做新馅。记者问：你认为这样合法吗？合理吗？吴总回答：我本身也不是做食品的，但这几年我对食品慢慢地了解了，去年我曾跟卫生防疫站的人讨论过这个问题，政府在卫生防疫法里都没有一个明确的规定说这个可以做那个不让做，但从消费者意识考虑，厂家不能公开地这样讲。记者问：那实际上生产日期只是对厂家有效，对百姓来说只是看看而已？吴总回答：日期在整个行业中有一个模糊的空间,如北京的大三元,其翻炒的比例就是5∶1。

在月饼危机发生后,南京冠生园可能感受到了一种委屈,这份委屈在于为什么就我们这么倒霉会被拍到这种片子,肯定是有些人要和我们过不去,或者是同行业中有人不怀好心故意将我们扔出去。总之,一切都是别人带来的,而我们自己在其中是否会有责任呢?这个问题起初似乎并没有进入南京冠生园领导的头脑里。一方面,作为企业的经营者并没有寻找到自己的社会地位,另一方面是消费者被设想成被动的、不思自保的一群人,最好是再愚蠢一点。可惜事情却发生了变化,不应有任何的侥幸心理,因为如吴总自己所说的,几乎大家都在做月饼的市场,消费者恰恰会成为主动选择的人,再加上有些媒体又有"揭丑"的癖好,而这个世界又总是不断地证明:若要人不知,除非己莫为。

案例思考题

　　俗语说:"上梁不正下梁歪",你认为,将个体责任上升为集体责任是一个好办法吗?如果"上梁不正",下梁就会拥有"不正"的权利吗?如果你是南京冠生园的公关管理人员,你会如何面对及有效地处理该事件?请给出具体的方案。

案例四　惠　普　之　道

案　例　概　述

　　早在 20 世纪 40 年代，惠普公司就开始了以人为中心的管理方向，当时惠利特和普卡德就决定公司不能办成"要用人时就雇，不用时就辞"的企业。在那个时代这是一个勇敢的想法，当时美国的电子业几乎完全要靠政府的支持。在 20 世纪 70 年代的经济不景气中，惠普的勇气经受住了考验。而且惠利特与普卡德以及组织中的其他主管保证绝对不裁员，而只是减少 20% 的薪水，在不牺牲全额雇员的情况下，惠普成功地渡过了不景气的难关。

　　惠普公司无论何时、如何对公司的目标进行调节，在其新的公司目标表达中总是以下列文字作为开头：组织之成就乃系每位同仁共同努力之结果。同时强调惠普管理者对有革新精神的人所承担的责任：本公司同仁须成为干练而富有创新精神者。惠普公司的创始人说过：惠普之道就是那种关心和尊重每个人和承认他们每个人成就的传统，个人的价值和尊严是惠普之道的一个极重要的因素。

　　其一：惠普是美国最早取消考勤制，同时实行弹性工作制的企业。惠普让员工可以按照个人的生活需要调整工作时间，这种做法显示了惠普对员工的信任。

　　其二：企业内部实行较随意的、不拘礼仪的方式，彼此直呼其名，不冠头衔，不带姓氏。惠普是最早推动大规模员工调查、评估和追踪员工问题的公司之一，也是最早实施门户开放政策，让员工的不满可以直达最高层而不会遭到报复的公司之一。为了促进沟通与融洽，淡化阶层感，惠普制订了开放办公室的规划，任何层次的经理都不能拥有有门的私人办公室，这在 20 世纪 50 年代是非常罕见的做法。因此，惠普一直没有设立工会也就不再奇怪了。正如其员工所说的：很多次成立工会的尝试都失败了。在一家员工觉得自己和管理层密不可分，在管理层邀请寒风中的罢工纠察队在休息时间进来享受咖啡和多纳圈的公司里，工会能有什么样的作用？

其三：实行开放实验室仓库。实验室仓库是存放机器零件的地方，开放政策规定工程师们不仅可以在工作时随意取用，而且实际上鼓励他们拿回家里供个人使用。他们认为，不管拿这些设备所做的事是否跟工程师手头的工作有关，不管是在岗位上还是在家里，反正摆弄那些玩意总会拿出些东西，这其实也体现了公司对创新的赞助。

其四：实行周游式管理方法。公司让管理人员走出办公室到第一线与生产者、用户、销售人员直接面谈，这种管理方式促成非正式沟通的渠道。惠普一直实行的是多层次的、多形式的交流，如"饮咖啡聊天"就是颇受员工欢迎的一种方式，这种聊天每星期都有，人人可以参加，而有些问题就会不拘形式地以非正式的方式解决了。

其五：20世纪40年代推出了"生产奖金"（类似于分红计划），分给警卫和分给CEO的数额是一样的，并且为所有员工创造了几乎闻所未闻的急难医疗保险计划，尽管当时的惠普仅仅是一个小公司。20世纪50年代上市后，惠普所有阶层任职6个月以上的员工都可自动获得配股，并且有资格参与购股权计划。不久之后，惠普就创设员工购股计划，公司负责补贴25%。为了降低裁员的概率，即使政府合约可能有利润，如果会导致忽而雇人、忽而解雇的状况，惠普还是会放弃计划，并且规定各部门到外面找人之前，必须先雇用内部员工，为整个公司提供进一步的就业保障。

其六：采用企业文化的管理模式，即提供明确界定的目标，尽可能让大家最大自由地去达到目标，最后，确定个人贡献在整个组织上下受到肯定以激励员工。惠普在20世纪50年代将这种管理理念迅速推广，成为一种高度自由的由部门组成的分权结构，各个部门以小企业的方式设立，可以自行控制研发、生产和营销策略，在营运决策方面有很大的自主权（当然要在惠普理念的范围内）。惠普开展一种新业务时，通常会创设一个新的业务部门，尊重这个部门自行决定进入市场的最好方法，即惠普人所谓的：我们只是说，这是我们想涉足的领域，现在你们自己研究你们可以生产的特定产品。同时坚定地执行内部晋升政策，实行严密的集体面谈程序，强调的是符合和适应惠普风范的能力，同时创造一个灌输第一线领班的教育计划，因为对第一线管理者接受公司哲学的灌输和指导至关重要，毕竟他们是直接代表着这家公司的。正如一位惠普人所说的：我1952年刚加入惠普时就明白，公司400位员工的热忱和忠心以及以公司为荣的程度，几乎到了罕见的地步……我感觉到不是我在为惠利特和普卡德工作，而是他们在为我工作，而令人惊讶的是这种精神一直都伴随着惠普的成长。目前，在一家超过17000人的大公司里，要找到这种精神是很不容易的，但是在惠普却不会让人惊讶，因为从更深层次来看，早年那种情形是管理方面的一种教育过程，早年大多数员工成为惠利特和普卡德的人格和哲学的延伸，他们成为生产线领导、领班和部门领导后，都善用这些哲学和技巧，大家都相信"这些哲学"，并且付诸实施，这些东西已经成为大家生活方式的一部分。

案 例 评 析

一个组织内部的信任有三种类型：威慑型信任、了解型信任和认同型信任。威慑型信任基于行为的一贯性，人们将按照他们所说的那样去做，这种行为的一贯性因怕受到惩罚而得以维系。了解型信任基于行为的可预测性，是一种对于他人可能的行为选择的可能性判断。当一个人掌握了关于他人足够的信息以及了解可准确预测他们可能的行为时便产生了了解型信任。认同型信任基于对其他当事人的愿望与意图的心领神会，这种信任的存在是由于各个当事人因为相互间的情感联结而事实上达到了解、赞同、领会并表现出其他人的价值观，因此也可能成为其他人的代理。很明显，一个组织内部信任关系的最高层次是追求认同型信任，这种认同型信任需要进行一系列有意识的公关活动。

认同型信任首先需要消除隔阂，消除隔阂的最主要手段是加强内部沟通，而这种沟通的可能性来自彼此的重新认识与彼此接受。因此，公关在其中的地位是不可缺少的。

善待顾客应该从善待员工开始。在内部关系的管理上，员工关系的处理占据了首要位置，而如何使员工具有这种动力则来自企业内部公关力量的整合。日本索尼公司董事长盛田昭夫曾说过：对于日本最成功的企业来讲，根本不存在什么诀窍和保密的公式。没有一个理论或者政府的政策会使一个企业成功，但是，人却可以做到这一点。一个日本公司最重要的使命是培养它与雇员之间的良好关系，在公司中创造一种家庭式的情感，即经理人与所有雇员同甘苦共命运的情感。理解人、尊重人、同心同德、齐心协力，这就是名牌企业持久发展的成功之道，这也是内部公关管理追求的目标。其实，无论是德国、美国还是日本的管理模式，都可以简单地划分为成功与失败两种类型，因为无论是哪一种管理模式，最成功的莫过于激发了员工工作的积极性，而其中不变的准则即对人的尊重及重视，这种重视建立在各种具体的管理方式中，它是不可能仅仅写在墙上或文件中的。一个组织的真正文化是无法用简单的一句话来体现的，它更多的是身处其中的人所感受到的某种气氛，这是所有公关管理的基础所在。

正如惠普创始人所说：我回顾一生的辛劳，最自豪的很可能是协助创设一家以价值观、做事方式成熟，对世界各地企业管理方式产生深远影响的公司。我特别自豪的是，留下一个可以永续经营、可以在我百年之后继续作为典范的组织。正所谓"天时不如地利，地利不如人和"，也正如惠普公司是一家杰出的公司一样，一般杰出的公司都不会轻易裁员。曾经在惠普内部做过的公关调研也表明，被问到的20名经理中，有18名会不约而同地表示，以员工为导向的公关哲学促使惠普走向成功，这就是被人称作"惠普方式"的哲学。如果用通俗点的方式来表达，这种哲学就是将一种坚定的想法演变成政策的做法。惠普认为，无论男女，如果大家都能从事富有创造力的工作，而且能够得到好的工作环境，大家就都会把工作做好。

可以说，惠普之道是建立在对人的认识的基础之上的，而这种对人的认识的能力并不是与生俱来的，它是一种可培养的和可管理的资源，它立足于人所需要的重视与信任，从而回报以信任的全过程。

以人为中心的管理模式应该是最具有普遍性及适应性的。你同样可以从日本松下、东芝的管理模式中发现这个规律。

资料1　日本松下公司的合理化建议制度

日本的松下电器公司不仅鼓励员工随时向公司提供建议，而且由职工选举，成立了一个旨在推动提供合理化建议制度的委员会，在职工中广为号召，收到了良好效果。1975年1月10日，公司的技术茨木厂有职工1500名，提案就达到了7.5万件，平均每个人50多件；1976年全公司六万多员工共提出663475条建议，其中被采用的达61299个。公司对每一个提案都认真对待，及时、公正地评审，视其价值大小给予奖励，即使没采用，公司也给适当的奖励。仅1976年，公司用于合理化建议制度的支出就达30万美元，而职工合理化建议所产生的经济效益则远远不止30万美元。松下公司劳工关系处处长阿苏津说："即使我们不公开提倡，各种提案仍会源源而来，我们的职工随时随地——在家里，在火车上，甚至在厕所里，都在思索提案。"公司创始人松下幸之助希望每个员工都参与管理，每个员工都视自己为其工作领域的"总裁"。

（资料来源：王驰.当代企业文化导论[M].长沙：湖南出版社，1991.）

资料2　东芝集团：热爱自己的员工

热爱自己的员工是经营者之本。一个优秀的企业家，只有让员工认识到自己存在的价值和具备了充分的自信以后，才有可能做到与员工内心的共鸣，事业才能迅猛发展。土光敏夫使东芝企业获得成功的秘诀是："重视人的开发与活用。"他在70多岁高龄时，走遍东芝在全国的各公司、企业，有时甚至乘夜间火车亲临企业现场视察。当时，即使是星期天，他也要到工厂去转转，与保卫人员和值班人员亲切交谈，从而与员工建立了深厚的感情。他说："我非常喜欢和我的员工交往，无论何种人，我都喜欢与他交谈，因为，从中我可以听到许多创造性的语言，使我获得极大收益。"例如有一次，土光敏夫在前往东芝姬路工厂途中，正遇上倾盆大雨，他赶到工厂下了车，不用雨伞，站在雨中和员工们讲话，激励大家，并且反复地讲述"人最宝贵"的道理，员工们很是感动，他们把土光敏夫围住,认真倾听他的每一句话。炽热的语言把大家的心连到了一起,使他们忘记了自己是站在飘泼大雨中。激动的泪水从土光敏夫和员工们的眼中流了出来,其情景感人肺腑。讲完话后,土光敏夫的身上已经湿透了。当他要乘车离去时,激动的女工们一下子把他的车围住了,她们敲着汽车的玻璃门,高声喊:"社长,当心别感冒,保重好身体,更好地工作,您放心吧,我们一定要拼命工作!"

面对这情景,土光敏夫情不自禁地泪流满面,他被这些为了企业的兴旺发达而拼搏的员工的真诚所打动,他更加想到了自己的职责,更加热爱自己的员工。

（资料来源:隆瑞.哈佛商学院 MBA 案例全书[M].北京:经济日报出版社,1998.）

案例思考题

请根据本案例及提供的两份资料思考:日本松下注重的是"合理化建议制度",而东芝重视的是"员工关爱"的管理,惠普注重的是"对人的重视及信任",你认为公关在一个组织内部人性化管理中的地位是什么？只有当你明白公关的作用,才能体会到公关的不可缺少性。你认为公关对组织文化建设的贡献会表现在哪几个方面？如何理解公关是成功管理中不可缺少的方法？

案例五　联合利华的"本土化"战略

案例概述

一、项目背景

联合利华是世界上最大的跨国公司之一。该公司成立于 1929 年,由荷兰的尤尼麦格林公司与英国利华兄弟公司组成。目前,联合利华公司在全世界拥有 400 多个品牌,全球销售额超过 500 亿美元。与大多数跨国公司不同,联合利华公司拥有两位总裁,截至 1998 年 6 月,两位总裁从来没有同时出访过一个国家的先例。当时,联合利华的两位总裁分别是英国总部主席及首席执行官裴聚禄先生和荷兰总部主席及首席执行官戴培乐先生。早在 1932 年,联合利华就在上海开办了第一家工厂——上海制皂厂,生产"日光牌"香皂。1986 年,联合利华重新回到中国投资建厂。到 1997 年,联合利华在华总投资超过 6.4 亿美元,投资行业为日用消费品和食品。1997 年前,联合利华每年向中国政府缴纳税款 5 亿元人民币。

"本土化"是联合利华在中国发展的最终目标。联合利华在全球执行同样的准则,即成为一个"本土化的跨国公司",联合利华在中国同样遵循这一准则。1998 年是联合利华公司进入中国市场的第 12 个年头,"本土化"问题不可避免地提上了联合利华决策者的议事日程。

为了达到"本土化"的目的,1998 年,联合利华公司针对中国市场酝酿了一系列重大的举措:首先,调整联合利华公司内部的结构,中国公司被提升为一个业务集团,同时把区域性总部从新加坡转移到上海;其次,运用大量资金,准备采取多种形式发展包括"中华牙膏""京华茶叶""老蔡酱油"等多个中国民族品牌;再次,准备对在华的联合利华企业进行重组,成立一系列控股公司,达到优化资本、提高市场竞争力的目的;此外,组织有才华的中方雇员到海外接受培训,实现本土化管理,等等。在此基础上,联合利华认为,在今后一段时间里,运用各种手段,实现由联合利华控股的公司在中国上市,其"本土化"进程才得以实现阶段性的成功。

基于强烈的"本土化"愿望,1998年联合利华公司在中国的各项工作都围绕这一主旨展开。优化外部环境,为"本土化"进程铺路,成为联合利华1998年乃至今后公共关系工作当中最为重要的任务。中国环球公共关系公司在1998年初与联合利华方面进行了接触,进而接受联合利华公司的委托,策划进行以推进"本土化"为目标的系列公关活动。

二、项目调查

中国环球公共关系公司在接受联合利华公司的委托之后,就"利用公关手段推进联合利华本土化进程"这一命题进行了有针对性的调查研究。

● 调研对象:国家主管部门、专家、学者、资深新闻界人士、业内人士等。

● 调研方式:访谈。

● 结论:联合利华"本土化"问题上具有五大优势和四大挑战。

五大优势:

(1) 宏观形势:随着中国对外开放的不断深入以及世界经济一体化进程的不断加快,中国经济必将纳入全球经济的轨道运行,外资企业的"本土化"已不再是空想,而是历史发展的必然。

(2) 长期投资:在上海建立地区性总部,充分表明了联合利华在中国长期投资的决心,而只有在中国进行长期性的投资才是联合利华"本土化"的根本保证。

(3) 纳税大户:联合利华每年向中国政府缴纳税金5亿元人民币,容易获得政府的好感。

(4) 产品优势:联合利华在中国生产、销售的产品为家庭及护理产品和食品,"力士""夏士莲""奥妙""和路雪"等品牌已经深入人心,有利于获得公众的认可。

(5) 发展民族品牌:联合利华以多种形式优先发展"中华牙膏""京华茶叶"等在中国家喻户晓的民族品牌,如果处理得当,可以大大提高公众与联合利华的亲近感。

四大挑战:

(1) 联合利华在"本土化"进程中不能回避的问题——官方认同。

官方认同包括三方面内容:首先,拥有并发展诸如"中华牙膏""京华茶叶"等民族品牌是联合利华"本土化"进程中的重要步骤,但面对联合利华大规模的收购计划,政府主管部门的态度就显得十分重要了。在实际经济运行当中,有些外资企业收购了民族品牌之后将其束之高阁甚至转卖,造成民族品牌的贬值甚至消亡。联合利华向有关部门表明长期发展民族品牌的意向就显得十分必要。其次,联合利华处在食品及日用工业品行业,并不属于中国政府希望优先注入外资的行业。从这个意义上讲,与中国政府的沟通就显得十分必要。第三,由联合利华控股的公司在中国上市是联合利华完成"本土化"进程的重要标志,但针对外资或合资企业在华上市的问题,当时中国政府没有明确的政策。

为了解决上述问题,首先要进行政府游说工作,以获得政府的政策支持。在这个问题上,政策的支持包括两个层面:① 政府公开表示允许外资控股公司上市;② 在条件成熟的情况下,允许联合利华作为第一批外资控股公司上市。为了达到上述目的,联合利华需要进行长期的政府公关工作。

(2) 重组的"阵痛"。

在准备实施大规模收购计划的同时,联合利华准备重组在中国的资产。资产重组必然导致部分企业的关闭以及企业与部分员工提前解除劳动合同,势必带来地方经济利益的损失和人员下岗。在当时的社会形势下,各方面对"下岗"问题都十分敏感,一旦处理不当,激化了矛盾,有可能使联合利华的资产重组被"一票否决"。

(3) 舆论压力。

在中国国内,保护国有资产和国有品牌的呼声很高,而联合利华的做法实际上是把引进外资与保护国有品牌统一起来,既发展了自己,同时也为保护民族品牌注入了新的生命力。但这种做法容易使人产生误解,需要必要的舆论支持。

(4) 社会心理。

在对待外资"本土化"问题上,公众在心理上的接受需要一个相对较长的过程。在这个层面上,联合利华还需要做长期、细致的工作。

综上所述,在当时的条件下,联合利华实现"本土化"的核心问题在于政府的支持。中国环球公关公司建议联合利华以协调政府关系为突破口,在短时间内进一步优化联合利华在华经营的政策环境,同时,围绕协调政府关系的公关活动,进行必要的媒体活动,形成有利于联合利华的社会舆论环境,开启"本土化"之门。

三、项目策划

● 公关目标:完成联合利华高层与中国政府有关主管部门领导的沟通,借此机会表达联合利华在华长期投资的信心,阐明联合利华"本土化"战略的立场,同时在"本土化"过程中的关键问题上(如合作发展民族品牌、在华资产重组、控股公司在华上市等)获得必要的支持。

● 目标受众：有最终决策权的国家领导人及上海市领导人，有关政府部门主管领导，联合利华在华各方面的合作者、新闻界、社会公众。

● 公关策略：在 1998 年的适当时候，安排联合利华两位总裁同时访问中国，通过这次在联合利华历史上破天荒的举措，再次表明联合利华在中国长期投资的信心与诚意，进而通过以下举措完成既定公关目标：

（1）会见当时有决策权的领导人——国务院总理朱镕基、上海市市长徐匡迪，进行情况的沟通并获得必要的帮助。

（2）总裁在华期间，宴请有关政府主管部门代表，进行必要的沟通，同时宴请在华合作单位代表，维系长期稳定的合作关系。

（3）总裁访华期间，组织系列新闻宣传活动，宣传联合利华在华成就，形成有利于联合利华的社会舆论。

（4）总裁访华期间，参加联合利华支持中国公益事业的捐助仪式，获得社会赞誉和认同感。

四、项目实施

● 访华时间：1998 年 6 月 5 日—6 月 10 日（上海），1998 年 6 月 10 日—6 月 11 日（北京）。

● 会见：为了减少会见申报的中间环节，中国环球公关公司利用自身的新华社背景，协调新华社作为两位总裁访华的中方接待单位，由新华社直接上报国务院，减少了申报会见的时间。

6 月 10 日下午 3:00，时任国务院总理朱镕基接见了联合利华的两位总裁。会谈期间，联合利华方面表达了在中国长期投资的信心，同时就"本土化"进程中的一些问题与朱总理交换了看法。

在早些时候，时任上海市市长徐匡迪也接见了联合利华的两位总裁。借此机会，联合利华向徐匡迪市长通报了将总部设在上海的原因，同时就在上海的联合利华资产重组问题与徐市长交换了意见。

● 宴请：6 月 10 日，联合利华在人民大会堂宴会厅举办了丰盛的晚宴。两位总裁宴请了当时中国有关政府机构的负责人、中方合作单位代表及社会知名人士。全国人大常委会副委员长王光英、全国政协副主席曹志、中共中央统战部副部长刘延东以及国家计委、经贸部、轻工总局等部门有关领导人出席了盛宴。

同时，两位总裁借此机会还宴请了联合利华的退休职工，以此来表达关爱之情。

● 公益活动：6 月 10 日，联合利华举行仪式，出资 200 万元人民币，资助 125 名贫困大学生学习生活费用。这 125 名"联合利华希望之星"来自江西、陕西、云南、湖南和重庆市的三峡库区，每名学生每年获得 4000 元的资助。在人

民大会堂举行的捐赠仪式上,联合利华的两位总裁将奖学金颁发给了贫困大学生代表,来自云南省的哈尼族少年罗兴大代表贫困大学生用英语激动地表示:"拥有了机会,我们更感到任重道远,展望明天,我们充满信心。为了家乡父老的重托,为了让更多的人富裕起来,为了我们伟大祖国的振兴,我们将努力奋斗,以此作为我们对联合利华及一切关心爱护我们的人们的报答。"

● 媒介宣传形式:新闻发布会,新闻专访,CCTV 专题片,文字专稿,图片专稿。

● 媒介宣传要点:

(1) 联合利华对在中国投资充满信心;

(2) 联合利华重新进入中国 12 年,业绩斐然;

(3) 联合利华的国际地位、经营业绩;

(4) 联合利华支持中国公益事业,捐资帮助贫困大学生。

● 媒介活动:

(1) 北京、上海新闻发布会。6 月 10 日下午 5:15—6:00,联合利华在北京人民大会堂河北厅举行新闻发布会,两位总裁及来自北京的 34 家新闻单位的 42 位记者出席了新闻发布会。会议期间,两位总裁透露了联合利华在中国进一步发展的设想并回答了记者感兴趣的问题。早些时候,在上海举行了同样内容的新闻发布会,会议上着重强调联合利华将总部迁往上海的理由,从而获得了上海媒体的认同。

(2) 图片专稿。6 月 10 日两位总裁在天安门广场与中国少年儿童共同品尝"和路雪",同时邀请在京新闻界主要新闻单位的摄影记者到现场采访,发图片专稿。天安门广场具有非同一般的象征意义,安排联合利华两位总裁以这种轻松、独特的方式"亮相",巧妙地表达了联合利华对中国的友好与亲近,预示着联合利华在华实施"本土化"战略的强烈愿望。

(3) 电视专访。6 月,安排联合利华两位总裁接受 CCTV"世界经济报道"栏目的专访,利用 CCTV 金牌经济栏目集中传达联合利华的声音,以便系统地阐述联合利华在中国发展的长远设想,全面地表达"本土化"的意愿,对中国有关方面产生了影响。

五、项目评估

(一) 活动执行圆满成功

● 会见:时任国务院总理朱镕基及时任上海市市长徐匡迪接见了联合利华两位总裁,效果良好。朱总理原定接见时间是半小时,但听了联合利华准备实施"本土化"策略后,表示很感兴趣,会谈延长至一小时。徐匡迪市长也表示,首先对联合利华将总部设在上海表示赞赏,同时上海市政府将支持联合利华在

上海资产的重组。

●宴请：6月10日的晚宴取得成功。

●公益活动：成功举办了捐助仪式。此次公益活动引起了新闻界的关注，同时也产生了良好的社会影响。

（二）媒介宣传达到预期效果

新华社、人民日报、光明日报、科技日报等中央媒体及北京日报、北京青年报、新民晚报、文汇报、解放日报等北京、上海的地方媒体均以较大的篇幅对活动进行了报道。同时，天安门广场图片专稿、CCTV专访等特色新闻活动的实施，也为整体的新闻宣传活动增色不少。42家文字媒体、3家电视台的集中报道使整体新闻活动达到了预期效果。

（三）联合利华"本土化"进程进展顺利

作为涉及公共事务（政府关系）领域的公共项目，客户诉求的实际效果是最重要的评估依据。联合利华两年来"本土化"进程顺利进行的实践说明，1998年的系列公关活动取得了成功。

在上海市政府的大力支持下，联合利华在华顺利完成资产重组。重组后的公司实现了资源的合理配置，大大降低了生产成本，提高了产品的市场竞争力。1999年，"奥妙"洗衣粉降价30%～40%，销售势头十分强劲。

在有关部门的支持下，联合利华实现了支持民族品牌的愿望。"中华牙膏""京华茶叶"成为联合利华优先发展的品牌。1999年，新产品"中华氟钙牙膏"和"中华中草药牙膏"的推出，标志着具有50年历史的"中华牙膏"进入了崭新的发展纪元。在联合利华平台上，"中华牙膏"的销量已经稳居国内同行业之首。

1999年底，《中国证券报》有报道称，国家有关部门负责人明确表示，国家正在考虑出台有关政策，允许像联合利华股份有限公司这样的外资控股公司在华上市。

1998年的一系列举措，为联合利华在中国市场开启了"本土化"之门。

（资料来源：整理自"第四届中国最佳公共关系案例大赛"获奖案例。）

案 例 评 析

有人曾这样说过：世界500强企业的总裁几乎都想来中国，因为要想在世界做大，首先必须在中国做大。可见，许多世界500强公司都十分注重中国市场的开拓。当500强公司的总裁、主席来中国访问时，只要是作了准备，不是空手而来，那么他就绝对不会空手而回，因此，这种访问往往就是成功的。这从环球公关公司策划的联合利华两位总裁的访华活动中也可以得到证明。但关键是你必须有准备而来，这种准备不仅是对自身实力的一种显示，更多的是要立足于中国的特定市场和

背景,作出正确的决策以及对各种关系处理的娴熟运用。当然,也脱离不了对传播媒介的运用技巧,而这些都在本案例中作了一个非常成功的展示。读完本案例就可以领略"不作无准备的沟通""进行有价值沟通"的含义。本案例清晰地展示了策划者的战略眼光、处理政府关系的强大实力和富有创造性的沟通传播策略。

首先,对活动目标的准确把握及对目标公众的了解是此次公关活动成功的前提。环球公关站在联合利华在中国发展的战略高度来审视这次访华活动的战略意义,使这次访华活动与联合利华的整体目标相协调,这是一种将公关的目标置于组织整体目标,并为整体目标有效服务的很好表现。这就使得这次访问活动站得高、看得远。在目标公众的确定上,因其目标的高远性,因此为了推动"本土化"的战略,把争取政府高层的支持作为突破口,在与高层的交往中,充分地体现了政府公关的基本要求,即必须为政府部门提供服务和帮助,为政府排忧解难。因此,以在中国投资的信心和诚意作为协调政府关系的出发点,达到了营造良好的公众舆论环境的目的。事实上,任何一种公关手段的运用,特别是在跨文化背景下进行的国际交往,往往会产生一种利益的协调需要。因此,在与中国政府的关系中无不体现出联合利华对中国经济的一种帮助或将来对中国的一种更大的帮助,而这正是可能协调的基础。

其次,环球公关作为依托于中国新华社的中国最早的专业公关公司,有着深厚的政府公关与国际公关的背景,因此,对中国社会、政治环境有着较为透彻的分析,深谙政府关系处理技巧。这也是使得项目成功并值得推崇的另一个原因。成功的政府公关策划关键是能提出吸引政府注意力的东西,即议题。由于议题抓得准,联合利华从事的并不是中国政府重点扶持、重点引资改造的行业,但是仍然争取到了政府最高规格的接待,获得与国务院总理长时间深入会谈的机会,其成效令人刮目相看。在联合利华宴请中国政府有关政要及合作企业的相关人士时,同时宴请了联合利华的退休员工,这样做既体现了对员工的关爱和重视,又可以让舆论和政府放心,可见其用心良苦。紧接着又通过在人民大会堂举行的"联合利华希望之星"的捐助仪式,将联合利华的诚心、好公民的形象进一步地传达给政府与大众。这一招一式在开释公众误解、减少舆论压力、争取政府支持等方面环环相扣。上至国务院总理、上海市市长,下到一般的联合利华员工,环球几乎将与联合利华有关的公众对象进行了一次地毯式的公关舆论轰炸,这种不仅仅关注一些政府官员的公关决策,显现联合利华对民心的重视,对社会公众意识引导的重视,毕竟它是日用消费品的品牌。从国外的一些成功案例中可以发现,仅仅搞好与政府的关系而忽视一些最基本的公众的观念,往往会使政府也陷于一种社会的压力,从而使政府部门为了表现对民心的重视而不得不重新选择。而环球作为中国本土的一家公关公司对这一点是非常了解的。同时,环球选择了一个中国人最为关注的问题,即对于贫困大学生的捐助,这恰是一个最能引起公众和社会好感的行动。

再次,公关从来就需要与传播媒介的配合。环球公关公司当然不会在自身最

有优势的媒介运用方面产生遗憾,这可以说是值得同行借鉴的,但是也可能是可望而不可即的。联合利华两位总裁的这次访华过程同样也是一次最富有成效的传播沟通活动,媒体的介入既为访华过程营造了一个有利的舆论环境,又兼顾到准确、全面地传达企业信息的目的。

这次传播媒介的运用主要取得了以下三方面的成功。

(1)高层次的媒体传播沟通。面向大众的有40多家新闻媒体的报道:有CCTV黄金时间的专访以及文字稿和图片稿的深度报道,面向特定对象的有与国务院总理和上海市市长的会见等。

(2)在传播内容安排上特别注意给公众较全面的组织整体形象信息,使得传播沟通产生的效果更具有战略意义。

(3)成功地把一个严肃的议题作轻松独特处理并取得良好的沟通效果。政府关系议题一般较为严肃、复杂,因此也较难引起大众注意。联合利华两位总裁在天安门前与中国少年儿童共同品尝"和路雪"的图片专稿,以轻松、独特的方式,用天安门这一具有强烈象征意义的符号,表明公司在华实施"本土化"战略的态度,巧妙地传达了对中国的友好与亲近。总之,联合利华两位总裁访华案例中运用的媒体既是高层次的,同时也是有选择性的,但都与其基本目标保持着一致,这就是公关手段对公关目标的服务。

最后,从其实施的效果来评估很明显是成功的。更主要的是联合利华实现了自己对中国的承诺,而这种承诺的履行是公关真正意义上的成功。检验公关成功与否的标准不是在于举办了多少新闻发布会,发布了多少新闻稿件,会见了多少政府官员,最关键的是能否为自己的继续生存创造一种普遍的公众环境,而联合利华通过对"中华牙膏""京华茶叶"这两大本土化品牌的运用,在涉及大众最敏感的一些问题上得到了一种温和的效果,没有产生尖锐的社会争论,甚至影响了政府有关部门对投资法律和政策的调整意图,这可以说是一种真正意义上的观念的管理,是一次高层次的公关管理的成功。

案例思考题

根据此案例需要分析的是:这次活动是否已经充分地运用了各种公关的资源?如果想改变中国大众对联合利华产品的认同,你认为是否还应该开展一些其他的公关活动?如果作为竞争公司的公关人员,你认为在联合利华的所有公关进程中,你应该作出何种公关对策?

案例六　天然水与纯净水之争

案 例 概 述

　　一直以来,关于天然水(含矿泉水)与纯净水到底哪种水对人体健康更为有利,都存在着激烈的争议,可以说是"公说公有理,婆说婆有理",甚至连专业的研究人员之间也莫衷一是,国家有关部门对天然水尚无明确规定的标准。

　　2000 年 4 月 24 日"农夫山泉"突然宣布,经实验证明,纯净水对人体健康无益,"农夫山泉"从此不再生产纯净水,而只生产天然水。此言一出,引起轩然大波。

　　首先是国内饮用水业老大哥"娃哈哈"老总在接受记者采访时对此表示质疑。接下来,众多地方纯净水生产厂家纷纷站出来指责"农夫山泉"这种说法不负责任,违反了《中华人民共和国反不正当竞争法》。甚至有厂家认为其已对整个水业造成了伤害,并称在必要时将诉诸法律。

　　5 月 30 日,广东"水师"召开研讨会"齐批农夫"。6 月 8 日,杭州"娃哈哈"遍撒"英雄帖",69 家企业对"农夫山泉"口诛笔伐。各种媒体都在推波助澜地炒作此事。

　　在舆论的压力下,国家有关部门也介入进来。中国饮料工业协会发表声明,纯净水按国标生产可放心饮用。全国食品工业标准化技术委员会也宣称,目前对纯净水无标准定义,很难判定市场上销售的泉水、山泉水是真是假。

　　此种说法遭到了"农夫山泉"的强烈反击,他们把矛头又对准全国食品工业标准化技术委员会,并要求他们明确答复,否则将以法律手段维护自身权益。此举当然遭到了全国食品工业标准化技术委员会毫不留情地指责和批评。

　　事情越闹越大,影响也越来越广泛。

　　本来,"农夫山泉"矿泉水占有的市场份额并不十分理想,舍掉纯净水市场、集中精力进军天然水市场是其扬长避短的一种战略转移。"农夫山泉"借着一个有争议的营养学知识,进行了新闻策划,让自己成为一个为消费者着想的企

业,其直接的收益就是调动了新闻媒体,为自己的战略转移、树立以消费者利益为重的品牌形象,以及新产品的特色进行了一系列的免费宣传,造成了轰动效应,取得了公关宣传的效果。而且在策划时他们已经为后面的行动埋下伏笔,预见到这会引起激烈的反击甚至法律的行动,但这也将进一步把"农夫山泉"和纯净水区分开来,反而会重塑其产品的特色,这也正是"农夫山泉"希望看到的。至于诉诸法律手段,"农夫山泉"认为他们在广告中并没有特指哪一家纯净水的品牌,并没有给人们留下太多的话柄,即使被告上法庭,输了官司他们也是值得的,因为这毕竟产生了宣传的效应,扩大了品牌的知名度。这也许正是农夫水的用意所在,看起来他们确实是成功了而且达到了预期的效果。

农夫山泉要面对的问题已经超出了他们的预计。《中国经营报》记者张忠、鲁源在 2000 年 6 月 27 日撰文认为,"农夫山泉"至少要解决以下六个问题。

(1)如何面对行业主管?国家行业主管部门似乎不可能发一个文件指出纯净水有害,也不可能立即出台一个新的"纯净水"标准。既然不会出台一个新的标准,企业生产的合法化问题将始终得不到解决。

(2)如何面对竞争对手?即使"水战"打到最后,人们认可了所谓"天然水"的概念,竞争对手们也不会轻易放过"农夫山泉",因为"天然水"可能是好的,但"农夫山泉"的天然水并不一定是好的,毕竟媒体也报道过其水源千岛湖也面临污染的问题。

(3)如何面对市场?即使"农夫山泉"的"天然水"被认可了,但也很难避免全国一哄而上的局面。既然没有国家标准,都是所谓的"企业标准",你如何判断真假?全国食品工业标准化技术委员会的担心是有道理的。最后的局面可能是,你刚把纯净水打死了,接着你就被别人打死了。

(4)如何面对消费者?"农夫山泉"曾多次明确指出纯净水有害,并拿出了一些耸人听闻的证据。既然如此,如果消费者集体诉讼要求赔偿怎么办?法律方面的专家完全可以指出,"农夫山泉"明明在 1999 年 10 月就明确知道纯净水无益,为何到次年 4 月才停止生产?

(5)如何面对公众评价?凭借此次"水战","农夫山泉"的知名度虽然上去了,但却没有获得一个好名声。一个没有好名声的品牌,特别是食品,是很难保证消费者的忠诚度的。而且,从现在"农夫山泉"不顾一切搅乱饮用水市场的做法来看,它并不像是在经营一个长久的品牌,如果这个印象传递出去,对一个企业的发展来说也是十分危险的。

(6)如何面对自身?"农夫山泉"在此次策划中也给自己确定了一种"攻击型"和"策划型"的企业文化,这样的企业文化很难能让人静下心来踏踏实实地做事情。一般来说,员工对这样的企业也会缺乏长久的信心。长此以往,企业发展的后劲更会受影响。

看来,"农夫山泉"是有点"烦"了,自己所做的一切必须面对,这更是必然的。

案 例 评 析

　　策划具有新闻价值的事件是社会组织争取新闻宣传机会的一种技巧。它是在真实的、不损害公众利益的前提下,策划、举办具有新闻价值的事件或活动,致力于吸引新闻界和公众的注意力,制造新闻热点,争取到被媒体报道的机会,使本组织成为新闻的主角,以达到提高知名度、扩大社会影响的目的。制造新闻事件是借助新闻媒介向社会传达本组织信息,它与广告的区别在于经济实惠、影响广泛。同时,利用新闻策划方式来引起公众的注意往往是比较新奇的,它也可以增加更多的信任感。但是,所有上述长处都是建立在成功的新闻策划基础之上的,而事实上并非所有的新闻策划都能真正地实现公关追求的目的,如本案例中"农夫山泉"似乎让自己的处境反而更难堪了。

　　一个成功的策划应该具备以下最基本的条件。首先,它必须是"新"的,即满足新闻价值的要求,能满足人们对于新鲜事物的好奇心和兴趣。当然,并非所有新的东西都是有价值的,它必须得到社会公众的关注与认可。其次,它必须是真实的。这不仅体现在所策划的新闻事件中的一切信息都是真实的,而且不能对人产生误导。再次,策划的新闻事件所要表达的思想或主题必须与组织的形象定位相吻合。无论是公关传播还是广告宣传都会围绕着一个共同的目标,即为了传递一个组织自身的独特的形象,因此,能让公众感受到组织已有形象的一种延续性。最后,它必须得到媒体宣传的机会。这种宣传机会的选择有很多可操作性,无论是时间上、地点上都需要经过专门的策划。因此,要想真正用小钱做成大事就需要公关人员善于开动脑筋,充分发挥想象力和创造力,出奇制胜。

　　"农夫山泉"的作为是一次典型的策划新闻事件的公关宣传活动,从表面上看,它所引起的社会舆论的介入和社会的反响程度都是非常大的。如果本着"只要被宣传就是好事情"的观点,我们可以说它是非常成功的,它不仅让同行震惊,而且还惊动了政府部门,甚至让消费者对自己日常饮用水的健康问题产生了极大的困惑。但是,"农夫山泉"本想利用纯净水与矿泉水之间的区别及人们对于水的认识的不统一来制造一个社会热点问题,结果热点是形成了,而它却让自己陷入自己编织的纠缠不清的网中。从其策划的意图来看,我们可以发现,其最直接的收益是调动了新闻媒体,为自己的战略转移、为自己表达的关心消费者的形象、为自己的新产品的特色都作了免费的宣传,形成了真正的轰动效应,取得了极大的宣传效果。而且在开始策划时,就已经为后面的行动埋下了伏笔。然而,抱着一种唯恐天下不乱的心态的"农夫山泉"恰恰是给自己确定了一种"攻击型"和"策划型"的企业文化,这种对策划评估标准的不同确实使我们对此案例只能抱一种遗憾的心情,因为中国应该走出那种乱中取胜的年代了,中国的市场及公关都应该走向一种规范并且遵

循其自身规律的真诚经营之道。

请根据上述的分析,再思考几个问题:如果你是"农夫山泉"的公关策划人员,你会作何策划?如果需要你去处理上述六个问题,你会如何逐个地进行分析及协调,作出一定的善后处理?如果你是生产纯净水的企业,面临"农夫山泉"的上述举动,你会作出什么反应?

案例七　可口可乐、麦当劳和迪士尼联合称霸江湖

案例概述

　　据英国《经济学家》报道，1998年3月中旬，来自109个国家的1.8万名麦当劳职员齐集奥兰多，召开他们两年一次的大会。这次大会使人强烈感受到麦当劳与迪士尼以及可口可乐之间的密切联系。可口可乐公司的新任董事长道格·艾弗斯特亲临现场道贺，并保证对他的最大主顾继续提供支持。迪士尼公司则给了与会的麦当劳雇员们一个意外惊喜：让他们先于公众之前参观它新开的动物王国乐园。而麦当劳是其中一个景点——恐怖园的赞助商。

　　在动物王国乐园之外，时髦漂亮的新麦当劳餐厅是一个以迪士尼世界为主题的餐馆。员工们身着有迪士尼公司许可的显示麦当劳特色的制服，餐厅中间是一个超大型可乐瓶子，可分发可口可乐。

　　三巨头联盟是当今世界结盟大趋势的一部分。汉密尔顿公司的咨询顾问约翰·哈比森估计，过去三年中全世界大约出现了3.2万个公司之间的联盟，其中2/3是跨国联盟。目前，美国最大公司收入的18％来自各个联盟。

　　这种新的结对现象受两个时髦想法的推动：全球化和核心竞争力。第一个想法迫使各公司想方设法将产品卖到尽可能多的地方去，这常常需要别人帮助他们。第二个想法是公司坚持做他最擅长的事情的风尚。这意味着它们在其他事情上经常需要得到外界帮助。当被问及可口可乐公司收入的多少比例来自与其他公司的结盟时，艾弗斯特回答说："100％。"他解释说，这个软饮料巨头赚的每一块钱都来自某种形式的经营伙伴，比如灌装厂、分销商。

　　将可口可乐公司、麦当劳公司以及迪士尼公司联结到一起的纽带各不相同，差距甚大。1997年，麦当劳公司以及迪士尼公司开始了10年的正式联盟，

243

初步的成功是《会飞的橡胶》——一部内容平庸但因与麦当劳联手推出而票房火爆的迪士尼电影。1998年6月，这家汉堡包巨头开始一项更大胆的行动——推销电影《善恶大决战》。这部投资一亿美元的电影由布鲁斯·威利斯主演，为此，麦当劳在其分布于世界各地的2.35万家餐馆售票，并推出一款特别"太空餐"。这次推销的目标不是少年儿童，而是年轻人——麦当劳市场中的薄弱环节。

相对而言，麦当劳与可口可乐的结盟则没有任何书面协议作依据。据艾弗斯特说，他们靠的只是"一种共识和相互信任"。早在20世纪50年代建立这家汉堡包企业时，雷·克罗克就成功地说服可口可乐公司一个叫沃迪·普拉特的年轻管理人员向他提供可乐。普拉特先生（他在奥兰多受到了名人般的欢迎）负责对麦当劳的供应业务直到1984年。

尽管可口可乐也向其他餐馆提供饮料，但它与麦当劳的关系已不仅仅是供应商与客户的关系，它帮助它的伙伴在世界各地开辟了新业务（有可口可乐销售的国家几乎是麦当劳打入的国家数目的两倍）。麦当劳的董事长昆兰如数家珍般说出一长串合作领域，从银行关系到装备设计。两家公司的董事会层面上也有相当密切的关系。当可口可乐公司董事长罗伯特·弋伊苏埃塔去世时，世界各地的麦当劳餐馆都下半旗志哀。

可口可乐公司与迪士尼公司的联系可能是这三个联系中最薄弱的一个——但是它们仍然相当密切。1955年，可口可乐一直是迪士尼主题公园的唯一饮料供应商。1985年以后，它们之间还建立了一种事实上的销售联盟。可口可乐还为迪士尼的海外开拓方面提供了帮助。虽然迪士尼有包括IBM在内的十几个大公司合作伙伴，以及无数小公司合作伙伴，但迪士尼的官员指出，可口可乐是一个特别合适的伙伴，因为它也重视家庭。

（资料来源：孙涛.知识管理：21世纪经营管理的新趋势[M].
北京：中华工商联合出版社，1999.）

案 例 评 析

麦当劳的汉堡、迪士尼的唐老鸭和可口可乐的饮料早已闻名全球，然而尽管如此，这三个横行全球的巨头依然携手合作。麦当劳店、迪士尼乐园卖着可口可乐，而因为可口可乐去的地方特别多，所以它在销售自己产品的同时，也帮助迪士尼、麦当劳作些宣传，比如，可口可乐的员工打扮成迪士尼的卡通形象等。这是一幕十分动人的画面。世界很大，市场也很大，而一个企业的力量毕竟是有限的，即使巨

人也需要有帮手的时候。因此,对于一个企业来说,多交朋友,多为自己创造生存和发展的良好环境就显得十分重要。在这点上,麦当劳、迪士尼和可口可乐就是很好的学习榜样。

市场支配理论认为,企业所采取的战略是为了使其在市场上占据有利的地位。而企业之间进行联盟则可以共享资源、共担风险,从而能够快捷、低成本地提高企业的市场支配力,取得竞争优势。所以,"竞争优势"是企业联盟的根本目的。根据波特的竞争优势理论,企业往往会通过比其竞争对手更廉价或更出色地开展价值链中的战略活动来赢得竞争优势,并以两种基本的形式表现:成本领先和标新立异。价值链包括价值活动和利润,价值活动可以分为基本活动和辅助活动。其中,基本活动包括内部后勤、生产作业、外部后勤、市场和销售、服务;辅助活动包括采购、技术开发、人力资源管理和企业基础设施。市场支配力理论的研究者利用价值链分析,认为联盟可以使企业之间协调或共享价值链,从而达到优化的效果。

企业战略联盟跨越国界,在世界范围内寻找与自己有利的合作伙伴,便形成了跨国战略联盟。企业战略联盟的主要形式有以下几种。

1. 研究与开发战略联盟

这是企业为了新技术和新产品的研究与开发而采用的形式,有利于集结各种资源和各方优势,节省研究成本,缩短研发周期。

2. 产品品牌联盟

企业实施企业品牌战略通常有三种形式:① 自主创品牌,这种方式一般投入多、周期长;② 借用他牌,如一些企业生产的产品、一些商场销售的产品,用另一个企业的品牌,这样尽管可以求得发展,但毕竟是为他人作嫁衣;③ 联合创品牌,这是一种较好的战略联盟,它取决于国内外企业有优势互补的需要。

3. 销售战略联盟

如 IBM 公司和理光公司合作销售个人电脑,与日本制铁合作销售操作系统,还与富士银行合作销售金融软件,韩国三星电子公司与日本的 NEC 同意合作生产半导体销售欧洲市场等,都是销售战略联盟。这种战略联盟在商业领域里主要采取特许经营的方式,它是当前国际流行的一种商业理念,有利于企业销售网点快速低成本增长,所以说这是一种既安全又收益快的战略联盟形式。

4. 合资战略联盟

这种形式多发生在发达国家与发展中国家的企业之间。发达国家的投资者的目的大多是为了进入发展中国家的市场。而发展中国家的企业多是为了利用发达国家企业的技术、品牌、管理等资源优势,以提高自身的市场竞争力。

企业走向合作或联盟是一种必然的发展趋势。无疑,本案例中巨头的结盟既属于品牌的互助又属于销售的战略联盟。现代社会的竞争会更多地倾向于一种共存的竞争格局,企业之间的互相提携与帮助、一种品牌与另一种品牌之间的互相渲染等都成了有效的竞争手段,同时它也成了企业生存和发展的重要条件。这种新

的合作方式的形成主要源自两个因素,即案例中所说的全球化和核心竞争力。前者迫使各企业想方设法将它们的产品卖到尽可能多的地方,这常常需要得到别人的帮助;后者即企业坚持做它最擅长事情的风尚,则意味着它们在其他事情上经常需要得到外界的帮助。这也从一个侧面说明了一个社会组织在自己生存和发展过程中对环境的依赖性。

　　联盟需要寻找一种共同点。一般来说,成功的战略联盟往往都具备三个条件:① 联盟双方应各自具备某种竞争优势,资产具有互补性;② 联盟双方战略目标应该具有一致性;③ 联盟企业之间具有文化一致性或具有对文化差异性的协调能力。无论是可口可乐还是迪士尼或者麦当劳,它们都有一个共同点,即它们都是重视农户的企业和品牌,都具有相同的文化内涵,都是市场的强者。正因为有了这些共同点,它们才能够彼此吸引,走到一起。

　　三巨头的联盟也体现了企业外部关系协调的新趋向。中国有句俗语叫"近朱者赤,近墨者黑",这种巨头之间的互相吸引和合作往往能达到借力提升的目的。自然界有一种共生现象,商界也有一种双赢的格局。而要实现双赢的格局,企业之间必须相互包容、彼此帮助和不断协调利益关系。正如可口可乐公司总裁被问及可口可乐公司收入的多大比例来自与其他公司的结盟时,艾弗斯特回答说:100%。他解释说,这个软饮料巨头赚的每一块钱都来自某种形式的经营伙伴,比如灌装厂、分销商等。

　　对企业内部和外部环境的监控、研判,对内部和外部众多关系的不断协调,恰恰又是企业公共关系的重要职责。如何为企业求得可以借力提升的合作伙伴,如何为企业的生存和发展创造一个良好的环境,这是摆在每一个公共关系人员面前的重要课题。

案例思考题

　　本案例中,可口可乐公司、麦当劳公司、迪士尼公司的合作资源运用是否已达到完美?三巨头合作的效益是否最佳?而作为可口可乐公司的竞争对手,就与企业的合作方式来看,你认为该作何种具体安排?

案例八　壳牌美境行动

案 例 概 述

　　壳牌(中国)有限公司以环保为主题,开展全方位企业公关,"壳牌美境行动"是其中的旗舰。此次活动可以作为公关四个工作步骤运作的典型展示。

一、公关调查

　　在确定了环保主题后,壳牌进行了广泛的调查分析,从中发现了一些十分有价值的线索。

　　(1) 以1994年成立的"自然之友"和1996年成立的"地球村"为代表的民间环保团体十分活跃,并已有了相当大的影响。这两个团体拥有数千会员,参与了从保护藏羚羊到出版环保丛书的各种活动,并与国外环保团体有着良好的合作,其会长还曾作为民间组织的代表与克林顿会谈。

　　(2) 以媒体为代表的公众对环保的关心程度与日俱增,环保专栏越来越多地出现在报纸、杂志和电视台上。环保更多地与教育结合在一起,呈现"从娃娃抓起"的势头。环保内容不但出现在中小学生的自然课程里,而且中小学生的各种书报读物中也有很多环保话题和知识。教育主管部门、团委、青少年科技馆组成了一个立体的教育网,为企业提供了一个良好的接入口。

　　(3) 环保虽然已是一个热门的话题,各种环保活动也是此起彼伏,但是绝大多数仍然处在宣传层面上,实际动手搞环保的还是很少。尤其是在中小学生当中,环保工作仍然停留于知识的传播,尽管广大学生思想踊跃,但实践机会少,动手能力显得不足。

二、公关策划

　　(一) 公关目标

　　(1) 在中小学生中宣传普及环保知识,提高环保意识,树立"人人有责"的

责任感。

（2）通过亲身参与，增强中小学生的动手能力，建立"我能够做到"的信心，变环保意识为环保行动。

（3）倡导"人人动手搞环保"。

（4）树立壳牌作为一个负责任的企业公民的形象，增强社区亲和力。

（二）公关策略

（1）结合环保与教育、动脑与动手，由学生自己设计环保方案，经评选获奖的环保方案可以获得壳牌3000元的资金支持，由设计方案的学生自己动手实施。

（2）选择最佳合作伙伴，最大限度地调动各方面的资源。壳牌在北京、上海和广州分别与当地教育主管部门合作，一方面保证了活动的广泛性，另一方面也使"美境行动"的开展有了充足的人力资源保障。在北京，"自然之友"也参加了该组织的活动。

（3）将活动的启动时间设定在"六·一"儿童节到"六·五"世界环境日前后，这样能够获得更高的媒介覆盖率，吸引大家关注。同时，参加活动的中小学生可以利用暑假时间设计环保方案，经评选后获奖的方案又可以较快地在秋季和寒假期间得到实施，保证了与学年起始时间的吻合，避免了组织上的麻烦。

（4）充分利用媒介扩大活动的影响，传达"我也能做到"的信息。

三、公关实施

京、沪、穗三地共有两万余名中小学生参与"壳牌美境行动"，提交环保方案1000余个，共有234个方案获奖，获奖者都获得了壳牌公司的资金支持，使方案得以实施。

上海市的获奖方案在教育主管部门的支持下参加上海市青少年科技节的展览会，有约30万人参观了这一展览。

上海市杨浦区市东中学高二学生建立了"壳牌环保网络世界"（www.envir.online.sh.cn），这项活动旨在通过因特网来宣传环保和"壳牌美境行动"及其成果，它获得了壳牌公司额外的22000元人民币赞助。

壳牌公司把上海市彭浦新村一小的孩子们创作的漫画制成2000年小台历。一万本这样的小台历被赠送给参与"美境行动"的孩子们、新闻记者和壳牌本公司的员工。

四、公关评估

（一）环保效应——41个获奖方案都变成了实实在在的现实

通过治理污染、绿化校园、节约用水、提倡使用布袋等活动，孩子们用自己的双手为环保事业贡献了力量。

（二）宣传教育效应

在直接层面上，京、沪、穗三地共有近400所学校参加了"美境行动"，其中广州市还提出将实施该项目的成果纳入对学校和教师工作业绩的评定之中。另外，两万名孩子的参与还意味着两万个家庭的参与。在间接层面上，"美境行动"得到了众多媒体的关注，人民日报、中国青年报、新民晚报、文汇报、北京青年报等都进行了专题报道。再加上成果展览、网上宣传和小台历，可以说"美境行动"影响了几十万甚至更多的人。

（三）企业形象效应

作为环保主打项目的"壳牌美境行动"，在其他项目的配合下对企业形象建设起到了显著的推广作用。这使教育、环保等有关部门对壳牌公司都有了更多的了解，打开了更多合作的大门，而在实施该活动后，壳牌公司不断收到环保方案的策划书，显示了环保公关的强大作用。

（资料来源：整理自"第四届中国最佳公关案例大赛"获奖案例。）

案 例 评 析

为了顺应工业文明发展的需要及社会公众意向改变的趋势，越来越多的社会组织都会站在社会公众利益的角度呼吁社会要保护人类的生态环境，提高公众的健康水平。现在的企业一方面要使自己的生产经营活动有利于生态环境的保护，另一方面也要为维护生态环境作出自己的贡献。可以说，"美境行动"正是抓住了这一热门话题。

企业的形象不取决于自己的主观意愿而是来自公众的评价，既然评价权掌握在公众的手里，而公众作出任何评价都会源自其已有的价值追求。因此，了解公众的价值追求或利益取向就成了公关决策的第一步。这可以体现在要求企业根据公众的价值观来设计和调整传播沟通的方针、政策和具体的传播形式，注重协调企业的价值观与公众价值取向的关系等方面。一般来说，如果企业和公众的价值取向一致或类似，企业与公众的沟通就较容易，沟通的效果也会较好。因此，企业在公关决策中必须带有一种强烈的社会认同性，即取悦公众。通过认真观察不难发现，当今社会是一个环保意识浓厚的社会，因此，壳牌公司环境公关的实践正体现了企业公关在当前的一种价值取向，即保护人类的生存环境。"壳牌美境行动"选择的国际背景是联合国把2000年世界环境日的主题确定为"环境千年，行动起来"，这反映了世界各国人民改善环境、创造美好未来的共同愿望，是全球环境与发展协调的历史呼唤，也是全人类的共同价值追求。可以这么认为，环境公关是21世纪的

重要公关趋势。

如果说,壳牌公司这次公关活动立项的准确是因为它们找准了一个最热门的社会话题,一个最能吸引社会公众舆论的话题,那么它们选择孩子作为公关行为的实践者,其中就具有更深刻的内涵。正如环境保护组织所宣传的,地球永远只有一个,我们必须把它完好地还给我们的下一代。对环境的关注正是对未来的关注,也就是对我们的孩子们的关注,可以说,这是一个很好的创意。在活动安排上,不仅宣传了环境保护意识,而且更多地是让孩子们参与进来。面对严酷的环境现状,人们更多地是需要去做而不是去说。中国的孩子们总是受到太多的关注,一个孩子就代表了1~3个家庭,这个受众面是非常广泛的。

总之,一个企业公关活动的过程是一个从准备、策划、实施至最后评估的过程,而在公关准备阶段就已经可以预计活动的结果,即与社会及公众的结合点是否准确到位。从上述案例可以发现,壳牌倡导的正是社会的共同意识,这会成为一个公众关注的焦点,不仅可以赢得宣传的机会,而且可以借此传递对社会的责任心,这正是企业在社会环境中求得生存与发展的意义所在。

案例思考题

根据本案例请继续分析:壳牌的环保宣传活动是否完全到位?一个组织除了环境保护之外还可以策划怎样的公关活动来显现自己的社会责任意识?如果目前并不是一个特别关注环境保护的时代,那么壳牌还会开展提倡社会环境保护的行动吗?为什么?

案例九 "中海油"海外上市

案例概述

　　中国三家石化企业中,中国海洋石油总公司(简称"中海油")位列"中石油""中石化"之后,但它却独家拥有中国海洋石油与天然气的勘探与开发权,1999年9月在全国率先向海外资本市场发起进攻。按照国际惯例,一家公司上市时,必须指定专业的公关公司进行策划,而且在上市费用中也有公关预算这一块,但"中海油"并没有聘请专门的公关公司进行策划。其结果是,在香港与纽约两地上市都遭遇失败。

　　第一次的失败令"中海油"沉默了一年多,在第二次卷土重来时,"中海油"不仅更换了除"中银"国际之外的其他主要承销商,而且压低了招股价,而其中最谨慎的是在2000年10月"中海油"聘请万博宣传国际公关公司进行上市前的专业策划。万博公司形象部总监刘先生认为:"中海油"第一次因为没有找专门的公关公司,所以第二次承销商建议进行较专业的公关策划,而万博宣传做上市公司的公关很有经验。因为国外的投资商对中国是不了解的,"中海油"在上市前也没有做很多海外的宣传工作,而一旦向美国证监会填写S-1登记声明(表明向公众发行股份的意愿的文件,其中包括招股说明书),沉默期就开始了,从当天至股票交易的25天内,证监会就禁止该公司公布任何不包括在招股说明书中的信息。因此,"中海油"在国外推销自己,其实只有一天时间,即宣布上市的当天。但是在国外,即使宣布上市的当天也不能召开新闻发布会,在这种情况下,媒体专访无疑是最好的方式。

　　2001年2月27日,路透社等国外媒体对"中海油"高层进行了专访。

　　而在香港,过了听证期后,准备上市的公司必须为自己做宣传,也可以安排新闻发布会。2001年1月8日,它们组织了新闻吹风会,安排了许多香港媒体,如《南华申报》《明报》《新岛日报》《文汇报》、*Hong Kong Economic*

Journal、*Hong Kong Economic Times*；16 日邀请了《亚洲华尔街日报》《远东经济评论》、英国《金融时报》等国外媒体的记者专访"中海油"的高层。2 月 15 日，召开新闻发布会，以视频形式在纽约同步播放。2 月 28 日，即"中海油"在香港上市的当天，万博宣传安排了新华社、CCTV 和《中国证券周刊》等国内较有影响力的媒体进行专访。

此外，万博宣传还为"中海油"的发言人安排了两次媒体培训，每次为期一天。第一次在 2000 年 11 月，主要针对"中海油"中层管理人员。第二次在 2001 年 1 月，专门为董事长和总裁进行培训。由于对国内外的各大媒体都比较熟悉，万博宣传在培训中向发言人介绍各个媒体的背景及一些媒体的倾向性。通过观摩克林顿的演讲等多种方式，一些必要的应答技巧也被教授给这些发言人。同时还设计了一些投资商可能会提到的问题。从 2 月 5 日开始，"中海油"以中国香港为首站进行路演，途经新加坡、英国，最后到美国。

万博宣传为"中海油"设计了三个宣传重点：一是石油工业在中国的发展前景；二是"中海油"管理的国际化程度最高、效率也最高；三是强调投资"中海油"比投资其他公司获益更高。公关需要不厌其烦地重复信息，只有那样信息才能传达到终端客户。在"中海油"的每一次宣传中，都必须紧紧抓住信息重点不断重复。

万博宣传寻找的信息更多地着重于各种数据和官方的证言。在发展前景上提出了"经济增长带动石油需求"的概念，中国 1999 年石油需求的百分比从 18.7％增长到 26％。而在证明"中海油"的优势时，它们提出只拥有 1000 名员工的"中海油"在 2000 年前 9 个月的营业额高达 23 亿美元；政府对于"中海油"干预不多；"中海油"曾与多家外商合资，这些概念在宣传中也被反复地渗透。万博宣传制作的招股宣传片，音乐节奏明快，并以海洋的颜色为主，"中海油"就以一个朝气蓬勃的"现代企业"的形象出现在大众的面前。

万博宣传在"中海油"宣传路演推介的二十多天中，媒体发稿量就达 595 篇。

（资料来源：边一民.公共关系案例评析[M].杭州：浙江大学出版社，2004.）

案例评析

以上市公司为主体对投资人进行传播沟通的活动一般被简称为财经公关，由于我国经济的发展，企业不仅要在国内上市而且还要在海外上市，其中公关的作用显得很重要。公关在说服工作上有其专业能力，而且这种前期的说服也已开始了一个企业的前期市场占有的可能，只是事实上，无论是公关的舆论引导还是新闻宣

传都涉及对公众观念的影响,而其中传播媒介的运用与否及其运用的程度、运用后的结果都可以成为衡量公关水平的标准。而此次"中海油"上市的前后两次对比,也突出了公关在某些方面的管理地位。

在公关管理的一切可利用资源中,媒介所占的地位是颇高的。其关键不在于是否运用了传播媒介的资源,而在于运用的水平,即对各种媒介资源整合使用的水平如何。正如刘经理自己所总结的,万博宣传是全球最大的公关公司,有一个完善的全球网络。国内的公关公司一般都做不了海外上市,因为国外的媒体也都各有各的特点,要利用媒体首先就必须先对它有所了解,特别是国外的一些电视主播,如果你不事先了解就很可能被他的问题难倒。而国内的公关公司是被最近几年的IT业催生出来的。虽然目前已有了一批公关公司,但是缺乏财经方面的专业知识。国内的公关公司也没有在海外设立分支机构,也缺少海外的资源,与国外媒体的接触也较少。当然国内企业对公关的认知还较简单,只是不自觉地使用了公关手段,往往是有了事才会找公关公司。不管当事者是如何来评价这次海外上市的公关成绩的,但有一点是明显的:"中海油"至此仅仅是上市了而已,至于未来的发展如何光是靠公关是没有用的。公关的作用既不能无限地夸大,但也不能被忽视。

案例思考题

请借此案例分析思考两个问题:

1. 有人说过品牌是商业社会的图腾。今日的中国,联想收购 IBM,海尔收购美泰,TCL 也买下汤姆逊,吉利收购沃尔沃轿车,正是因为要扭转人们对中国产品廉价低档的印象。树立光鲜明亮的中国血统品牌将要面临的困难以及需要付出的努力都是巨大的,而通过收购,在一定程度上就可以借着当地认知度较高的品牌的掩护,让中国品牌渗透到西方传统的商业版图之中。

2. 如何面对奢侈品的品牌定位。顶级奢侈品要的是一种感觉,而不会去考虑其产品的功能。一是通过攀高枝、编故事,强调自己的出身高贵及历史渊源。如江诗丹顿为纪念企业 250 周年,生产了 7 块限量版的手表,每块价值人民币 1200 万元,其中一块自己收藏,真正销售的只有 6 块。二是和档次相当的飞机、汽车、游艇联系成为一种匹配身份的饰品。三是赞助顶级赛事。它们一般只会赞助世界上最烧钱的运动——美洲杯帆船比赛。四是操作技术概念。一个技术概念可以维持 3~5 年的超额利润,当越来越多的竞争对手逼近时,这个技术概念也就面临更新了。五是大力追捧本土的意见领袖。六是生产有各种纪念意义的限量版。很明显,如果要在中国销售这些顶级奢侈品,必须先培养中国先富者的贵族意识,而这种培养的过程肯定是从观念着手的,它也是可以成功的,否则无法解释世界顶级奢侈品都在中国赚得盆满钵满的原因。

你认为这是人们自然需求的还是被短期制造出来的？人的善于被引导性对于公关的启示是什么？这里存在的最大问题是：媒介对于形成、引导、转变人们的观念到底会产生多大的作用？

案例十　汶川特大地震应急救助[①]

案 例 概 述

　　2008 年 5 月 12 日 14 时 28 分,四川汶川发生里氏 8.0 级特大地震,造成四川、甘肃、陕西、云南等 10 个省(市)、417 个县(市、区)、4667 个乡(镇)、4625.7万人受灾。一瞬间,数千万房屋倒塌损坏,数万人遇难或失踪,数十万人受伤,数千万群众失去了家园。迅速提供灾区群众急需的食品、饮用水、衣被、临时住所以及医疗救治,是灾区生活救助工作面临的前所未有的挑战。在党中央、国务院和中央军委的坚强领导下,在国务院抗震救灾总指挥部的直接指挥下,各地、各部门紧急动员,迅速开展受灾群众生活救助工作。

一、应急响应

　　5 月 12 日下午,民政部正在召开部务会议。获知四川汶川发生 7.8 级地震(5 月 18 日重新修正为 8.0 级)特大地震的通报后,部务会议当即终止其他研究事项,紧急转入部署救灾工作。由于地震刚刚发生,灾区人员伤亡、房屋倒塌等灾情信息不明,应立即启动国家自然灾害救助应急响应,但启动几级响应? 部级抗震救灾工作如何组织? 前方后方乃至全国民政系统应该如何紧急动员? 这成为部务会议必须首先作出的决策。根据中国地震局提供的震级、震源和时间,结合 1976 年河北唐山 7.8 级特大地震造成的危害,部务会议立即进行了分析评估,以为这次汶川特大地震将会造成大量民房倒损、大量人员伤亡、大量人员需要救助,形势十分紧急,应该马上采取措施应对! 15 时 40 分,国家减灾委、民政部先期启动国家自然灾害救助Ⅱ级应急响应。民政部紧急向所属的

　　① 摘录整理自,全国干部培训教材编审指导委员会.突发事件应急管理[M].北京:人民出版社,2011:27—38.

10 个中央救灾物资储备库发出调令,要求将库存的 14.96 万顶帐篷通过铁路、公路尽快运往地震灾区。

16 时 40 分,时任国务院总理温家宝乘专机飞赴四川灾区。在专机上,成立了国务院抗震救灾总指挥部,明确民政部作为群众生活组牵头部门。群众生活组迅速制订了工作方案,明确工作重点和责任分工。22 时 15 分,根据时任国务院副总理、国家减灾委主任回良玉指示,国家减灾委将响应等级提升为 I 级,这是国家减灾委成立以来首次启动 I 级响应。

5 月 12 日夜,中央救灾物资储备库首批 2000 顶帐篷从西安库启运。23 时,财政部、民政部紧急下拨四川省第一批救灾资金 7 亿元,其中中央救灾应急资金 2 亿元,综合财力补助资金 5 亿元。到 13 日,中央财政累计向四川省下拨各类救灾资金 12 亿元,向甘肃、陕西两省各下拨 5000 万元救灾应急资金。

汶川地震发生后,灾区各级政府全力以赴抗震救灾,灾区各级政府认真履责,全力做好受灾群众的生活救助和临时安置工作。5 月 12 日 14 时 58 分,震后 30 分钟内,四川省启动省级自然灾害救助 I 级响应,省民政厅干部职工全部进入应急状态,成立了救灾应急安置、接收捐赠、综合宣传、物资调动、遇难遗体处理、后勤保障 6 个工作组。地震当晚,四川省"5·12"抗震救灾指挥部成立,按照应急预案,全省 21 个市(州)均成立了抗震救灾指挥部。

二、临时安置

汶川地震共造成 4625.7 万人受灾,因灾紧急转移群众 1510.6 万人,大量群众成为无房可住、无生产资料和无收入来源的"三无"困难人员。震后如何安置数量如此巨大的受灾群众成为考验各级政府的重大难题。初期运送灾区的帐篷远远满足不了实际需求,一顶救灾帐篷里最多时曾挤进十多人,加上灾后多日阴雨连绵,天气十分潮湿炎热,受灾群众生活十分不便。根据灾区政府初步统计,对临时住所的需求超过 350 万户。按一户一间的标准计算,临时住所缺口高达 350 万套。另外,地震灾区多为高山峡谷地带,地形地貌复杂,次生灾害频发,风险隐患点多面广,安置点选址十分困难。受灾群众的临时安置工作面临前所未有的巨大压力。

地震发生初期,为了使失去住所的群众免于风吹雨淋之苦,各级政府把尽可能多地筹集救灾帐篷、为群众搭建临时住所作为救灾工作的重要任务之一。5 月 13 日,民政部会同财政部召开紧急会议,决定将年初安排的 2008 年中央级救灾储备物资采购资金全部用于灾区急需的帐篷采购,同时,向各地民政厅(局)发出紧急通知,要求迅速筹集生活类救灾物资援助地震灾区。自 5 月 13 日起,各地筹集的 43.98 万顶帐篷和能够搭建 4.53 万间简易房的篷布快速运往地震灾区,一定程度上缓解了地震发生初期受灾群众的临时安置困难,但帐篷

数量仍然远远不够。5月17日,民政部、财政部决定增加采购帐篷70万顶,紧急采购总量达到83.9万顶。5月20日下午,国务院抗震救灾总指挥部根据灾区的实际情况,最终决定紧急采购帐篷总数为90万顶12平方米单帐篷和9000顶36平方米单帐篷。

各地库存的救灾帐篷十分有限,且在地震刚刚发生后就已经按照指令被紧急调往灾区,数量巨大的救灾帐篷需要各地企业在最短的时间进行生产与调运。接到政府的订单后,全国各地企业迅速动员起来,全力以赴地生产。5月22日,时任中共中央总书记胡锦涛前往浙江省湖州市的帐篷生产企业,实地考察救灾帐篷的生产情况;3天后,总书记又前往河北省廊坊市,考察活动板房生产情况,中央领导同志的考察指导极大地鼓舞了全国各地企业的生产积极性,各地企业把生产加工救灾帐篷和活动板房作为光荣的政治任务,全力组织职工加班加点,开足马力生产。有的企业迅速转产,暂停其他生产线,把有限的设备、人力资源都用于生产救灾物资。

在帐篷、彩条布、篷布生产和调运过程中,国家发改委及时出台价格干预措施,确保生产帐篷所需原材料、配件价格基本稳定,商务部协助提供部分生产企业信息,交通运输、铁道等部门全力支持配合救灾帐篷生产发运工作,为帐篷生产和成品的运输提供了强有力的保障,确保了救灾帐篷及时运抵灾区。民政部向每家帐篷生产企业派遣驻厂监督员,现场监控生产进度和质量,同时,积极协调生产企业在原料配件供应、银行贷款和运输过程中遇到的问题,派员赴河北帮助帐篷钢架生产企业解决电力、劳力不足的问题,解除了帐篷生产的瓶颈。

随着抗震救灾工作的深入开展,国务院抗震救灾总指挥部和有关部门决定在做好救灾帐篷生产调运的同时,采取多种措施、方式解决受灾群众的临时住所问题。5月30日,民政部、住房和城乡建设部联合下发了《关于四川汶川大地震灾民临时住所安排工作指导意见》,要求受灾地区在抢建帐篷、活动板房和篷布房的同时,发动群众投亲靠友,鼓励动员群众自建简单易过渡住房。此后,根据灾区需要和国内外物资捐赠情况,住房和城乡建设部共组织26个省(区、市)和计划单列市的10万多名建设人员,援建活动板房67.71万套。四川省采取多种措施安置受灾群众,先后建立临时安置点和求助点5100余个,采取临时住处、过渡住房、永久性住房相结合的办法,有计划、分阶段、分类别解决受灾群众的住所问题,对受灾群众自建过渡安置房给予每户2000元补助。

据统计,在地震发生后的较短时间内,共向四川、甘肃、陕西等灾区调运帐篷157.97万顶、安装活动板房67.71万套,组织搭建简易房184.3万户,并利用集中安置、投亲靠友的方式,妥善解决了受灾群众临时住所问题。

三、生活保障

地震发生后转移安置的受灾群众,急需食品、饮用水、衣服棉被、医疗等方面的生活求助。通过灾区各级政府紧急筹措,非灾区省份对口帮扶和社会广泛捐赠,大量的方便食品、饮用水、衣服棉被、照明灯以及粮油、蔬菜等物资如何规范、快速地分配发放到受灾群众手中,成为考验政府救灾能力的又一个难题。

交通不便,山险路远。面对救灾物资难以及时运抵灾区的严峻形势,交通部门、铁路、民航等部门优先安排公路、铁路、航空运力,紧急调运救灾物资。民政部及时会商总参谋部,向汶川等地空投空运大量棉衣被、食品、饮用水等救灾物资。全国各地的救灾物资源源不断地运抵灾区,四川省民政厅将救灾物资的接收、分配、发放作为各项工作的重中之重,抽调省民政厅直属机关和市(州)民政部门近100人、向社会招募了500多名志愿者,在省民政厅办公楼、成都火车东站、龙源寺仓库和双流、太平寺、凤凰山等六个机场设立救灾物资接收组,负责救灾物资接收、保管、分配和转运工作。

对于生活物资的分配发放工作。灾区各级政府根据受灾区域大小,人口密度、群众需求进行分配,确保及时、快捷、高效、公开、公平、公正发放。从接收到发放要经过"登记接收、清点入库、计划发放、出库、反馈"等步骤。对于社会捐赠资金,则要在审计、财政部门的监管下,存入银行特设的账户。纪检、监察、审计等部门对捐赠物资的管理和分配进行了全程监查。

越到基层,救灾物资发放面临的困难越多。地震刚发生时,救灾物资一时供应不及。5月13日,都江堰市胥家镇每个村仅有4箱矿泉水(每箱24瓶),而实新村却有1600户人家,发下来的只有400个鸡蛋,如何分配?为了确保发放公平,镇里规定,按照村大小、受灾程度、人口集中程度等因素,突出重点、兼顾公平发放。同时,镇里严格执行收发制度,实行"实名制",要有负责人的签字才行。各村没有发生过一起哄抢,没有群众告状,关键就是"公正",大红纸上清楚地写着都江堰市救灾物资发放举报电话。

汶川地震后,灾区广大干部将全国各地的食品、饮用水、帐篷、衣被等捐赠物资分发到受灾群众手里,全力解决受灾群众的临时生活和住所问题。震后一个多月里,四川省民政部共接收、调运和发放帐篷126.1万顶、彩条布和篷布3594.9万平方米、食品3.4吨、棉被228万床、衣物132万件以及其他物资,包括来自57个国家和地区援助的420批次帐篷、篷布、棉被以及医疗器械、生命探测仪、卫星电话、DNA检测仪、工程机械等。

四、救灾新政

汶川地震造成数千万受灾群众生活顿时陷入困境,受灾群众生活求助工作

任务十分艰巨。如何有效保障好受灾群众的基本生活，需要突破原有的国家求助标准，及时创新应急救助政策。根据不同时段受灾群众生活所需，国家制订了临时生活求助、后续生活求助、"三孤"人员求助安置等生活求助政策，受灾群众基本生活得到妥善安排。

在应急期，中央首次出台了临时生活救助政策。5月20日，民政部、财政部、国家粮食局下发了《关于对汶川地震灾区困难群众实施临时生活救助有关问题的通知》，明确对"三无"人员（因灾无房可住、无生产资料和无收入来源的困难群众）每人每天补助10元钱1斤成品粮，对因灾造成的"三孤"人员（孤儿、孤老、孤残）每人每月补助600元（受灾的原"三孤"人员补足到每人每月600元），补助期为三个月（6月至8月）。

临时生活救助政策到期后，灾区仍有约400万受灾群众面临生活困难，救助任务仍然艰巨。为此，中央决定在3个月临时救助政策到期后，对汶川地震重灾区四川、甘肃、陕西三省困难群众继续给予后续生活救助。7月18日，民政部、财政部下发《关于汶川地震灾区困难群众实施后续生活救助有关问题的通知》，后续生活救助为现金补助，每人每月平均200元，补助期限3个月（9月至11月）。对于此后仍然存在生活困难的受灾群众，按照有关程序和规定，纳入城乡低保或冬春生活救助体系。

"三孤"人员在地震灾害中失去亲人、家园的同时，也失去了灾后重建的能力和生活来源，是受灾群众中最为特殊的群体，急需生活上的照料和精神上的抚慰。据统计，汶川地震共造成四川新增"三孤"人员1449人，其中孤老635人、孤儿630人、孤残184人。灾区孤儿收养和安置问题一度引起社会各界的高度关注，并成为舆论焦点。针对国内外各界对于孤儿问题表现出的极大关注和热情，各级民政部门指派熟悉收养业务的同志，严格依照收养法律法规耐心做好解释说明工作。6月2日，民政部制订下发了《关于汶川大地震四川"三孤"人员救助安置的意见》，就"三孤"人员的安置方法、安置费用以及心理抚慰和疏导等工作，提出了支持政策和措施要求，为"三孤"人员的救助安排工作提供了制度保障。同时，民政部与四川省按照"政府主导、多方参与、就近为主、异地为辅"的总体原则，坚持临时安置与长期安置相结合、集中安置与分散安置相结合的办法和措施，开展"三孤"人员的救助安置工作。汶川地震灾区的"三孤"人员均得到妥善安置。

五、爱心汇聚

5月13日，民政部紧急下发《关于组织开展向地震灾区捐赠工作的通知》，迅速开展全国性救灾捐赠活动。民政、红十字会、慈善总会等部门和机构及时设立救灾捐赠热线，公布接受捐赠账号，制订相关政策和保障措施。中组部下

发紧急通告动员全国党员干部发挥模范带头作用,积极为灾区捐赠物资。

5月14日,四川省民政厅通过新闻媒体,向社会公布接收捐赠的单位、开户银行、账户和捐赠热线电话。上午8时,四川省慈善总会第一部捐赠电话热线响起来了……

广大公益组织与民间力量纷纷伸出援手,为灾区人民送去温暖。全社会的爱心源源不断地涌向灾区,爱心捐助来自全国各地,至2009年9月30日统计,汶川地震全国累计接收国内外社会各界捐赠款物797.03亿元,创我国救灾史之最。

汶川地震后出现了新中国成立以来最大规模的社会志愿服务行动,成千上万的志愿者、社会工作者奔赴灾区,从事现场搜救、医疗救护、卫生防疫、物资配送、心理抚慰等志愿服务,为争取救灾斗争的胜利作出了巨大贡献。5月12日地震当晚,千余名成都出租车司机自发前往都江堰抢运伤员,一路上开灯疾驶,以一种特殊的方式传递着爱的暖流。据不完全统计,汶川地震后,深入灾区的国内外志愿者超过300万人,在后方参与抗震救灾的志愿者超过1000万人。

六、款物监管

汶川地震救灾物资数额,社会各界关注度高。5月20日,中央纪委、监察部、民政部、财政部、审计署五部门联合发出《关于加强抗震救灾资金物资监管的通知》,24日,五部门又联合召开会议,决定成立抗震救灾资金物资监督检查领导小组,形成监管合力。四川、甘肃、陕西三省及其市(地、州)、县(市、区)和乡(镇),层层建立监督机制,形成抗震救灾资金物资监管体系,确保监管工作不留死角。震后,四川省立即派出16个监督工作组,加强对抗震救灾资金物资管理使用情况的监督检查。25日,为进一步加强对抗震救灾资金物资管理发放工作的监督,增强公开性和透明度,四川省"5·12"抗震救灾指挥部决定面向社会公开招募一批救灾社会监督员。审计署震后组织了300人的力量,在北京、四川、陕西、甘肃等地对救灾物资进行审计。为进一步加强抗震救灾物资管理,民政部迅速出台了一系列工作规程:为规范救灾物资的分配、发放和使用,制订了抗震救灾生活类物资分配方法;为保障信息公开,制订了抗震救灾资金物资管理使用信息公开办法;为提高救灾物资的回收水平和使用效率,制订了救灾物资回收管理暂行办法。此外,民政部及时公开救灾款物接收、使用信息,说明分配原则和依据,定期向媒体介绍救灾物资使用情况,在网上公开款物接收发放情况,主动接受社会各界监督。

七、经验和教训

一是从受灾群众最急迫的需求出发,是救助工作的出发点和落脚点。有效

地解决了受灾群众最直接、最现实、最紧迫的问题,最大限度地维护了受灾群众的根本利益,确保了应急救助工作有力有序有效地推进。

二是规范发放程序,是救灾物资公开公平发放的重要保证。灾区政府严格遵循调查摸底、分类排队、登记造册、民主评议、公开发放的程序,公示物资来源、数量和发放原则、对象,接受群众监督,得到了广大人民支持和理解,树立了政府的良好形象。

三是完善救灾物资储备体系,是保障应急救助需求的基础。在汶川地震救灾应急阶段,帐篷等救灾物资极度贫乏,远远满足不了灾区的应急需求,加之我国现有的救灾物资储备库布点还不尽合理,救灾储备物资的品种和数量比较有限,在一定程度上暴露出我国救灾物资储备体系建设的不足。因此,各级政府要结合救灾工作的需求,加快编制救灾物资储备的品种和数量,建立救灾物资协同保障机制,完善救灾物资紧急调拨和配送体系,积极探索市场经济条件下的能力储备新形式,实现社会储备和专业储备的有机结合,全面提高应急储备救助保障能力。

四是及时准确发布信息是赢得社会理解和支持的前提条件。全社会在关注灾情、支援灾区、帮助受灾群众的同时,也在关注着政府的救灾措施,发挥着社会监督的作用。各级政府在救灾工作的同时,也要做好工作措施的信息公开,密切关注社会舆论,有效回应社会舆情,接受群众监督,树立党与政府的威信。

案 例 评 析

汶川大地震是新中国成立以来破坏性最强、涉及范围最广、救灾难度最大的一次地震。然而,我国政府在这次救灾中的表现受到了世人的充分肯定,具体体现在以下几个方面。① 快速反应。震后当天,时任国务院总理温家宝就亲临灾区现场组织指挥救灾,当晚时任中共中央总书记胡锦涛组织召开政治局会议,全面布置抢险救灾工作。② 全民行动。解放军、武警、公安、消防、医务、交通、通信、水电各部门及当地干群在第一时间"有序、有力、有效"投入救灾。各项资金、设备及时到位。③ 信息公开。各类媒体第一时间及时将灾情告知公众,制止了谣言和恐慌,真实的灾情报道和救灾新闻大大激发了全民的团结之心和援助之力,同时也影响了国外舆论,获得了好评。④ 争取外援。地震发生后,由于信息公开透明,很多国家有的主动、有的应邀派出救援人员带着先进的救援设备赶赴受灾现场,为抢险救灾起到了很大的作用。⑤ 以人为本。在这场大灾中充分体现了政府以人为本、执政为

民的思想,体现了对个体生命的尊重。首次为遇难的民众举行了降半旗、哀悼三天的庄重仪式。⑥ 科学应对。在抢险救灾中采取有效措施来防止次生危机的发生,同时也及时应用心理干预等现代科学方法。⑦ 快速恢复。伤员救治、灾民救济、学校复课、灾后重建都以最快速度加以落实。这次危机管理我们看到了政府的力量、民众的力量、生命的力量、媒体的力量。

中国政府在此次危机管理中充分运用了"灾难外交"。在各国的合作与交流中衍生出许多新的外交形式,灾难外交就是其中一种。灾难外交实际上是国家与非国家行为体在灾难治理过程中以灾难为契机处理彼此交往,从而促使国家间关系正常化或深化国家间关系,以此建立或增强国家互信和认同的过程。也可理解为国家在灾难管理过程中对外的一种选择方式①。主动与国际合作,展开救援活动;国内媒体报道透明、及时,为政府科学决策、稳定民心发挥了很大的作用,立法机构及时立法,为救灾工作及灾后重建提供法律保障;人民军队发挥了救灾主力军的作用,生动体现了军民鱼水深情;许多非政府组织、企业以及普通民众主动以各种形式加入救灾行列,表明了中国公民意识的觉醒,促进了公民社会的建设。中国在抗震救灾过程中的表现向世界展现了一个开放、自信的中国,受到了各国政府和媒体的好评。

尤其值得一提的是,在此次危机应对中,中国领导人快速反应,决策及时准确,立即赶赴一线指挥,慰问群众、伤员,看望抗震救灾第一线的部队官兵和医护人员,展现了中国领导人的良好形象。地震发生后仅两个小时,时任国务院总理温家宝就已经在飞往灾区的途中。国外的反危机策略专家将领导亲临第一线指挥的任务归纳为3C策略,即命令(command)、控制(control)和沟通(communication)。温总理到达灾区现场后立即投入指挥救援的工作中。时任国家主席胡锦涛也于5月16日乘飞机抵达四川绵阳慰问灾区干部群众。在救灾现场胡主席用心安慰每一名受难者,甚至盘腿坐下与群众进行交流,生动展示了中国领导人的亲民形象。这才是一个崛起的中国形象。与此形成鲜明对比的是,时任美国总统布什在2005年8月31日,即美国新奥尔良遭遇"卡特丽娜"飓风袭击2天以后,才乘"空军一号"鸟瞰受灾地区。时任中国国务院副总理王岐山在"非典"后期临危受命,掌管"非典"重灾区北京市。他铿锵有力地说出了八个字:我不自信,谁人信之? 一句话展现了政府领导人对自己控制局面能力的自信心。一个政府面临危机应该对自己的百姓有信心,相信他们得知事实真相后,更能够团结在政府周围,同舟共济,共渡难关。有了控制局面的自信心,有了对老百姓的信心,才有勇气做到信息的公开与透明。

此次大地震虽然波及面甚广,损失极为惨重,但引人注目的是社会上基本没有多少谣言传播,民心相对稳定,社会秩序安定。没出现超级大国美国当年新奥尔良

---

① 阙天舒.灾难外交的解析、评估及路径[J].国际观察,2007(3):29.

暴风袭击期间曾有过的抢劫商店等社会动乱现象。

案例思考题

　　舆论作为一种社会情绪、社会认知和社会心理在危机状态会呈现出特殊的表现,如震惊、信息不足、事态扩大、失去控制、外部压力增加(如歪曲或谣言)、内部压力困扰、恐慌等。危机状态的管理者不仅要做好说的准备,同时还要学会不断地说。这更多的是一种态度,即体现了对民众的信任,这也会赢得社会的理解与尊重,同时更能够争取社会资源的参与。请分析该材料中中国政府是如何体现其信息公开与透明的?

案例十一　红　罐　之　争

案　例　概　述

　　一直以绿盒示人的广州医药集团有限公司在收回"王老吉"商标后，随即推出了红罐王老吉，市场上出现了加多宝红罐凉茶和广药生产的红罐凉茶两种包装十分相似的产品同时销售的局面，由此引发了广药集团与加多宝关于商品包装的法律争端——"红罐之争"。双方于 2013 年 5 月 8 日又进行了证据交换，于 2013 年 5 月 15 日再次开庭，红罐装潢权归属见分晓。

　　广东省高级人民法院 2014 年 12 月 19 日下午对该纠纷进行一审公开宣判，广东加多宝饮料食品有限公司被判侵权，并赔偿广州医药集团有限公司经济损失人民币 1.5 亿元以及合理维权费用 26 万余元。至此，历经 19 个月的"红罐之争"终以广药的胜利告终。

　　双方的纠纷在于"红罐外包装、装潢权归属问题"，争执焦点主要是商标权和装潢权是否分离。双方引用的法律都是国家反不正当竞争法，但出发点不一样。加多宝认为红罐外包装由加多宝设计并投入多年心血打造，是"知名商标"的部分属性，即使此前"王老吉"商标已判给广药，但外包装与商标可以分离，理应属于为之付出心血的加多宝，广药的行为损害了知名商品特有包装等权益。而广药却认为王老吉商标与外包装不可分离，王老吉商标既已花落广药，包装同样也随之归属广药，所谓知名商品指的仍是"王老吉"，而非现在的"加多宝"。

　　加多宝一方认为，红罐凉茶的装潢设计是加多宝开创的，所以红罐外观对于加多宝品牌来说是特有的一个标识，也是加多宝凉茶的身份标签，在众多消费者眼中，加多宝特有的红罐，就代表了加多宝凉茶。加多宝集团董事长办公室行政总监冯志敏称：具体来讲我们提供了 49 份证据包括三个部分：第一个部分是权利的凭证，包括我们的设计证书、专利证书；第二部分是我们十多年来推广使用红罐包装的装潢过程中所形成的权利，包括我们的销量凭证、广告的

凭证、促销凭证,获得了社会上包括职能部门所颁发的荣誉;第三方面就是我们作为红罐凉茶的经营方,因为对方的侵权遭受的损失。我们认为这些证据已经非常有力地证明了正宗的红罐凉茶(包装)是属于加多宝的,我们对判决结果充满信心。

广药集团认为,加多宝对红罐凉茶包装、红罐凉茶的市场运营,以及王老吉凉茶知名度的提升,都是在广药的授权之下进行的,加多宝只是被许可人,而不是权利所有人。他们也提供了相应的证据,并对胜诉充满了信心。广药集团副董事长倪依东称:广药集团提供的约 20 份证据,主要包括权属关系和侵权的实物或证明,还有相应的合同证据原件,我们有必胜的把握。因为按照相应的案例、司法约定和不正当竞争法对知名商品的概念定义,以及包装装潢的从属权利,我们认为广药集团有胜诉的把握。

广东省高级人民法院官方微博消息显示,法庭归纳了本案的四个争议焦点:① 涉案商品是什么?知名商品特有包装装潢是什么?② 涉案商品特有包装装潢归谁所有?③ 涉案商品特有包装装潢能否与王老吉商标或加多宝公司相分离?到底谁构成侵权?④ 经济损失如何计算?双方围绕争议焦点分别发表了各自的意见。对此,加多宝作出回应称,本案涉及的知名商品包装装潢是识别商品来源的商业标识,即只存在包装装潢与商品来源能否分离的问题,不存在与商标能否分离的问题,根本原因在于包装装潢与商标本来就具有独立的判别商品来源的功能。针对这一辩论焦点,广药随机给出了不同的解释。广药认为,商品包装装潢的内容应当固定,文字、颜色图案应当固化,独立出来就不能形成已经固化的包装装潢,因此势必存在包装装潢是否能与商标分离的问题。

第一战:商标争夺——谁该叫"王老吉"。直到 2012 年 7 月 16 日,北京市一中院最终裁定,加多宝禁用王老吉商标,这一局,广药胜。加多宝随后将产品更名"加多宝凉茶"。

第二战:广告语之争。加多宝的广告词"全国销量领先的红罐凉茶改名加多宝",王老吉认为是虚假宣传,会误导老百姓,让人以为两者是同一个产品,或者王老吉已经改名为加多宝。目前,此案还没有开庭,但是诉中禁令已经得到法院支持,也就是说,加多宝目前不能使用这句广告语。这一局,胜负未定。

第三战:"红罐之争"——谁可以用红罐。这或许才是双方最看重的,是终极决战,这一局谁胜谁负才是关键。

一、依法治企撬动广药与加多宝"红罐之争"案

企业为了商业利益,产生各种纠纷是完全可以理解的市场行为,但不能为获得一时的利益,不惜以身试法,这样的结果终究会受到法律的制裁。广药与加多宝"红罐之争"案作为知识产权领域的典型案件,已经得到了法律公开公正的宣判,仅是社会主义法治经济大背景下的一个缩影,因此不宜对案件本身再

进行过多的解读。

社会主义市场经济本质上是法治经济,法治经济下的企业要想得到完好的保护,均有赖于法律的确认。法治不彰会使企业深受有法不依、有法不严的伤害,企业的生存发展也会受到威胁。只有企业的权利得到法律保障,用健全的法律法规规范、制约人们的经济行为,才能维护良好的市场秩序,承担建设法治政府、完善法治经济、推进依法治国的历史重任。

广药与加多宝"红罐之争"案的公开判决,虽然是依法治国大背景下两个公司之间的"商战",但它对于规范市场中的企业行为,推动中国法制进步、社会主义法治经济体系的完善具有重要意义。

万众瞩目的"吵架现场"发生在 2013 年 5 月 15 日的广东省高院,加多宝与广药诸多诉讼纠纷中的首个案件开庭审理,围绕"到底哪家凉茶可以用红罐?",双方激辩连连。

一整天的庭审,焦点不断转换。据现场媒体描述,双方"相见眼红",均称"红罐"之争已是底线之争,退无可退,必须进行"殊死搏斗"。加多宝放言"广药休想不劳而获",广药集团则驳斥对方"保姆哪能抢走孩子"。

自 2012 年"王老吉"商标权之争以来,围绕"正宗""红罐""第一"等字眼,双方的口水战始终没有停歇。

失去商标使用权的加多宝在微博上以一组"哭泣小孩"的图片获取大量网友的同情,同时通过电视广告大肆宣传"全国销量领先的红罐凉茶改名加多宝"。广药则在各家都市报纸上刊登整版软文,引述各路法律人士的言论,强调"红罐装潢属广药王老吉"。

加多宝引述中国行业企业信息发布中心的调研数据称"加多宝位居罐装饮料销量第一",数据显示,在凉茶市场中,加多宝占比 73.0%,王老吉仅为 8.9%;广药则援引 AC 尼尔森分析数据称王老吉凉茶平均市场份额约为 42.6%,而加多宝排名第二,只有 28.35%。

二、双方针锋相对,俨然奉献着一场活脱脱司法营销"秀"

法律界人士认为,这场官司可能没有那么快出结果,"几乎是打不完的,反不正当竞争官司是无限期的",而一些营销专家则已经指出此案背后司法营销的本质:"官司双方都是赢家。"

可不是双赢吗?借助报纸、电视台上充斥"中国包装装潢第一案""全面开战""殊死搏斗"等标题的大篇幅报道,这场官司以及双方响亮的名字"加多宝""广药王老吉"在大街小巷已是红得发紫,人人皆称"上火要喝凉茶"。

不同渠道的数据也在印证"双赢",广药、加多宝这对冤家的凉茶产品销量在不同的统计时间段内依然保持快速增长,骄人业绩令饮料业同行艳羡。

案 例 分 析

回到这场争斗,不可否认多年来加多宝在培育中国凉茶市场以及扩大"王老吉"品牌影响力方面的巨大贡献;也可以理解广药作为法律承认的"王老吉"品牌拥有者维护自身权益的努力。

需要提醒双方的是,争斗归争斗,可别忘了本职工作,毕竟,一个健康、有序的凉茶市场仍然是消费者最大的期许。另一方面,斗得文明斗,可别使坏整对方,看似赢了市场,实则伤了人品,最后聪明反被聪明误。要知道,消费者的眼睛才是雪亮的。其实,只要产品好、质量硬,对于消费者来说,哪管你是红罐,还是绿罐?

随着判决结果的公布,网上有两种截然不同的反应:一种是认为广药终于获得了原本就属于自己的胜利,可喜可贺;另一种则觉得广药在坐享其成,加多宝辛苦经营的商标和利益被广药夺走了。然而事实真的是这样吗?

首先,我们来了解一下广药和加多宝产生纠纷的三大原点:

一、商标之争

"王老吉"商标为何被广药收回? 这要从一桩行贿案说起:

1995年,广药集团的前身羊城药业把"王老吉"的使用权租借给加多宝的母公司鸿道集团,并允许其生产经营红色罐装和红色瓶装王老吉凉茶。1996年广药集团成立,"王老吉"的商标所有权也按有关规定划给了广药集团。

2000年5月3日,作为"王老吉"商标的持有者,广药集团与鸿道集团签署了正式合同,约定香港鸿道集团对"王老吉"商标的租赁期限为2000年5月至2010年5月,共10年。

但是,就在此后的2002年至2003年间,鸿道集团又与广药集团签署了两份补充协议,在原租赁期未满之前将商标租赁时限分别延长至2013年和2020年。后来查明,在两份补充协议签订期间,鸿道集团董事长陈鸿道曾行贿广药集团原总经理共300万港币,陈鸿道则保释外逃至今未归案。

也就是说广药和鸿道集团所签订的"王老吉"的租赁时限至2013年和2020年的补充协议均是发生在签约双方行贿、受贿基础之上的,随后2012年5月9日,中国国际贸易仲裁委员会裁决,《"王老吉"商标许可补充协议》和《关于"王老吉"商标使用许可合同的补充协议》无效,责令加多宝母公司鸿道集团停止使用"王老吉"商标而由广药集团收回"王老吉"商标的使用权。

商标之争的背后其实是利益和正义之争。

数据表明,从2000年到2010年,红罐王老吉的销售额从2亿元增加到了160

亿元,让可口可乐这样的国际巨头都望而生畏,不得不说这是中国饮品行业的一个奇迹,当然这一切的成功,都属于正常的商业运作范畴。广药和鸿道集团的商标租赁合同原本到 2010 年也就结束了,然而鸿道集团在 2002 年和 2003 年以行贿的方式,将"王老吉"的商标使用权以极低的价格(450 万~537 万)延续到了 2020 年,这就属于违法交易了。

在这里我们看不到任何同情鸿道集团的理由。我们尊敬他们此前在商业运作上的成功,也同样鄙视他们为了巨大利益而胆大妄为触犯法律的行为。

所以,商标之争,广药并非坐享其成,而是双方合同到期,加上陈鸿道的违法行为致使自己苦心经营多年的生意旁落,实在是咎由自取。

商标之争的意义:

某企业家曾撰文说过:"对于中国企业家的现状和中国企业家的弱点,我觉得和西方企业精神、西方企业家来对比,中国最缺少的是契约精神。现代企业制度很重要的一个基石就是契约精神,契约精神同时也需要有一个法律制度为前提,我们要有法律框架签订合同,签订合同就要去执行。中国企业发展到现在还是缺少契约,契约精神这样一种信任。现在全球化,我们中国现在的企业怎么做?看能不能把西方的契约精神贯彻到企业的始终。"

这也是同时在警示我们,创业经营要遵纪守法,正大光明,同时要遵守和培养自身的契约精神。

二、红罐之争

红罐之争也正是此案被称为"中国包装装潢第一案"的关键所在。究竟是谁拥有红罐凉茶的知识产权呢?

在庭审中,加多宝代理律师称凉茶红罐包装由加多宝母公司鸿道集团董事长陈鸿道设计,并于 1997 年申请专利,加多宝对红罐拥有装潢权。

针对这一点,我们也作了一些翔实的调查,其实早在"王老吉"商标被授权给鸿道集团生产使用之前,"王老吉"已经是知名品牌,且其在《商标使用许可合同》中,明确约定授权鸿道生产经营红色罐装、红色瓶装王老吉凉茶。此外由于陈鸿道弃保外逃,无法对证,他设计专利这一说法并不能让人信服。

另外鸿道集团作为商标租赁方,绕过商标所有者广药直接申请外观设计专利,这种行为并不合法。并且,专利的有效期是十年,加多宝所提供的红罐专利设计证书上的专利已经过期,没有法律效力。

由此可见,红罐之争,广药胜在法理。

然而这场被称为"中国包装装潢第一案"的红罐之争,其意义远不止于胜负,更是在增强企业知识产权保护意识方面,有着极为鲜明的教育意义。

红罐之争的启示:

红罐之争给中国企业一个最大的警示就是要重视知识产权的开发和保护。

某企业家在出席世界互联网大会时说,"中国互联网发展到 18 年,从完全无序地不重视知识产权到现在越来越重视知识产权,虽然现在还没完全解决问题,但是已经很明显在改善,只有这样,整个互联网商业模式才能成型,才能从各个领域延伸构成一个交织的、分层次的新生态。"

三、人心之争

在人心之争这一点上,两年多来,广药的营销和品牌宣传也逐渐到位。而其先天的优势在于"王老吉"的民族传承与基因。作为中华老字号品牌,"王老吉"比在英属维京群岛注册的外资企业"加多宝"更具民族情结。

此外,加多宝的营销太"过激",太"犀利",也暴露了它的弱点。

2012 年 6 月,在广药拿回商标正式推出"王老吉"红罐凉茶之际,加多宝在全国铺天盖地地进行"王老吉改名为加多宝""全国销量领先的红罐凉茶改名为加多宝"等广告宣传。

2013 年 3 月加多宝推出"中国每卖 10 罐凉茶,7 罐加多宝"的新版广告。

2013 年 5 月加多宝推出了新的配方广告,自称凉茶创始人王泽邦第五代玄孙的王健仪,称其将配方独家传授给加多宝。

显然加多宝这家外资企业在自己的品牌包装和宣传上都做得非常"病毒",展现了其借"王老吉"上位的野心。加多宝以上的这些宣传,除了王健仪案立案未判外,其他广告都被法院裁定为加多宝实施了虚假宣传、误导消费者的行为。这一点足以说明加多宝在争夺人心的过程中有着太多既不合法又不合理的行为。而公道自在人心,失了公道也就失了人心。

人心之争的反思:

一个企业在做好产品的基础上,必须重视自身品牌的塑造。中国的市场自 2005 年以后就进入了供大于求的时代,当一个市场里出现了更多的供应商(或者叫卖家),那对消费者起决定性作用的,将是品牌号召力。只有品牌强大,才能人心所向,才能实现产品增值。

中华老字号民族品牌"王老吉",恰恰就是一块金字招牌,任何想跟风炒作,借机揩油的行为都是在法律和道义上说不过去的。加多宝的营销战略应该寻找自己的突破口,而不是大玩暧昧营销,这是一种饮鸩止渴、短视的表现!

这一点也值得所有创业者警醒,发令枪一响,你是没时间看你的对手是怎么跑的。只有明天是我们的竞争对手。所以,打铁还需自身硬,创业者们应当牢记。

了解了以上三点,我们也就清楚了为何这场官司获胜的是王老吉,而不是加多宝。尽管广药和加多宝之争暂且告一段落,但仍然希望关注这个案子的企业家和创业者们都能从中获得一些启发和警醒。

(资料来源:根据《中国财经报》等媒体报道整理而成。)

案例思考题

　　在一个注意力经济时代,品牌的较量是一种知名度的竞争还是一种品质的较量?当企业的品牌从核心信息的竞争转向附加信息的竞争时,绝对不能忽视自身品质的维护,毕竟企业形象的培养是一种综合因素的传播,而且最终生存的依据还在于产品本身的竞争力。有多少知名品牌在辉煌过后却归于沉寂,令人唏嘘。请根据此案例分析企业生存、发展的持续动力应该是什么?

案例十二　埃克森公司的黑色星期五

案 例 概 述

在公关实务的发展历史上，很少有像1989年埃克森公司的沟通案例那样糟糕的事情了。这家公司的公关人员对于沟通问题的处理极具争议，而且让埃克森公司在全球声名狼藉。同时，这个案例在公关界也造成了深远的影响。

1989年3月24日上午8:30，世界上最大的公司之一埃克森公司董事长兼首席执行官劳伦斯•莱尔正在自家的厨房里品尝咖啡，这时，电话响了起来。

"发生什么事了？是发动机坏了还是方向舵坏了?"莱尔向打电话来的人问道。

"发生的事"就是埃克森公司的油船搁浅了，而且黏稠的原油正流入位于阿拉斯加州瓦尔迪兹港外的威廉王子海峡那冰冷的水中。

不仅是莱尔和他的公司，对于环境来说也是一样，都将面临美国历史上最严重的一次环境污染事件。

这起令人痛心的事经过媒体报道，传遍了整个美国。原来埃克森的一艘300米长的油船——埃克森瓦尔迪兹号在瓦尔迪兹港西南方25英里处发生泄漏，后经证实当时该船正由一位醉酒的船长驾驶。这个北美洲有史以来最大的漏油事件致使相当于26万桶的原油渗漏到海水里，从而污染了3367平方公里的水域，破坏了将近965里长海岸线的海水环境，引起4000只阿拉斯加水獭死亡，这个灾难性事件也使埃克森公司的名字被列入了"公关名人堂"的黑名单。

埃克森在沟通上的进退两难境遇可概略分为五个方面。

一、去还是不去

埃克森和高级管理者首先面临的问题是：在"耶稣受难日漏油事件"的相关新闻传开后，董事长该不该飞到威廉王子海峡去表达公司的关切。美国联合碳化物公司在印度博帕尔地区的子公司发生恶性爆炸事件后，这家公司的总裁

安德森就采取了亲临现场以示关注的做法,这也是阿什兰石油公司的董事长霍尔在他的公司于1989年稍早时候发生石油泄漏事件时的对策。如果莱尔按照常规前往阿拉斯加,他或许可以消除大众对埃克森的意见,并使公司受损的坏形象获得修正和改善。还有什么比董事长亲自飞抵悲剧现场更能表现出公司的关切呢?然而,莱尔周围的主管一致认为他应该留在纽约,他们的理由是:"你去那里能够做什么?我们已经承认此事,并已表态将作出赔偿,我们对此事负有责任。"这些人认为曼哈顿的公司总部更需要莱尔。最终后者的观念获胜。莱尔没有去阿拉斯加,他让得力干将去收拾残局,并派遣了一个由较低层次的管理人员组成的小组到阿拉斯加处理漏油事件。在威廉王子海峡,那场噩梦事发后一年的一次采访中,莱尔总结道:"我们当时得出的结论是,不留在纽约指挥调度对我来说代价实在太高了。我如果出现在当地并在当地的公共场所发表演讲其实是于事无补的。我不愿意在那里度过夏天,因为我有许多事要做。"

莱尔未能去当地的做法在一些人看来是目光短浅的行为。一位传媒顾问在谈论莱尔的沟通决策时说:"这位董事长应该到现场去,在石油中行走并拾起死去的水鸟。"

二、在哪里建立新闻发布中心

埃克森面临的第二个难题是在哪里建立新闻发布中心。

一开始就想到建立新闻发布中心应该说是完全正确的决策。埃克森的高层领导人推测,这次石油泄漏事件影响巨大,应该随时让媒体得知这件事情的进展情况。他们的推断是正确的。埃克森公司想要主导新闻信息的传播,通过新闻媒体带给公众一个值得信赖、对此事关注而且很有责任感的公司形象。

公司认为做这件事情的最好地点是在阿拉斯加州瓦尔迪兹港当地。"各大新闻单位都派了能干的代表到瓦尔迪兹港。"其主管回忆说:"但是回顾此事,当时最好是能在全国选择几个不同地点,进行记者发布会和现场播报。"当时的问题是瓦尔迪兹港仅仅是一个偏僻的城镇,沟通设施十分欠缺。这使得埃克森难以使相关信息迅速传播,使埃克森公司没有能就这件事情随时知会和联络全球各地的媒体工作人员。

另外,瓦尔迪兹与纽约有四个小时的时差,因此,埃克森的消息经常很奇怪而且会自相矛盾。瓦尔迪兹的电话线马上就被阻塞了,就连莱尔都不能找到一名掌握状况的公司人员向他汇报情况,这使得公众在事件的早期无法经由媒体得知准确消息:不是因为公司打算开新闻发布会的时间总是在新闻网不恰当的收视时间,就是由于消息到达得太迟,赶不上在当天的早报上刊登。因为正如所料的那样,埃克森遭到"隐瞒事实真相"的谴责。事实上瓦尔迪兹的新闻发布中心并没有发挥其应有的作用。

三、快速反应

任何危机事件最基本的应对原则是：抢在媒体之前掌握最新的信息，尽量避免被事件拖着走。在这一点上，埃克森也出现了严重的问题。

首先，董事长在事后整整一个星期都没有发表任何对此次漏油事件的正式评论。而当他发表评论时，却是在责怪他人："美国海岸卫队和阿拉斯加当局阻碍了他的公司清理泄漏石油的作业。"不管怎样，莱尔的发言实在太迟太少。公众对此事的印象是：埃克森公司没有及时承担责任，而且对此事的反应不够积极。

危机发生整整 10 天后，埃克森才在 166 家报纸上刊登了致歉广告。对于部分读者来说，这份广告是为了自救，而且没有能就一些埃克森公司所引发的争议作出很好的解释。

美国公关协会主席说："这个公司似乎在它的公关努力上太过松懈。"与此同时，另一群人则是毫不松懈地加紧工作着——阿拉斯加的立法机构。他们在埃克森漏油事件发生后的几周内，通过了提高北坡油田采征税比例的法案。华盛顿的国会委员会也迅速提高了石油泄漏灾害赔偿金和应承担的责任限额，同时增加了由石油业资助的"海上石油污染补偿基金"的额度。在埃克森犹豫不决之时，对手纷纷抢夺了主导权。另外一位公关专家说："在最初的 48 小时，这家公司输掉了整个战役。"

四、如何为事实定调

一直以来，在面对挑战性极强的危机时，埃克森公司一贯秉承的原则就是尽量使危机缓和、然后趋于平静。

从运营及后勤的角度来看，埃克森干得十分出色。公司立即着手动物救援项目，努力清理污染的工作，并同意承担大部分费用。但它犯下的错误在于，它在公众面前忽视了这次危机。

埃克森就此事发表的公开声明，有时与其他地方的相关信息是矛盾的。如一位埃克森的发言人表示，这次石油泄漏事件造成的破坏将会被控制在最小范围内。但是，其他监督此事的人却说，漏油事件的破坏相当严重。

董事长莱尔是一个直率而且直言不讳的首席执行官，然而在公开评论此事时，他显得太过于自我保护并且喜好争论。莱尔在一次 CBS 早新闻对他的采访中表现得特别糟糕。当时他怒视着主持人萨科文，厉声斥责道："我无法将我们公司清理整个污染计划的细节都告诉你，计划非常厚，也十分复杂，我还没有来得及读完。一个大公司的总裁哪有那么多的时间熟读每份计划书！"

埃克森公司安抚公众的尝试也遭到批评。由于它的宣传广告没有表现出足够的关怀，从而加剧了公众的不满情绪。它委托一家公司制作了一系列关于

公司正在如何清理漏油的新闻影片,这段长 13 分钟的影片在公司的例行会议上播放以后,这部名为《在阿拉斯加的进展》的片子立即遭到参加记者招待会的媒体及新闻界的强烈批评,这部片子暗示《波士顿环球报》的记者所说的"晚间新闻中播放的阿拉斯加水域被污染得惨不忍睹的景象是虚构的"。《今日美国》节目把这部影片称为"埃克森的最大败笔"。当策划该片的顾问在《纽约时报》公开发表文章,为埃克森在阿拉斯加的努力辩护时,美国国家野生动物联盟的阿拉斯加代表向主编发去了一封斥责信,指出埃克森的顾问在他的文章里忽略了石油渗透导致 15000 只海鸟和大量水獭、老鹰等死亡的事实。

最后,埃克森公司在持有该公司大量股份的退休基金强烈要求下,在董事会中加入了一名环境保护专家。

五、善后

最后,埃克森公司不得不承担油船在瓦尔迪兹搁浅所造成的一切后果。

埃克森公司将 3 万美元捐款给每天在报道这个危机事件的阿拉斯加公共广播网后,再度引起了争议。这个广播网以轻蔑的口吻,以"彼此利益冲突"为由,冷冷地拒绝了埃克森的慷慨捐赠。后来,阿拉斯加立法机关争取到一份专用款,并拨给了阿拉斯加公共广播网,数额与埃克森的捐款相同。

漏油事件本身以及埃克森公司的事后反应,对石油工业造成了巨大的影响,扩大在阿拉斯加野生动物保护区内的钻油计划被国会搁浅了。同时,国会议员们要求新的法律必须出台,以加强联邦政府对石油泄漏事件的干预力度。公司的员工也感到困惑、难堪和上当受骗。弥漫在公司上下的情绪可以用埃克森一位公司员工的话来概括:"现在无论走到哪里,我感觉自己随时都会成为众人攻击的靶子。"

1994 年,油船搁浅五年多之后,埃克森公司在法庭为自己遭受 1500 万美元民事索赔进行辩护。1996 年初,有关公司过去那次恶行的诉讼大战还在进行。埃克森公司以及新任董事长雷蒙德被控与此案的原告进行了"私下交易",虽然被告确实这样做了,但他们都发誓否认自己曾经有此不轨行为。

1996 年 11 月,事件发生 7 年后,疲惫的埃克森公司向全世界宣布:这个最难忘的灾害事件处理好了,总共花费埃克森公司 25 亿美元。

但此事并没有完。1999 年,埃克森瓦尔迪兹号倾倒 1100 万加仑原油到威廉王子海峡事件 10 年后,埃克森公司——重新命名为埃克森美孚公司——再次步入阿拉斯加法庭,要求推翻法庭一条不寻常的联邦禁令。这条特殊的法律将禁止埃克森瓦尔迪兹号油船再次航行出入威廉王子海峡。埃克森公司强力主张,把这艘已改名为"地中海"号的油轮隔离在许多油船仍能自由航行的阿拉斯加水域之外是不公正的。阿拉斯加参议员斯蒂文的女发言人说:"法律不会

以船名来对船只实施禁航。"反之,她提到了法律条款中的相关表述是:"1989年3月22日以后,渗漏超过378升石油到海水中的船只将被禁止进入威廉王子海峡,恰巧只有一艘船符合这一标准。"看来公司经理人对于"埃克森瓦尔迪兹号的耶稣受难日漏油事件"教训的记忆不会那么快就淡忘了。有人预计,这个插曲将会成为"公司该如何处理突然发生的危机事件"及"如何面对媒体镁光灯"方面的反面教材。还有人说,埃克森的反应很快会成为公关"传奇"的素材。

案 例 评 析

危机管理是通过十个机制来操作的:预警机制、信息管理机制、决策和执行机制、责任与监督机制、财政应急机制、物资保障机制、社会参与机制、心理干预机制、依法执行机制、危机传播机制。从其分工来看,公关在一个组织的危机管理中发挥主要职能的是危机传播机制。

公关的危机传播一般会体现为几个通行的原则,如第一时间原则、现场原则、同情弱者原则、真实传播原则等。当危机发生的时候人们首先感到的就是震惊,而震惊过后可能大脑会一片空白,此时人们最需要的就是信息,因为人的安全感一般由三个层次来构成:① 物质,即口袋里没有钱会觉得不安全;② 信息,即大脑里没有信息也会觉得不安全;③ 参与的机会,如果能够在危机管理中动员社会力量的介入也是满足了人们对于安全感的体验。因此当听到威廉王子海峡石油泄漏事件的消息时,人们首先关注的就是到底出了什么事情,那么由谁来说更合适呢?我们都很清楚,与其让别人说还不如自己来说,迟说肯定不如早说。因此,董事长莱尔应该不假思索地赶赴现场,如果可以从污浊的海水里抱起一头死掉的动物,以痛苦的表情面对镜头,那传达的信息肯定要比坐在曼哈顿自以为有其他更重要的事情要处理更符合危机管理的要求。因为管理需要艺术,而危机管理则需要艺术中的艺术。

一旦公关选择了说,那么接下来就是说什么的问题了。如果说愿意在第一时间传播信息以保证人们更全面客观地了解危机的事实是一个态度的问题,那么对谁说、说什么、以什么样的方式说、说多少,这些就构成了一条完整的公关危机传播链条,这也正是公关在危机管理中职业水平的体现。舆论的特殊性决定了我们应该通过媒体表达什么信息。舆论首先要的是说法,舆论同情弱者而且舆论还善变。因此围绕着危机传播的信息应该体现出同情弱者、表达责任及处理问题的能力及信心,以及以后不要再发生此类事件的相关措施等信息。在此最弱势的肯定是环境及那些动物了,因此借助于媒体能够将这些危机中存在的机会表达得更到位,即保护其传播成本的最小化及传播效益的最大化。

那么埃克森的公关水平又如何呢？当莱尔不去现场且事后一周内很少说话，而一说话就责怪别人时，公关的基调也就定下了，这必然会带来近十年的灾难及25亿美元的代价，因为这是一次失败公关的开场。而当公司的员工感到困惑、难堪和上当受骗时，当弥漫在公司上下的情绪可以让埃克森的公司的员工感觉自己无论走到哪里，随时都会成为众人攻击的靶子时，我们接受了一个事实，危机的伤害是内外并重的；当阿拉斯加公共广播网以轻蔑的口吻，以"彼此利益冲突"为由，冷冷地拒绝了埃克森的慷慨捐赠时，公关的困境已经非常大，因为公关必须借助媒体向社会各界传达自己的想法；当美国国家野生动物联盟的阿拉斯加代表向主编发去斥责信，指出埃克森的顾问在他的文章里忽略了石油渗透导致15000只海鸟和大量水獭、老鹰等死亡的事实时，我们发现了事实真相往往不是由你一家说了算的；当参议员的发言人提到了法律条款中的相关表述是"1989年3月22日以后，渗漏超过378升石油到海水中的船只将被禁止进入威廉王子海峡，而恰巧只有一艘船符合这一标准"时，我们不得不承认媒体审判所必然产生的相关法律审判的压力，因为当今世界恰恰就是一个"媒体审判"和"司法审判"并列的社会。

作为如此著名的企业应该早就具备规范的危机管理的预案，但是执行者却会让完美的预案产生不了应有的结果。危机管理说到底最早能够控制事态发展的应是一个认识及态度的问题，即越早重视越早肯定越好。

危机有危机的规律，谁掌握了危机的规律谁就掌握了真理，而真理面前是人人平等的。同样作为企业，从曾是世界500强之首的埃克森，到浙江民营企业，危机管理的机会永远是公平的。当一位浙江民营企业家接到四川内江经销商电话，说是有个五个月大的小孩突然死亡，而家长认定与他吃过的食品有关，其中有他们的婴儿米粉时，他马上进入了危机管理的状态，辨别弱者并保护弱者，站在弱者的立场思考问题就成了危机管理的起点。当他立即跳上火车赶赴四川婴儿家里时，危机在他的面前基本上已经进入了有序的管理轨道。尽管事后证明婴儿死亡另有其他原因，与其产品无关，但是这位民营企业家的口碑却成了其商业谈判的法宝，其谈判的成本由此下降。危机是永远存在的，但是危机带来的机会只属于善于利用它的人。

围绕着说不说及怎么说的问题，尽管中国的公关发展起步较迟，但是中国政府的宣传部门对于公关的运用却可以理解为一种无公关标识的公关，即不叫公关的公关，而且取得了很好的管理效果，让我们来对接一个中国地方政府应对危机传播的事例。

案例思考题

　　根据本案例的分析，你认为一个组织的最高决策者对于公关的价值是什么？当一个公关的管理人员受制于最高决策者的错误思路时，公关能够发挥什么样的作用？毕竟说服决策者让你说真话的成本会低于说假话的成本，这会是一个艰难的选择。

参 考 文 献

［1］杨加陆.公共关系学[M].2 版.上海：复旦大学出版社,2021.

［2］王伟青,姬静.公共关系理论与实务[M].北京：机械工业出版社,2022.

［3］卡特利普,森特,布鲁姆.公共关系教程[M].明安香,译.北京：华夏出版社,2001.

［4］里杰斯特.危机公关[M].陈向阳,陈宁,译.上海：复旦大学出版社,1995.

［5］韦伯.社会科学方法论[M].韩水法,译.北京：中央编译出版社,2002.

［6］杰弗金斯.公共关系学[M].何道隆,等译.成都：西南财经大学出版社,1987.

［7］麦克纳马拉.管理者公关手册[M].刘海梅,等译.北京：中央编译出版社,2004.

［8］李,约翰逊.广告原理[M].林恩全,李竹,李文国,译.延吉：延边人民出版社,2003.

［9］汤姆森.情绪资本[M].崔姜薇,石小亮,译.北京：当代中国出版社,2004.

［10］阿特休尔.权力的媒介[M].黄煜,裘志康,译.北京：华夏出版社,1989.

［11］维纳.责任推断：社会行为的理论基础[M].张爱卿,郑葳,等译.上海：华东师范大学出版社,2004.

［12］克里斯蒂安,等.媒体伦理学：案例与道德论据[M].蔡文美,等译.北京：华夏出版社,2000.

［13］莫斯可.传播政治经济学[M].胡正荣,张磊,段鹏,等译.北京：华夏出版社,2000.

［14］克雷默,泰勒.组织中的信任[M].管兵,刘穗琴,等译.北京：中国城市出版社,2003.

［15］柯林斯,波勒斯.基业长青[M].真如,译.北京：中信出版社,2002.

［16］张雷.公关理论精要[M].北京：高等教育出版社,2004.

［17］熊卫平.公共关系学[M].北京：航空工业出版社,2003.

［18］熊卫平.现代公关礼仪[M].北京：高等教育出版社,2004.

［19］熊卫平.公关伦理学[M].杭州：浙江大学出版社,2005.

[20] 马志强,刘雪峰,冯洁.交际公关语言艺术[M].北京：高等教育出版社,2004.

[21] 郭惠民,居易.公关员职业培训与鉴定教材[M].上海：复旦大学出版社,1999.

[22] 褚云茂.公共关系与现代政府[M].上海：上海大学出版社,2002.

[23] 郭惠民.当代国际公共关系[M].2版.上海：复旦大学出版社,1998.

[24] 熊源伟.公共关系学[M].修订版.合肥：安徽人民出版社,1997.

[25] 丁军强.公共关系原理与实务[M].北京：北方交通大学出版社,2002.

[26] 居延安.公共关系学[M].4版.上海：复旦大学出版社,2008.

[27] 张应杭.企业伦理学导论[M].杭州：浙江大学出版社,2002.

[28] 明安香.企业形象管理：最新一代管理[M].北京：中国水利水电出版社,1995.

[29] 李道平,单振运.公共关系协调原理与实务[M].上海：复旦大学出版社,1997.

[30] MBA核心课程编译组.公关经理[M].北京：九州出版社,2002.

[31] 夏建中.最新公关实务[M].北京：中国人民大学出版社,1995.

[32] 邢以群.管理学[M].杭州：浙江大学出版社,2001.

[33] 张汉彪,李牧.公共关系：巧妙处理人际关系的秘诀[M].兰州：甘肃人民出版社,1987.

[34] 萨非尔.强势公关[M].梁浇洁,等译.北京：机械工业出版社,2002.

[35] 李兴国.公共关系实用课程[M].北京：高等教育出版社,2011.

[36] 胡锐.现代公共关系原理[M].杭州：浙江大学出版社,2003.

[37] 周维富.实用公共关系学[M].重庆：西南师范大学出版社,1999.

[38] 袁维国.公共关系学[M].北京：高等教育出版社,1995.

[39] 德鲁克.旁观者：管理大师德鲁克回忆录[M].廖月娟,译.北京：机械工业出版社,2005.

[40] 卡内提.群众与权力[M].冯文光,刘敏,张毅,译.北京：中央编译出版社,2003.

[41] 西泰尔.公共关系实务：第8版[M].梁浇洁,等译.北京：机械工业出版社,2004.

[42] 辛普.整合营销传播：广告、促销与拓展：第6版[M].廉晓红,等译.北京：北京大学出版社,2005.

[43] 麦卡斯克.公关败局：揭秘顶级品牌的公关灾难与教训[M].肖瑾,译.上海：上海远东出版社,2007.

[44] 熊卫平.危机管理：理论、实务、案例[M].杭州：浙江大学出版社,2012.

[45] 张雷.公共关系学派：一种广域的视野[M].杭州：浙江大学出版社,2013.

[46] 毛经权.新世纪的公共关系：研讨与案例[M].上海：上海外语教育出版社,2002.

[47] 郭志族,郭京龙.谎言研究[M].北京：中国社会出版社,2005.

[48] 卡普费雷.谣言：世界最古老的传媒[M].郑若麟,译.上海：上海人民出版社,2008.

[49] 李道平,等.公共关系学[M].3版.北京：经济科学出版社,2008.

［50］李文森,弗莱史曼,卢布林.游击公关：百种以最低投入获取最高收益的成功策略[M].刘志坚,译.北京：首都经济贸易大学出版社,2006.

［51］张梅贞.网络公关[M].武汉：武汉大学出版社,2012.

［52］霍兹.网上公共关系[M].吴白雪,杨楠,译.上海：复旦大学出版社,2001.

［53］内斯纳.FBI危机谈判术：我在联邦调查局的30年[M].聂传炎,译.武汉：长江文艺出版社,2012.

［54］纽森,杜克,库克勃格.公共关系本质[M].于朝晖,袁玉珏,毕小龙,译.上海：复旦大学出版社,2011.

［55］格鲁尼格,等.卓越公共关系与传播管理[M].卫五名,等译.北京：北京大学出版社,2008.

教学资源服务指南

扫描下方二维码，关注微信公众号"高教社极简通识"，学生可学习名校通识课，教师可学习教师培训课程、免费申请课件和样书、观看直播回放等。

🎯 名校通识课

点击导航栏中的"名校通识"，点击子菜单中的"课程专栏"，即可选择相应课程进行学习。

🎯 教师培训

点击导航栏中的"教师培训"，点击子菜单中的"培训课程"，即可选择相应课程进行学习。

教学资源服务指南

课件申请

点击导航栏中的"教学服务"，点击子菜单中的"资源下载"，注册并填写相关信息即可申请课件。

样书申请

点击导航栏中的"教学服务"，点击子菜单中的"免费样书"，填写相关信息即可免费申请样书。